KB070410

움직이는 교수

동기유발된 학생

명확한
교육철학과
목표

비전 있는
강력한
리더

공유된
가치관과
문화

혁신적
교육 프로그램과
제도

잘 가르치는
대학의
특징과 성공요인 2

학부교육 우수대학
성공사례 보고서

변기용 · 배상훈 · 이석열
변수연 · 전재은 · 전수빈 공저

생산적 위기의식

적절한 정부지원

성공사례에 대한
효과적 홍보와 공유

학지사

| 머리말 |

    필자가 학부교육 우수대학 사례연구에 대한 단행본 출간을 구상한 것은 7년 전인 2010년으로 거슬러 올라간다. 이 해에 석사논문을 쓰고 있던 필자의 지도학생 중 하나가 참고자료로 가져온 『Student Success in College: Creating Conditions that Matter』 (Kuh et al., 2005)란 책이 필자의 마음속에 강렬한 인상을 남겼기 때문이다. 후에 안 일이지만 미국 Indiana 대학의 NSSE(National Survey of Student Engagement) Institute에서 수행한 DEEP(Documenting Effective Educational Practice) 프로젝트의 최종 결과물인 이 책은 미국의 20개 학부교육 우수대학의 사례연구를 바탕으로 이들 대학의 학부교육의 특징과 성공 전략을 심층적이고 종합적으로 기술함으로써 당시 미국 고등교육 학계와 현장에서 상당한 반향을 불러일으켰던 역작 중 하나였다. 이 책을 읽으면서 필자도 언젠가는 한국의 학부교육 우수대학들을 대상으로 이와 유사한 심층적 사례연구를 반드시 해 보아야겠다는 생각을 마음속 한편에 숙제로 담아 두었다. 하지만 바쁜 일상과 다른 우선순위 과제에 밀려 이러한 생각을 좀처럼 실행에 옮기지 못하고 있다가 2013년 말 마침내 마음속의 오랜 숙제를 실천에 옮기기로 마음먹었다.

    이렇게 마음을 먹게 된 것에는 사실 필자와 교육부 시절부터 고락을 같이하면서 친분을 쌓았고 이제는 평생의 '지기(知己)'로 교유하고 있는 성균관대학교 배상훈 교수의 조언이 큰 역할을 했다. 주지하다시피 배상훈 교수는 공직에 있으면서 '학부교육 선도대학 육성사업(ACE 사업)' 도입과 설계에 중요한 역할을 담당한 바 있고, 또한 대학 교수로 자리를 옮긴 이후에도 한국대학교육협의회(이하 '대교협') 부설 기초교양연구원과 협력하여 2011년부터 현재까지 한국 대학생들의 학습참여 실태를 파악하기 위한 '학부교육 실태조사 연구'를 수행해 오고 있다. 배상훈 교수는 공·사석에서 필자를 만날 때마다 '변 교수님은 소위 명문대를 나와 명문대 교수를 하고 있어 현장을 너무 모른다. 명문대의 시각으로 지방대학의 문제를 재단해서는 타당성 있는 해결책이 나오기 어렵다'는 취지의 애정 어린 조언을 곧잘 하곤 했다. 우리나라 대학에는 얼마 되지 않는 소위 '고등교육 전공' 교수로서, 배상훈 교수의 이러한 지적은 필자에게 일말의 부끄러움과 함께 연구자로서의 새로운 의욕과 도전의식을 불러일으키는 중요한 계기가 되었다. 마침 필자가 소장을 맡고 있는 교육부 지정 고려대학교 고등교육 정책연구소의 지원기간이 2년 남짓 남아 있는 상황이어서 이번 기회를 놓치면 이 연구를 제대로 수행할 수 없을지도 모른다는 위기의식도 이러한 생각을 실천으로 옮기는 데 나름의 역할을 했다. 이에 따라 2013년 말 동 연구소에서 수행하는 3단계 2차년도 기본과제의 형식으로 '학부교육 우수대학의 특징과 성공요인 분석'이라는 연구과제를 출범시키고, 미국에서 수행된 DEEP 프로젝트의 한국 버전이라는 의미에서 이를 K-DEEP 프로젝트로 명명하였다. 이후 2014년도에 5개 대학(건양대학교, 대구가톨릭대학교, 포항공과대학교, 한국기술교육대학교, 한동대학교)을 선정하여 1차년도 연구를 수행한 후 2015년 8월에 『잘 가르치는 대학의 특징과 성공요인 1』을 출간하였고, 2015년에 수행한 3개 대학(서울여자대학교, 아주대학교, 충북대학교)의 연구 결과를 모아 2권을 발간하게 된 것이다.

사실 1990년대까지만 해도 우리나라에서는 학부교육의 질에 대해 체계적으로 고민하는 사람이 거의 없었다. 대학을 설립만 해 놓으면 지원하는 학생들이 넘쳐 나 대부분의 대학은 학생 모집에 아무런 어려운 점이 없었기 때문이다. 이러한 상황에서 대학들이 학부교육의 질을 높이거나 학생들의 다양한 요구사항에 관심을 기울이지 않았던 것은 어찌 보면 오히려 당연했던 것이라고도 볼 수 있다. 이 당시 대학과 교수들은 대학의 특성(예컨대, 교육중심 혹은 연구중심)에 관계없이 '교육'보다는 대학의 평판과 대외 평가에 보다 직접적 관련이 있는 '연구 활동'에만 관심을 집중하고 있었다. 심하게 말하면 이 당시의 학부교육은 정부와 대학의 정책적 관심에서 벗어난 일종의 '방치되었던 영역'이었다고도 볼 수 있다.

하지만 2000년대에 들어 상황은 변하고 있다. 학령인구는 감소하고, 지방대학을 중심으로 학생 유치에 어려움을 겪는 대학들이 속속 늘어나고 있다. 진학률이 높아지면서 대학을 졸업하더라도 취업하기가 어렵게 되어, 단순히 '대학을 졸업했다'는 사실이 아니라 '어떤 대학에서 무엇을 배웠는가'가 중요해지기 시작했다. 이러한 환경 속에서 대학들도 하나둘씩 대학의 중장기적 발전전략과 대학이 처한 특정한 상황 속에서 어떻게 소속 학생들의 교육을 잘 시킬 수 있을 것인지에 대해 고민하기 시작했다. 학생들의 구성도 점점 다양해지기 시작했다. 과거 엘리트 시대의 고등교육과는 달리, 학령인구 감소의 맥락 속에서 대학들은 반드시 자신들이 원하는 수준의 사전학습이 되어 있지 않은 학생들도 입학시켜 교육시켜야 하는 새로운 도전 상황에 직면하게 되었다. 또한 21세기에 접어들면서 산업구조가 급변하고 이에 따라 기업의 요구도 수시로 변해 나가는 상황 속에서, 이미 존재하고 있는 전문적 지식의 전달에 치중해 왔던 그간의 대학교육 방식에도 근본적인 변화가 요청되고 있다. 현재 노동시장에서 요구되는 가장 핵심적인 소양은 불확실한 상황 속에서 그때그때 주어지는 문제 상황을 해결할 수 있는 창의력과 유연성 그리고 의사소통 및 네트워킹 능력이라고 할 수 있다. 이러한 상황 변화는 그동안 한국 대학들이 수행해 왔던 학부교육의 내용과 제공 방식에 대한 근본적 성찰과 함께 이를 바탕으로 한 혁신이 매우 시급해졌다는 것을 의미한다.

다행스럽게도 최근 들어 우리 사회에서도 학부교육의 질을 어떻게 개선할 것인가에 대한 문제인식이 크게 늘어나고 있다. 2010년대 초부터 교육부가 시작한 학부교육 선도대학 육성사업(ACE 사업), 산학협력 선도대학 육성사업(LINC 사업) 등이 일선 대학으로부터 비교적 좋은 반응을 얻고 있고, 또한 '학생들의 학습참여(Student Engagement)'와 '학습성과(Learning Outcome)'라는 개념을 통해 학생들이 대학 재학 중 겪는 다양한 경험과 그 결과로서의 지식(knowledge), 기술(skills), 소양(competencies)에 대한 관심이 커지고 있다. 전자의 경우 대교협의 '학부교육 실태조사(K-NSSE)', 한국교육개발원의 NASEL(National Assessment of Student Engagement in Learning), 후자의 경우 한국직업능력개발원의 K-CESA(Korea Collegiate Essential Skills Assessment), 개별대학의 학습성과 측정도구 개발 노력[예컨대, 성균관대학교 '성균 핵심역량 진단도구

(SungKyun Core Competencies Assessment: SCCA)', 건양대학교 '학습역량 검사'] 등으로 나타나고 있으며, 이러한 노력들은 현재 일선 대학들이 자신들의 학부교육의 질을 한 단계 끌어올리는 데 있어서 없어서는 안 될 유용한 도구들을 제공하고 있다.

하지만 이러한 평가(조사) 도구들은 학생들의 경험과 성취결과의 단면들을 객관적 수치를 통해 일정 부분 제시해 주기는 하지만 그러한 결과가 왜 나타나게 되었는지에 대한 속 시원한 대답을 제공해 주지는 못한다. 바꾸어 말해, 학부교육의 질 개선에 관심을 가진 많은 대학들이 가지고 있는 '어떻게 하면 학부교육을 잘할 수 있을 것인가'라는 가장 핵심적 질문에 대한 대답을 제공하는 데 있어 이들 도구와 조사결과들은 내재적으로 많은 한계를 가지고 있다는 점이다. 연구를 시작할 당시 연구진들이 주목한 것도 바로 이러한 문제인식이었다. 연구진들은 한국의 학부교육 우수대학들에서 현재 시행되고 있는 다양한 실천사례를, 그러한 사례가 시행되고 있는 상황과 맥락 속에서 충실히 기술함으로써 어떠한 요인들이 어떤 과정을 거쳐 해당 대학에서 성공적 학부교육을 만들어 나가고 있는지 그 미지의 '블랙박스(black box)'를 열어 보고 싶었다. 1차년도 사례연구에 참여한 5개 대학에 이어 2차년도 연구에 참여한 3개 대학에 대한 사례연구 보고서들은 이러한 연구진들의 근본적 질문에 대해 서로 다르지만 각각 매우 의미 있는 해답들을 제공하고 있다.

주지하다시피 박근혜 정부 출범 이후 지난 3년간 교육부는 학령인구 감소에 따라 과잉 공급 양상을 보이고 있는 대학들의 정원 감축에 모든 힘을 쏟아붓고 있다. 물론 향후 줄어드는 학생 수를 감안할 때 학생 정원을 물리적으로 감축하는 것도 매우 중요한 과제 중 하나다. 하지만 현시점에서 정원 감축보다 중요한 것은 지난 수십 년 동안 대부분의 한국 대학들에서 주도적 교육방식과 문화로 자리 잡아 학부교육에 명시적·암묵적으로 절대적 영향을 미쳐 온 '공급자 중심' 제도와 문화, 특히 교수와 직원들의 의식구조와 행태를, 대학의 구조조정이 요청되는 현재와 같은 '결정적 전환점(critical turning point)'에서 여하히 생산적으로 변화시켜 나갈 것인가라는 점이다. 이러한 측면에서 심층적 사례연구를 바탕으로 다양한 학부교육의 성공모델을 제시하고 있는 이 연구는 당면한 한국 고등교육의 가장 핵심적 문제를 성공적으로 해결하는 데 필요한 중요한 단서를 제공해 줄 수 있다고 자부한다.

　이 연구는 다수의 대학을 대상으로, 복수의 연구자들이 참여한 다중적 질적 사례연구의 방식으로 수행되었다. 이러한 연구의 성격상 연구수행 과정에서 많은 사람들에게 도움을 받았다. 먼저 여러 가지 어려움에도 불구하고 K-DEEP 프로젝트 연구진들에게 자신들의 대학을 속속들이 개방하여 현재 수행하고 있는 우수한 학부교육 실천 사례와 경험을 연구진과 여타 대학들에 기꺼이 공유해 준 K-DEEP 프로젝트 참여대학(2차년도: 서울여자대학교, 아주대학교, 충북대학교/ 1차년도: 건양대학교, 대구가톨릭대학교, 포항공과대학교, 한국기술교육대학교, 한동대학교) 관계자들에게 진심으로 감사의 말씀을 드린다. 이들의 헌신적인 노력과 협조가 없었다면 이 연구는 제대로 수행될 수 없었을 것이다. 지난 2년 동안 하나의 학문공동체가 되어 이 연구를 수행해 온 연구진들 모두에게도 자찬(自讚)으로나마 수고의 마음을 함께 나누고 싶다. 연구의 설계와 사례연구 대학의 선정과 섭외, K-DEEP 프로젝트의 기반이 되는 K-NSSE 자료의 가공과 제공 등 프로젝트의 처음부터 끝까지 물심양면으로 헌신적인 노력을 아끼지 않은 배상훈 교수, 비록 2차년도 연구에는 함께하지 못했지만 K-DEEP 프로젝트 연구 수행 전반에 걸쳐 '질적 연구' 수행의 원칙과 접근방법에 대해 중심을 잡아 주신 김병찬 교수, 오랜 대학인증평가 참여 경험을 바탕으로 프로젝트 설계 및 추진 과정에서 많은 실천적인 도움을 주신 이석열 교수, 신임교수로서 눈코 뜰 새 없이 바쁜 일상 속에서도 조금도 싫은 내색 없이 프로젝트 출범을 위한 모든 기초적 작업과 사례연구를 성공적으로 수행해 준 변수연 교수와 전재은 교수, 출산을 앞둔 어려운 상황임에도 불구하고 누구보다 적극적으로 연구에 참여해 준 전수빈 박사, 대구에서 먼 길을 마다하지 않고 1차년도 연구에 참여해 주었던 이미라 박사, 모두가 개인적으로 바쁜 일정임에도 불구하고 진심으로 프로젝트의 성공을 위해 함께 노력해 주었다. 이 연구를 계기로 앞으로도 학문적으로 교유하며 지적 성장을 촉진하는 일생에 걸친 '학문적 도반(學問的 道伴)'으로 거듭났으면 하는 바람이 간절하다.

　아울러 연구에 참여해서 모든 어려운 일을 감당해 준 최지혜, 홍지인, 김수홍, 김어진, 한송이, 조민지 학생 등 연구보조원들에게도 진심 어린 감사의 말씀을 드린다. 연구 참여를 통해 연구진들과 교감하면서 때로는 연구진들의 식견을 뛰어넘는 날카로운 통찰력을 보여 준 학생들이 매우 자랑스럽고 사랑스럽다. 특히 2년간 연구지원을 맡아 모든 뒤치다꺼리를 마다하지 않은 최지혜, 김어진 학생, 누구보다도 바쁜 일상 속에서도 배상훈 교수를 도와 지난 2년간 K-NSSE 자료 가공과 제공, 보고서 작성 등에 진심 어린 노력을 아끼지 않은 홍지인 학생, 1차년도에 필자를 도와 사례연구 보고서 집필에 적극적으로 참여해 준 김수홍 학생에게는 이 지면을 빌어 특별한 고마움을 전하고 싶다.

　마지막으로 어려운 출판 환경 속에서도 흔들림 없이 지난 2년 동안 저자들의 졸고를 다듬어서 훌륭한 단행본으로 펴내는 데 각고의 노력을 아끼지 않으신 학지사 김진환 사장님과 임직원 여러분께도 진심으로 감사의 말씀을 드린다.

2017년 2월
저자들을 대표하여 변기용 씀

|차 례|

부 록 · 393

K-DEEP 프로젝트 2차년도 연구 수행 경과[1)]

1. 왜 이 연구를 시작하게 되었나

개별 대학이 학부교육의 질을 높이기 위한 정책과 실천전략을 모색할 때 통상적으로 가장 먼저 하는 일은 '다른 우수한 대학에서 무엇을 하고 있고, 그 대학의 교육적 여건이나 조직문화는 어떠한가'를 살펴보는 데에서 시작한다.

> '검색하지 말고 사색하라'고 하세요. 생각할 수 있게 만드는 수업을 하시는 것 같아서. 저는 공부를 좋아하지 않는데, 대한민국에서 대학생으로 살면서 그냥 공부하는 거 말고도 많은 것들을 생각할 수 있게 되고. '정말 신기하다. 이게 대학 수업이구나.'라는 생각을 많이 했어요. (서울여자대학교 학생)

> 1학년 들어오면서 교수님이랑은 거리가 멀 거라는 느낌이 들었어요. 그런데 처음 소학회에 들어갔는데, 교수님이 삼겹살을 굽고 계시는 거예요. 퇴근하실 시간인데, 저희들이랑 이야기 나누고 싶다고, 감동적이었고……. 저희끼리 '저 교수님 되게 엄마 같다.' 이러고. (서울여자대학교 학생)

---

1) 이 장은 K-DEEP 프로젝트 1차년도 연구 성과를 모아 출간한 단행본(변기용 외, 2015) 프롤로그의 내용을 2차년도 연구의 맥락에 맞게 적절하게 수정하여 제시한 것임을 밝혀 둔다.

학교라는 현장에서 연구보다도 제가 할 수 있는 게, 또 어떤 우선순위를 두어야 하는 일이 교육이어야 되겠다는 생각을 가지게끔 만드는 어떤 학교의 분위기……. 저 나름대로 그런 것들이 중요하지 않았나 생각이 들어요. …… 그래서 저도 많이 바뀌었습니다. 연구하는 일도 중요하지만 학생들을 교육하는 일, 선생님의 역할이 그렇게 중요한지 몰랐어요. 학생들한테 그리고 학생들이 저를 가슴 뛰게 하는 것이……. (서울여자대학교 교수)

여기도 아주고등학교예요. 우리 교육과정 한 번 보시면 알겠지만, 특히 1학년 교육은 무시무시합니다. …… 수학 과목 같은 경우에는 1학년 처음에 신입하면 2월 달에 배치고사를 봐요. 배치고사를 딱 세 그룹으로 나눠서. 1그룹은 아너반, 2그룹은 일반반, 3그룹은 보충반. 해서 보충반 학생들은 수업 시수가 1.5배. 보통은 3학점 3시간인데 이쪽은 3학점 4.5시간. 튜터 붙이고 뭐 붙이고 어떻게든 해 가지고. 그 정도로 학생 교육을 굉장히 열심히 시키고. 그니깐 우리가 최소한 생각하는 것은 우리 학생들이 들어올 때보다는 더 나은 학생들로 졸업을 한다. 그 점에 있어서는 학교가 항상 전체적으로 공감하는 부분이에요. (아주대학교 기획처장)

교양교육에서 융복합교육이라는 것은 어떤 결과물을 융합하는 사고력을 키우는 것 아니겠습니까? 교수가 다 만들어 가지고 가르쳐 주면 학생들이 '아, 저게 융복합 강의인 모양이다.' 이렇게 하지만 본인들의 자발적인 사고, 융합 사고 능력은 별로 그렇게 개발되는 것 같지가 않더라고요. …… 그래서 저희가 강의페어링이라는 아이디어를 만들었습니다. 강의페어링 이것은…… 외국에 없는 겁니다. 저희 같은 '두 강의를 결합시켜서 하나의 결과물을 융복합 결과물을 만들어 내자.'라는 아이디어는 없었어요. …… 그다음에 그 강의페어링 된 거를 몇 개 모아서 일종의 그 융복합 트랙이라고 전공, 부전공, 복수전공 말고 가벼운, 되면 그냥 계속 하고 안 되면 해체해 버리는, 마치 그 스마트폰 앱 같이 가벼운 그런 트랙을 만들어 보자고 해서 아이디어를 냈습니다. (아주대학교 교수)

…… 내가 여기 와서 제일 놀랐던 게 수업관리가 정말 철저해 가지고 수업을 안 하면 바로 그 이유를 설명을 해야 됐어요. 그런 식으로 수업관리는 굉장히 잘되고 있는 것이었고, 또 그 열정적

인 교수님들이 꽤 계셔 가지고 여기서 뭐 아이들하고 밤새고 같이 공부하고 가르치고 하는 그런 문화도 또 있었던 거 같아요. (아주대학교 다산학부대학 전 학장)

CI 센터에서 강의 첫째 주부터 마지막 주까지 학생들에게 글쓰기 첨삭을 해 주고 말하기 지도도 해 주면서 학생들을 도와줘요. …… 저는 CI 과목을 1학년 때 들으면 굉장히 좋다고 생각해요. 공부하는 방향을 잡아 주거든요. 학생들이 귀찮을 정도로 CI 센터 선생님들의 지도를 받는 횟수를 채워야 해요. 일주일에 무조건 한 번씩 만나서 꼭 30분씩 첨삭을 받고. …… 거기서 1학년 때 수업을 들으면 다른 과목에 가서도 잘하게 되는 것 같아요. (충북대학교 학생)

충청북도 학생들의 성향이 있습니다. 저희가 지금 [학생이] 17,000명 정도 되는데, 충북 출신이 한 40% 정도 돼요. …… 이 학생들이 교수님들 방에 찾아오는 걸 조금 어렵게 생각하고 이런 게 있어요. 처음에 얼굴 트는 게 어렵지, [일단] 트게 되면 와서 정말로 어려운 가정형편도 이야기를 하고……. 또 뭐 연애 얘기도 하고, 학업 얘기도 하고 하거든요. 그 첫 번째 물꼬를 틀 수 있는 계기가 되었다는 게 '평생사제제'라고 생각을 하고요. 그리고 학생들이 처음에 라포르가 형성이 되니까 정말 말 못할 고민들도 얘기를 하고 그럼 교수님들은 그걸 풀기 위해서 노력하고 쫓아다니고……. (충북대학교 학생부처장)

중도탈락률이 지속적으로 정말 감소를 해서……. 2011년도는 3.1%였는데, 2012년은 2.6%, 2013년은 2.5%, 2014년은 1.9%로 중도탈락률이 지속적으로 감소했어요. '학습부진자 코칭 프로그램'도 일부 중도탈락률 감소에 기여한 것 같아요. …… 학교에서 그냥 방치해 뒀더라면 그 학생들이 주로 중도탈락 하게 되었을 텐데, 저희가 학습부진 학생들을 집중적으로 [지원했어요]…… 한 학기 성적이 나오면 저희가 바로 그 학생들에게 안내를 해요. 프로그램을 이수해야만 다음 학기 수강신청을 할 수 있으니까……. 언제부터 언제까지 할 건데 언제가 가능한지, 그래서 다 전화로 [학생들과] 일일이 약속을 해서 프로그램을 진행을 합니다. (충북대학교 교수학습지원센터장)

앞에서 제시된 인용문들에서도 나타나고 있듯이 학부교육을 잘하는 대학들에서 찾아볼 수 있는 공통적 특징은 이들 대학들의 교수(직원)와 학생들이 학교의 각종 교육 및 지원 활동에 매우 적극적으로 '참여' 혹은 '관여'하고 있다는 점이다. 이 프로젝트의 이론적 배경(혹은 개념적 분석틀)도 이러한 '학생들의 학습참여(student engagement)'라는 개념에 그 뿌리를 두고 있다. '학습참여'의 중요성에 대해서는 학계와 현장에서 오랜 기간 동안 널리 알려져 온 바 있으나, 대학들의 입장에서 보면 (학부교육의 질을 향상하기 위해 '학습참여'가 중요하다는 것은 알고 있지만), 최근까지도 어떠한 종류의 학생들의 참여 경험에 자신들이 가진 한정된 자원과 노력을 투입하는 것이 보다 효과적인가에 대한 체계적 데이터나 정보는 결여되어 있었다. 이러한 측면에서 2011년부터 시행되고 있는 대교협의 '학부교육 실태조사(K-NSSE)'[2]는 '학부 학생들의 학습참여'라는 중요한 고려요인에 대한 우리나라 대학들의 이해 수준을 한 단계 높이는 데 있어 무시할 수 없는 기여를 했다고 생각된다.

'학습참여'는 크게 다음의 2가지 핵심적 영역으로 대별될 수 있다. 첫 번째는 학생들이 자신의 '학습'과 '기타 교육적으로 의도된 활동들'에 쏟는 시간과 노력이며, 두 번째는 개별 대학이 궁극적으로 학생들의 성공(예컨대, 중도탈락률 감소, 만족도, 질 높은 학습과 졸업)으로 이어질 개연성이 큰 특정한 경험들과 성과에 학생들이 참여하도록, 여하히 ① 자신들이 가진 자원을 배분하고, ② 교육과정 및 다른 학습기회들을 조직하며, ③ 효과적 지원 서비스를 제공할 것인가 하는 점이다. 이 중 특히 대학의 역할과 관련된 영역은 정책적 측면에서 주목할 만한데, 이는 바로 대학이 의지만 있다면 얼마든지 영향을 미칠 수 있는 영역이며, 대학의 노력을 통해 대학이 선발한 학생들에게 일정한 '부가 가치(Value-Added Effect)'를 창출할 수 있는 영역이기 때문이다(Kuh et al., 2010). 고려대학교 고등교육정책연구소(소장 변기용 교수)는 이러한 문제인식하에 대교협의

---

2) 대교협의 '학부교육 실태조사도구'는 미국 Indiana 대학의 NSSE(National Survey of Student Engagement) Institute에서 개발하여 현재까지 북미지역 1,400여 개 대학에서 활용되고 있는 NSSE의 Benchmarks 설문 문항을 Indiana 대학의 협조 아래 한국적 맥락에 맞게 수정·보완한 조사도구다. NSSE Benchmarks 및 한국의 학부교육 실태조사도구에 대한 보다 자세한 설명은 부록 2의 설명과 함께 다음의 NSSE 웹사이트(http://nsse.iub.edu)를 참조하기 바란다.

'학부교육 실태조사 연구팀(연구책임자: 성균관대학교 배상훈 교수)'과 협조하여 주어진 여건 하에서 질 높은 학부교육을 실시하고 있는 다양한 유형의 학부교육 우수대학 사례를 분석함으로써 '학부교육 우수대학은 학생들의 학습참여라는 측면에서 다른 대학들과 비교할 때 무엇이 다른지' '이러한 학부교육 우수대학들은 어떻게 만들어지는지' 등의 기초적 의문에 대한 해답을 모색해 보고자 하였다.

보다 구체적으로 K-DEEP 프로젝트의 목적은 학부교육 우수대학의 특성과 성공요인을 파악하여 이를 문서화하는 데 있으며, 이에 따라 연구를 관통하는 가장 핵심적 질문들은 다음의 2가지로 요약될 수 있다.

- 우수 실천사례라는 관점에서 볼 때 학부교육 우수대학들의 특징은 무엇인가?
- 학부교육 우수대학들이 성공에 이르게 된 과정과 원인은 무엇인가?

이러한 기본적 연구질문에 대한 심층적 이해를 바탕으로 이 프로젝트에서는 궁극적으로 학부교육 개선에 관심을 가진 대학들이 보다 실천적으로 활용할 수 있는 구체적 시사점과 정책적 제언을 도출해 보고자 한다.

실천적 관점에서 볼 때 학부교육에 관심을 가지고 있는 우리나라의 모든 대학이 이 연구의 결과를 바탕으로 '학부교육 우수대학'의 실천사례와 성공요인에 대한 이해를 높임으로써 학부교육의 질을 한 단계 끌어올리는 데 도움을 준다는 것이 이 프로젝트의 가장 중요한 의미이기는 하지만, 사례연구 참여대학인 '학부교육 우수대학'의 입장에서 볼 때도 ① 당해 학교가 시행하고 있는 다양한 프로그램과 전략 중에서 무엇이 성공적이고 무엇이 성공적이지 않은지, 그리고 성공적이라면 ② 그 성공의 이유가 무엇인지를 구체적으로 파악하는 것은 매우 중요하다고 하지 않을 수 없다. 왜냐하면 특정 시점에 해당 대학의 전체적인 학부교육의 성과가 우수하다고 하더라도 개별적으로 어떤 프로그램이 성공적인지 그리고 그 프로그램이 왜 성공적인지 모른다면, 시간이 지남에 따라 자연스럽게 개혁의 동력이나 성과가 약화되는 시점에서 개선의 방법을 알지 못하게 되는 문제점이 발생할 소지가 크기 때문이다.

2. 학부교육 우수대학의 개념과 선정 방식

이러한 문제인식을 바탕에 깔고 K-DEEP 프로젝트는 만 2년(2013. 10. 16.~2016. 2. 29.)[3]이 넘는 기간 동안 8개의 '학부교육 우수대학'을 선정하여 이들의 특성과 우수한 실천사례를 파악하는 사례연구의 방식으로 수행되었다. 연구진이 K-DEEP 프로젝트 연구 참여대학 후보군을 선정하는 데 있어서는 2011년부터 2013년까지 시행된 3년간의 '학부교육 실태조사(K-NSSE)' 데이터가 활용되었다.[4] 후보대학은 기본적으로 ① 서베이가 이루어진 3년간 학부교육 실태조사에 포함된 6개 영역에서 탁월한 성과를 보여 준 대학들과 ② 2011년 대비 2013년 성과가 현저히 향상된 대학들을 중심으로 선정되었다.

이렇게 선정된 '우수대학 후보군'을 중심으로 최종 사례연구 참여 대상 대학들을 선정함에 있어서는 대학들이 이 연구의 결과를 보다 효과적으로 활용할 수 있도록 다양한 대학 특성들(예컨대, 국립/사립, 수도권/비수도권, 대규모/중소규모, 종합/특성화 대학, 남녀공학/여대)을 최대한 고려하여 서로 다른 유형의 대학들이 가급적 골고루 포함될 수 있도록 하였다.[5] 이러한 과정을 거쳐 최종적으로 연구 1차년도인 2014년의 경우 건양대학교, 대구가톨릭대학교, 포항공과대학교, 한국기술교육대학교, 한동대학교

---

3) K-DEEP 프로젝트의 공식적 연구기간은 2013년 10월 16일부터 2015년 10월 15일까지였으나, 2차년도 사례연구 보고서가 최종적으로 완성된 것은 2016년 2월이다.

4) K-DEEP 프로젝트의 미국 버전이라고 할 수 있는 DEEP 프로젝트의 경우 총 20개 대학을 대상으로 사례연구를 수행하였는데, NSSE에 참여한 700여 개 대학 중에서 NSSE의 5개 영역 지표와 졸업률 자료를 토대로 사례 대학을 선정하였다. 구체적으로 대학의 설립 주체, 입학성적, 입학자 수, 소재지 등 11개 기관적 특성을 바탕으로 예측되는 NSSE 지표와 졸업률보다 높은 수치를 기록한('better than predicted') 대학들을 우선적으로 후보군으로 선정한 후 다시 대학의 규모나 설립 주체, 소재지 등의 측면에서 사례연구 대상 대학의 다양성을 고려하여 최종적으로 20개 대학을 선정하였다(Kuh et al., 2010). 이러한 선정방식은 '이상적–전형적 사례 선택 과정(ideal-typical case selection process)'의 적용이라고 할 수 있는데, 이는 특정 모수 내에서 최선의 사례 모델을 개발한 후 그 모델에 가장 근접했다고 보이는 현실의 사례를 찾는 방법을 말한다(Kinzie et al., 2006).

5) 다양한 대학 특성을 최대한 고려하여 대상을 선정한 결과 사례연구에 참여한 8개 대학 중 일부 대학의 경우 절대적인 수치로 볼 때 6개 영역 모두에서 탁월한 성과를 보여 주지 못한 경우도 있다.

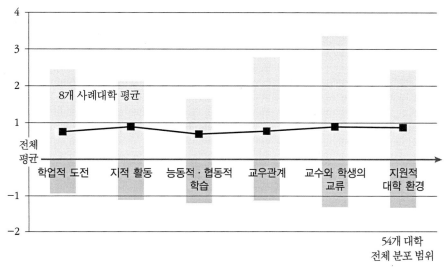

8개 사례대학의 2013년 K-NSSE 6개 영역 점수(타 대학과 비교)

등 5개 대학, 2차년도인 2015년에는 서울여자대학교, 아주대학교, 충북대학교 등 3개 대학을 사례연구 대상 대학으로 선정하였다.

2차년도 사례연구 대상 대학의 기본적 특성

	서울여자대학교	아주대학교	충북대학교
설립 유형	사립	사립	국립
재학생 수(명)	7,770	9,954	15,143
소재지	서울 노원	경기 수원	충북 청주
학생 1인당 교육비(천 원)	10,706.0	18,735.8	13,738.7
학생 1인당 장학금(천 원)	3,008.5	2,776.6	2,626.0
기숙사 수용률(%)	10.7	23.8	23.3
중도탈락학생 비율(%)	2.8	2.6	2.2
전임교원 확보율(%)	66.0	84.1	75.5
전임교원 1인당 학생 수(명)	34.5	24.6	26.7
취업률(%)	−	−	−
ACE 여부 (학부교육 선도대학 육성사업)	○	○	○

LINC 여부 (산학협력 선도대학 육성사업)	×	○	○
전임교원 1인당 논문 수(건) (연구재단 등재지, 후보 포함)	0.6359	0.3798	0.6426
전임교원 1인당 논문 수(건) (SCI급 / SCOPUS)	0.1145	0.5704	0.4071
전임교원 1인당 교내연구비 (천 원)	3,356.9	8,516.7	6,077.0
전임교원 1인당 교외연구비 (천 원)	24,378.3	110,341.9	94,897.1

출처: 2015 대학알리미 공시정보.

3. 연구를 수행한 과정: 분석틀의 설정, 자료 수집 및 분석

주지하다시피 대교협과 학부교육 선진화 선도대학 협의회에서는 이미 2011년부터 '학부교육 실태조사(K-NSSE)'를 시행해 오고 있으며, 참여대학들은 그동안 이 데이터를 대학의 발전계획 수립과 학부교육 개선을 위한 유용한 기초자료로 활용해 온 바 있다. 하지만 서베이 조사결과로 얻어진 정량적 데이터(quantitative data)는 대학의 평균적 수준과 강·약점을 알려 주기는 하지만, '어떻게, 왜 그러한 결과가 나왔는지' '우수한 학부교육을 제공하기 위해 대학들이 실제 무엇을, 어떻게 해야 하는지'에 대한 구체적 정보를 제공하는 데에는 한계가 있다. K-DEEP 프로젝트는 정량적 데이터로 알 수 없는 학부교육 우수대학의 내면적 성공요인 파악과 개선전략 도출에 대한 보다 심층적 분석과 설명을 '(질적) 사례연구'를 통해 제시하고자 하는 실천지향적 연구 프로젝트라고 할 수 있다. 아울러 현재 시행되고 있는 대교협의 '학부교육 실태조사 연구'와 상호 보완적으로 활용될 수 있도록 설계하여 우리나라 대학의 학부교육 실태에 대한 '종합적 밑그림'을 파악하고 제시하는 것을 목표로 하고 있다.

따라서 K-DEEP 프로젝트의 사례대학 연구는 기본적으로 '학부교육 실태조사도구'

에 포함된 6개 영역[6]을 학부교육 우수대학의 실천사례를 파악하는 개념적 분석틀로 활용한다. 다만 이와 관련하여 한 가지 언급할 것은 학부교육 실태조사도구를 구성하는 6개 영역(혹은 NSSE Benchmarks에서 사용된 5개 영역)이 이 프로젝트의 설계 및 후속적 자료 수집에 일단의 가이드라인을 제시해 주고 있는 것은 분명하지만, 이것이 바로 이 프로젝트의 관심이 반드시 이러한 6개 영역에만 한정된다는 것을 의미하지는 않는다. 이 프로젝트에서 수행될 사례연구는 이러한 개념적 분석틀에 의해 포착되지 않고 있는 다양한 프로그램, 실천 전략, 기관의 특성과 문화 등을 종합적으로 파악하는 보다 유연한 방식으로 이루어질 것이라는 점에서, 상기 6개 영역은 데이터 수집과 해석을 위한 '출발점'이지 '종착점'은 아니라는 점을 명확히 해 두고자 한다.

연구진이 사례연구를 위한 자료 수집 및 보고서 작성 과정에서 특히 염두에 둔 기본 원칙은 다음의 두 가지다. 먼저 K-DEEP 프로젝트는 기본적으로 학부교육 우수대학의 '우수한 실천사례'를 파악하고 이를 문서화하는 데 있다는 점이다. 즉, 연구진의 기본적 관심은 서로 다른 유형의 기관에서 다양한 학생들을 대상으로 '어떤 효과적인 프로그램을 시행'하고 있으며, 대학들이 '왜, 어떻게 그러한 성공을 거두고 있는지' 그 성공요인을 파악하는 데 있다. 물론 연구진들은 우수대학이라고 할지라도 특정한 영역에서는 개선의 여지가 있다는 점에 대해 공감하고 있지만, 이 프로젝트의 기본적 포커스는 우수사례의 공유와 확산을 위해 '무엇이, 왜 성공적인가'라는 강점의 발견에 있고, '무엇이, 왜 실패했는가'라는 약점의 파악에 있지는 않다. 따라서 이 프로젝트의 결과물이라고 할 수 있는 개별 대학에 대한 사례연구 보고서와 추후 발간될 단행본에서는 사례대학의 프로그램 전반에 대한 평가적 기술(evaluative statements)보다는 우수사례에 초점을 둔 묘사적 기술(descriptive statements)에 초점을 두고 있다. 둘째, K-DEEP 프로젝트는 시간이 허락하는 범위에서 가능한 한 포괄적이고, 다양한 학내 구성원들

---

6) 대교협의 '학부교육 실태조사도구'는 다음의 6개 영역으로 구성되어 있다(참고: 배상훈·김혜정, 2012): (1) 학업적 도전, (2) 지적 활동, (3) 능동적·협동적 학습, (4) 교우관계, (5) 교수와 학생의 교류, (6) 지원적 대학 환경. 2014년 학부교육 실태조사부터는 학생참여를 구성하는 요인이 학업도전, 동료와 학습, 교수와의 경험, 대학 환경 등 4가지 영역으로 재편되었지만, 이 연구에서는 1차년도 연구와 일관성을 유지하기 위해 2013년도 K-NSSE의 6개 영역을 그대로 유지하였다.

의 시각과 견해를 반영할 수 있도록 노력하였다. 이를 위해 가능한 한 학생들의 경험에 대해 서로 다른 견해를 가질 수 있는 다양한 그룹의 구성원(예컨대, 총장 등 보직자, 행정가, 교수, 재학생, 편입생)을 만나 의견을 들어 보았고, 특히 학생, 교직원 및 다른 학내 구성원들이 실제 대학생활을 경험하는 것과 같은 내부자의 시각에서 사례대학을 심층적으로 이해하는 것을 목표로 하였다.

2차년도 연구 수행 기간 동안 연구팀에서는 사례연구 대상 대학들을 대학별로 각각 2~3차례 정도 방문하였다. 3개 사례연구 대학별로 책임집필자[7]와 연구보조원을 배치하여 연구진들 간 역할을 배분하였고, 각 대학 내에도 학내 코디네이터(ACE 사업단장 및 처장급 혹은 과장급 직원)와 실무 지원 요원을 지정하도록 하여 연구진들과의 의사소통을 원활히 할 수 있도록 함으로써 연구가 효율적으로 추진될 수 있도록 하였다. 특히 연구진들과 참여대학 관계자들과의 라포르 형성을 위해 현장 방문 전에 1차년도 연구성과를 발표하는 특별세미나에 사례연구 대상 대학 관계자들을 특별 초청하여 K-DEEP 프로젝트의 목적과 연구 성과, 그리고 2차년도 연구 추진방향에 대한 이해 공유 및 협의를 실시하기도 하였다.

본격적인 사례연구 개시 전에 연구진들은 먼저 대상 대학에 대한 다양한 온/오프라인 자료 및 관련 보고서 등을 철저히 검토하였다. 아울러 참여대학의 사례연구 참여의지를 재확인하고, 주요 보직자, 학내 코디네이터 면담 등을 통해 사례연구의 수행 기본방향과 절차를 구체적으로 협의하기 위해 사례대학 예비방문을 실시하였다. 이 예비방문을 통해 온라인으로는 습득이 어려웠던 해당 대학이 수행한 학부교육 개선을 위한 다양한 연구보고서 등 기초자료도 함께 수집하였다. 현장 방문 기간 동안에는 면담, 포커스 그룹, 참여관찰 등 다양한 방법을 통해 자료를 수집하여 이를 대학 구성원들과 토의·점검하였다. 특히 1차 방문 후에 연구진들은 수집된 자료를 바탕으로 개별 대학에 대한 '사례연구 중간보고서'를 작성하고 이에 대해 토론하는 과정을 거침으로써 사례연구 보고서 간의 일관성과 연구 수행 과정에서 나타난 다양한 문제점에 대

---

7) 대학별 책임집필자는 배상훈/전수빈(서울여자대학교), 이석열/전재은(아주대학교), 변기용/변수연(충북대학교)이다.

한 해결책 모색 및 후속적 추진방안을 도출하고자 하였다.

　2차 현장 방문의 주된 목적은 추가적 자료 수집을 통해 사례연구 대학에 대한 연구자들의 보다 심층적 이해를 도모할 뿐만 아니라, 중간보고서에서 기술된 사실의 확인과 특정 사안에 대한 연구진들의 해석의 적절성에 대해서 참여대학 내부 구성원들의 시각을 통해 그 타당성을 확인하는 데 두었다. 이를 위해 2차 현장 방문에서는 특히 중간 보고서에 기술된 내용에 대해 연구진과 다양한 대학 내부 구성원들 간의 소그룹 토론과 면담을 시행하여 혹시라도 있을지도 모르는 해석상의 오류를 시정하고, 아울러 중간보고서에서 제대로 포착되지 못한 우수사례나 이를 가능하게 한 대학의 전략과 조직문화에 대해 연구진들의 보다 심층적인 이해 촉진을 도모하고자 하였다. 2차 현장 방문 후 연구진들은 수집된 자료와 참여 연구진들 간의 논의를 바탕으로 개별 대학에 대한 '사례연구 보고서 초안'을 작성하고 이를 참여대학 관계자들과의 2차 합동 워크숍에서 발표하였다. 이 과정에서 제시된 의견들을 반영한 최종 사례연구 보고서 초안을 작성한 후 대학별 코디네이터들을 통해 이를 해당 대학에 회람하도록 함으로써, 사실의 확인과 함께 대학 내부적으로 학부교육의 질 개선을 위한 토론과 논의를 촉발할 수 있는 계기를 제공할 수 있도록 노력하였다. 이러한 방식으로 연구진들은 참여대학 내부에서 제기되는 다양한 시각과 통찰력을 적절히 반영할 수 있는 의견 수렴 및 검토 과정을 반드시 거친 후에 최종 사례연구 보고서를 완성하도록 함으로써 분석의 타당성을 높일 수 있도록 최대한 노력하였다.

K-DEEP 프로젝트 연구 추진 경과(2013. 10.~2016. 2.)

기 간		내 용
1차년도	2013. 10. ~ 2014. 2.	문헌 조사, 연구진 학습, 연구방향 설정 회의, K-NSSE 자료 분석
	2014. 3. ~ 4.	구체적 연구계획서 작성 및 사례연구 대상 후보대학 그룹 선정
	2014. 5.	사례연구 대상 대학에 참여제안서 발송, 참여대학 확정, 참여대학 학내 코디네이터 지정 및 K-DEEP 프로젝트에서 산출된 자료의 체계적 축적을 위한 웹 카페 구축
	2014. 6. 13.	참여 연구진들과 연구보조원들을 대상으로 연구내용 및 방법상의 쟁점 토의 및 문제의식 공유를 위한 출범 워크숍 개최
	2014. 8. 18.	K-DEEP 연구진 & 참여대학 관계자 1차 합동워크숍 개최
	2014. 9. ~ 10.	1차 현장 방문
	2014. 10. 22.	방문결과(사례연구 중간보고서) 공유 및 2차 현장 방문 계획에 대한 연구진 사전 협의
	2014. 11. ~ 12.	2차 확인 현장 방문
	2014. 12. 17.	사례연구 최종보고서 초안 연구진 사전 협의
	2014. 12. 19.	K-DEEP 연구진 & 참여대학 관계자 2차 합동워크숍 ※ 최종보고서 발표 및 참여대학 관계자와의 토의
	2015. 1. 26.	사례연구 보고서 마무리를 위한 1차년도 연구진 결산 회의
	2015. 2.	개별 대학 사례연구 최종 보고서 완성(단행본 1권 출간: 2015. 8.)
2차년도	2015. 3. ~ 6.	2차년도 사례연구 참여 대상 대학에 참여제안서 발송, 참여대학 확정, 참여대학 학내 코디네이터 지정
	2015. 6. 5.	1차년도 연구결과 결산 세미나(고려대학교) ※ 2차년도 사례연구 참여대학 교무처장 등 관계자들을 초청하여 K-DEEP 프로젝트에 대한 이해 공유 및 향후 연구 진행방향 협의
	2015. 7. ~ 8.	사례연구 대학 예비방문
	2015. 9.	1차 현장 방문
	2015. 10. 24.	방문결과(사례연구 중간보고서) 공유 및 2차 현장 방문 계획에 대한 연구진 사전 협의
	2015. 11.	2차 확인 현장 방문
	2015. 12. 21.	K-DEEP 연구진 & 참여대학 관계자 연구결과 협의회 ※ 최종보고서 발표 및 참여대학 관계자와의 토의
	2015. 1.	사례연구 보고서 기술 내용에 대한 대학 관계자 피드백 및 수정
	2015. 2.	개별 대학 사례연구 최종 보고서 완성

4. K-DEEP 프로젝트 수행을 통해 기대하는 것들

　K-DEEP 프로젝트 연구진이 이 연구를 통해 궁극적으로 성취하기를 기대하는 것은, ① 대교협의 '학부교육 실태조사 데이터'에 대한 보완자료 확보, ② 사례연구 참여대학의 학부교육 역량에 대한 종합적 점검 기회 제공, ③ 개별 사례들을 각각의 '성공적 학부교육 모델'로 구축함으로써 이론적·실천적으로 한국 학부교육의 전반적 질 향상 논의에 기여 등 크게 3가지로 요약될 수 있다. 좀 더 구체적으로 살펴보면 다음과 같다.

　먼저 K-DEEP 프로젝트는 대교협이 시행하고 있는 '학부교육 실태조사(K-NSSE) 데이터'에 대한 의미 있는 보완자료를 제공해 줄 것으로 기대된다. 즉, K-DEEP 프로젝트는 학부교육 실태조사 데이터와 같은 정량적인 데이터로 보이지 않는 '양적인 결과가 나타난 과정과 이유'에 대한 심층적 설명을 제공함으로써 해당 대학의 학부교육 실태에 대한 종합적 밑그림과 이에 바탕한 실천적 개선전략 도출에 기여할 것으로 생각된다. 보다 구체적으로 개별 대학들은 심층적 사례연구를 통해 '서베이 데이터로 제시되는 결과가 타당하고 신뢰성이 있는지' 그리고 '서베이 결과가 나타난 이유는 무엇인지'를 확인할 수 있는 보완적 자료를 획득할 수 있게 됨으로써, 해당 대학이 시행하고 있는 프로그램 중 성공적으로 운영되고 있는 것은 무엇인지, 성공의 원인은 무엇인지에 대한 보다 종합적이고 심층적 이해를 도모할 수 있을 것으로 생각된다.

　둘째, K-DEEP 프로젝트는 참여대학의 학부교육 역량에 대한 종합적 점검 기회를 제공해 줄 수 있다. 먼저 사례연구 대상 대학들은 다년간 대교협의 '학부교육 실태조사'에 참여할 정도로 학부교육 개선에 관심이 많은 대학이며, 동 실태조사 결과를 자신들의 학부교육 개선을 위한 기초자료로 적극적으로 활용해 온 것으로 알고 있다. 개별 우수대학에 대한 사례연구는 참여대학의 내부 구성원들이 (학부교육 실태조사와 같은 정량적 데이터만으로는 파악하기 어려운) 학부교육의 성과 향상을 가져오는 보다 심층적 원인을 풍부한 고등교육 연구 경험을 가진 외부 전문가들과 함께 상호학습 및 토론 과정을 통해 파악할 수 있는 좋은 기회라고 볼 수 있다. 사례연구 참여대학들은 사례연구 과정을 통해 학부교육 개선을 위한 대학 내부 분위기 조성과 개혁 추진 동력 확보에 상당한 도움을 받을 수 있을 것으로 사료된다. 아울러 참여대학들은 ACE 사업 참여대학 등 국내의 다른 학부교육 우수대학에서 시행하고 있는 우수 실천사례와 경험을 연구 과정을 통해 파악하고 공유함으로써, 자신들의 학부교육 역량을 한 단계 높일 수 있는 좋은 계기로 활용할 수 있을 것이다.

마지막으로 K-DEEP 프로젝트를 통해 파악된 개별 대학들의 우수사례를 궁극적으로 서로 다른 하나의 '학부교육 성공 모델'로 제시하고, 그 특징과 성공요인을 심층적으로 파악하여 제시함으로써 현재 우리 사회에서 초미의 관심사가 되고 있는 학부교육의 질 논의에 이론적·실천적으로 큰 기여를 할 수 있을 것으로 생각된다. K-DEEP 프로젝트는 미국 Indiana 대학의 NSSE Institute에서 시행한 DEEP(Documenting Effective Educational Practice) 프로젝트를 한국적 맥락에서 타당화하여 시행하는 것으로서, 미국의 학부교육 우수대학에서 시행된 주요 정책과 프로그램들이 한국의 대학에 적용했을 때 타당성이 있는지, 아울러 미국에서 이들 프로그램들을 성공하게 만들었던 다양한 실천적 전략과 리더십, 조직문화 등이 한국적 상황에서도 타당하고 설명력이 있는지 등을 비교적 관점에서 살펴봄으로써, 미국과는 다른 한국적 맥락을 반영한 우수한 학부교육 모델과 성공요인 파악을 위한 이론적 토대를 구축하는 데 중요한 기초자료를 제공해 줄 수 있을 것으로 생각된다. 또한 K-DEEP 프로젝트를 통해 국내 학부교육 우수대학들에서 활용하고 있는 우수한 교육 프로그램들과 개별 대학의 맥락에 맞는 효과적인 실천 전략을 발견할 수 있다면, 이러한 우수사례와 실천 전략들은 학부교육에 관심이 있는 우리나라의 많은 대학들이 학부교육의 질 제고를 위한 그들 자신만의 실천 전략을 구안해 내는 데 있어 벤치마킹할 수 있는 중요한 자료로 활용될 수 있을 것으로 보인다. 이는 큰 틀에서 기존에 한국 사회에서 오랜 기간 동안에 구축되어 큰 영향력을 발휘하고 있는 '평판에 기초한 대학 서열 구조' 혹은 '대중적 포퓰리즘에 기초한 언론사 등의 랭킹' 등의 역기능을 상쇄할 수 있는 중요한 수단을 제시할 뿐만 아니라, 나아가 궁극적으로 교육을 잘하는 대학이 사회적으로 보다 인정받을 수 있는 문화 정착에도 상당 부분 기여할 수 있을 것으로 기대된다.

제1장

서울여자대학교

공동체 정신과 심층학습(Deep Learning) 전략으로 거듭난
수도권 여자대학 성공모델

배상훈/전수빈

서울여자대학교 학부교육의 특징

'잘 가르치는 대학', 누구나 말하기는 쉽지만 실제로 보여 주기는 어렵다. 잘 가르치는 대학의 학생들은 어떻게 공부하고 있을까? 대학 구성원들은 서로 어떤 인간관계를 맺고 있을까? 잘 가르치는 대학은 어떤 교육 프로그램을 제공할까? 무엇보다 대학 교육의 혁신을 이끄는 핵심 동인은 무엇일까?

이 연구는 이러한 질문을 가지고 수행되었다. 연구의 대상은 서울 외곽에 위치한 중소형 규모의 여자대학으로서 학부교육 선도대학 육성사업(ACE 사업)에 연속 선정되어 7년째 사업을 수행하고 있는 서울여자대학교(이하 서울여대)다. 결론적으로 서울여대 학부교육 사례는 우리에게 잘 가르치는 대학이 갖추어야 할 모습이 무엇인지에 대한 단서를 제공하기에 충분하였다. 서울여대는 여자대학으로서 정체성을 지키고 현실적으로 당면한 재정적 어려움을 극복해야 하는 이중적 위기 상황을 맞아 지난 몇 년 동안 놀라운 변화와 성장을 경험했다. 면담에 참여한 어느 교수는 이를 두고 '기적'이라고 했다.

서울여대 학부교육의 가장 큰 특징은 학습의 양보다 질을 강조한다는 것이다. 학생들은 대학이 제공하는 다양한 프로그램(바롬인성교육, 서비스 러닝, 전공 소학회)에 참여하면서 자연스럽게 수업에서 배운 것을 비판적으로 고찰하고(고차원 학습, higher order learning), 반성적으로 되돌아보며(반성적 학습, reflective learning), 학습한 내용을 종합하고 현실 세계에 적용해 보는(통합적 학습, integrative learning) 경험을 하고 있었다. 즉, 학생들이 학습내용의 단순 암기를 특징으로 하는 표면적 학습(surface learning)이 아닌 심층 학습(deep learning)을 하고 있었다. 더욱이 바람직한 교육에 대한 교수들의 생각과 잘 설계된 교육 프로그램이 이를 촉진하고 있었다.

서울여대 학부교육의 또 다른 특징은 참여와 협동 속에서 배우는 교육이다. 우선 신입생들은 의무적으로 3주간 기숙사 생활을 하며 바롬인성교육에 참여한다. 여기서부터 학생들은 서로 협동하며 다양한 과제를 수행하는 경험을 하게 되고, 학년이 올라가면서 이러한 경험들은 더욱 심화되고 풍성해진다. 바롬인성교육 등 협동적 학습을 조장하고 촉진하는 다양한 교육 프로그램을 보면, 서울여대가 표방하는 플러스형(Plus+) 인재상이 교육과정에 잘 투영되고 있음을 보여 준다. 더 나아가 함께 학습하는 것이 서울여대만의 캠퍼스 문화가 되어 가고 있음을 알 수 있었다.

서울여대는 교육기관으로서 여자대학이 가진 강점과 약점을 잘 알고 있었다. 특히 여자대학이 갖는 가장 큰 약점 중 하나인 학생들이 갖는 개인주의 성향을 극복하고 바람직한 교우관계를 형성할 수 있도록 다양한 교육적 노력을 체계적으로 펼치고 있었다. 예를 들어, 서울 외곽에 위치한 캠퍼스 때문에 수업만 듣고 일찍 귀가하는 학생이 적지 않음을 알고 이에 적극적으로 대처하고 있었다. 학생들이 가급적 학교에 오래 머무르면서 동료 학생이나 교수들과 교류하고, 학습 활동을 할 수 있도록 캠퍼스 환경을 여학생 친화적으로 개선하는 등 교육 투자를 아끼지 않았다.

교수와 학생의 관계는 서울여대 학부교육의 우수성을 지탱하는 근간이다. 그들이 지향하는 공동체 기반 학부교육 모델은 활발한 교수·학생 상호작용과 불가분의 관계를 가진다. 특히 학습을 매개로 교수와 학생이 만나고 교류하는 전공 소학회 프로그램은 앞으로 대학에서 교수와 학생의 교류가 어떻게 발전해야 하는지를 보여 준다. 또한 서울여대에서는 여성 교수의 역할과 영향도 무시하기 어렵다. 특히 동문 교수들은 학생들에게 때로는 냉정한 현실 세계에 대해 조언을 아끼지 않는 인생의 멘토로 역할하고, 때로는 진로와 학습을 상의할 수 있는 따뜻한 선배로 역할을 한다.

서울여대는 2010년부터 ACE 대학으로 선정되어 지원을 받고 있다. 사업 재원을 바탕으로 다양한 프로그램을 운영하는데, 각각의 사업들이 따로따로 운영되기보다는 서로 긴밀히 연계되어 실질적인 시너지 효과를 내고 있다. 예컨대, 학생들은 전공 소학회에 참여하면서 교수와 함께 학습 내용을 현실에 적용할 수 있는 방법을 논의하고, 개인적으로 심층 학습과 협동 학습을 경험하게 된다. 또한 전공 소학회를 함께하는 동료 학생들과 긍정적인 교우 관계를 형성해 나간다. 학생들은 서울여대가 자신들에게 보인 관심과 지원에 대해 인지하고 고마워하며, 이는 대학에 대한 신뢰로 발전하고 있었다.

결론적으로 서울여대는 여러 면에서 잘 가르치는 대학으로 불리기에 충분하다. 나아가 작지만 강한 대학의 전형을 보여 준다. 빈약한 재정 여건, 여자대학으로서 가지는 정체성 위기, 불리한 지리적 환경, 충분하지 않은 전임 교수와 직원 수 등 대학이 처한 한계와 문제를 슬기롭게 극복하면서 혁신과 변화를 향해 나아가고 있다. 그러나 이는 하루아침에 이루어진 것은 아니다.

우선 이러한 성과는 대학 구성원들이 오랜 기간 공들여 발전시켜 온 교육과정과 프로그램이 낳은 역사적 산물이다. 시간이 흐르고 많은 사람이 대학을 거쳐 갔어도 서울여대 학부교육이라는 나무의 뿌리와 줄기에 해당하는 교육비전과 철학은 구성원의 마음속에 면면히 유지되어 왔다. 더구나 이를 지탱해 온 것은 서울여대 구성원에게 내면화된 규범(norms)과 가치(values)의 힘이었다. 이는 서울여대 학부교육의 방향타인 인재상으로 구체화되었고, 다음 세대나 동료들에게 전수되고 확산되어 어느덧 서울여대의 문화가 되어 있었다. 즉, 오랜 축적의 시간을 거쳐 오늘의 모습을 갖추었고, 이제는 일상(日常)이 되어 있었다.

앞서 언급하였듯이 서울여대는 위기를 기회로 만들고 있었다. 면담 참여자들은 앞으로 서울여대가 겪을 위기와 어려움을 알고 있었다. 그리고 이를 극복하려면 '판'을 흔드는 혁신이 필요함을 인지하고 있었다. 이렇게 볼 때, 지난 몇 년 동안 서울여대가 경험한 변화와 성취는 대학 경영진의 결단, 보직교수들의 솔선수범과 헌신, 동료 교수들의 동참을 이끌어 내려는 노력, 무엇보다 대학 구성원들이 공유하는 대학에 대한 자부심과 애착이 복합적으로 작용하여 낳은 산물이었음을 알 수 있다.

서울여대는 총장부터 일반 교수까지 정규교육과정과 수업이 가장 중요하다고 인식한다. 학부교육의 혁신은 교육과정과 수업의 변화로 실현되고, 이를 통해 교육의 혁신이 지속될 수 있다고 생각한다. 따라서 일회성 혹은 비교과 교육 프로그램의 수를 늘리기보다는 성공적인 프로그램을 정규 교육과정에 내재화하고 교육의 질을 관리하는 데 최선을 다하고 있었다. 면담에 참여한 교수와 학생들은 외재적 보상보다 보람, 성취, 만족감이 참여의 핵심 동인이라고 말했다.

서울여대의 학부교육이 더욱 발전하기 위해서는 다음과 같은 문제에 대한 진지한 고민과 대처가 필요하다.

첫째, 학생들에게 진취적인 도전정신을 어떻게 불어넣을 것인가다. 착하고 순종적인 이미지에 머물기보다 진취적이고 건강한 여성 인재가 되도록 하려면 어떠한 노력이 필요한지 고민할 때다.

둘째, 여자대학으로서 정체성 재확립이다. 대학 입학자원의 감소와 남녀공학 선호라는 위기적 상황에서 여학생들이 현실적으로 원하는 것이 무엇이고, 우리 사회가 요구하는 여성 인재는 어떤 모습인지에 대해 깊이 생각해 볼 필요가 있다.

셋째, 대학의 변화와 혁신을 주도하면서 구성원의 참여를 설득하고 유도하여 개혁의 저변을 확대하는 것도 과제다. 화합 속에서 대학 혁신과 변화를 점진적으로 이끌어 갈 인재를 발굴하고, 바람직한 세대교체를 이루어 내는 것이 필요하다. 정부 재정지원 사업 종료 후에도 지금까지 이룬 성취를 유지하고 변화와 혁신 동력을 유지하는 방안을 강구하는 것도 과제다.

넷째, 교육과 연구의 균형 전략도 필요할 것으로 생각된다. 연구 활동에서 두각을 나타낼 수 있는 학과들을 집중 육성하면서도, 지금의 우수한 학부교육이 대학 차원에서 지속되도록 하는 투 트랙(two-track) 전략을 고려해 볼 수 있다.

제1절 서 론

서울여자대학교(이하 서울여대)는 학부교육 선도대학 육성사업(ACE 사업)의 1주기 사업(2011~2014)을 성공적으로 마치고, 2015년에 2주기 사업(2015~2018)에 다시 선정되었다. 다시 한 번 잘 가르치는 대학으로 인정받은 셈이고, 'ace of ACE'로 불릴 만하다. ACE 사업이 대학 차원의 교육 경쟁력을 평가한 것이라면, 학과 단위에서 교육의 질과 경쟁력을 평가하고 지원하는 것은 대학 특성화 사업(CK 사업)이다. 서울여대는 CK 사업에서도 5개 사업단이 선정되어 학과 수준의 교육 경쟁력도 인정을 받았다. 최근에는 대학 구조개혁 평가에서도 A등급을 받아 최고 수준의 대학임이 확인되었다. 서울 외곽에 위치한 소규모 여자대학으로서 놀라운 성과다.

그런데 우리는 서울여대가 ACE 사업에 선정되고 성공적으로 사업을 진행하고 있다는 이유로 진정 잘 가르치는 대학이라 말할 수 있는가? 일반적으로 대학 재정지원 사

[그림 1-1] 서울여자대학교 홍보자료

출처: 서울여자대학교 홍보자료 홈페이지(http://www.swu.ac.kr/ad/01_ad_2015.html).

업의 선정 평가에서는 사업의 목적 및 취지와 관련하여 대학이 가진 자원(資源), 역량 그리고 의지를 주로 살펴본다. 대개 2단계 절차를 거치는데, 1차 평가는 사업의 목적에 부합하는 정량 지표를 활용하여 공모에 참여한 대학이 최소한의 자격을 갖추었는지를 확인하고, 2차 평가 대상을 걸러내는 역할을 한다. 2차 평가는 선정 평가단이 대학의 사업 계획서를 정성적으로 평가한 후, 현장 방문과 대학 구성원 면담 등을 통해 이를 최종 확인하는 방식으로 진행된다. 이러한 평가 절차를 거쳐 최종적으로 선정되면, 정책 당국과 일반 대중은 해당 대학이 적어도 정책 사업의 취지와 관련해서는 우수한 대학일 것이라고 생각하게 된다. 서울여대가 두 번에 걸친 ACE 사업의 선정 평가를 통과하고, 대학 사회에서 잘 가르치는 대학으로 인식되는 것도 이러한 이유에서다.

그렇다면, 서울여대는 어떠한 면에서 잘 가르치는 대학일까? 아쉽게도 서울여대가 ACE 사업에 두 차례나 선정되었다는 사실이 이 질문에 대한 답을 주지는 않는다. ACE 대학이라는 이유로 서울여대가 잘 가르치는 대학일 것이라는 추측은 할 수 있지만, 서울여대 학생들이 학습과정에 얼마나 적극적으로 참여하고, 어떠한 인간관계를 형성하고 성장하는지, 대학과 교직원에 대해서는 어떠한 생각을 가지고 생활을 하고 있는지를 구체적으로 알기는 어렵다는 것이다.

이와 관련하여 K-DEEP(Korean Documenting Effective Educational Practices) 연구자들은 대학생의 학습과정을 다양한 측면에서 진단하는 학부교육 실태조사(Korean National Survey of Student Engagement: K-NSSE) 데이터를 살펴보았다. 그 결과, 서울여대 학생들은 다른 대학의 학생들보다 높은 수준의 고차원 학습(higher order learning)을 하고 있었다. 또한 서울여대 학생들은 비교 대학의 학생들보다 능동적이고 협력적인 학습(collaborative learning)을 하고, 교우관계도 월등하게 높은 수준이었다. 대학의 지원에 대한 만족도 역시 최고 수준이었다. 그러나 이는 학생을 대상으로 하는 설문조사의 분석 결과다. 서울여대 학부교육의 실태에 대한 실증 자료와 객관적인 정보를 제공하고 있지만 구체적으로 서울여대의 학부교육이 어떠한 양상으로 진행되고 있는지와 과연 우수하다고 말할 수 있는지에 대한 답을 주지는 못한다.

이러한 맥락에서 연구자들은 서울여대에서 이루어지는 학부교육의 양상을 질적으로 분석해 보고자 하였다. 구체적으로 서울여대 학생들이 수업과 비교과 활동 등을 통하여 경험하는 학부교육의 질을 탐색하고 교육적 관점에서 우수함이 있다면 그것이 무엇인지를 확인하고자 하였다. 아울러 서울여대에서 이루어지는 학습경험, 인간관계, 다양한 대학생활 경험이 서울여대 학생들의 성장과 변화에 어떠한 영향을 미치는지를 질적으로 분석하는 시도를 하였다. 또한 지금까지 서울여대가 거둔 성과를 견인해 온 요인이 무엇인지도 심층적으로 탐색하고자 하였다.

서울여대는 기독교 이념으로 설립된 여자대학이라는 점을 제외하면 전형적인 중소규모 사립대학의 특징을 가지고 있다. 법인 전입금이 충분하지 않은 가운데 대학의 재정은 주로 학생의 등록금에 상당 부분 의존한다. 또한 캠퍼스가 서울 외곽에 위치하므로 지리적으로 큰 이점이 있다고 보기 어렵다. 사회적으로 남녀공학에 대한 선호가 커질수록 여대로서의 정체성을 유지하는 데 부담이 된다. 여자대학으로서 대학이 가지는 비전을 제시하고, 서울여대를 선택한 학생들에게 대학이 그들의 성장과 변화 그리고 미래 삶에 어떤 도움을 줄 수 있을지를 구체적으로 보여 주어야 하기 때문이다.

이러한 상황을 맞아 서울여대는 일찌감치 교육중심대학을 표방하고, 탁월한 학부교육의 제공을 대학의 발전 전략으로 삼았다. 학생과 교육을 대학이 추구할 최우선의 가치로 여기고, 이것이 대학의 문화가 되고 교육과정 전반에 스며들도록 대학의 구성원들이 노력해 왔다. ACE 사업을 비롯한 다양한 교육 관련 정부 사업에서 좋은 평가를 받은 것이 결코 우연은 아닌 것이다. 이 과정에서 가장 큰 힘을 발휘한 것은 역시 총장을 비롯한 대학 구성원의 강한 의지와 노력, 그리고 학생들의 적극적인 참여다. 이러한 측면에서 서울여대 학부교육에 대한 사례분석은 매우 가치 있는 시도라 하겠다.

이 연구는 주로 대학 구성원에 대한 심층면담과 문헌 연구를 통해 이루어졌다. 연구진은 면담과 토론을 위하여 총 6차례에 걸쳐 대학을 방문하였다. 면담은 대상자별로 약 1시간씩 이루어졌고, 면담 대상자의 동의를 얻어 면담 내용을 녹음한 후 전사하여 분석에 활용하였다. 면담 과정에서는 연구진이 사전 워크숍을 통하여 준비한 반구조화된 질문지를 사용하였다. 박사급 연구자 1명이 질문과 대화를 주도하였고, 박사과정 연구원 1명이 이를 보조하였다.

우선 교수에 대한 면담은 대학 경영의 최종 의사결정자인 총장과 대학 본부에서 교육 제도와 프로그램을 기획하고 변화와 혁신을 주도해 온 보직교수(기획, 교무, 입학, 학생처장 등 4명), 그리고 특별한 보직 경험이 없는 일반 교수(총 4명)를 대상으로 이루어졌다. 또한 대학에서 교육 제도와 프로그램의 개발 및 행정 지원을 담당하는 직원들도 면담하였다. 구체적으로 학생지원, 교양교육, 취업지원, 인성교육(바롬인성교육), 교수·학습 분야의 업무 경험이 있고, 학생들과 직접적인 교류가 많은 팀장급 직원 6명을 대상으로 이루어졌다. 일부는 집단 면담(3명 1회, 2명 1회)을 수행하였고, 나머지는 개별 면담을 실시하였다.

재학생에 대한 면담은 총 29명을 대상으로 이루어졌다. 면담 대상자는 다양한 학과에서 학년별로 골고루 선정하였으며, 2~4명씩 집단을 구성하여 면담을 수행하였다. 면담 대상 집단을 구성함에 있어 대학 홍보대사(바롬이, 슈家멘토 등) 등을 경험하여 대학의 정책과 프로그램을 비교적 잘 알고 있는 학생들과 평범한 일반 학생을 골고루 포함하였다. 집단별로 1시간씩 면담이 이루어졌으며, 학생들의 동의를 얻어 녹음한 후 전사하여 분석하였다. 이 외에도 50주년 기념관, 바롬인성교육원, 교수학습센터 등 서울여대 학부교육의 과거와 현재를 보여 주는 기관과 장소를 방문하여 담당자들과 토의하고 연구 자료를 수집하였다. 대학의 강의실, 식당, 대학 내 커피숍 등을 방문하여 대학의 물리적 환경과 함께 학생들이 학습하고 생활하는 모습을 직접 살펴보았다.

1차 중간 분석 결과는 총장, 주요 보직교수, 직원 및 K-DEEP 연구자가 참여한 워크숍에서 발표하고, 이에 대한 피드백을 받음으로써 분석의 타당성을 확보하고 분석 결과를 보완하였다. 〈표 1-1〉과 〈표 1-2〉는 면담 현황과 문헌 분석에 활용한 자료를 보여 준다.

〈표 1-1〉 사례연구를 위해 수행한 면담 및 참여관찰 내용

		사전 방문	1차 방문	2차 방문	3차 방문	4차 방문
방문 일시		2015. 8. 10.	2015. 9. 14.	2015. 9. 21.	2015. 11. 9.	2015. 11. 16.
면담대상자	교수 (보직 및 일반교수)	총장, 기획처장, 교무처장, 학생처장, 입학처장 ACE 사업담당 직원 등 오찬 간담회	총장, 기획처장, 교무처장, 학생처장, 입학처장 총 5명 (개별면담)		4명 (개별면담)	
	학생			21명 -4명씩 5팀 집단면담		8명 -2명씩 4팀 집단면담
	교직원			6명 -3명 집단, 2명 집단, 1명 개별면담		
현장 방문		K-DEEP 프로젝트 개요 설명/ 기초자료 수집		캠퍼스 참여관찰	교수학습센터 방문/ 자료 수집	바롬인성교육관/ 50주년 기념관 방문 관계자 면담 및 자료 수집

〈표 1-2〉 사례연구를 위해 참고한 주요 문헌자료 목록

자료 형태	참고한 주요 자료
대학본부 자료	• ACE 사업보고서 • 서울여자대학교 중장기 발전계획 • 2013 자체진단 보고서 • 입학 관련 서울여대 홍보자료 • K-CESA 분석 자료 • K-NSSE 보고서
ACE 사업 관련 자료	• 신입생 대학생활 안내자료(2014 수업학적 가이드) • 전공교육과정(PLUS형 인재 양성을 위한 전공교육과정 공통 프레임워크)

	• Service-Learning 성찰 저널 모음집 • 서울여대 학생들을 위한 국제교류 프로그램 등
바롬인성교육원 자료	• 바롬 학습윤리 가이드북, 바롬인성교육 안내 자료
일반출판물	• ACE 대학 협의회(2013). ACE 대학 총장들이 제시하는 학부교육 선진화의 비전과 도전. 서울: 학지사.
기 타	• 대학정보공시자료, 홍보 인쇄물

제2절 서울여자대학교의 기본적 특성

1. 역사적 맥락

1) 설립 배경

서울여대의 설립에는 크게 종교적 배경과 시대적 배경이 자리하고 있다. 19세기 말 우리나라에 기독교가 유입되면서 많은 여성의 사회의식이 각성되었고, 이러한 가운데 교회복음 운동의 확산과 더불어 궁극적인 사회 발전과 국민의식 및 생활수준 향상을 실현시킬 수 있는 여성 고등교육기관이 절실히 필요하게 되었다. 이에 대한예수교 장로회가 대학 설립을 결의하였으나 일제 식민지하에서의 어려움과 해방 이후의 혼란, 6 · 25 전쟁으로 인해 그 설립은 늦춰지게 되었다.

이러한 시대적 상황은 여성의 적극적 사회참여와 올바른 가치관의 정립, 농촌 발전에 기여할 필요성 등을 요구하였다. 시대의 변화로 가정과 사회에서 여성의 역할과 비중이 높아짐에 따라 대학이 여성에게 개인의 인격 도야와 가정에서의 역할에 대한 교육뿐만 아니라 사회 발전에 참여하고 선도하기 위한 지도자로서의 훈련을 함께 시행해야 한다는 사회적 · 시대적 요구가 나타났다. 또한 설립 당시 우리나라 전체 인구의 약 70%에 해당하는 농촌인구를 고려할 때, 국민생활의 근본이 되는 농촌을 균형 있게 발전시키고, 아울러 농민의 자각과 의욕을 고취시켜 줄 지도자를 배출하는 일이 필요했다. 이러한 시대적 요구는 서울여대 초대학장 고황경 박사의 기독교적 교육철학과

지도자적 개척정신이 서울여대의 교육이념의 근간이 되고 실천적 생활교육의 모태가 되었다.

2) 역 사

서울여대는 1960년 문교부로부터 서울여자대학이라는 교명으로 설립인가를 얻고 1961년에 개교하였다. 초대 학장에는 고황경 박사가 취임하였다. 설립 당시 문교부에 제출한 건학이념은 다음과 같다.

> 민주국가 건설 초기에 강력한 도의정신과 기술을 구비한 지도자가 절실히 요구되는 실정에 비추어 재래의 대량 생산적이며 지적 편중인 대학교육을 지양하고 지적교육과 아울러 기독교 정신에 입각한 도의 실천 교육과 기술교육을 선발받은 극소수에게 균형 있게 실시함으로써 출세주의, 성공주의, 간판주의를 떠나 동족과 인류의 행복을 위하여 자발적으로 수준 이하의 사회와 퇴폐된 농촌의 개척자, 선봉자로서 봉사할 수 있는 지 · 덕 · 술이 겸비된 여성 지도자를 양성함에 있다.

서울여대는 대학만의 독특한 교육을 위해서 학생 전원을 생활관에 수용할 것을 계획하였기 때문에 경치 좋고 공기 좋은 시외로 물색하여 1958년 당시 경기도 양주군 노해면 공덕리, 즉 태릉에 있는 신학대학 부지에 설립하게 되었다. 1963년에는 생활 교

[그림 1-2] 서울여대의 초기 교육 모습

출처: 서울여자대학교 박물관 전시자료.

육을 위한 수련장으로서 가정 실습 주택을 준공하여, 학습생활공동체를 위한 기반을 마련하였다. 매년 새로운 학과의 신설을 인가받으며 점차 그 규모를 키웠고, 1979년에 대학원 신설 인가를 받아 대학원도 계속 확충·발전시켜 왔다. 1988년에는 종합대학교로 개편인가 됨에 따라 명실공히 기독교 여자 종합대학교의 틀을 마련하였다.

2000년대 이후 서울여대는 매년 대학교육협의회의 학문분야평가 및 대학종합평가에서 최우수 및 우수 대학으로 평가되어 오고 있다(2002년 교양교육 및 디자인, 2003년 사회복지, 2004년 문헌정보학전공, 2005년 언론영상학전공, 2006년 생명환경디자인 및 체육학과, 일어일문학전공, 2009년 경제학과 등). 이뿐만 아니라 2003년, 2009년, 2010년 교육부와 한국교육개발원 주관 일반대학 교직과정 평가에서도 우수대학으로 선정되어 왔으며, 2011년 교원양성기관 평가에서는 교육심리학과, 교직과정이 최고등급(A)을 인정받았다.

서울여대는 우수대학을 선정하여 재정을 지원하는 정부사업에도 다수 선정되어 대학 발전의 동력으로 삼아 발전해 오고 있다. 무엇보다도 서울여대는 2010년부터 2013년까지 대학 교육역량강화사업과 학부교육 선진화 선도대학 육성사업(ACE)에 선정되어 교육적 측면에서 높은 성장을 보였다. 2014년에는 학부교육 선도대학 육성사업에 재선정되어 교육중심대학으로서의 입지를 확고히 하게 되었으며, 학부교육 선도대학 최초로 2년 연속 ACE 대학 우수사례에 선정되었다. 교육과정 구성 및 운영 분야에서 서비스 러닝 내실화로 2014년 학부교육 선도대학 육성사업 우수사례로 선정됨으로써 ACE 대학의 명성을 이어 갔다.

2013년에는 대학기관평가인증제의 인증을 획득하였고, 바롬인성교육과정이 모범사례로 선정되었다. 2014년에는 개교 이래 지속으로 실천해 온 생활공동체 기반의 바롬인성교육을 실천하고, 외부기관에 확산·보급하는 등 국가와 사회가 필요로 하는 인성교육에 기여한 점을 높이 평가받아 대학으로는 최초로 '대한민국 인성교육대상' 교육부장관상을 수상함으로써 바롬인성교육이 대한민국 최초이자 최고의 인성교육임을 재확인하였다.

2008년부터 연이어 교육과학기술부 주관 대학입학사정관제 지원사업에 선정되었고, 2010년부터 2012년까지는 3년 연속 선정되어 선도모델 인센티브도 지원받았다. 2013년에는 대학의 입학사정관 역량강화 지원사업에 선정되었으며, 그중 협력중심 대학으로 선정되어 우수 사례를 확산하고, 고교-대학 연계 프로그램을 운영하는 등 선도적 역할을 수행하게 되었다. 2013년에는 고교교육 정상화 기여대학 지원사업에도 선정되었다.

특성화 측면에서는 2007년, 2008년 연속 교육인적자원부 주관 수도권대학 특성화 지원사업 지원 대학으로 선정되어, 의류·패션산업의 복합기능 인재 육성을 위한 교육 콤플렉스 구축사업을 시행하였다. 2014년 대학 특성화사업에도 5개 사업단이 선정되면서 정부 재정지원 사업에 연이어 선정되는 괄목할 만한 성과를 이루었다. 그 외에도 2010년에 환경부, 한국환경공단 주관 2011년 저탄소 그린캠퍼스 운영 지원사업에서 저탄소 그린캠퍼스로 선정되었고, 이에 기후변화에 적극적으로 대처하는 실천적 그린여성리더의 양성 및 친환경 캠퍼스의 조성을 위하여 에코캠퍼스추진사업단을 설립한 바 있다.

2015년에는 미래창조과학부 산하 한국인터넷진흥원에서 주관하는 2015학년도 정보보호 특성화 대학 지원사업 수행기관으로 선정되었으며, 교육부 대학 구조개혁 평가에서 최우수 A등급을 획득하였다. 특히 12개 지표 중 교사확보율, 학생학습역량 지원, 장학금 지원, 졸업생 취업률 등 4개 항목에서 만점을 받으며 총점 60점 만점 중 58.293점(100점 환산 97.1점)의 높은 평가 결과를 받았다. 이처럼 서울여대는 개교 이래 50여 년 동안 작지만 강한 대학, 교육을 잘하며 사회에 이바지하는 여자대학으로 괄목할 만한 성장을 이루어 오고 있다.

2. 교육 철학 및 목표

1) 교육목표

설립 당시 서울여대의 교육목표는 대한민국의 교육이념과 기독교 정신을 바탕으로 정보화 사회와 고도의 산업기술사회에 대비할 수 있는 학문과 기술을 습득하고, 지도적 인격을 도야하여 국가와 인류사회 발전에 공헌할 수 있는 지·덕·술을 갖춘 여성 지도자를 양성하는 것이었다. 2011년 서울여대는 학문적 요구와 시대적 변화에 맞추어 중장기발전계획 SWU2020을 선포하면서 '공동체 가치를 실현하는 PLUS형 인재 양성'을 앞으로 우리 대학이 추구해 나갈 교육목적으로 새롭게 제시하였다. 이를 실현하기 위해 다음과 같이 3가지 교육목적을 수립하여 교육을 진행해 왔다.

첫째, 전문인의 양성을 목적으로 한다. 전공분야의 지식과 기술을 습득하고 사물과 현상을 올바로 판단할 수 있는 과학적 인식능력과 비판적이고 종합적인 사고력 및 문제해결력을 함양한다.

둘째, 기독교 정신의 함양을 목적으로 한다. 기독교 정신을 바탕으로 올바른 가치관을 확립하고 인간을 사랑하는 심성과 성숙된 인격을 도야하며 지도자로서의 자질을 함양한다.

셋째, 실천인의 육성을 목적으로 한다. 전문지식의 활용과 민주사회의 가치와 사회정의를 실현하기 위한 실천능력을 함양하고, 나아가 민족문화 창달과 국제사회에 기여할 수 있는 적응력을 기른다.

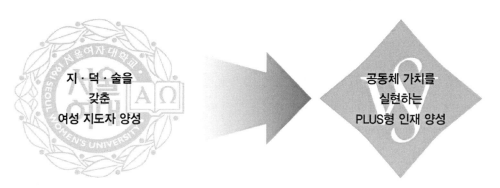

[그림 1-3] 학문적 요구와 시대적 변화를 반영한 서울여대의 교육목적

출처: 서울여자대학교(2013a). 2013년 기관평가인증을 위한 서울여자대학교 자체진단평가 보고서.

2) 인재상

서울여대의 인재상인 PLUS형 인재란, 공동체에 도움이 되도록 자기의 몫을 창의적

으로 해낼 뿐 아니라 함께 어울려 일하며 더불어 행복한 인재다. '공동체 가치를 실현
하는 PLUS형 인재 양성'이라는 교육목적을 이루기 위해 '창의적 전문성을 갖춘 인재'
'인성과 소양을 지닌 인재' '봉사와 실천을 하는 인재'로 인재상을 정의하여 제시하였
다. 그리고 그러한 인재가 갖추어야 할 5가지 핵심역량을 공동체 가치, 의사소통능력,
통합적 사고력, 글로벌 경쟁력, 창의적 기획력으로 제시하였다([그림 1-4] 참조).

공동체 가치	건전한 인성과 가치관을 바탕으로 자신과 주변을 성숙시킬 수 있는 능력
의사소통능력	자신의 의사를 적절히 표현하고 타인의 의사를 정확히 이해할 수 있는 능력
통합적 사고력	다양한 현상들의 관계를 파악하고 분석하여 문제를 해결할 수 있는 능력
글로벌 경쟁력	외국어를 활용하고 글로벌 현상의 이해와 국제적 감각을 갖출 수 있는 능력
창의적 기획력	유연한 사고와 독창적 아이디어로 변화하는 환경에 대응할 수 있는 능력

[그림 1-4] 서울여대 핵심역량

출처: 서울여자대학교(2013a). 2013년 기관평가인증을 위한 서울여자대학교 자체진단평가 보고서.

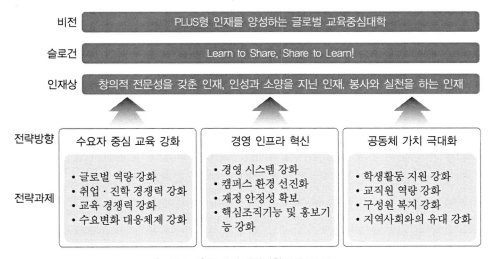

[그림 1-5] 중장기 발전계획 SWU2020

출처: 서울여자대학교(2013a). 2013년 기관평가인증을 위한 서울여자대학교 자체진단평가 보고서.

서울여대는 대학의 비전인 'PLUS형 인재를 양성하는 글로벌 교육중심대학'을 실현하고자 'Learn to Share, Share to Learn!'이라는 슬로건을 걸고 중장기 발전계획 SWU2020을 구축하였으며, 그 개요는 [그림 1-5]와 같다.

3. 구성원

1) 학 생

서울여대는 2015년 기준 재학생 수 7,770명의 중소규모 사립대학이다. 학생 충원율은 113.7%로 비교적 높은 수준이다. 입학생 모집 시 경쟁률도 15.1%로 비교적 높은 수준이다. 반면 중도탈락 학생의 비율은 2.8% 수준으로 낮은 편이다.

〈표 1-3〉 2015년 신입생 및 재학생 현황

신입생 현황					재학생 현황		
정원 내 모집자 수	정원 내 입학자 수	정원 내 지원자 수	정원 내 신입생 충원율	경쟁률	학생 정원	재학생 수	학생 충원율
1,655명	1,653명	24,984명	99.9%	15.1%	6,833명	7,770명	113.7%

출처: 대학알리미 홈페이지(http://www.academyinfo.go.kr).

〈표 1-4〉 2015년 중도탈락 현황

재적 학생	중도탈락 학생	중도탈락 학생 비율
9,450명	269명	2.8%

출처: 대학알리미 홈페이지(http://www.academyinfo.go.kr).

학생 모집은 크게 인문대학, 사회과학대학, 자연과학대학, 창의융합대학으로 이루어진다. 인문대학에는 국어국문학과, 영어영문학과, 불어불문학과, 독어독문학과, 중어중문학과, 일어일문학과와 같은 어문계열, 그리고 사학과, 기독교학과가 있다. 사회과학대학에는 경제학과, 문헌정보학과, 사회복지학과, 아동학과, 행정학과, 언론영상학부가 있으며, 교육심리학과와 체육학과가 있다. 자연과학대학에는 수학과와 화학, 생명환경과학부, 원예생명조경학과, 식품응용시스템학부가 있다. 2016년부터 신설되는 창의융합대학에는 경영학과, 의류학과, 디지털미디어학과, 정보보호학과, 소프트웨어융합학과, 산업디자인학과가 편제되어 있다. 공학계열과 의학계열이 없으며, 수도권의 여자대학인 만큼 비수도권보다는 수도권 내의 여학생들이 대다수라는 특징이 있다.

서울여대 단과대별 최근 2년간 졸업생 현황은 다음과 같다. 2014년 기준으로 취업률은 44.3%로 상당히 낮은 수준이다. 진학률은 2014년 기준 7.9%다. 취업률은 정보미디어대학이 가장 높고, 미술대학이 가장 낮으며, 진학률은 자연과학대학이 가장 높았다. 2015년에는 전체 취업률이 59.4%로 2014년에 비해 높아졌으며, 진학률도 8.9%로 다소 상승하였다. 2015년에도 정보미디어대학이 가장 취업률이 높았고, 자연과학대학이 가장 취업률이 낮았다. 반면 자연과학대학의 진학률은 가장 높았다.

〈표 1-5〉 최근 2년간 단과대학별 졸업생 현황 (단위: 명)

연도	단과대학	졸업자	취업자			진학자	기타	취업률(%)	진학률(%)	교내취업
			건강보험DB	해외취업	기타*					
2014	미술대학	163	45	0	0	14	103	30.0	8.6	0
	사회과학대학	691	319	1	0	33	335	48.4	4.8	0
	인문대학	411	128	2	0	29	232	35.5	7.1	0
	자연과학대학	414	173	0	0	57	181	48.5	13.8	0
	정보미디어대학	174	85	0	0	13	76	51.8	7.5	0
	합계	1,853	750	3	0	146	927	44.3	7.9	0
2015	미술대학	171	77	0	26	16	52	64.8	9.4	4
	사회과학대학	672	369	1	20	38	239	59.8	5.7	18
	인문대학	394	179	0	33	24	137	57.3	6.1	18
	자연과학대학	417	165	1	30	69	147	54.4	16.5	11
	정보미디어대학	150	95	1	4	14	36	69.4	9.3	8
	합계	1,804	885	3	113	161	611	59.4	8.9	59

* 개인 창작 활동 종사자, 1인 창(사)업자, 프리랜서

출처: 대학알리미 홈페이지(http://www.academyinfo.go.kr).

2) 교원 및 교직원

2015년 기준 서울여대의 전임교원 수는 246명으로 자세한 사항은 〈표 1-6〉과 같다. 그중 인문·사회계열 교수가 과반수이며, 공학이나 의학계열 교수는 없다. 재학생 수가 8,479명으로 전임교원 1인당 학생 수는 34.5명 정도다. 교원의 법정정원에 비해서 전임교원의 수가 적고, 재학생 기준으로 전임교원 확보율이 65.95%다.

〈표 1-6〉 2015년 전임교원 수 및 전임교원 확보율 현황   (단위: 명)

	재학생 수	전임교원 수	교원 법정정원 (재학생 기준)	전임교원 1인당 학생 수 (재학생 기준)	전임교원 확보율 (재학생 기준)(%)
인문·사회계열	5,125	153	205	33.5	74.6
자연과학계열	2,520	71	126	35.49	56.3
공학계열	-	-	-	-	-
의학계열	-	-	-	-	-
예체능계열	834	22	42	37.91	52.4
총 계	8,479	246	373	34.47	65.95

출처: 대학알리미 홈페이지(http://www.academyinfo.go.kr).

서울여대는 여성 교수 비율이 높다는 점이 특징이다. 전임교원의 경우 남성 교원이 121명, 여성 교원이 118명으로 50:50의 비율을 보이고 있고, 비전임교원을 포함한 교원 전체의 비율로 볼 때는 여성 교원이 약 100여 명 정도 더 많은 것으로 나타났다. 여성 교수 중에 서울여대가 모교인 교수의 수도 상당히 많은 편이다. 한편, 교양학부 등 단과대학에 속해 있지 않은 전임교원은 33명으로 전체 전임교원의 약 13.4%에 해당하였다.

〈표 1-7〉 2015년 단과대별 성별 교원 현황   (단위: 명)

단과대학	총계		학부			
			전임교원		비전임교원	
	남	여	남	여	남	여
미술대학	45	29	13	4	32	25

사회과학대학	60	72	27	35	33	37
인문대학	51	48	32	19	19	29
자연과학대학	41	71	28	25	13	46
정보미디어대학	24	18	17	6	7	12
교양학부 등	15	81	4	29	11	52
대학원	10	39				
합계	246	358	121	118	115	201

출처: 대학알리미 홈페이지(http://www.academyinfo.go.kr).

　서울여대 전임교원의 연구 실적은 1년 동안 1인당 논문 1편 정도로 많지 않은 편으로, 서울여대가 교육중심대학임을 반영하고 있다.

〈표 1-8〉 2015년 전임교원 연구 실적 및 연구 수혜 현황

전임교원 1인당 논문 실적 (단위: 편)				전임교원 1인당 저역서 실적 (단위: 편)	전임교원 1인당 연구비 (단위: 천 원)	
국내 기준	국제 기준	연구재단 등재지	SCI급/ SCOPUS		교내	교외
0.8949	0.1266	0.6359	0.1145	0.0993	3356.9	24378.3

출처: 대학알리미 홈페이지(http://www.academyinfo.go.kr).

　서울여대 직원은 2015년 기준 총 246명으로 직원 1인당 학생 수는 31.6명이다. 교직원도 교원과 마찬가지로 타 대학에 비해 여성 직원의 비율이 높다는 특징이 있다. 남성 직원과 여성 직원의 비율은 약 1:2의 수준이다.

〈표 1-9〉 2015년 서울여대 직원 현황　　　　　　　　　　　　　　　　　　(단위: 명)

일반직		기술직		계약직		기타		합계	
남	여	남	여	남	여	남	여	남	여
26	39	27	8	31	112	2	1	86	160

출처: 대학알리미 홈페이지(http://www.academyinfo.go.kr).

4. 물리적 환경

서울여대는 서울 노원구 화랑로에 위치하고 있다. 서울의 북동쪽 외곽에 위치하고, 학교 주변이 번잡하지 않고 조용하며 공기가 좋다. 주변에는 태릉선수촌, 수목원 등이 위치해 있어 한적하며, 서울과학기술대학교, 삼육대학교, 육군사관학교가 있다.

학교에 들어가는 정문은 넓고 '잘 가르치는 대학 선정'과 같이 학교의 우수함을 자랑하는 현수막이 걸려 있어 눈에 띈다. 학교에 들어서면 바로 현대식 건물인 '50주년 기념관'이 보이고 길을 따라 걸어가면 학생들이 수업을 듣는 건물들이 있다. 캠퍼스는 크지 않고 곳곳에 수목이 잘 가꾸어져 있어 정원 같은 느낌을 주고 아늑하다.

중앙에는 중앙도서관과 학생들이 동아리 활동을 하거나 식당을 이용하는 학생누리관이 위치하고 있다. 학교 안을 걷다 보면 구두를 많이 신는 여학생들을 배려해 세미나실의 바닥을 카펫으로 한 것이나 교내 인도를 푹신한 재질의 콘크리트를 사용한 것 등 여학생들을 위한 세심한 배려가 교내 곳곳에 보인다.

서울여대 정문 바로 뒤에 있는 '50주년 기념관'은 서울여대가 설립된 배경부터 서울여대가 걸어온 역사를 차근차근 볼 수 있는 곳으로 서울여대의 교육목표와 인재상에 대한 이해를 돕는다. 학교의 가장 안쪽에 자리한 '바롬인성교육관'은 서울여대가 학습과 생활을 함께하는 '바롬인성교육'이라는 공동체생활교육을 강조하는 만큼 서울여대가 지향하는 대학교의 모습을 볼 수 있는 장소다.

[그림 1-6] 서울여대의 삼각숲과 학생누리관

[그림 1-7] 50주년 기념관 외관과 전시관 내부

서울여대는 2011년 창학 50주년을 맞아 그린캠퍼스 마스터플랜을 준비하고 실행해 나가고 있다. 보차분리를 통한 차 없는 거리, 정문지구 문화 콤플렉스 개발, 창학 50주년 기념관 건립으로 정문지구와 남문지구는 활력 있는 캠퍼스로, 강의실이 있는 곳은 교육과 연구를 할 수 있는 조용한 캠퍼스로 조화롭게 캠퍼스 배치를 할 계획이다. 또한 2009년에 '에코캠퍼스 STOP CO_2' 실천을 선언하고 친환경적인 캠퍼스 생태계 개선사업을 추진함으로써 푸른 자연이 충만한 캠퍼스를 만들어 나가는 데 노력을 기울이고 있다. 매년 에코캠퍼스 실천단을 꾸려 학생들이 스스로 교내 환경을 깨끗하게 하는 역할을 하게끔 하고, 에코 페스티벌을 하는 등 친환경적인 캠퍼스에 학생들의 관심을 높이고 있다. 그린 캠퍼스의 일환으로 2013년에 준공된 50주년 기념관은 저탄소 녹색성장 정책에 맞춘 녹색건물(친환경 건축물)로 설계되었다. 옥상을 녹지화하고 자연채광

[그림 1-8] 바롬인성교육관

시스템을 사용하며, 태양광 발전을 활용하는 등 최고의 친환경 시설을 갖추고 있다.

5. 대학 구조

서울여대는 2015년 8월 1일 교육중심대학으로서의 기능을 강화하기 위해 시행한 직제개편에 따라 전체 조직을 행정그룹, 교육그룹, 부속그룹 등 크게 세 그룹으로 구분하였다. 교육그룹 조직의 바롬인성교육원과 기초교육원은 대학 산하로 소속을 변경하고 교학실을 신설하였고, 바롬인성교육원 산하 기숙사 행정실과 기초교육원 산하 인터넷윤리센터를 신설하였다. 기획처 산하에 정보전산원을 신설하여 기획정보처 산하 정보통신팀을 정보전산원 산하 정보전산팀으로 소속과 명칭을 변경하였다. 총장 직속 조직의 최소화를 위하여 도서관과 에코캠퍼스추진사업단은 부속기관으로 소속을 변경하였다. 부설기관 한국생태학교는 부속교육기관으로, 부속교육기관 아동연구원을 부설연구기관으로 소속을 변경하였다. 미래문화교육단은 대학 산하로 소속을 변경하고 미래교육단으로 명칭을 변경하였다. 총장 직속의 학부교육 선진화 선도대학 육성사업 추진단은 교육혁신단으로 변경되었으며, 교육혁신단 산하로 교육혁신팀과 교수학습센터, 창의성센터가 이동되었으며, 이러닝·MOOC센터를 신설하였다. 학생 편의를 고려하여 취업경력개발원을 학생처 산하로 소속을 변경하였다. 타 대학 조직과의 보편성 확보에 따른 대외협력체계를 강화하고자 기획정보처는 기획처로, 사무처 산하 총무팀을 총무인사팀으로, 시설관리팀을 시설관재팀으로, 기획처 산하 기획예산팀을 경영기획팀으로, 국제협력단은 국제교류단으로, 국제협력팀은 국제교류팀으로, 국제교류단 산하 한국어교육부는 한국어교육센터로 명칭을 변경하였다. 입학홍보처는 홍보팀이 기획처 산하로 소속 변경됨에 따라 입학처로 명칭을 변경하였다.

현재 대학에는 5개 단과대학, 2개 학부와 31개 학과, 2개의 전공이 있으며, 대학원 석사과정에는 3계열 27개 학과, 박사과정에는 2계열 15개 학과, 석·박사 통합과정에는 7개 학과가 개설되어 있고, 특수치료전문대학원에는 석사 및 박사 과정에 각 2개 학과가 개설되어 있으며, 교육대학원, 사회복지·기독교대학원 등 2개의 특수대학원

[그림 1-9] 서울여대 대학 조직

에는 각각 4개의 전공, 2개 학과가 개설되어 있다. 부설연구기관으로는 총 8개의 부설연구소와 아동교육원이 설치되어 있다. 서울여대의 대학 조직 현황을 살펴보면 [그림 1-9]와 같다.

6. 교육과정

서울여대는 PLUS형 인재를 양성하기 위해 공동체 가치, 통합적 사고력, 의사소통능력, 글로벌 경쟁력, 창의적 기획력을 5대 핵심역량으로 선정하였고, 이를 함양하기 위해 다음과 같은 교과과정을 편성·운영하고 있다. '인성과 소양을 지닌 인재'로 기르기 위해 교양과정으로는 바롬인성교육, 기독교개론 등을, 전공과정으로는 전공기초소양교육, 원서강독 등을, 비교과 프로그램으로는 인성지도사과정, SWELL 등을 운영한다. '봉사와 실천을 하는 인재'를 기르기 위해서 교양 과정으로는 글로벌 서비스 러닝 등을, 전공 과정으로는 서비스 러닝을, 비교과 프로그램으로는 학생 봉사단 등을 운영한다. '창의적 전문성을 갖춘 인재'를 양성하기 위한 교육과정으로는 교양의 Honors 프로젝트, 전공의 전공진로탐색과목, 창의적 PBL 등을, 비교과 프로그램으로 전공심화 특별교육, 전공 소학회 등을 운영하고 있다.

1) 교양교육
서울여대 교양교육은 Honors Program, 바롬인성교육, 서비스 러닝으로 대표된다.

① Honors Program
Honors Program은 Honors Students Program의 줄인 말로 '명예로운 우수학생 교육과정'이라는 의미를 가지며, 탄탄한 인문학적 소양을 기반으로 지적 통찰력과 문화적 감수성, 뛰어난 의사소통능력과 윤리의식을 갖춘 현대사회의 능력 있는 교양인 교육을 목표로 하는 특성화된 프로그램이다. Honors Program의 핵심 5개 교과목은 사고력과 통찰력을 함양하는 '독서와 토론', 영어 소통 능력을 높이는 '영어프레젠

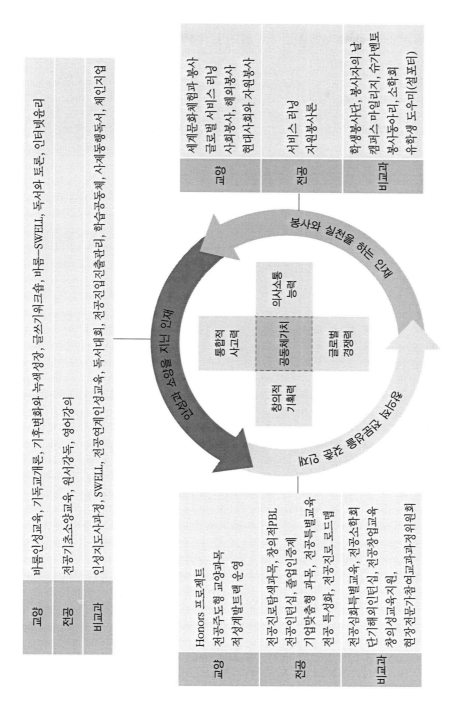

[그림 1-10] PLUS형 인재 양성을 위한 교육체계

출처: 서울여자대학교(2013a). 2013년 기관평가인증을 위한 서울여자대학교 자체 진단평가 보고서.

[그림 1-11] Honors Program 중 세계문화체험과 봉사 사례

출처: 서울여자대학교 대학 내부자료.

테이션', 미디어 활용기술과 실무능력을 키우는 '미디어프레젠테이션 활용', 봉사활동
을 하고 국제적 감각을 키우는 '세계문화체험과 봉사', 창의적 기획 능력을 함양하는
'Honors 프로젝트'를 수강하여 자신의 가능성을 확장시키는 개방적인 자기주도형 프
로그램이다. 졸업 시 인증기준을 충족시킨 학생에게 총장명의의 인증서를 수여한다.

② 바롬인성교육

바롬인성교육은 2013년 한국대학교육협의회 주최 학부교육 선진화 선도대학 육성
사업 우수사례 및 대학기관 평가인증 모범사례에 선정되었으며, 2014년에는 교육부,
여성가족부, 중앙일보 주최 대한민국 인성교육대상을 받기도 할 만큼 서울여대의 대
표적인 교육과정이다. 바롬인성교육은 서울여대가 개교와 함께 기숙사형 전인교육으
로 '생활교육'을 시작한 것에 그 뿌리를 두고 있다. 바롬인성교육은 나와 우리에 대한
소통, 사회 문제를 바라보는 통찰력을 키움으로써 글로벌 시민소양과 공동체 화합을
이끄는 실천적 여성 리더를 양성하는 것을 목적으로 한다.

바롬인성교육 I은 '나를 깨우다'를 슬로건으로 1학년 때 바롬인성교육관에서 3주간
공동체 생활을 통해 자아정체성과 비전 확립의 기회를 제공하고, 서울여대인으로서
의 자긍심과 소속감을 높여 준다. 또 교양인으로서의 기본 예절과 학습윤리를 배우고
글로벌 시민에게 필요한 외국어와 문화소양을 함양한다.

바롬인성교육 II는 '사회를 깨우다'를 슬로건으로 한다. 2학년 때 나와 타인의 다

[그림 1-12] 바롬인성교육 Ⅰ 어울림 활동

출처: 서울여자대학교 대학 내부자료.

름에 대한 이해를 바탕으로 사회 속에서 소통하고 공존하는 방법을 배우는 과정으로, 2주간의 공동체 생활을 통하여 공감적인 의사소통능력을 키우고 다문화 감수성을 높여 글로벌 시민으로서의 소양을 한 차원 높이는 것이다.

〈표 1-10〉 바롬인성교육 Ⅱ 교육 프로그램

나를 알고 상대방을 이해하기	타인과 소통하기 전에 먼저 나는 어떤 유형의 사람인지 파악하는 것이 중요하다. 나에게 알맞은 대화의 기술을 배우고 나면 상대방에 따라 어떻게 대처해야 하는지, 전하고자 하는 표현이 적절한지 교수님의 지도 아래 차근차근 알 수 있을 것이다.
주제를 가지고 토론하기	상대방과 대화하고 의견 나누는 방법을 알고 난 뒤, 본격적으로 특정 주제를 가지고 토론을 하게 된다. 이를 통해 옳고 그름을 따지는 토론이 아니라, 자신의 의견을 올바르게 전달하고 상대방의 입장을 경청하는 방법을 배울 수 있다.
사회의 다양한 문화 인식하기	커다란 사회 속, 다양한 사람들과 잘 어울려 살아가기 위해서는 그들의 배경을 먼저 아는 것이 중요하다. 다른 문화를 이해하고 그에 맞는 새로운 역량을 개발하면서 점차 사회 구성원으로서 가져야 할 시민의식을 배우게 될 것이다.

바롬인성교육 Ⅲ은 '세계를 깨우다'로 3학년 때 이루어지는 총 15주간의 TPBL(Team Project-Based Learning) 방식의 수업이다. 바롬인성교육 Ⅰ, Ⅱ에서 배운 능력과 소양을 기본으로 세계적 관점에서 사회문제를 바라보며, 실천과 참여를 통해 창의적으로 사회문제를 해결할 수 있는 능력을 키운다.

〈표 1-11〉 바롬인성교육 Ⅲ 수업 시간표

주	수업내용
1	바롬인성교육Ⅲ 수업 O.T
2	글로벌시민소양 1: 사회적 책임, 세계화와 상호연계성
3	글로벌시민소양 2: 창발적 문제해결
4	글로벌시민소양 3: 함께하는 데 필요한 기술(회의법, 기관방문예절)
5	이론1: 지금 어디에 와 있는가? (각 주제에 대한 현황)
6	이론2: 무엇이 여기까지 오게 하였는가? (각 주제에 대한 원인 분석)
7	이론 3: 무엇을 바꾸어 나가야 하나?
8	프로젝트 실행 계획서 만들기 및 피드백 1
9	프로젝트 실행 계획서 만들기 및 피드백 2
10	활동 및 피드백
11	활동 및 피드백
12	중간발표, 성찰저널 1
13	활동 및 피드백
14	활동 및 피드백
15	최종발표, 성찰저널 2

③ 서비스 러닝

서울여대는 2013년 바롬인성교육에 이어 2014년에는 서비스 러닝까지 학부교육 선도대학 육성사업(ACE 사업) 우수사례에 선정되었다. 서울여대가 2005년 국내에서 처음 시행한 서비스 러닝(service learning)은 교과목에 지역사회봉사를 통합시킨 교수학습 방법으로, 사전에 계획되고 조직된 체계적인 지역사회 봉사활동과 그에 대한 반성적 고찰 등을 통해 학습성과를 향상시키고 시민적 책임감을 증진시키며 지역사회에 헌신하는 시민으로 준비시키는 데 목적이 있다.

서울여대의 서비스 러닝은 일반적인 사회봉사와는 달리 지역사회와 대학(교수)이 교육 파트너십을 가지고, 전공과 관련된 봉사활동의 장을 마련하고 전공 교과목의 일환으로 운영된다는 점이 특징이다. 따라서 모든 학과에서 자기 전공의 내용을 살려 운영할 수 있다. 서비스 러닝에는 학점이 부여되며, 과목 담당 교수가 학생들의 서비스 러닝을 지도하고, 학생들은 성찰일지와 평가회를 통한 활동보고와 대학 교수학습센터의 피드백을 받을 수 있다.

[그림 1-13] 서비스 러닝의 효과

출처: 서울여자대학교 대학 내부자료.

〈표 1-12〉 서비스 러닝의 교육적 효과

대상	구분	교육적 효과
학습자	인지적 영역	• 암묵적 지식의 습득 • 실천을 통한 학습
	정의적 영역	• 문제해결 경험을 통한 자기효능감 증진 • 학습동기 향상
	사회적 영역	• 협력과 상호작용을 통한 차이의 수용 • 공동체 참여의식 증진
교수자	전문가로서의 실천가	• 이론과 실천의 통합 • 사회문제에 대한 적극적 참여
	학생들과의 새로운 관계	• 상호작용 촉진 • 도제교육
	다양한 교수 활동	• 교수설계와 운영 • 문제개발과 해결 전문가
지역사회	책임민주주의 발전	• 사회문제에 대한 실제적 이해 • 사회적 참여의식 증진
	미래인재 양성	• 지역사회 맞춤형 인재 • 교육기관과의 협력관계
	지역사회 문제해결	• 협력과 상호작용을 통한 차이의 수용 • 전문성을 살린 봉사

출처: 서울여자대학교 대학 내부자료.

서비스 러닝을 통해 학생은 지역사회에 봉사를 제공할 뿐 아니라 교과목과 관련된 다양한 실용적 지식과 기술을 습득하게 되며, 활동에 대한 반성적 고찰을 통해 교과 내용에 대한 이해가 높아진다. 또한 학생들은 봉사를 받는 대상(지역사회)과의 상호성(reciprocity)을 중시하고 서비스 러닝을 통해 자신도 수혜를 받게 됨을 이해한다. 결과적으로 서비스 러닝은 학생의 학습 향상뿐 아니라 시민의식, 공동체의식, 사회적 책임감을 함양시키고, 대학이 추구하고 있는 교육과 봉사의 목표를 동시에 달성하게끔 한다.

예를 들면, 정보보호학과의 경우 지역의 NGO나 사회복지시설을 찾아 사용 중인 컴퓨터에 악성코드가 없는지를 점검해 준다. 학생들이 해결하기 어려운 문제점을 현장에서 접했을 때는 수업에서 교수와 함께 해법을 모색한다. 즉, 서비스 러닝을 통해 강의실에서 배운 내용을 현장에 응용함으로써 전공 관련 지식을 살아 있는 지식으로 더욱 확실하게 체득하는 효과도 있다. 최근에는 개발도상국을 위한 '글로벌 서비스 러닝'도 실시하고 있다. 2012년에는 파견할 국가에서 요청하는 전공과목의 학생들을 선발해 베트남의 한 중학교에서 컴퓨터를 가르쳤고, 인도와 필리핀에서는 각각 현지 아이들의 교육과 환경 개선 작업 등을 진행했다.

[그림 1-14] 서비스 러닝 현장 활동

출처: 서울여자대학교 대학 내부자료.

2) 전공교육

서울여대는 교양교육뿐 아니라 전공교육에도 상당한 노력을 기울이고 있다. 그동안 각 전공이 가진 전공 전문성을 강조하다 보니 대학이 추구하는 인재상을 일관성 있게 전공교육과정에 투영하지 못하였다는 점에 주목하였다. 이뿐만 아니라 전공교육과정의 차이로 인해 배출되는 인재가 전공별로 편차가 많이 생기는 점을 고려해, 전공의 개성과 학문적 특색을 살리면서도 학습 효과를 극대화할 수 있는 교육방법을 필요로 하였다. 따라서 서울여대는 국내 최초로 33개 전공 졸업생 모두를 일정 수준 이상의 'PLUS형 인재'로 만들기 위한 '전공교육과정 공통 프레임워크'를 구축·시행하고 있다.

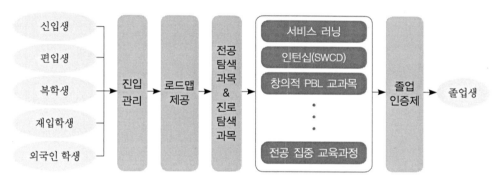

[그림 1-15] 전공교육과정 공통 프레임워크

출처: 서울여자대학교 학부교육 선진화사업 전공교육 선진화 전공교육과정 공통 프레임워크.

전공교육과정 공통 프레임워크는 전공 적응 및 진로 지도, 프로젝트 기반의 실무형 교육, 특별교육 프로그램, 학제 간 교육 다변화, 글로벌 역량 강화 등 5개 영역에 걸쳐 총 18개의 세부 요소로 구성되어 있다. 특히 입학생 유형별로 '맞춤형 진입지도'를 실시하고, 33개 모든 전공에서 271개의 진로 로드맵을 제공한다. 모든 전공의 1학년 교과과정에는 전공탐색, 진로탐색 과목을 개설해 빠른 전공 적응과 진로 설정을 돕는다.

또한 정규 전공과목 외에도 우수한 학생이나 특정 분야에 관심 있는 학생에게 방학

기간을 이용해 전공 전문성을 향상시키는 전공집중교육과정을 무료로 제공하고 있다. 2012년 겨울 방학에는 프로직업정신 함양, 회계 실무 강화, 화이트 해커 등 7개 교육과정을 개설해 많은 학생들이 참여했다. 여름방학에는 4주간 학생들이 함께 생활하며 공부하는 기숙형 전공집중교육도 진행했다. 전공 공통 프레임워크를 도입함으로써 학생들은 전공별로 제시한 표준화된 로드맵을 기반으로 진로 결정을 보다 빨리 할 수 있으며, 이에 필요한 전공교육과정도 적기에 준비할 수 있다. 또한 신입생은 물론 복학생, 재입학생, 편입생, 외국인 학생까지 다양한 학생별 상황을 감안해 별도의 진입관리 프로그램을 제공함으로써 전체 학생들의 학업수준을 상향 유지하도록 하고 있다. 이는 학제공동체성을 증진시키고 전공별·개인별 교육에 따른 편차를 줄이는 데에도 기여한다.

제3절 서울여자대학교 학부교육의 특징

이 절에서는 학습참여(student engagement) 요인별로 서울여대 학부교육의 특징과 우수한 양상을 제시하였다. 분석에 활용된 자료는 학부교육 실태조사(K-NSSE) 분석 결과와 대학 구성원에 대한 심층면담 자료다.

1. 학업적 도전: '학습의 질적 측면 강조'

학업적 도전(academic challenge)은 학생들이 학습에 얼마나 많은 시간과 노력을 투자하는지 그리고 높은 학업 성과를 내기 위하여 어떠한 학습전략을 활용하는지를 측정하는 요인이다.

서울여대 학생들은 다른 대학들과 비교하여 학업적 도전 영역에서 다소 낮은 수준을 보였다. 그러나 문항별로 자세히 살펴보면, 서울여대 학생들이 비교 대학 학생들에 비해 학업적 도전수준이 무조건 낮다고만은 할 수 없다. 보고서 작성 횟수와 학습준비

〈표 1-13〉 K-NSSE 자료: 학업적 도전 영역

연도	학업적 도전 영역					
	서울여자대학교		ACE (11년: 22개교, 12,13년: 23개교)		전체 31개교	
	평균	표준편차	평균	표준편차	평균	표준편차
2011	9.09	3.14	9.52	3.53	9.66	3.61
	(n=328)		(n=5,368)		(n=7,393)	
2012	10.35	3.68	10.57	3.83	10.50	3.81
	(n=231)		(n=7,404)		(n=10,415)	
2013	9.96	3.40	10.45	3.75	10.45	3.75
	(n=400)		(n=8,659)		(n=10,078)	

주: 2013년 3차 조사에서 총 54개 대학이 참여하였으나, 한국교양기초교육원 · 학부교육 선진화 선도대학 협의회(2013)
    에서는 종단 분석의 취지를 고려하여, 2011년부터 3년에 걸쳐 모두 참여한 31개 대학의 응답 자료를 서울여대 자료
    와 비교 · 분석하여 제시하고 있음.

출처: 한국교양기초교육원 · 학부교육 선진화 선도대학 협의회(2013). 2013년 대학 학부교육의 질과 성과 분석: 서울여
    자대학교.

시간 등 학습에 투자한 시간의 양은 다소 낮았지만, 읽기 과제 횟수(책 한 권 분량)는 비
교 집단보다 월등히 높은 수준이었다. 서울여대 학부교육과 관련된 문헌조사 및 구성
원에 대한 심층면담 결과, 서울여대는 학생들에게 무조건 많은 양의 학습을 강조하기
보다는 다양한 학습 및 생활 프로그램(서비스 러닝, 전공 소학회, PBL 등)을 통해 학습의
질을 제고하려고 노력해 온 것으로 나타났다. 예컨대, 토론 수업, 프로젝트 수업 등 학
생들의 능동적이고 협동적인 참여를 필요로 하는 수업이 흔하며, 학생들은 학습내용
의 단순 암기와 형식적인 보고서 작성 등 전통적인 학습방식보다 프로젝트 수업 등을
통해 학습 주제에 대하여 깊이 탐구하고 통합하는 경험을 많이 하고 있었다. 즉, 전통
적 관점에서 학습량은 상대적으로 적었지만, 학습 경험의 질적인 측면에서 보면 오히
려 심층학습(deep learning)을 하고 있었다.

1) 양보다 질을 강조하는 학습: '공부만 많이 시키기보다는'

2014 학부교육 실태조사 결과 서울여대 학생들의 학습량이 비교 대학보다 다소 낮

은 수준으로 나타난 원인은 심층면담을 통해 확인할 수 있었다. 우선 학생들은 대학에서의 수강과목 수, 졸업학점,[1) 보고서 작성 양, 읽기 양 등에 대해 고등학교 시절 또는 다른 대학 친구들과 비교하여 적다고 느끼고 있었다. 하지만 학습의 깊이 혹은 질적인 측면에서 보면, 서울여대의 학부교육은 전반적으로 학생들에게 의미 있는 심층학습(deep learning)의 경험을 제공하고 있었다. 서울여대 학생들은 다양한 수업에서 다른 학우들과 수업주제에 대해 깊은 토론을 하고, 수업내용에 대한 비판적 성찰을 하는 등 심층학습을 경험하고 있었지만, 이것이 학부교육 실태조사의 학습량(작성 횟수, 학습시간, 읽기 과제 수행 횟수 등)에 대한 응답과 직접 연계되지는 않았기 때문이다. 다시 말해, 서울여대 학생들은 실질적으로 심층학습을 위한 '학습 과정'에 적지 않은 시간과 노력을 투자하고 있었지만, 전통적 관점의 학습 활동(읽기, 쓰기 등)을 많이 한다고 인식하고 있지는 않은 것으로 추론해 볼 수 있다.

서울여대는 학생들이 다양한 교과 · 비교과 프로그램에 참여하는 과정에서 자연스럽게 심층학습과 관련된 경험을 할 수 있도록 지원하고 있다. 실제로 심층면담에 참여했던 학생들은 그들이 경험한 다양한 '심층학습'을 일종의 학습의 과정으로 인식하였다. 면담에 참여했던 학생들은 전통적 학습법인 읽고, 쓰고, 암기하는 것에는 고교 시절이나 다른 대학 친구들보다 덜 투자하고 있었지만, 심층학습과 관련된 경험을 많이 하고 있었다.

> 고등학교 같은 경우에는 그냥 공부를 해서 대학을 가자는 그런 목표가 되게 강하고, 제가 자유전공으로 들어와서 방황했던 이유도, 내가 뭘 좋아하는지를 잘 못 찾고, 모르고 그런 점이 아쉬웠는데 서울여대에 자유 전공으로 입학해서 좀 더 실무적인 것을 하고, 주입식 교육보다는 던져 주면, '아, 이건 어떻게 해 보지?' 이런 창의적인 좀. 제가 스스로 해 나가면서 내가 이런 생각도 할 수 있구나, 저런 생각도 할 수 있구나. (예체능계 4학년 학생 X)

---

1) K-DEEP 연구 1차년도에 참여한 학부교육 우수사례 대학인 한국기술교육대학교의 경우 졸업학점이 150학점, 한동대는 140학점, 대구가톨릭대학교는 140학점이나, 서울여대의 경우 130학점으로 이들 대학에 비해 졸업학점이 낮은 편이다.

(대학에서 학습은) 단순 암기를 벗어나서 약간 고차원적인 학습도 있을뿐더러 학습량이 훨씬 많아진 거 같아요. 교양보다는 아무래도 전공 점수가 더 잘 나오는데, 그런 것도 보면 제가 이제 관심 있으니까 더 많이 공부하게 되고 더 책을 찾아보게 되고, 교수님이 수업한 내용뿐만 아니더라도 그거에 관련된 주제까지, 다른 주제까지도 약간 도서관에서 책을 찾아보거나 아니면 친구들하고 같이 스터디도 하고 이제 경쟁이라기보다는 다 같이 공부를 좀 공유한다는 그런 느낌이 있어서. (사회계 2학년 학생 R)

　학습에 있어 양보다 질을 강조하는 교육 방식은 서울여대의 교육목표와 인재상이 반영된 것으로 보이며, 학생들은 서울여대가 제공하는 다양한 교육 프로그램을 통해 이를 의식적 또는 무의식적으로 경험하고 있었다.

2) 학습 포트폴리오와 심층학습: '나만의 학습 방법을 터득하는 과정'

　서울여대는 박사급 4명을 포함하여 약 20여 명의 직원이 교수학습센터(이하 CTL)에 근무하고 있다. 중소규모 대학으로서는 CTL의 규모가 큰 편이다. 서울여대에서 재학생을 대상으로 하는 대부분의 교수·학습 프로그램은 CTL을 중심으로 운영되고 있다. 학습 포트폴리오는 학생들의 학습을 효과적으로 개선하고, 질적으로 높은 학습경험을 유도하기 위한 프로그램이다. 2014년에는 312명의 학생이 참여하였으며, 참여 학생 수는 매년 증가하고 있다.

　서울여대는 학습 포트폴리오에 더 많은 학생의 참여를 유도하는 동시에 이를 내실화하기 위해 다양한 노력을 펼치고 있다. 학생들은 학습 포트폴리오에 참여하면서 매주 수업 과정에서 학습한 것을 정리하고 CTL이 마련한 사이버 공간에 저장한다. 학생들은 학습 포트폴리오를 통해 한 학기 동안 수업한 내용을 예습·복습하고, 자료를 정리하며, 이 과정에서 자신만의 학습법을 터득하는 등 학습의 양과 질 모두를 향상시키는 경험을 하고 있었다. 프로그램에 참여한 학생들은 학습 포트폴리오를 통해 학습 경험을 기록하면서 배운 내용을 온전히 자신의 방식으로 이해하고 자신의 것으로 만드는 경험을 한다. 시험 대비 단순 암기가 아닌 실질적인 학습을 한다고 볼 수 있다.

학습 포트폴리오를 좀 길게 했어요. 제가 '심리학과 대학원 준비를 하자!', 이렇게 생각을 해서 1학년 때부터 참 공부를 열심히 했어요. 심리학과 공부를 참 열심히 했는데, 사실 이 생각이 가장 컸어요. '대학원에 가서, 내가 예를 들면 학습심리를 생각을 했을 때, 그때의 기억이 안 나더라도 찾아볼 수 있게 정리를 해 두자.' 이래 가지고, 모든 심리학 과목에 그런 포트폴리오 자료가 남아 있어. …… 학습 포트폴리오를 하면서 좀 더 체계적으로 자료를 기록하고, 제가 공부한 것들을 남기면서 그때그때 복습을 했어야만 했고. 그래서 조금 더 기억에 남았고. (인문계 4학년 학생 L)

대학 오니까 제가 전공이 멀티미디어여서 컴퓨터 언어 이런 걸 배우는 게 도저히 시험 직전 되면 이게 딱 보는 순간 느꼈어요. '아, 이건 직전에 절대 할 수 없는 그거다.' 책이 이만한 거예요. 그래 가지구 저는 거짓말 하나 안 하고 그날 배운 거 그날 넘기지 않고 일주일 내로, 포트폴리오를 하면 한 주 내로 성찰보고서를 무조건 써야 해요. 벼락공부 하는 거 고치려고 그걸 하면서 전공 공부를 했던 것 같아요. (공학계 1학년 학생 E)

많은 대학에서 학습 포트폴리오가 운영되고 있지만, 서울여대의 프로그램은 상당히 내실화되었다는 점에서 차이가 있다. 포트폴리오를 담당하는 CTL 교수와 학생들이 정기적으로 만나고, 수시로 이루어지는 상담을 통해 학생들은 중도탈락하지 않고 자신만의 학습 포트폴리오를 성공적으로 만들어 가고 있다. 심층면담에 참여했던 학생들은 학습 포트폴리오와 관련된 CTL의 지원에 대하여 정확히 인식하고 있었으며, 효과에 대해 긍정적으로 평가하였다.

처음에는 제가 공부한 것들을 모아 놓자 이런 생각으로 시작을 했는데, 생각보다 중간 점검도 있고, 기말 보고회도 있고 이런 식으로, 한 네 번 정도 교수학습센터 교수님을 만났어요. 그러면서 교수님께 이야기를 하고, 제가 공부하고 있는 내용들도 말씀을 드리고, 어떤 점이 어려운지도 말씀을 드리면서 공부 방법에 대해서 생각을 많이 했어요. "이 공부법은 너랑 안 맞는 것 같은데? 언어학에서는 이런 공부법으로 하면 안 될 것 같은데?" 이렇게 말씀을 해 주시면 "아, 그런가요? 왠지 안 맞는 것 같아요." 이렇게 해 가지고 "교수님을 한 번 만나 뵈어야겠어요." 이렇게 해 가지고 막 언어학 교수님도 만나고, 문학 교수님도 다시 만나서 공부법에 대해서 이야기를 하고. (인문계 4학년 학생 L)

학습 포트폴리오 프로그램은 ACE 사업 재원으로 보다 많은 학생의 참여를 유도하는 인센티브 제도를 운영하고 있다. 이는 다시 캠퍼스 마일리지를 통해 금전적 보상으로 연결된다. 면담 과정에서 발견한 흥미로운 점은 학습 포트폴리오에 처음 참여할 때에는 캠퍼스 마일리지를 모으는 것이 서울여대 학생들의 주된 동기였지만, 지속적으로 참여하면서 프로그램 자체의 효과를 느끼고 이것이 참여의 지속성에 영향을 미치고 있다는 것이었다. 따라서 1학년 때 참여하면서 효과를 경험한 학생들은 2~4학년 때에도 참여하는 경우가 많았다.

학생들은 학습 포트폴리오 프로그램에 참여하면서 자신에게 맞는 학습법을 터득해가고, 그 과정에서 자신의 학습을 지원해 주는 대학의 노력 또한 차츰 인지하게 되는 것으로 나타났다. 이는 프로그램 만족도를 넘어 대학에 대한 신뢰와 자부심으로 이어지고 있었다.

처음에 약간 인센티브도 욕심이 났어요. 아까 말한 인센티브 플러스 거기에 마일리지라는 걸 주거든요. 그래서 제가 2학년 때 마일리지 한 300점을 모아서 30만 원을 받았었는데, 그렇게 약간 마일리지가 차곡차곡 쌓이는 게 처음에는, 진짜 솔직한 마음으로는 처음 목적은 돈을 받으니까 좋은 것도 있었는데, 나중에 돌이켜 생각해 보니까 이게 하나하나 쌓이고, 내 약간, 그런, 뭐지? 그런 게 쌓인다는 걸 생각을 하니까, 한편으로는 돈을 떠나서 돈을 안 받아도 되니까 이젠 앞으로 그냥 쭈욱 쌓아 가고 싶다는 생각이 드는 거예요. (자연계 3학년 학생 K)

인센티브를 안 준 적이 한 번 있어요. 저희 ACE 사업 딱 되기 바로 전에, ACE 됐고, 그 중간 사이에 인센티브를 안 줬는데, 그때 참여한 몇 명의 학생들이 있었어요. 20명? 그중에 하나가 저인데, 그때 우수사례도 되고 막 그랬는데, 인센티브 진짜 필요 없었어요. 진짜 실제로 주지 않았고……. 그냥 이 포트폴리오라는 것 자체가 좋았던 것 같아요. 근데 그게 기억이 남아요. (인문계 4학년 학생 L)

3) 사제동행 프로그램 전공 소학회: '서울여대의 학습세포'

서울여대에서 '학습의 질'을 강조하는 또 하나의 프로그램은 사제동행 프로그램의 일환으로 운영되는 전공 소학회다. 2000년부터 시행되어 왔고, 전공 내에서 교수와 학생들이 참여하는 학습 활동을 지원하는 프로그램이다. 2015년 기준 약 200여 개의 전공 소학회가 운영 중이며, 2015년도부터는 3개의 소학회를 선정하여 서울여대 학부 교육의 대표 브랜드로 집중적으로 지원하고 있다.

전공 소학회는 학과나 전공의 특징에 따라 다양하게 운영되는데, 대부분 학회 형식 이고 교수와 학생 간의 교류 증진을 주된 목적으로 한다. 학생들은 전공 소학회를 통해 교수와 주기적(최소 학기당 3회 이상)으로 만나서 전공과 관련된 학문적 경험과 지식을 나눈다. 소학회에는 대체로 5명 정도의 학생이 참여하고 있으며, 전공이나 학과 내에 여러 소학회가 있어 전체 학생들이 골고루 소학회 활동에 참여하는 경우도 있고, 소학회 수가 적어서 일부 학생만 참여하는 경우도 있다. 전공 소학회의 구체적인 운영 내용은 다음과 같다.

서울여대 전공 소학회 운영 요건

1. 사제동행 프로그램 소학회 운영

　가. 목적: 사제동행 프로그램 소학회는 학과(전공) 교수와 재학생 간의 교류와 학문, 지식, 경험 등을 전수하기 위하여 운영한다.

　나. 사제동행 프로그램 소학회의 구성: 사제동행 소학회는 지도교수, 소학회장, 소학회 회원으로 구성되며, 소학회원은 학회장을 포함하여 최소 5명 이상의 재학생으로 구성한다.

　　1) 소학회장

　　　가) 소학회장은 2개 이상의 소학회를 담당할 수 없음.

　　　나) 소학회장은 학기 초에 종합정보시스템(학생관리)소학회 관리)에 학회의 구성원, 활동 목적 및 목표, 소학회 지도계획서를 작성하여야 하며, 학기 중에 수시로 소학회 활동

내역을 소학회 지도결과표에 입력하여야 함.

2) 소학회 회원

　가) 소학회 회원은 본인의 전공(제1전공, 복수전공, 부전공)에서 운영하는 소학회에만 소
　　속할 수 있으며, 최대 2개까지 활동할 수 있음. 단, 자율전공학부 1학년 재학생의 경
　　우에는 학과가 결정되지 않았으므로 본인이 원하는 학과(전공) 소학회에 입회할 수
　　있음.

　나) 소학회 신청 시 3개 이상 신청한 경우 본인이 지정하는 우선순위에 있는 2개의 학회
　　를 제외한 나머지 소학회에서는 탈회하여야 하며, 탈회로 인하여 소속하였던 소학회
　　가 최소 인원에 미달될 경우 해당 소학회를 승인하지 않거나 승인을 취소할 수 있음.

3) 지도교수

　가) 지도교수는 학회장의 소속 학과(전공) 내 시간강사를 제외한 교원으로 1학기에 최대
　　2개의 소학회를 지도할 수 있음. 단, 본인이 소속된 연계전공 학생들로만 구성된 소학
　　회와 교직관련 소학회는 1개까지 추가로 지도할 수 있음.

　나) 지도교수의 역할

　　(1) 지도교수는 한 학기에 최소 3회 이상 모임(개강, 중간 모임, 종강 등)에 참석하여
　　　학생들을 지도함.

　　(2) 학기 종료 후 한 학기 동안 지도한 소견을 작성하여야 함.

다. 소학회는 학과(전공)에서 전공과 관련된 내용으로 활동하여야 하며, 취미활동이나 동아리 성
　격의 소학회는 가급적 지양함.

2. 소학회 등록 및 승인 절차

출처: 서울여대 학생지원팀 종합정보시스템. 소학회 등록 매뉴얼(소학회장).

심층면담 결과, 서울여대 학생들은 전공 소학회를 통해 수업 이외에도 전공과 관련된 다양한 학습 경험을 하고 있었다. 특히 소학회 활동을 통하여 이론 중심의 형식적인 정규 수업에서 벗어나 전공과 관련된 지식을 보다 확장된 형태로 습득하는 기회를 갖는 것으로 나타났다. 예를 들어, 수업 주제와 관련된 영화를 보거나 소설을 읽고 지도교수와 토론을 하거나 학습성과를 바탕으로 전공 관련 외부 공모전에 참여하는 등 수업에서 배운 내용을 응용하거나 확장하는 경험을 한다.

> 같이 이제 논문을 읽고 거기에 대해서 피드백 하고, 발표하고, 정보를 공유하거나 아니면 그 나무, 아까 말씀드렸던 나무 소개하는 그런 거를 이제 책으로 교수님이랑 함께 엮는 시간이 있었어요. 그래 가지고 그거를 책으로 만들고……. 그런 과정에서도 이제 학생들이 이력서에 어떻게 써야 하는지도 알려 주시면서 이렇게 자신의 이력으로 또 가져갈 수 있도록, 그런 취업 부분까지도 연계해 주셔서. (자연계 3학년 학생 B)

> 소학회 자체가 교수님 한 분이서 10명 이렇게만 학생들을 끌고 가는 거기 때문에 그래서 보통 이렇게 한 번 소학회 하면 거의 끝까지 쭉 졸업할 때까지 계속하는 경우가 굉장히 많아요. 경영학과 같은 경우는……. 근데 또 제가 복수 전공을 하고 있는데 저는 컴퓨터 쪽을 하고 있거든요. 근데 그쪽 소학회 같은 경우는 한 막 30명 이렇게 모집을 해서 이렇게 팀을 짜서 프로젝트를 하는 식으로 소학회가 진행이 많이 돼요. (사회계 3학년 학생 W)

소학회는 교수와 학생이 만나는 플랫폼의 역할을 충실히 하고 있었다. 면담에 참여한 학생들은 소규모 집단으로 구성된 전공 소학회 활동을 통해 주기적으로 지도교수와 상호작용할 수 있는 기회를 갖게 되고, 전공 관련 교과 및 비교과 활동을 하면서 전공에 대한 이해를 높이는 동시에 배운 지식을 새로운 상황에 적용해 보는 경험도 하게 된다고 하였다.

2. 지적 활동: '심층학습을 촉진하는 대학문화와 학습풍토'

지적 활동이란 학생들이 대학생활과 학습과정에서, 즉 고차원 학습(high order learning)과 반성적·통합적 학습(reflective and integrated learning)을 얼마나 경험하는 지를 보여 주는 학습참여 요인이다. 2011~2013년 학부교육 실태조사 결과를 보면, 서울여대 학생들의 지적 활동 수준은 다른 대학들과 비교해서 약간 높은 수준이었다. 그러나 2014년도 조사 결과를 보면 확연히 높아졌음을 알 수 있다(서울여대 평균 13.41로 ACE 대학 평균 12.70, 전체 31개교 평균 12.22보다 월등하게 높게 나타남). 심층면담을 통해 알 수 있었던 것은 대학이 의도적으로 계획한 다양한 교육 프로그램이 심층학습을 더 욱 유도하고 있었다는 것과 이러한 교육 활동과 방법이 대학 차원의 문화와 풍토로 자 리 잡아 가고 있다는 것이다.

〈표 1-14〉 K-NSSE 자료: 지적 활동 영역

연도	지적 활동 영역					
	서울여자대학교		ACE (11년: 22개교, 12,13년: 23개교)		전체 31개교	
	평균	표준편차	평균	표준편차	평균	표준편차
2011	13.67	2.98	13.33	2.92	13.44	2.97
	(n=328)		(n=5,368)		(n=7,393)	
2012	13.25	2.77	13.36	2.80	13.29	2.81
	(n=231)		(n=7,404)		(n=10,415)	
2013	13.46	2.88	13.53	2.89	13.54	2.91
	(n=400)		(n=8,659)		(n=10,078)	

주: 2013년 3차 조사에서 총 54개 대학이 참여하였으나, 한국교양기초교육원·학부교육 선진화 선도대학 협의회(2013)
　　에서는 종단 분석의 취지를 고려하여, 2011년부터 3년에 걸쳐 모두 참여한 31개 대학의 응답 자료를 서울여대 자료
　　와 비교·분석하여 제시하고 있음.

출처: 한국교양기초교육원·학부교육 선진화 선도대학 협의회(2013). 2013년 대학 학부교육의 질과 성과 분석: 서울여
　　자대학교.

1) 서울여대 지적 문화와 학습풍토: '검색하지 말고 사색하라'

서울여대는 교육을 대학의 핵심 사명으로 표방해 왔다. 대학의 교육적 역할과 기능을 중시하며 효과적으로 학생을 가르치고 교육성과가 극대화되도록 교수과정을 개발하고 교수 · 학습 방법을 개선하는 노력을 지속적으로 펼치고 있다. 학부교육 선도대학 육성사업과 같은 정부 재정지원을 수행하면서 교육을 최우선하는 조직으로서 대학의 정체성이 더욱 공고해져 온 듯하다.

잘 가르치는 대학을 향한 서울여대 구성원들의 노력은 어느덧 대학의 문화와 학습풍토에도 영향을 미치고 있었다. 심층면담을 통해 서울여대 학생들은 다양한 교육 프로그램에 참여하면서 고차원 학습과 반성적 · 통합적 학습을 자연스럽게 경험하고 있음을 알 수 있었다. 정규교육과정은 물론 전공 소학회, 서비스 러닝 등 비교과 프로그램에 참여하면서 수업 중 배운 내용을 비판적으로 고찰하고 반성적으로 되돌아보는 기회를 갖고 있었다. 또한 그 과정에서 학습 결과를 종합해 보고 이를 실제 생활에 적용해 보는 경험을 하고 있었다. 즉, 서울여대 학생들은 여러 가지 교과 및 비교과 프로그램에 참여하며 단순한 표면적 학습(surface learning)을 넘어 심층학습(deep learning) 경험을 하고 있었고, 이는 서울여대 학부교육의 강점이라고 할 수 있다.

주목할 점은 이러한 교육적 성과는 하루아침에 이루어진 것이 아니라는 것이다. 대학의 교육적 비전과 철학을 공유한 구성원들이 오랜 시간에 걸쳐 개발하고 개선해 온 교육과정과 교수 · 학습 방법이 축적되어 나타난 산출물이라고 볼 수 있다. 이러한 서울여대 사례는 대학교육의 개선과 혁신이 하루아침에 쉽게 되는 것은 아니라는 교훈을 준다. 또한 이러한 움직임이 대학의 문화로 자리 잡을 때 더욱 지속 가능함을 보여 준다. 이와 관련하여 면담에 참여했던 한 학생이 수업 시간에 교수로부터 들었던 '검색하지 말고 사색하라'는 말은 서울여대의 문화와 학습풍토가 어떠한지를 잘 보여 준다.

> '검색하지 말고 사색하라'고 하세요. 생각할 수 있게 만드는 수업을 하시는 것 같아서. 저는 공부를 좋아하지 않는데, 대한민국에서 대학생으로 살면서 그냥 공부하는 거 말고도 많은 것들을 생각할 수 있게 되고. (인문계 4학년 학생 Q)

전공을 두 개 들었는데 그 수업은 둘 다 아예 교수님이 일방적인 강의를 해 주시는 것보다 학생들에게 질문을 받고 그거에 대한 궁금증을 해결하는 식으로 강의가 진행이 됐어요. 그래서 강의를 들으면서 '아, 이게 진짜 공부라는 거구나. 이게 진짜 알아 가는 거구나.'라는 생각을 굉장히 많이 했고, 또 학생들이 스스럼없이 교수님께 수업 중에 손들고 질문하는 걸 보고, '정말 신기하다. 이게 대학 수업이구나.'라는 생각을 많이 했어요. (예체능계 4학년 학생 H)

2) 교수가 만드는 능동적 학습풍토: '질문과 토론을 유도하는 수업'

일반적으로 수업은 교수가 전권을 가지고 운영하는 자율적 영역으로 여겨진다. 따라서 교수가 적극적으로 변화하고 개선하려는 의지를 갖지 않으면 수업 방식을 바꾸기란 현실적으로 쉽지 않다. 그동안 많은 대학이 교수의 수업 방식을 개선하기 위해 다양한 형태의 당근(인센티브)과 채찍(교수업적 평가, 승진 요건 등)을 활용해 왔지만, 지식 전달, 강의 위주의 전통적인 수업 방식은 쉽게 바뀌지 않고 있다. 그러나 서울여대에서는 잘 가르치는 대학이 되기 위해서는 무엇보다 수업이 변해야 한다는 공감대가 교수들 사이에 공유되어 있음을 확인할 수 있었다. 또한 수업이 바뀌어야 대학이 살아난다는 생각도 대학 구성원들 사이에 퍼져 있었고, 자발적으로 수업을 개선하고자 하는 교수들의 노력으로 이어지는 결과를 낳았다.

서울여대 교수들은 능동적 학습풍토를 만들어 가기 위해 의도적인 노력을 하고 있었다. 이는 전통적인 강의 위주의 수업, 즉 학생들이 교과 지식을 교수로부터 단순히 전달받는 수업 방식을 지양한다. 대신 서울여대 교수들은 수업 중에 학생들과 끊임없이 상호작용하며 그들의 심층학습을 촉진하려고 노력한다. 학생들에게 수업과 관련하여 끊임없이 질문하고 토론을 하도록 유도하며, 이러한 질문과 토론 방식의 수업이 서울여대의 학습풍토로서 어느 정도 자리매김을 하는 데 기여하였다고 볼 수 있다.

질문을 하면은 창피, 모른다고 생각할까 봐 약간 창피한 것도 있고 이런데, 교수님께서 그런 게 좋지 않다고 하시고, 또 진정한 대학생으로서는 질문을 많이 하는 게 좋다고 계속 강조해 주시고, 계속 말씀해 주시니까 애들이 약간 그런 걸 들어서 그런지 몰라도 항상 질문을 많이 하고, 또 교수님께서 수업 시간마다 포스트잇에 그런 질문 써서 내라고 하시거든요. 항상 다음 수업 시간에 리뷰식으로 해서 그 질문 받았던 것을 그렇게 정리해 주시고, 수업을 약간 5분 정도 일찍 끝내 주셔서 질문할 거 있으면 하라고 말씀해 주시고요. 교수님들이 학생들과의 소통을 중요하게 생각하세요. (자연계 3학년 학생 K)

질문 많이 해라, 질문이 중요하다, 이런 가르침이 되게 머리에 많이 남아요. 제가 듣고 온 수업 중에서도 매 시간 질문을 써서 내는 수업도 있어요. 그니깐 무얼 질문해도 상관이 없는 거예요. 그만큼 질문을 중요하게 생각하시고, 가끔 "아니, 왜 이렇게 질문이 적어." 이러면서 "연구실 좀 놀러와. 연구실에서 질문 좀 해." 이렇게 말씀하실 정도로. 근데 제가 영문과에서도 그렇고, 기독교학과 수업도 들어 봤는데 기독교학과에서 정말 그걸 강조를 많이 하셨고, 교육심리에서도 강조를 많이 하셨어요. 그래서 학교 전체적으로 교수님들이 되게 열성적이시고 질문을 많이 중요하게 생각하시는구나. 그렇게 생각을 해요. (인문계 4학년 학생 L)

고등학교 땐 제가 질문을 하면 '시험범위 나가야 하니까 수업 끝나고 얘기 좀 하자.' 이러셨단 말이에요. 그런데 대학 와서 '교수님 저 질문 있습니다.' 하면. '하, 무슨 질문인가요! 질문한 학생 학기 초에 자네가 처음이네.' 그러면서 막 해 보라고. 그래서 했어요. 그랬더니 '그럼 그 질문에 대해서 답은 어떻게 생각하나?' 이러면서 오히려 역질문하시고. …… (공학계 1학년 학생 E)

3) 서비스 러닝에 깃든 심층학습: '배운 걸 학교 밖 무대에서'

서울여대의 지적 문화와 학습풍토를 보여 주는 다른 사례는 서비스 러닝(service learning)이다. 서비스 러닝은 '바롬인성교육'과 함께 서울여대를 대표하는 교육 브랜드로 2001년에 시범 운영을 거쳐 2005년부터 정규 교과로서 도입된 봉사활동 연계 교육 프로그램이다. 서비스 러닝의 목적은 정규 교과를 통해 전공지식을 폭넓게 학습하고, 이를 실천적으로 적용해 보는 경험을 가지며, 이 과정에서 자신과 배운 내용에 대하여 반성적으로 고찰해 봄으로써 비판적 사고와 문제 해결력을 향상하는 것이다(김은영, 유숙영, 2009; 정기오, 이혜진, 2011; 조용하, 2002). 학생들이 학습한 내용을 다양

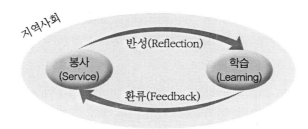

[그림 1-16] 서비스 러닝 개념도

출처: 서울여자대학교 교수학습센터 홈페이지(http://ctl.swu.ac.kr/SL2/sl_what.php).

한 맥락에서 실천해 보는 과정을 통해 소통 능력과 리더십을 향상할 수도 있다([그림 1-16] 참조). 2014년 기준으로 대학 전체에서 54명의 교수와 465명의 학생이 참여하여 74개의 기관과 함께 서비스 러닝이 시행되었으며, 참여 교수 및 학생의 수는 매년 증가하는 추세다.

　서울여대에서 시행되고 있는 서비스 러닝은 현재 배우고 있는 교과목과 전공 특성이 반영된 봉사활동을 통해 수업에서 배운 내용을 스스로 통합해 보고 이를 실제 생활과 현장에 적용해 보는 경험을 가진다는 점에서 보통의 일반적인 봉사활동과는 차별화된다. 즉, 학생들이 졸업 이수 학점으로 또는 취업을 위한 소위 스펙 쌓기를 위해 참여하는 봉사활동과는 다르다.

　이는 서울여대 서비스 러닝이 정규교육과정의 일부로 운영된다는 것과 관련이 있다. 수업활동의 일환으로 서비스 러닝이 진행되고, 학생들은 서비스 러닝과 연계된 과목에서 정규학점 이외에도 추가학점(1학점)을 받게 된다. 또한 참여 학생들은 자신의 수행 성과에 대해 교수로부터 직접 다양한 피드백을 받는 경험도 한다.

　　저희 같은 경우에는 이제 같이 나무를 보고 배우는 시간도 있었지만 저쪽에 혹시 텃밭 보셨나요? 저쪽 인사대, 주차장 가는 길 쪽에 옆에 텃밭이 있어요. 그래서 거기에서 화단을 조성하면서 전공적인 측면도 배우고요. 그 외에도 이 화단을 어떻게 하면은 좀 더 심리치료나 이런 쪽에도 응용이 될 수 있을까……. 실제로 지역사회에 기부를 했던 사례로는 거기에서 나는 허브를 따서 이제 노인정이나 그런 데 가서 방향제를 어르신들과 만드는 시간을 갖거나, 아니면은 배추 같은 거를, 상추나 배추를 일정량 이상을 수확해 가지고 기부하는 거를 했었어요. (자연계 3학년 학생B)

전공에서 이렇게 서비스 러닝이 열리니까 '아, 해 보는 게 어떨까' 이렇게 해서 신청을 했었는데. 일단은 봉사했던 기관도 정말 가깝고 해서 시작을 했었고. 일단은 전공과 관련되니까. 실제로 내가 프로그램을 기획해 보고 애들한테 해 보고 그러니까 굉장히 뿌듯하더라고요. (교육계 4학년 학생 U)

서울여대 사례에서 볼 때, 학생들은 서비스 러닝을 통해 학습성과의 향상은 물론 실천적 전문성, 봉사정신, 시민으로서 책임감을 높이는 발달을 경험한다. 이는 서울여대가 지향하는 '나를 깨우고, 사회를 깨우고, 미래를 깨우는' 섬기는 리더가 되는 길이기도 하다. 서울여대가 교육적으로 추구하는 인재상은 '플러스형 인재' 또는 '실천하는 건강한 여성 인재'다. 서울여대에 따르면 이는 대학생활을 하면서 배운 것을 자신뿐만 아니라 다른 사람과 사회를 위해 적극적으로 활용하는 자세와 태도 및 역량을 갖춘 인재라고 한다. 서비스 러닝의 사례는 대학이 추구하는 인재상이 교육과정을 통해 실질적으로 구현되고 있음을 보여 준다.

서울여대 학생들이 다른 대학 재학생과 비교하여 높은 수준의 심층학습 경험을 하는 것도 서비스 러닝 참여와 무관하지 않은 것으로 보인다. 이러한 결과는 최근에 이루어진 선행 연구(Hahn & Hatcher, 2013)에서도 확인된 바 있다.

3. 능동적 · 협동적 학습: '공동체 정신과 협동의 생활화'

학부교육 실태조사에서 능동적 · 협동적 학습은 학생들이 얼마나 주도적으로 학습활동에 참여하는지, 동료 학생들과 학습활동 중에 얼마나 협력하는지를 물어보는 문항들로 구성되어 있다. 〈표 1-15〉에서 볼 수 있듯이 서울여대 학생들은 다른 대학 학생들과 비교하여 능동적 · 협동적 학습경험의 수준이 높았다.

〈표 1-15〉 K-NSSE 자료: 능동적 · 협동적 학습 영역

연도	능동적 · 협동적 학습 영역					
	서울여자대학교		ACE (11년: 22개교, 12,13년: 23개교)		전체 31개교	
	평균	표준편차	평균	표준편차	평균	표준편차
2011	12.30	2.46	11.69	2.49	11.60	2.50
	(n=328)		(n=5,368)		(n=7,393)	
2012	11.73	2.51	11.24	2.57	11.17	2.56
	(n=231)		(n=7,404)		(n=10,415)	
2013	11.62	2.62	11.30	2.60	11.23	2.61
	(n=400)		(n=8,659)		(n=10,078)	

주: 2013년 3차 조사에서 총 54개 대학이 참여하였으나, 한국교양기초교육원 · 학부교육 선진화 선도대학 협의회(2013)
에서는 종단 분석의 취지를 고려하여, 2011년부터 3년에 걸쳐 모두 참여한 31개 대학의 응답 자료를 서울여대 자료
와 비교 · 분석하여 제시하고 있음.

출처: 한국교양기초교육원 · 학부교육 선진화 선도대학 협의회(2013). 2013년 대학 학부교육의 질과 성과 분석: 서울여
자대학교.

이는 그동안 서울여대가 지향해 온 공동체 문화와 많은 관련이 있는 것으로 보인다.
실제로 심층면담에 참여했던 대부분의 학생과 교수들은 서울여대의 교육 프로그램을
소개하면서 능동적 · 협동적 학습참여에 미친 영향을 언급하였다. 대학 차원에서 제
공하는 대부분의 교육 프로그램이 학생들의 자발적이고 주도적인 학습참여를 이끌
고, 공동체 정신이나 팀워크에 기반을 둔 협동 학습을 강조한다는 것이다.

1) 바롬인성교육: '공동체 교육의 시작점'

바롬인성교육은 서울여대 학부교육을 대표하는 프로그램이다. 이는 서울여대 교
육의 역사이자 전통이다. 교육목표는 공동체 생활을 통해 자아를 찾고, 올바른 가치
관을 함양하며, 사회에서 필요로 하는 '행동하는 여성 지도자'의 자질과 역량을 키우
는 것이다. 바롬인성교육과정은 총 3단계로 구성되어 있으며, 3년 동안 진행된다. 다
른 대학에서 제공하는 비교과 인성교육 프로그램과 달리 서울여대의 바롬인성교육은
1, 2학년 전원을 대상으로 하는 기숙형 프로그램이고, 3학년을 대상으로 하는 프로그

램은 정규 교과목(3학점)으로 편성되어 있다.

〈서울여대 바롬인성교육〉

1. 바롬인성교육의 단계별 목표

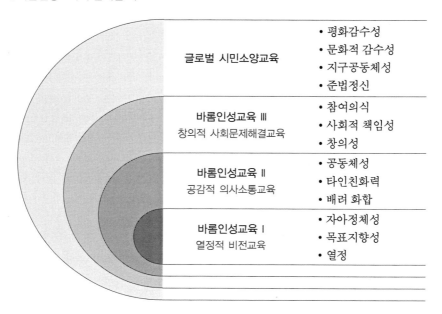

글로벌 시민소양교육	• 평화감수성 • 문화적 감수성 • 지구공동체성 • 준법정신
바롬인성교육 Ⅲ 창의적 사회문제해결교육	• 참여의식 • 사회적 책임성 • 창의성
바롬인성교육 Ⅱ 공감적 의사소통교육	• 공동체성 • 타인친화력 • 배려 화합
바롬인성교육 Ⅰ 열정적 비전교육	• 자아정체성 • 목표지향성 • 열정

가. 바롬인성교육 Ⅰ: 1학년 때 3주에 걸쳐 이루어지며, '나를 깨우다'라는 주제로 자신을 이해하고, 인생의 목표와 비전을 찾도록 도와주는 것이 목표다.

나. 바롬인성교육 Ⅱ: 2학년 때 2주 동안 진행되며, '사회를 깨우다'라는 주제로 학생들이 가지고 있는 타인이나 사회에 대한 편견과 고정관념을 깨고, 보다 개방적이고 객관적인 태도를 가지고 타인을 이해하고 배려할 수 있는 능력을 함양하는 것을 목표로 한다.

다. 바롬인성교육 Ⅲ: '세계를 깨우다'를 주제로 하여 글로벌 여성 인재가 되기 위한 소양을 키우는 것을 목표로 하며, 환경, 인권, 다문화 등의 문제를 세계적 관점(global perspective)에서 바라볼 수 있도록 함으로써 세계시민으로서의 사회적 책임을 자각하는 데 주안점을 두고 있다.

2. 협동적 문제해결학습(collaborative problem-based learning)

　　가. 바롬인성교육에서 이루어지는 대부분의 프로그램은 협동적인 문제해결학습 방식으로 운영
　　　된다.

　　나. 바롬인성교육 Ⅰ의 경우 프로그램에 참여하는 동안 학생들은 소그룹, 중그룹, 대그룹으로 편
　　　성되어 여러 과제를 수행한다. 소그룹 활동은 학생 스스로 성찰하고 문제를 해결하는 경험
　　　을 하고, 같은 집단 내 동료 학생들과 공유하는 방식으로 운영된다. 반면, 중집단과 대집단
　　　활동은 다른 학생과 어울려 서로 의사소통하고 공동의 과제를 해결하는 방식으로 운영된다.

　　다. 협동적 문제해결학습의 특성은 바롬인성교육 Ⅱ와 Ⅲ에서도 이어진다. 바롬인성교육 Ⅲ은
　　　정규 교과목으로 16주 동안 수업 형식으로 진행이 되며, 팀 프로젝트 방식으로 운영이 된다.

　　라. 바롬인성교육 협동적 문제해결학습 교육과정 예

구분	월	화	수	목	금
1주차	대집단1	소집단1	대집단2	소집단2	소집단3
	전체 오리엔테이션	자기이해의 기초: 바롬인의 첫걸음	선배와의 대화 응답하라! 2019	자기 발견과 관점의 유연성	자기수용: 내가 걸어온 길
	19:00~21:00	19:00~21:00	19:00~21:00	19:00~21:00	19:00~21:00
2주차	대집단3	소집단4	대집단4	소집단5	소집단6
	창조의 시간	가치탐색: 내 안의 나	어울림 준비	가치확립: 내가 원하는 나	비전설계: 내가 만드는 나
	19:00~21:00	19:00~21:00	19:00~21:00	19:00~21:00	19:00~21:00
3주차	중집단1	소집단7	대집단5	소집단8	대집단6
	학습윤리 및 예절 특강	실천과 성장: 좋은 습관 만들기	어울림 리허설	비전 선포식	어울림 바롬인 선포식
	19:00~21:00	19:00~21:00	19:00~21:00	19:00~21:00	19:00~21:00

출처: 바롬인성교육 홍보 책자.

　　[그림 1-17]은 서울여대가 바롬인성교육 프로그램을 운영하기 위해 설립한 교육 공
간의 모습을 보여 준다. 학생들은 이곳에서 1~3주 동안 합숙하면서 능동적이고 협동

[그림 1-17] 서울여대 바롬인성교육관의 실내 전경

적인 학습을 경험하고 서울여대가 표방하는 공동체 정신을 배운다.

　서울여대 바롬인성교육은 좁은 의미의 인성교육 차원을 넘어 다양한 교육적 효과를 창출하고 있었다. 특히 학생들이 보다 능동적이고 자기주도적으로 대학생활을 영위하도록 하는 계기를 마련해 주는 것으로 나타났다. 1, 2학년 학생들은 프로그램에 참여하면서 1~3주간 집을 떠나 단체 생활을 하면서 독립심을 기르고, 앞으로 대학생활을 어떻게 해 나갈지 등을 동료 학생과 생각해 보는 기회를 갖는 것으로 나타났다. 프로그램에 참여하면서 학생들은 대학생활의 목표를 찾고, 그 목표를 달성하기 위하여 어떻게 생활할 것인지를 계획하는 기회를 갖는다는 것이다.

　　　1학년 때는 합창대회를 하면서 공동체에 대해서 혼자 하지 못할 일을 함께하니까 할 수 있다 이런 것도 가르쳐 주지만 자기 자신에 대해서 돌아보는 시간을 가져요. 6시 이후부터 해서 그동안 자기가 어떤 삶을 살았는지 돌아보고, '앞으로 어떻게 해야겠다.' 이런 거를 생각하게 하고요. 2차에서는 이제 다른 사람에 대해서 생각을 하게 해요. '이 사람은 이런 사람이니까 이런 방식으로 얘기하는 게 더 효율적이다.' 이런 식으로 하고요. 바롬 3차에서는 팀플레이를 같이하면서 이제 프로젝트형으로 해요. (자연계 3학년 학생 B)

　정규 수업으로 편성이 된 바롬 Ⅲ 과정은 팀 기반 프로젝트 수업으로 진행된다. 바

롬 Ⅰ, Ⅱ와 달리 합숙 생활을 하며 진행되는 수업은 아니지만 지난 2년 동안의 바롬인
성교육과 서비스 러닝, 전공 소학회 등 다른 팀 기반 교육 활동에 참여하면서 길러 온
능동적·협동적 학습 방식에 실천적·통합적 학습을 하는 심층학습(deep learning) 경
험까지 더해져 바롬 Ⅲ 과정에서의 학습경험은 더욱 풍부해진다.

> 바롬 Ⅲ는 조금 성격이 다른데 합숙 프로그램이 아니라 문제해결을, 팀플을 한 학기 동안 쭉
> 학생들이랑 하는 거예요, 사회문제에 대해서. 근데 저는 그런 거를 하면서, 어, 제가 사학과이다
> 보니까, 쫌, 어, 철거민 문제라든지 아니면 해방촌 이런 문제도 고등학교 때는 관심을 가지고 직
> 접 수능 공부도 했지만 저는 그런 거에 위안부 할머니들 수요 집회 이런 데도 참여하고, 막 이런
> 활동들을 많이 했었는데…… 바롬 Ⅲ를 하면서 이제 그거를 다시 한 번 그런 사회문제에 대해서
> 다시 한 번 관심을 갖게 된 것 같고. 그게 솔직히 정말 힘들거든요. (인문계 3학년 학생 S)

2) 팀 기반 교육의 일상화: '함께 학습하는 것에 익숙한'

서울여대의 플러스형 인재상이 투영된 다른 사례는 팀 프로젝트 기반 교과 및 비교
과 활동에서 찾을 수 있다. 이러한 활동은 학생들로 하여금 능동적이고 협동적으로 학
습 활동에 참여하는 경험을 제공한다. 예컨대, 전공 소학회는 비교과 프로그램으로서
소수의 학생들이 모여 지도교수와 교류하면서 팀 프로젝트를 수행한다. 전공에 따라
팀 프로젝트의 형식이나 내용은 각양각색이지만, 하나의 주제나 과제에 대하여 스스
로 조사하고, 학습하며, 깊이 고민해 보고 그 결과를 서로 교환하는 경험을 갖는다는
점에서는 다르지 않다.

> 교수님께서 워낙에 창의적인 거, 창의적인 걸 말씀을 하셔서 '하……. 어디까지 내 머릴 쥐어
> 짜야 되나' 하긴 했는데, 결국에는 교수님한테 피드백도 받고, 저 혼자만 하는 게 아니라 팀원이
> 같이 있잖아요. 그러니까 내 머리에서 나오는 거, 저 사람 머리에서 나오는 거를 합치면 뭔가 또
> 완성이 되더라고요. 그래서 그런 경험이 되게 많았고……. (교육계 4학년 학생 U)

저는 창의성 동아리를 했는데 그게 원래 교양을 창의적 사고라는 교양을 원래 들어갔는데 거기서 그 어, 학교 프로그램이 바롬 Ⅲ처럼 한 학기 동안 그냥 팀플로 계속하는 거였어요. (인문계 3학년 학생 S)

이처럼 서울여대 학생들이 팀 프로젝트 기반 능동적·협동적 학습을 경험할 수 있는 것은 교수들의 수업 개선 의지와 노력의 성과로 보인다. 비록 과목별 특성이 달라도 많은 교수들이 팀 기반 활동을 필수적인 수업 활동으로 포함하려고 한다. 다음의 사례에서 볼 수 있듯이 학생들은 이러한 교육 활동을 통해 자연스럽게 협동하는 방법을 배우고 공동체 정신을 형성하게 되는 것으로 나타났다.

친구(동료 학생)들 앞에서 이 사례를 설명하기 위해서는 본인이 더 많은 내용을 알고 이제 설명을 하기, 해야 되기 때문에 애들이 공부를 많이 하는 거 같고요. …… 저는 이제 한 팀씩 돌아가면서 토론 참여를 하거든요. 토론 참여를 하면서 학생들이 보지 못했던 부분들 같은 것들을 좀 지적을 해 주고, 좀 활성화를 시켜 준 다음에 그다음에 이제 전체 토론을 시키는데, 조마다 한 명씩 나와 가지고 자기 조, 또 자기 걸 하는 이유가 자기 조에서 이런 이슈가 있었다든지 이렇게 앞에 나와서 발표를 한 명씩 시켜요. 그리고 나서는 질문할 사람 질문하고, 제가 보충 설명해 주고. (교수 A)

4. 교우관계: '학습공동체에 기반을 둔 친교 문화'

서울여대 학생들의 교우관계는 2011~2013년 조사에서는 다른 대학과 비교하여 다소 낮았지만, 2014년 조사 결과에서는 높게 나타났다(서울여대 평균 14.3으로 ACE 참여 대학 13.4, 전체 대학 13.1보다 높게 나타남). 심층면담 내용 분석에 따르면 서울여대는 다양한 프로그램(바롬인성교육, 멘토링, 서비스 러닝, 전공 소학회 등)을 통해 학생들끼리 가급적 많은 교류를 하도록 유도하고 있으며, 여학생 친화적인 환경을 조성하여 학생들이 학교에 오래 머물면서 서로 만날 수 있는 계기로 조성하고 있었다.

〈표 1-16〉 K-NSSE 자료: 교우관계 영역

연도	교우관계 영역					
	서울여자대학교		ACE (11년: 22개교, 12,13년: 23개교)		전체 31개교	
	평균	표준편차	평균	표준편차	평균	표준편차
2011	10.69	2.70	10.96	2.82	10.96	2.78
	(n=328)		(n=5,368)		(n=7,393)	
2012	10.15	2.81	10.90	2.87	10.74	2.85
	(n=231)		(n=7,404)		(n=10,415)	
2013	10.13	2.93	10.88	2.96	10.87	2.96
	(n=400)		(n=8,659)		(n=10,078)	

주: 2013년 3차 조사에서 총 54개 대학이 참여하였으나, 한국교양기초교육원 · 학부교육 선진화 선도대학 협의회(2013)
에서는 종단 분석의 취지를 고려하여, 2011년부터 3년에 걸쳐 모두 참여한 31개 대학의 응답 자료를 서울여대 자료
와 비교 · 분석하여 제시하고 있음.

출처: 한국교양기초교육원 · 학부교육 선진화 선도대학 협의회(2013). 2013년 대학 학부교육의 질과 성과 분석: 서울여
자대학교.

1) 바롬인성교육: '바롬친구, 인생친구'

여자대학 학생들은 흔히 '개인주의' 성향이 강한 것으로 알려져 있다. Umbach 등
(2007)에 따르면 여대 학생들은 특히 고학년이 될수록 선후배 관계나 동료 학생에 대
한 긍정적 인식이 남녀공학 재학생들보다 낮은 것으로 나타났다. 동료나 선후배에게
의지하고 도움을 받기보다 가급적 혼자서 대학생활을 헤쳐 나가거나 학교 외부의 사
람에게 의지하려는 경향이 크다는 것이다.

심층면담 결과, 서울여대 학생들에게도 이러한 경향성이 어느 정도 있었다. 특히
캠퍼스가 서울 외곽에 있어 통학에 부담이 있는 학생들은 학교에 머무르며 다른 동료
학생이나 교수들과 적극적으로 교류하기보다 수업만 듣고 집에 가는 경우도 있음을
확인할 수 있었다.

솔직히…… 제 생각엔 여기 오신 분들 같은 경우는 학교에서 많은 활동을 참여하기 때문에 다
른 학생들보다는 많이 있는 것 같은데, 아까 말한 것처럼 저희는 끝나면 집에 가야 돼요. 친구들

끼리 놀 때도…… 학교에서 머물면, 수업 외에는 솔직히…… 수업이나 아까 말한 거 특강을 듣는 것 외에는…… 학회활동을 한다거나 이렇지 않으면…… 대부분 빨리빨리 이제 나가려고 하는 경향이 있는 게……. (사회계 4학년 학생 T)

서울여대는 여자대학에 대한 사회적 편견과 지리적 한계를 극복하면서, 학생들이 가급적 학교에 오래 머무르고 동료 학생들과 교류할 수 있도록 돕기 위해 다양한 지원을 하고 있다. 즉, 학생들이 학교에 머물러 있어야 하는 '이유'를 만들어 주기 위하여 대학 측은 교과·비교과 교육과정의 운영 방식을 개선하고 대학 캠퍼스 환경을 개선하는 등 다양한 시도를 하고 있었다. 이러한 노력은 바롬인성교육에서부터 시작된다. 학생들은 입학과 동시에 집을 떠나 다양한 배경을 가진 낯선 친구들과 3주를 보낸다. 학생들은 여기서 공동체를 중시하는 서울여대의 가치와 인재상을 배우고, 졸업할 때까지 교류하며 평생의 친구가 되는 친구를 만든다고 한다. 면담에 참여한 학생들은 바롬인성교육을 통해 만난 학생들을 '바롬친구'라고 부르고, 대학생활을 하면서 또는 졸업 이후에도 지속적으로 교류하는 관계를 가진다고 말했다. 특히 저학년 학생들의 경우 수업 후 바롬친구들과 캠퍼스에 머무르며 교류를 하는 것으로 나타났다. 다음 사례에서 볼 수 있듯이 교수들도 바롬인성교육이 서울여대 학생들의 긍정적인 교우관계의 형성에 미치는 영향을 중시하고 있었다.

1학년 때 같은 과 학생들보다도 바롬 생활관에서 만난 친구들이 훨씬 더 많이 친해지는 경향을 제가 종종 보거든요. 그래서 만일 그것도 없었다면 또 여학생들의 공동체 의식이라는 게 굉장히 조금 떨어지는 편인데요, 자기들끼리의 집단 그런 것들이 좀 많이 강한 것 같고요. 그러니까 친구들도 보면 처음에 사귄 친구들이 이제 대학 4년을 가는 거예요. 그러니까 자기가 존재하기 위해서 그 집단에 들어가야 된다는 그런 생각을 가지고 있는 것 같아요. 그런데 그런 면에서 바롬 교육은 조금 더 교우관계를 넓혀 주고 학교생활을 보다 잘 적응할 수 있게 하는 어떤 그런 측면도 있지 않나라는 생각이 듭니다. (교수 D)

저는 지금도 다른 학교에 나가서 친구들에게 자랑을 하는 게, 그 친구들은 그 전공 친구들만 대부분 알게 되고, 진짜 운이 좋으면 다른 교양 같은 걸 듣다가 다른 친구를 알게 되는데…… 저희 학교 같은 경우는 물론 의무적이긴 하지만, 정말 다양한 과의 친구들을 평생 데려갈 수 있는 기반을 만들어 줘서……. (사회계 4학년 학생 T)

'바롬친구'라는 말이 있어요. 그래서 "아, 저 친구 나랑 바롬친구야."라고 이야기하는 경우가 있는데 그런 정도로 되게 의미 있는 관계라고 생각을 하고, 또 그걸로 인해 또 과에서 적응을 못 하면 바롬친구들이랑 지내는 경우도 많거든요. 많은 학생들이 물론 초반에 들어갈 때에는 되게 싫어하는 경우도 있는데 항상 마지막에는 거의 다 즐거웠던 기억이 더 많거든요. 그래서 많은 학생들이 그럴 거라고 생각을 합니다. (자연계 4학년 학생 D)

바롬인성교육의 영향은 합숙 생활을 통해 친구를 만들어 준다는 것을 넘어 서울여대가 추구하는 공동체 가치와 비전을 학생들이 공유할 수 있도록 하는 첫 단추라는 점에서도 의미가 크다. 실제로 학생들은 합숙하는 동안 우리 혹은 공동체라는 주제를 중심으로 하는 다양한 경험을 하고 있었다.

2) 학습 튜터링: '선후배 사이를 엮어 주는 오작교'

서울여대 학생들에게 바롬인성교육이나 팀 프로젝트 수업은 동료 학생들과 교류할 수 있는 기회다. 반면, 면담 과정에서 나타난 것은 선후배가 어울려 상호작용하고 학습 활동을 하는 기회는 그리 많지 않고, 서울여대 학생들이 갖는 다양한 교내 인간관계에서 갈증을 느끼는 부분임을 알 수 있었다.

저는 학업적인 것보다도 사실 딱 처음에 학교 들어왔을 때 제일 좀 실망스러웠던 부분이 선후배 간의 교류가 전혀 없는 것 같아요. 또 여대다 보니까 더 그런 것 같고. 음…… 그래서 다른 학교에 비해서 되게 선후배 관계가, 그런 동기도 마찬가지고 약간 전반적으로 사람들 간의 관계가 그렇게 잘되어 있는 것 같진 않아요. (사회계 4학년 학생 Y)

하지만 대학생활, 특히 여자대학의 경우 선배는 후배들에게 대학생활이나 진로에 있어 롤모델이 될 수 있다는 점에서 매우 중요하다(Pascarella, 1984; Riordan, 1994). 선후배 관계가 친목이나 사교 활동을 통해 형성되는 것도 후배 학생들의 대학생활 적응에 어느 정도 도움이 되겠지만, 학습 활동을 중심으로 관계가 이루어진다면 그 효과는 적극적인 학습참여(student engagement)와 대학 몰입(institutional commitment)으로 이어지게 된다.

서울여대는 이를 인식하고 대학 차원에서 학습 튜터링 프로그램을 운영하고 있다. 이는 선후배 학생들이 학습 활동을 매개로 하여 상호작용할 수 있도록 유도하는 장을 마련한 것으로 2014년도 기준으로 213명의 학생들이 참여하고 있다. 이 프로그램의 활성화를 위해 우선 선후배가 학교에서 편하게 만날 수 있도록 튜터링룸이라는 전용 공간을 마련하였다. 대학에서는 이 공간을 여학생들이 선호하는 카페 형식으로 꾸며 마치 카페에 앉아 편한 마음으로 이야기하듯 토론하고 공부할 수 있도록 하였다([그림 1-18] 참조). 또한 튜터링룸을 교수학습센터 맞은편에 설치하여 필요한 경우 교수학습센터 직원들에게 튜터링 활동에 필요한 지원을 쉽게 요청할 수 있도록 하는 세심한 배

[그림 1-18] 학습 튜터링을 위한 전용 공간

려를 하고 있다.

3, 4학년 튜터 학생들은 후배들에게 특정 과목에 대한 교과지식뿐만 아니라 대학생활이나 학습법에 대해서도 알려 주면서 보람을 느끼고 있었다. 1, 2학년 튜티 학생들은 학습 튜터링을 통해 대학 수업에 쉽게 적응하는 방법을 배우고, 학업적으로도 많은 도움을 받으며, 앞서 여대에서 많이 부족하다고 언급된 선후배 관계도 겪게 되어 대학 생활 전반에 걸쳐 긍정적이고 유용한 경험으로 인식하고 있었다.

> 제가 다가가지 않는 이상은 친해질 선배들하고 교류가 없는데, 거의 친해질 수가 없는데 튜터링을 통해서 선배들이 저희 가르쳐 주시니까 그냥 대충 가르쳐 주시는 게 아니라 정말 책임감을 가지시고, 퀴즈도 내 주시고 숙제도 내 주시고 그러면서 선배님들과도 친해지고. 음, 튜터링은 그런 점이 좋았었고요. (사회계 2학년 학생 R)

> 3, 4학년 되면서 바빠지니까 학교, 그러니까 학과의 활동을 그렇게 많이 하기가 되게 어렵더라고요. 근데 튜터링을 하면서 만난 그 인원들은 아직까지도 연락을 하고, 그 튜티들이 정말 저한테 정말 고마워하고 저도 받았던 그 선배들의 사랑을 저도 그렇게 줄 수 있어서 정말 고마웠고, 그런 프로그램이 있다는 게 정말 좋았던 것 같고요……. 이게 뭔가, 물론 제가 튜터로서 튜티들을 가르친다는 그런 생각도 있지만 그러면서 또 선후배 간의 그런 교류의 장을 열 수 있는 게 아닌가라는 생각도 해요. (교육계 4학년 학생 U)

> 그 친구들 같은 경우에는, 벌써 14학번이니깐. 제가 10학번인데, 4년이나 후배인 거예요. 근데 그래도 (튜터링을) 같이하면서, 저는 그 친구들이 너무 예쁜 거예요. 너무 열심히 하는 모습이 좋고. 너무 열의를 가지고 가르치려……. 공유하려고 노력했고, 그 친구들 세 명 중에 제가 알기로 두 명 A+이고 한 명 A0나 B+ 정도 나왔다고 하더라고요. (예체능계 4학년 학생 X)

3) 스터디 그룹: '윤활유 같은 학습공동체'

서울여대에서 스터디 그룹은 바롬인성교육, 전공 소학회와 더불어 학생들 사이에 학습생활공동체를 형성하는 토대가 되고 있고, 긍정적인 교우관계의 형성에 큰 기여를 하고 있다. 거의 모든 전공에 스터디 그룹이 있으며, 2014년 기준으로 총 399그룹에 1,409명이 참여하고 있다. 바롬인성교육이 학습공동체의 시작이라면, 스터디 그룹은 학생들 사이에서 일상적으로 학습을 매개로 교류가 이루어지는 윤활유와 같은 역할을 한다고 볼 수 있다.

> 스터디 그룹을 하면은 되게 좋을 것 같다 생각이 들어서 제가 먼저 애들을 구하고 애들이랑 다 같이 하자고 해 가지고 전공과목을 하나 스터디 그룹을 진행을 했는데, 처음에는 방향을 잘 모르겠어서, 학생회 선배님들께 어떻게 방향을 해야 되냐고 이렇게 물어봤어요. 그래서 그걸 알고 제가 한 방식은 애들이랑 하루씩 날짜를 정해서 하루 동안 자기가 선생님이 되어서 그 전공에 대해서 공부를 알려 주고, 또 서로 모르는 문제는 체크를 해 가지고 같이 토론을, 토의 형식으로 해서, 그렇게 하다 보니깐 저랑 애들이 거의 목표가 B+ 이상이었는데, 거의 한 A0 애들이 A+ 정도로 나와서 1학년 치고 우리 되게 열심히 한 것 같다. 뿌듯함도 많이 느꼈던 것 같아요. (자연계 1학년 학생 I)

> 정말 유기화학이라는 과목이 진짜 교수님도 항상 수업시간에 칠판 한 바닥을 빼곡히 채우고 필기 속도를 못 따라가고 그런 속도여 가지고 머리가 터질 것 같고. 근데 친구들이랑 같이 '스터디 그룹 만들자.' 해서 함께 항상 돌아가면서…… 한 사람이 선생님이 되어서 이 수업을 설명을 해 주었어요. 그 설명하는 사람은 설명하는 사람 나름대로 공부를 해야 하고, 배우는 사람은 한 번 더 복습을 하는 약간 그런 효과도 있었어요. (자연계 3학년 학생 K)

서울여대의 다양한 학습생활공동체 프로그램 가운데 바롬인성교육은 동학년 학생들 간의, 그리고 학습 튜터링 프로그램의 경우 선후배 간의 학습 기반 교류를 증진시킨다면, 스터디 그룹의 경우 학년 구분 없이 학습 주제에 대하여 공통의 흥미를 가진 학생들이 자발적으로 모여 능동적·협동적 학습을 하며 서로 교류를 한다는 점에서 서울여대만의 학습을 기반으로 한 학생 교류 문화 형성에 중요한 기여를 하고 있다.

5. 교수와 학생의 교류: '가족 같은 교수·학생 관계'

　그동안 학부교육 실태조사 결과에 따르면 2012년과 2013년 서울여대의 교수와 학생의 교류 수준은 ACE 대학 또는 전체 대학의 평균 수준보다 낮았다. 그러나 2014년 조사 결과에서는 ACE 대학 평균이나 전체 대학 평균보다 높게 나타났다(서울여대 평균은 9.9로 ACE 참여대학 평균 9.2, 전체 대학 평균 8.7보다 높게 나타남). 또한 수도권 대학의 연구중심 교수 문화를 고려하면, 이는 비교적 높은 수준이라 할 수 있다.

〈표 1-17〉 K-NSSE 자료: 교수와 학생의 교류 영역

연도	교수와 학생의 교류 영역					
	서울여자대학교		ACE (11년: 22개교, 12,13년: 23개교)		전체 31개교	
	평균	표준편차	평균	표준편차	평균	표준편차
2011	13.64	4.12	13.56	4.26	13.41	4.21
	(n=328)		(n=5,368)		(n=7,393)	
2012	13.48	4.22	14.06	2.87	13.64	4.16
	(n=231)		(n=7,404)		(n=10,415)	
2013	13.43	4.21	14.08	4.29	14.00	4.28
	(n=400)		(n=8,659)		(n=10,078)	

주: 2013년 3차 조사에서 총 54개 대학이 참여하였으나, 한국교양기초교육원·학부교육 선진화 선도대학 협의회(2013)에서는 종단 분석의 취지를 고려하여, 2011년부터 3년에 걸쳐 모두 참여한 31개 대학의 응답 자료를 서울여대 자료와 비교·분석하여 제시하고 있음.
출처: 한국교양기초교육원·학부교육 선진화 선도대학 협의회(2013). 2013년 대학 학부교육의 질과 성과 분석: 서울여자대학교.

　수도권 대학, 특히 여자대학이라는 특성에 비추어 서울여대에서 교수·학생 상호작용이 높게 나타난 원인은 서울여대가 지향하는 공동체 기반 학부교육 모델에서 찾을 수 있다. 서울여대에는 현재 10대 공동체 기반 프로그램이 운영되고 있다. 전공 소학회, 사제동행 프로그램 등이 대표적이며, 교수·학생 상호작용 확대와 이를 통한 교육의 질 개선이 주된 목적이다. 특히 사제동행 프로그램은 학부교육 선도대학 육성사

업을 시작한 2010년도부터 지속적으로 확대되어 왔으며, 2014년도에 이르러 성과가 나타나고 있는 것으로 보인다.

1) 여성 교수의 역할: '언니 같고, 엄마 같은'

서울여대에는 2014년도 기준 238명의 전임교원이 재직 중이다. 그 가운데 여교수는 116명으로 약 절반(48.7%)을 차지하고 있다. 대부분의 남녀공학 대학에서 여교수의 비중이 낮은 것을 고려하면 비교적 높은 편이다. 특히 이들 가운데 동문 교수의 비중이 약 30% 정도가 된다.

서울여대에서 여교수들은 동성(同姓)의 이점을 살려 여학생들과 좀 더 친근하고 긴밀한 사제 관계를 맺는 것으로 나타났다. 다음의 사례에서 볼 수 있듯이 학생들은 여교수들을 언니, 엄마, 혹은 인생의 롤모델로 여기고 있었다. 동문 여교수들은 후배이기도 한 학생들에게 가부장적 한국 사회에서 여성이 성공하기 위해서는 어떻게 해야 하는지에 대한 진심 어린 조언을 하는 등 애정을 가지고 학생들을 대하고 있었다. 반면, 남교수들의 경우는 학생들과 1:1로 만나거나 사적으로 만나는 것에 부담을 느끼고 가급적이면 사적 만남은 지양한다고 대답하였다.

> 여자 교수님께서는 여성으로서 이 분야에서 살아남기 위해서는 이런 게 필요하다라고 말씀해 주신 적은 있어요. 뭐, 예를 들어서, 사실 여성이 연구자의 길을 가는 게 조금 제약이 있는 부분이 많잖아요. 출산의 문제도 있고, 결혼을 하고 나면 이제 연구자와 이 두 개를 동시에 할 수 없기 때문에…… 근데 그런 부분을 극복한 이야기를 많이 해 주시면서, 너희도 노력하면 다 할 수 있다, 이런 식으로 좀 용기를 불어넣어 주셨던 교수님들이 꽤 많으시거든요. (자연계 4학년 학생 D)

> 교수님이시면서 언니 같은 느낌이시고, 되게 저희 과 교수님들이나 강사분들이나 전부 진짜 다 친절하시고 너무 좋으셔 가지고 전혀 어려움이 없었어요. (예체능계 4학년 학생 H)

가족과 같은 사제관계에 있어 특히 동문 여교수들의 역할이 학생들과의 면담 과정에서 자주 언급되었다. 일부 학생들은 동문 여교수들에게서 좀 더 친밀감을 느끼며, 그들이 수업이나 대학생활에 보다 많은 관심과 헌신을 하고 있다고 응답하였다.

> (동문 교수님들이) 좀 더 신경 써 주신다는 느낌은 있었어요. 다른 이제 다른 선배들을 초청해 와 가지고…… 수업해 주시기도 하고요. 아니면은 수업하시다가 우리 동기들은 이 수업내용을 가지고 이렇게 적용을 하고 있다. 이런 식으로 소개해 주시기도 하고, 그런 점이 좋았어요. (자연 계 3학년 학생 B)

2) 사제동행 프로그램: '함께 공부하고 친교하는'

전공 소학회가 교수와 학생이 만나 전공 관련 주제를 함께 학습하고 교류하는 것이 목적이라면, 사제동행은 상대적으로 친목과 교류를 목적으로 하는 프로그램이다. 교수와 함께 전공 관련 진로 탐색을 하기도 하고, 수업이나 전공 관련 영화 감상이나 독서 등도 함께 한다. 이러한 활동을 위해 대학에서 지원금을 제공하고 있으며, 학생들이 수업 외 시간에 교수와 편하게 상호작용할 수 있는 기회를 제공한다는 점에서 학생은 물론 교수들의 만족도가 높다.

> 교수님과 한 주제를 가지고 책을 읽으면서 그거에 대해서 일주일에 한 번씩 보고서를 쓰고, 교 수님과 피드백을 했던 시간이었어요. 저희는 1박 2일로 교수님과 엠티를 다녀왔어요. 다섯 명의 학생이. 그 부분에서 행복한 결혼에 대한 주제를 바탕으로 그 프로그램을 했는데 가족상담도 같 이해 주시고 저희가 가지고 있는 진로뿐만이 아니라 인생 전반에 걸친 생각과 이런 것들을 깊게 나눌 수 있었고, 교수님도 한 분야의 전문 지식인이 아니라 정말 인생의 롤모델로서 많은 경험을 할 수 있었거든요. (인문계 4학년 학생 Q)

> 사제동행 프로그램이 사실 그게 97년인가 98년부터 했거든요. 요즘 학생들이 교수님을 너무 어려워하는 거예요. 그렇게 교수님들을 너무 어려워하고, 교수님들을 찾아뵙는 것도 어려워하 고. 애들이 왜 그렇게, 저희 학교 다닐 때 하고는 너무 다르더라고요. 그래서 "이 교수님들을 어

려워할 분들이 아니라 교수님들은 너희를 끌어 주는 '사제'다."라는 식으로 시작을 해 가지고 '사제동행' 프로그램을 했는데, 지금은 보니깐 '사제동행 소학회'로까지, 동아리처럼 해서 한 학기에 그래도 한, 지금은 거의 180개에서 190개 그렇게까지 운영이 되어서 학생들도 하고 있더라고요. 사실 교수님들하고 다 관계가 되어야만 되니까, 그런 부분에 있어서는 굉장히 그래도 학교가 정성을 쏟은 게 아닌가 하고 생각합니다. (직원 A)

3) 교수와 하는 전공진로탐색: '학생 전공 · 진로 선택의 방향타'

서울여대에서 이루어지는 교수와 학생의 상호작용은 단순히 친목만 도모하는 형식적 수준에 머물러 있지 않고, 학생들이 학업에 전념하고 대학생활 전반에 만족할 수 있도록 유도하는 적극적인 역할을 한다. 특히 학생들의 진로 결정에 교수가 실질적인 도움을 줄 수 있도록 전공진로탐색 제도를 운영하고 있다. 저학년부터 전공 수업을 들으며 전공 관련 진로에 대해 정보를 제공하고, 수업 외 시간에 교수와의 면담을 통해 자신의 진로를 일찍이 찾아가도록 돕고 있다.

서울여대는 학생들이 진로 선택을 빨리 할수록 대학에 빨리 적응하고, 학업에 몰입하며, 높은 학업 성과와 졸업 후 취업까지 성공적으로 이어진다고 생각한다. 즉, 단순히 취업률 높이기에 집중하기보다 학생들이 자신의 적성을 발견하고 진로를 개발할 수 있도록 지원해 주는 것이다. ACE 대학 가운데 서울여대 졸업생들의 유지 취업률이 상위 수준을 유지하고 있는 것은 전공과 진로 선택에 대한 이러한 서울여대 측의 관심과 노력이 반영된 결과라 볼 수 있다.

전에는 교수님들이 학생들을 가르치고 난 다음에 그 결과에 대한 책임은 아무것도 없었는데, 이제는 그러한 전공진로탐색을 해서 교육 프로그램을 바꾸는 것도 성과를 내는 ACE 평가지표가 있고요. 그리고 그거에 대한 평가를 하고 난 다음에 그런 교육을 한 결과가 학생들이 어느 정도의 수준으로 성장을 했고, 그 수준으로 성장한 아이들이 앞으로 미래의 진로의 어느 부분에 포커스를 맞춰서 진입할 수 있게, 그러한 단계 단계의 프로그램을 개발했다는 거는, 결국은 학생들은 맹목적으로 교육을 안 한다는, 그런 교육의 결과를 낳은 거죠. (총장)

저학년에 전공과 관련된 진로탐색을 하도록, 즉 전공에 빨리 적응하고 진로탐색을 하도록 하는 과목이 있는데 그걸 제가 지금 표준화하는 작업을 하고 있어요. …… 그 과목에 대한 만족도가 제일 좋거든요. 학생들에게 조기에 진로에 대해서 고민을 하게 만들어 주고 생각을 하게 만들어 준다는 쪽으로 학생들이 생각을 하고 있거든요. 그게 만약에 비교과였다면 모르지만 정규 교과목 형태로 운영하니까 효과를 보는 거 같아요. (직원 F)

면담에 참여한 학생들도 전공진로탐색 교과목들이 실제로 유용하다는 의견을 제시하였다. 구체적인 내용이나 방식은 학과나 전공에 따라 차이가 있지만, 교수들이 정규 과목 내에서 해당 분야의 진로 멘토이자 선배로서 전공과 관련된 진로 정보를 제공해 주고 있다는 점에서는 다르지 않다.

수도권 4년제 대학에서 전공 관련 진로탐색을 학과 차원에서 교수들이 직접 나서는 경우는 일반적으로 드물다. 서울여대는 수업을 통해 진로탐색을 하게끔 하여 교수들이 책임감을 가지고 전공 내 학생들이 진로탐색을 용이하고 빠르게 할 수 있도록 지원해 주고 있다.

저희는 '생명환경공학의 입문'이라고 해서 수업이 있었어요. 거기서 교수님들이 전공하시는 게 다 다르거든요, 뭐 단백질, 면역, 생태, 동물생태 이런 식으로 되게 다양한데, 그 분야에 대해서 조금 기초적인 걸 교수님들이 다 설명을 해 주시면서, 여기서는 이 분야로 나가기도 하고, 뭐 이런 분야로 나가기도 한다, 하면서 이제 한 학기 동안 수업으로 들었었어요. 그게 저는 '전공진로탐색'이라고 알고 있었거든요. 그때 좀 많이 진로를 정한 친구들도 많고. (자연계 4학년 학생 D)

전공진로탐색세미나. 그게 필수예요. 2학년 1학기랑, 3학년 1학기. 3학년 2학긴가? 그때. 근데 그게 상관없이 저는 2학년 1학기랑 2학년 2학기 연달아서 들었기는 한데, 한 학기에 일곱 개나 여덟 개 정도의 세미나를 참석하고, 갔다 와서 나는 뭐 이런 거 이런 거 배웠다 하고, 사진하고, 후기하고, 될 수 있으면 강의받았던 그분의 명함까지 받는 그런 수업이 있거든요. (공학계 3학년 학생 F)

6. 지원적 대학 환경: '배려하고, 헌신하는 학교'

학부교육 실태조사에서 지원적 대학 환경은 대학이 학생의 성장과 변화를 유도하기 위하여 제공하고 있는 노력에 대해 학생들이 주관적으로 느끼는 인식을 말한다. 2011년 조사 결과, 서울여대 학생들은 ACE 대학들과 비슷한 수준이었고 전체 대학 평균보다는 높은 수준이었다. 그러나 2012, 2013년에는 ACE 대학이나 전체 대학과 비교하여 다소 낮은 수준이었다. 하지만 2014년도 조사에서는 다시 높아져 ACE 대학과 비슷한 수준, 전체 대학보다는 높은 수준을 보였다(서울여대 15.8, ACE 참여대학 15.9, 전체 대학 15.2). 이러한 결과는 지난 몇 년 동안 대학교육에서 양보다 질을 우선하려는 서울여대의 노력이 결실을 맺은 것으로 보인다.

〈표 1-18〉 K-NSSE 자료: 지원적 대학 환경 영역

연도	지원적 대학 환경 영역					
	서울여자대학교		ACE (11년: 22개교, 12,13년: 23개교)		전체 31개교	
	평균	표준편차	평균	표준편차	평균	표준편차
2011	8.30	2.35	8.64	2.46	8.62	2.37
	(n=328)		(n=5,368)		(n=7,393)	
2012	8.24	2.44	8.76	2.48	8.60	2.50
	(n=231)		(n=7,404)		(n=10,415)	
2013	8.21	2.50	8.93	2.50	8.91	2.51
	(n=400)		(n=8,659)		(n=10,078)	

주: 2013년 3차 조사에서 총 54개 대학이 참여하였으나, 한국교양기초교육원·학부교육 선진화 선도대학 협의회(2013)에서는 종단 분석의 취지를 고려하여, 2011년부터 3년에 걸쳐 모두 참여한 31개 대학의 응답 자료를 서울여대 자료와 비교·분석하여 제시하고 있음.

출처: 한국교양기초교육원·학부교육 선진화 선도대학 협의회(2013). 2013년 대학 학부교육의 질과 성과 분석: 서울여자대학교.

1) 여학생 친화적인 대학: '학생을 배려하는 대학'

서울여대는 여학생 친화적인 환경을 만들어 학생들이 학교생활에서 불편함을 느끼

지 않도록 하는 데 주력하고 있다. 캠퍼스 환경에 학생들이 만족할수록 학교에 오래 머물고, 대학이 제공하는 프로그램에 많이 참여하게 될 것을 기대하며 여학생 친화적인 대학 환경을 조성하기 위한 노력을 지속적으로 하고 있다. 특히 서울여대는 서울 외곽에 위치하고 있어 수업만 듣고 학교 밖으로 나가는 학생이 많아, 대학 측이 이를 개선하려는 노력을 많이 하고 있다. 면담 결과, 서울여대 학생들은 이러한 대학 측의 배려를 인식하고 있었으며, 더 나아가 자신들을 배려해 주는 대학에 대한 신뢰와 자부심 등을 갖고 있었다.

　　우선 시설과 환경에서 학생들을 배려한 흔적을 볼 수 있다. 하이힐을 신고 걸을 때 구두 소리가 다른 학생들에게 피해를 주지 않도록, 또한 본인은 발이 아프지 않도록 복도에는 폼(foam) 매트를 깔고, 보도블록은 폼(foam) 블록을 활용한 것이 그 예다. 건물 로비에는 파우더 룸을 마련하여 학생들이 화장을 고치거나 쉬면서 다른 학생들과 교류할 수 있도록 하였다. 이와 같이 여학생들이 편안함을 느끼는 공간으로 캠퍼스 환경을 개선하려는 대학의 노력을 학생들이 인지하기 시작하였으며, 이는 곧 대학에 대한 신뢰와 자부심으로 연결되고 있었다.

> 　보도블록이 엄청 푹신푹신해요. 그 이유가, 학생들이 여학생들이다 보니깐 하이힐을 신고 다니다 보면 발이 아프니까, 학생들 다 발 아프지 말라고 이렇게 보도블록을 푹신푹신하게 깔았다고 해요. 그리고 이렇게 저희 그 중앙 통로, 그 차도를 중점으로 이렇게 학교 건물들이 좀 사이드로 빠져 있어요. 그 이유가, 학교 수업할 때, 강의 들을 때 시끄럽지 않게 하려고 이렇게 건물들이 좀 이렇게 도로랑 약간 떨어져 있다고 해요. 그런 이야기를 들었을 때, '아, 서울여대는 학생들을 위해서 배려하고 헌신하는 학교구나.'라는 생각이 많이 들었었어요. (인문계 1학년 학생 A)

> 　학생들은, 서울여대에 대해서…… 제가 처음에 학생처장을 맡았을 때는 뭔가 학교에 대해서, 학교가 무슨 약간 꼼수를 부리는 것 아니냐. 그런 게 있었어요. 근데 지금은, 이제 학교에서 하라는 대로 좀 따라가 주고 했더니 이제 결과가 좋으니깐요. 결과가 좋으니깐 그때 그 말이 맞았던 것 같다. 요즘 그래서 학생회나 뭐나 굉장히 협조적입니다. (입학처장)

[그림 1-19] 여학생 친화적인 학교 캠퍼스

2) 학교 지원의 내실화: '학교에 대한 신뢰와 자부심의 근원'

서울여대에서 ACE 사업 초기에는 교육 프로그램의 양적 성장이 많았다면, 2주기 사업에 재선정된 2014년부터는 프로그램의 내실화에 집중하였다. 특히 프로그램의 질 관리에 노력을 기울였다. 그 성과로 서울여대 학생들은 학교가 운영하고 있는 다양한 프로그램에 대한 만족도가 높고 효과성에 대한 신뢰가 높은 것을 확인할 수 있었다.

학생들은 교육 프로그램을 내실화하려는 대학의 노력을 인지하고 있었으며, 근래에는 대학 측의 적극적인 홍보와 학부모 참여 활동 등을 통해 학부모들까지 이러한 대학 측의 노력에 대하여 알고 있었다.

제가 학교에서 제일 좋았던 건 이런 프로그램들이 굉장히 많이 열려 있어서, 참여만 적극적으로 한다면 진짜 도움 되는 게 많거든요. 그래서 저는 진짜 학교에 대해서 그런 점이 되게 고맙고, 지금도 되게 학교에 대한 자부심도 높고, 좋은 학교생활을 하고 있어요. (자연계 3학년 학생 K)

(다양한 정부 사업에서 좋은 성과를 낸 것에 대해) 그건 이제 학교 홈페이지에 가도 이렇게 많이 떠 있고. 아, 서울여대가 잘 가르치는 대학 선정돼서 뭐 지원도 많이 받고 하는구나. 이걸 안 상태로 입학해 가지고…… 학생들에 대한 뭔가 지원 같은 거 교육적으로 그런 거 되게 많이 하려고 하시고 애쓰고 있다는 그런 느낌을 되게 많이 받았거든요. (사회계 3학년 학생 W)

3) 성인지 교육과 여성 인재 양성: '여학생의 장점을 키우는'

서울여대는 여학생 친화적인 환경 조성뿐만 아니라 교육 내용이나 방식에 있어서도 여학생 중심의(female-oriented) 교육을 시행하고자 노력한다. 이는 서울여대가 지향해 온 건강한 여성 인재를 육성하기 위한 방편이기도 하다. 이러한 여학생 친화적인 교육 여건의 조성에 대한 대학의 노력은 일부 전공을 중심으로 성인지 교육을 시행하는 데서 그 노력을 찾아볼 수 있다. 특히 여학생들이 어려워하는 이공계열의 경우 여학생들이 편안함을 느끼도록 강의실을 꾸미거나, 여성 친화적인 교수법을 사용하기도 한다.

성인지 센터가 있습니다. 교육센터가 있고요. 교과목 같은 경우에 아까 말씀드린 대로 그 교과목 내용을 성인지 교육센터에서 나왔던 어떤 내용을 기반으로 해서 프로그램을 만들고. 근데 이게 전체 학과에서 그런 게 아니고요, IT쪽이나, 특히나 여학생들이 공부하기 어려워하고 힘들어하는 그런 부분에…… 따로 배려할 필요는 없는데, 가르치는 방법이나 내용에 있어서 스탠다드를 여학생의 장점을 키우는…… 예를 들어서 아까 말씀드린 대로 여학생이 남학생들보다 훨씬 세밀하고 정밀하고요. 그리고 굉장히 이론적인 공부보다는 도구의 활용, 적용에 굉장히 관심을 갖기 때문에 이제 거기에 맞춰서 교육내용도 바꾸어야 하는 거죠. (보직교수 D)

근데 제가 오기 전부터 하셨던 것 같아서. 정확히는 모르지만 컴퓨터학과 교수님들이 먼저 시작하신 것 같고요. 거기에 대해서 토론을 지금 많이 하고 있지는 않은데, 여학생들에게 맞는 교육법? 그런 것들의 내용에 대해서는 저희가 계속하고는 있습니다. 딱 거기에 대해서 세미나를 하고 있지는 않지만, 근데 여학생들의 흥미를 끌려면 어떤 식으로 수업을 하고 있는지 그런 아이디어 교환은 많이 하고 있습니다. (교수 B)

이상과 같은 성인지 교육은 현재 일부 전공을 중심으로 이루어지고 있지만, 이에 대한 학교의 관심은 점점 증가하고 있으며, 성인지 센터를 설립하여 다양한 지원을 하고 있다. 무엇보다 서울여대가 추구하는 성인지 교육은 여성을 약자로 보고 배려하는 방식이 아니라, 여성의 강점을 최대한으로 이끌어 내어 우리 사회가 필요로 하는 여성 인재를 양성하는 것을 목적으로 한다는 점이 고유한 특징이다.

제4절 서울여자대학교 학부교육의 성공요인

서울여대는 전형적인 잘 가르치는 대학이다. 또한 작지만 강한 대학의 전범(典範)을 보여 준다. 풍부하지 못한 재정 여건, 서울 외곽이라는 지리적으로 불리한 요소, 충분하지 않은 전임교수와 직원 수라는 약점과 한계를 무엇보다 역사와 전통에 기반을 둔 공동체 정신과 학교 발전에 대한 혁신적 마인드 사이의 균형과 조화를 통해 극복하였다. 무엇보다 성공적 대학생활과 학생을 최우선으로 하는 대학문화가 서울여대가 마주한 다양한 제약들을 극복하는 원동력이 되었고, 이러한 대학 측의 노력은 근래 들어 우수한 성과를 발현하고 있다.

1. 축적의 시간: '역사에서 길을 찾다'

서울여대 구성원에 대한 심층면담 과정에서 발견한 것은 서울여대 학부교육은 오랜 '축적의 시간'을 거쳐 오늘의 모습을 갖추어 왔다는 것이다. 이러한 축적과 숙성의 과정에는 비단 대학을 경영하는 총장이나 일부 보직교수들만 참여했던 것이 아니라 일반 교수와 교직원들까지 실질적이고 의욕적으로 공헌(commitment)하고 참여(engagement)해 왔다는 것을 알 수 있었다. 즉, 대학 공동체가 오랜 기간 함께 만들어 온 교육과정과 프로그램이 오늘날 서울여대 학부교육의 우수성을 뒷받침하고 지탱하는 기초 토대처럼 보인다. 즉, 오늘날 서울여대가 성취한 결과는 역사의 산물이다.

1) 뿌리 있는 교육: '개교 때부터 한결같은'

대학의 학부교육이 우수하다는 것은 실질적으로 대학이 제공하고 운영하는 교육과정과 프로그램이 높은 학생성과(student outcome)를 발현할 만큼 탁월하다는 것을 의미한다. 즉, 대학의 교육과정과 프로그램이야말로 우수한 학부교육의 토대다.

서울여대 학부교육의 우수성은 교육과정과 프로그램에서 찾을 수 있다. 서울여대의 교육과정과 브랜드 프로그램은 뿌리가 깊고 바람에 흔들리지 않는 튼튼한 몸통을 가지고 있으면서 나뭇가지의 끝에는 새로운 잎사귀들이 돋아나고 있는 건강한 나무를 보는 듯하다. 이는 토양, 기후 및 풍토를 고려하지 않고, 우선 열매를 얻으려고 급하게 이식(移植)한 외래종 나무와는 차별화된다.

놀라운 점은 비록 오랜 기간이 흐르고 다양한 사람이 거쳐 갔어도 서울여대 학부교육이라는 나무의 뿌리와 근간에 해당하는 교육 철학과 교육 목표는 전통으로 유지되어 왔다는 점이다. 더구나 이를 지켜 온 것이 대학 설립자나 경영진 등이 가진 실체적인 권력이나 공식적(official)이고 형식적(formal)인 대학 시스템보다는 서울여대 구성원들에게 내면화된 규범(norms)과 가치(values)의 힘에 의해서라는 점은 주목할 만하다. 또한 심층면담 과정에서 이러한 서울여대만의 문화와 전통이 의도적이든 무의식적이든 다음 세대나 동료들에게 학습과 공감이라는 메커니즘을 통해 전수되고 확산된다는 것을 알 수 있었다.

저희 서울여대는 워낙 설립 당시부터 실질적으로 일하는 여성에 대한 것이 아주 중요한 포인트였어요. 1961년대에 설립이 되었지만, 그 당시에 전업주부가 대다수일 때에도 우리 학교에서는 정말 건강한 여성인들을 키워서 사회에 투입해야 한다. (총장)

처음 개교할 때부터 그런 면을 강조했기 때문에 여성 중에서 그냥 대졸자를 키우는 게 아니라 사회에서의 지도자를 키운다고 했기 때문에 지도자가 갖추어야 할 덕목, 또는 그런 자세, 그런 자부심, 그런 것들이 다 포함되어 있었는데, 그게 이제 중간에 좀 상실된 바가 있죠. 지금 이제 다시 그런 것을 제시를 하는데, 그것이 원래 서울여대가 추구하던 바와 상당히 일치하기 때문에 그 비전이 어느 정도 현실성이 있고 타당성이 있다고 봐요. (보직교수 A)

2) 진화해 온 프로그램: '핵심은 그대로, 그러나 시대에 맞게'

서울여대 학부교육은 역사적 뿌리를 갖고 있다. 그렇다고 교육과정과 프로그램들이 역사성만 간직한 채로 굳어 버린 화석은 아니다. 오늘날 서울여대에서 운영되고 있는 대부분의 핵심 교육 프로그램은 수십여 년 동안 여러 사람을 거치면서 다양한 시행착오를 겪고 축적된 경험의 결과물이다. 이를 통해 내용과 방식에 있어 시대와 사회의 요구에 부합되게, 혹은 시대를 앞서는 방식으로 변형과 숙성이 이루어졌다. 양적 성장은 물론 질적인 변화도 이루어졌다.

면담을 통해 개별 프로그램을 운영하고 있는 교직원들이 각 프로그램의 역사성과 변화 과정을 정확히 이해하면서 이를 발전시켜 나가고 있다는 것을 확인할 수 있었다. 이들이야말로 역사를 구성하고 만들어 가는 학부교육 발전의 원동력이었으며, 이러한 점은 서울여대 학부교육의 우수성을 잘 보여 준다고 할 수 있겠다.

바롬인성교육은 사실 저희 학교가 만들어지면서 동시에 이 교육을 같이 실시를 해 와서 지금 50년이 넘게 우리 학교와 동일하게 같이 가고 있는데요. 이 교육의 내용은 계속 바뀌었지만, 궁극적인 교육목표는 변하지 않고 지금 진행이 되고 있습니다. 그게 이제 저희 명예총장님이 '지식과 기술을 아무리 배워도 사람이 되지 않고서는 제대로 쓰일 수 없다.' 그래서 이제 사람이 되도록 하는 교육이라고 저희는 생각을 합니다. (직원 D)

서울여대는 워낙 Residential College로 시작을 했잖아요. …… 저는 한 학기를 마지막으로 이수했던 세대거든요. 제가 87학번인데요, …… 그다음에 이제 커리큘럼이 '생활교육'으로 바뀌었어요. 저희 때에는, …… '사회지도자 1, 2, 3'로 되어 있었어요. 그리고 그게 조금 변천이 되어서 그거에 근간한 생활교육, 공동체 교육이 기본이었던 거고요. 그러면서도 우리 서울여대가 또 그 교육을 계속 유지하고 있다는 게 감사하고요. (직원 B)

서울여대 학부교육 프로그램은 일회적 혹은 단기적으로 성과를 내기 위한 목적을 가지고 운영되지 않는다. 대신, 학교의 설립 이념과 교육목표에 부합하되, 각 프로그램의 개별 목적과 필요성, 그리고 운영 방식에 대한 담당자들의 끊임없는 연구와 노력으로 현재의 모습을 갖추게 된 것이다.

2. 위기를 기회로 만든 용기: '판을 흔들다'

서울여대는 번화한 대학가에서 벗어나 서울 외곽에 위치한 조용한 학교다. 학생을 유치하기 위하여 적극적으로 홍보하는 다른 수도권 대학들에 비해 전통적으로 대학문화도 조용하고 정적인 특성이 있다. 예전부터 학생들도 가족이나 서울여대 동문인 사람들의 영향을 받아 입학하는 경우가 많다. 또한 본교 출신의 교직원 비율이 높은 만큼 교직원들도 대학문화에 영향을 받아 대체로 온화한 성품을 갖고 있다.

이처럼 조용하고 정적인 학교 문화가 조금씩 변화하기 시작한 계기는 학부교육 선도대학(ACE 대학)으로 선정되면서부터다. 학생들의 등록금과 동문들의 기부금에만 주로 의존하던 대학에 정부의 재정지원이 들어오면서 다양한 사업이 시작되고 대학의 문화가 보다 역동적으로 변하기 시작하였다.

처음에 ACE를 시작하기 전에 학교가 좀 조용한 학교였다는 생각이 들고요. 굉장히 교수님들이 연구 열심히 하시고, 학생들도 잘 따라오기는 하는데 어떤 큰 방향성이나 학교의 움직임에 있어서 함께 어떤 한 방향으로 간다는 느낌, 좀 역동적인 느낌은 좀 없더라고요. …… 이제 ACE라는 학교 전체에 영향을 미치는 프레임이 만들어지면서 우리가 어떤 식으로 가야 되겠다는 큰 어떤 목표 의식이라든지 방향이 생긴 거 같고, 그에 맞춰서 이제 시스템이라든지 비전이라든지 그에 맞는 방법들이 개발이 된 거 같고. (교수 A)

서울여대가 최근 겪은 변화의 시작은 대학이 처한 위기 상황에 대한 인식에서 촉발한 면이 있다. 심층면담에 참여한 보직교수 등 대학 경영진과 교직원들은 앞으로 서울여대가 여자대학으로서 가지게 될 잠재적 위기와 점차 열악해지는 재정 상황이라는 이중적 어려움을 토로하는 경우가 많았다. 또한 이러한 위기 상황을 극복하기 위해서는 그동안 시도되지 않았던 대학의 문화 자체를 변화시키려는 혁신적 정책이 필요하다고 말하였다. 판을 흔드는 노력이 없이는 생존이 불가능하다는 인식이 이들 사이에는 공유되고 있었다.

판을 흔들지 않으면 생존이 불가능했기 때문에 결국은 환경이 저희 학교를 변화시킨 거죠. …… 자발성을 유지하면서 가지고 할 수밖에 없게 자꾸만 이렇게 격려해 드리고, 그러면서도 가끔 가다가는 무리수가 나면은 이렇게 갈등 구조가 나와도 제가 버티고……. (총장)

교수회의에서 오픈을 해 버렸죠. 지금 상황에서 이러한 지표를 그대로 가져갈 경우에는 우리는 먼 미래에 과연 여러분들이 이 자리에 존재할 수 있을까? 여기서부터 문제제기를 하기 시작한 거예요. (총장)

1) ACE 사업으로 기적을: '기적이 일어났어요'

ACE 사업은 서울여대의 학부교육이 발전하는 데 결정적인 계기가 되었다. 지난 6년 동안 ACE 사업을 수행하면서 서울여대 교육체제는 양적인 팽창뿐만 아니라 질적인 정비와 도약을 경험했다. 이러한 서울여대의 사례는 정부 재정지원 사업을 수주하며 관행적으로 프로그램을 운영하고 사업이 종료되면 다시 원상태로 돌아가는 대학들의 경우와는 분명 차이가 있다.

그 배경에는 대학 경영진을 비롯해 일반 교수와 직원에 이르기까지 잘 가르치는 대학이라는 타이틀을 가져온 ACE 사업을 대학의 변화와 혁신의 촉매로 활용하겠다는 적극적인 의지가 있었기 때문에 가능한 것으로 보인다. 면담을 통해 ACE 사업은 대학 차원에서 일류 교육중심대학으로 나아가겠다는 전략적 방향성을 뒷받침하는 원동력이 되었고, 교육 프로그램의 질적인 정비와 양적 확충에 기여하였음을 알 수 있었다. 서울 외곽의 여자대학이 규모가 큰 남녀공학 대학도 달성하기 어려운 성과들을 거두고 있는 것에 대하여 서울여대 구성원들은 기적과 같은 일이라고 하였다.

> 참 기적 같은 일 같아요. 제가 여기 서울여대 온 지가 지금 이제 7년 됐는데, 7년 동안 제가 서울여대 있으면서 공교롭게 저는 처음에 한 처음에 와서부터 일을 조금 많이 하게 된 케이스긴 하지만, 처음에 와서 느꼈을 때랑 지금 7년을 보내고 나서 서울여대의 입지나 아니면 구성원들의 자세나 이런 부분도 많이 변한 것 같고, 또 어떤 면에서 보면 서울여대는 좀 참한 이미지가 많이 있다 보니까, '공격적이지 못하다'라는 그런 비판도 많이 받았는데, 요즘에 저희 일하는 걸 보면 굉장히 공격적인(웃음) 그런 모습들도 많이 보이고, 그래서 많이 변화한 것 같습니다. (보직교수 B)

> 지금의 평가에서 제가 요번에 구조개혁평가를 받은 결과는 사실은 ACE의 6년 동안의 지원은 저희 학교에 엄청난 변화를 유도해 준 겁니다. 왜냐면 이게 모든 전공이나 모든 시스템이나 이런 것을 체계화시키는 데 대한 재정적인 지원이었기 때문에, 학교가 유도하려고 해도 그걸 자발적으로 하려고 하면 힘든 부분이 있는데 마침 재정적인 부분이 투입이 되니까 '아, 이것을 할 수 있을 경우에는 이러한 효과가 있구나.' 하면서 그러한 실리를 따지면서 움직여 가기 시작한 거죠. (총장)

면담에 참여했던 일반 교수들은 ACE 사업을 통해 서울여대가 거둔 최고의 성과로 교육의 질이 개선되었다는 것을 꼽았다. 특히 서울여대만의 특성이 잘 반영된 다양한 교과/비교과 프로그램의 개발과 내실화를 통해 다수의 교수와 학생 모두의 참여와 만족을 이끌어 냈다는 점을 모두 긍정적으로 평가하였다. 이러한 서울여대의 변화를 통해, 교육과 학생을 중심에 두는 캠퍼스 문화가 서울여대에 어느 정도 자리 잡기 시작했다는 것을 알 수 있었다.

> ACE를 하면서 교수 포트폴리오라든지 여러 가지 요구를 받았고, 그런 걸 진행하다 보니까 제가 가르치는 수업에 대해서도 그 성찰을 하는 시간이 많아졌고……. 그래서 제가 ACE 1주기를 마치고 나서 제 개인적인 수업으로 봤을 때는 제 수업도 많이 달라졌던 것 같아요. …… ACE가 가장 큰 역할을 한 것 같아요, 저희 학교에는. (보직교수 B)

> ACE 되기 전에는 참여 인원이 보통 한 4~500명 됐거든요. 그런데 ACE 하고 국고사업들이나 기타 사업들 진행하면서 거의 한 학기에 1,000명, 1,200명 정도…… 그럼 저희가 학생이 7,000명 후반대거든요. 7,500명 정도 되는데 거의 1/8 이상이 저희 학습법이 참여를 하는 것이기 때문에 양적인 면이나 질적인 면은 확실하게 차이가 있고요. (직원 E)

2) 참된 여성교육으로 승부: '여대만이 그릴 수 있는 그림'

서울여대는 여자대학이다. 여대로서 정체성은 고교 졸업자들 사이에서 남녀공학을 선호하는 분위기가 확산될수록 위기 요인이 된다. 졸업생의 사회적 위상과 모교에 대한 경제적 지원의 면에서도 남녀공학보다 불리할 수 있다는 견해도 있다. 이러한 이유로 여자대학에서 남녀공학을 고려하거나 실제로 남녀공학으로 전환한 대학도 있다.

서울여대는 여대라는 정체성을 오히려 기회 요인으로 승화시키려는 노력을 해 왔다. 이는 대학의 고객이 여학생이라는 것을 인식하는 것부터 시작되고 있다. 대학의 물리적 환경부터 수업 방식에 이르기까지 대학교육의 대상이자 고객이 여성이라는 점을 고려하고 있다. 이것은 여성을 약자로 인식하고 배려하는 차원이 아니다. 오히려 적극적으로 여성이라는 특성을 최대한 장점으로 승화시키고, 여학생의 입장에서 학습참여가 가장 잘 발현되도록 학습 환경을 조성하고 서비스를 제공한다. 서울여대의 캠퍼스 환경이 주는 여성 친화적 메시지는 대학과 학생의 심리적 유대감을 높이는 방향으로 작용하고 있다.

여대로서 앞으로 그 사회가 요구하는 여성 인재를 양성하는 기관에 대한 필요가 있을 거라고 생각을 해서 여대라는 요소는 지금은 조금 덜 좀 내려놓고. 그리고 여대이기 때문에 여대만이 할 수 있는 그림을 빨리 찾아서 그걸 선점하는 것이 저희가 또 나가야 되는 방향인 것 같습니다. (보직교수 B)

여성만의 특징이 있고 여성만의 장점이 있는데 그것을 키워 주는 교육이 되어야지…… 따로 배려할 필요는 없는데 가르치는 방법이나 내용에 있어서 스탠다드를 여학생의 장점을 키우는, 예를 들어서 아까 말씀드린 대로, 여학생이 남학생들보다 훨씬 세밀하고 정밀하고요. 그리고 굉장히 이론적인 공부보다는 도구의 활용, 적용에 굉장히 관심을 갖기 때문에 이제 거기에 맞춰서 교육내용도 바뀌어야 하는 거죠. (보직교수 D)

다 여학생이다 보니, 이 여학생에 대한 교육 만족도, 서비스를 증대시키려면 어떻게 해야 되겠냐, 당연히 수요자의 편에 서서 생각하고 행동해야 되잖아요. 그것이 직원의 도리라고 저는 생각을 하거든요. …… 그거에 근간은 아까 말씀드린 것처럼 철학이 있기 때문이라고 생각이 들어요. 대부분의 직원들이, 100%라고 하면 거짓말이라고 생각하시겠지만, 대부분의 직원들이 그런 베이스 안에서 움직이기 때문에……. (직원 C)

3) 교수들이 동참하는 대학 변화: '소명의식과 희생정신'

학부교육의 질을 결정하는 핵심 요인은 교수들의 헌신과 참여다. 대학 차원에서 이루어지는 교육에 대한 투자가 학생 차원에서 성과로 발현되기 위해서는 교수의 역할이 중요하다. 여기서 관건은 어떻게 교수들의 참여와 헌신을 이끌어 낼 것인가다. 심층면담 결과, 서울여대 일반 교수들의 경우는 대학의 발전, 좋은 교육 및 학생의 성공에 대한 내적 동기가 그들의 참여와 헌신을 이끌어 내는 중요한 동기 요인으로 작용하고 있음을 알 수 있었다. 특히 서울여대만이 갖는 독특한 조직 문화는 교수들이 학교 변화에 순응하거나 더 나아가 적극적으로 참여하고 헌신하도록 하는 데 영향을 미쳤다고 볼 수 있다.

서울여대의 조직 문화는 교수집단의 특성과 밀접한 관계가 있다. 면담에 참여한 교수들은 동료 교수들에 대해 '결이 곱고' '착하다' '학생들과 학교를 진정으로 사랑하는' 등으로 표현하였다. 이는 서울여대가 갖는 두 가지 특성, 즉 여교수, 특히 동문교수들의 비율이 높은 것과 기독교 정신에 바탕을 둔 대학 비전과 교육철학 덕분이라 할 수 있다. 동문교수들은 학창 시절부터 서울여대가 지향하는 기독교 정신에 기반을 둔 교육이념에 대해 익숙하고 비동문교수들은 이러한 교육이념에 동의를 해서 지원한 경우가 많다. 어느 경우나 서울여대가 목표로 하는 비전이나 인재상 등에 대해 인지하고 더 나아가 이를 달성하기 위해 노력한다.

> 우리 학교 교수님들은 결이 곱다. 학생의 성향이나, 교수님들의 성향이 비슷하다고 할까요? 튀는 분이 별로 없어요. 그리고 어느 정도 순응하고 들어가시는 분이 많으시고, 그다음에 책임감이 철저하시고. 순응하고 책임감이 있으시니까 학교가 그러한 방향을 제시해 주면 '당연히 그건 해야 되는 일이다.' 하고 받아들이시는 거, 이것이 우리 학교의 강점이라고 할까요? (총장)

> 교수님들이 착한 선생님들이 많고요. 그리고 아무래도 이제 기독교 학교다 보니까 저희 조건에 이제 기독교 세례나 이런 걸 받으셔야지 오실 수가 있고, 또 그런 소명을 가지신 분들이 많아요. 교수님들 각 개인이 가진 어떤 그런 소명의식 같은 거는 다른 대학보다는 저는 많이 있다고 생각을 해요. 그리고 조금은 희생정신 같은 것도 있으시고, 그러니까 서울여대라는 그 학교가 가진 교육이념에 어느 정도는 동의를 하시기 때문에 선택하는 분들도 꽤 계시거든요. 그래서 그런 교수님들이 오시면 또 그런 부류의 학생들을 뽑을 수밖에 없는 거예요. …… 결국은 그 교육이념에 맞는 교수가 있고, 그 교수들이 뽑은 학생들 그리고 또 그 교육이념을 아는 사람들이 찾는 학교다 보니까 어느 정도 그런 비슷한 조직문화가 형성되지 않았을까라는 생각을 저는 해 봤어요. (보직교수 B)

서울여대 교수들의 이러한 성향은 비록 변화를 이끄는 대학 측의 방식에 대해 온전히 동의하지 않더라도, 대학의 위기 상황에 대해 공감하고 변화의 필요성을 인지하며 소명의식을 가지고 변화에 동참하는 모습으로 나타난다.

> 이 상태로 변화 없이 간다는 것도…… 가면 또 학교 입장에서 앞으로 문제가 생기지 않을까 그런 생각도 사실 좀 들긴 했습니다. 지금 우리 몸이 불편하다고 해서 지금 안 하면, 앞으로 또 정부 사업이 있더라도 받기 점점 더 어려워질 수 있고, 학교 순위도 계속 내려가고 할 텐데, 그런 점을 다 일단 따져 봤을 때, 뭔가 해야 좀 해야 되지 않나 그런 생각을 했습니다. 약간 지금 과도하게 좀 많아지기는 했죠. (웃음) 제 생각보다 네……. (컴퓨터학과 교수)

> 교수님들이 다른 것 같아요. 대부분의 교수님들이, 이해타산이 안 맞는 일을 하시더라고요. …… 교수님들 하시는 얘기가 교수님들께서 아까도 말했지만 생각하시는 게 학교를 위해서 생각하시는 게 뭐 우리 보직교수만큼 열정적으로 생각하시더라고요. …… 학교가 분위기가 그러니깐 워낙 이미지나 그러니깐, 그런 사람들만 오시는 것 같아요. (보직교수 A)

3. 곳곳에 스며든 인재상: '암암리에 모두에게 배인'

성공하는 조직은 조직의 목표가 명확하게 제시되며 이를 구성원 하나하나가 인지하고 내재화하는 특징을 보인다. 서울여대의 경우도 그러하다. 심층면담에 참여한 서울여대 구성원들은 모두 서울여대의 교육목표와 인재상을 정확하게 인지하고 있었다. 학생 한 명 한 명에게까지 내재화된 대학의 인재상은 서울여대의 교육을 성공으로 이끈 가장 큰 원동력이라고 할 수 있겠다.

1) 구성원 모두에게 내재화된 인재상: '학부교육의 나침반'

대학이 표방하는 교육비전과 인재상은 대학에서 이루어지는 학부교육의 나침반이자 방향타의 역할을 한다. 그러나 많은 경우에 대학 교육 비전과 인재상은 상징적 차원(symbolic)에서 대학의 공적인 문서에 형식적으로 존재할 뿐이다. 교수, 직원, 학생, 동문 등 대학의 구성원들이 이를 깊이 공유하고 내면화하며, 실질적으로 학부교육의 운영 과정에 반영되는 경우는 찾아보기 어렵다. 서울여대는 기독교 대학이면서 여자대학이라는 기관적·조직적 특성이 있어 상대적으로 다른 대학과 비교하여 공동체감과 동질감을 형성하기 쉬운 면도 있다. 그러나 그것이 바로 교육비전과 인재상에 대한 구성원들의 공감으로 직결되지는 않는다.

대학의 구성원에 대한 심층면담 결과, 서울여대는 총장부터 보직교수, 일반교수, 직원, 학생 등 대부분의 구성원들이 서울여대의 인재상을 이해하고 공감하고 있었다. 즉, 서울여대는 교육을 통해 어떠한 인재를 길러 내고자 하는지를 알고 있었다. 또한 서울여대 구성원들은 이러한 인재상이 학부교육의 각 부문과 영역에 어떠한 방식으로 영향을 미치고 있는지를 이해하고 있었다.

> 기독교 하면 제일 중요한 핵심 가치는 사실 신뢰거든요. …… 신뢰라는 것은 도덕성 윤리적인 신뢰가 있고요. 또 하나는 가고자 하는 방향에 대한 능력을 이야기하는 거죠. …… 아무리 우리가 윤리적으로 반듯하다 해도 자기가 가고자 하는 포지션과 맞지 않는 능력을 가졌을 땐 그건 신뢰가 없습니다. 능력이 있어야 한다는 것입니다. 그 포지션과 일치될 수 있는 능력을 배양해 줘서 결국은 윤리적으로, 도덕적으로 건강하고 동시에 그 직군에 맞는 능력을 갖추고.. 그런 인재를 키우는 것이 서울여대가 가지고 있는 방향이거든요. (총장)

> 혼자 똑똑한 인재가 아니라 더불어 똑똑한 인재라고 저희는 표현해요. 키워드는 행복으로 잡는데, 대학 4년 다니는 이유는 사람이 더 행복하게 살기 위해서인데, 자기 혼자서만 행복한 게 아니고, 그 사람이 어느 조직에 들어가든지 그 조직에 있는 사람들과 더불어서 행복한 인재가 되어야 한다. (보직교수 D)

> 사람을 제대로 만들어 놓고 그 다음에 사람을 제대로 만든 토대에다가 전문지식을 얹혀서 결국은 건강한 여성으로 사회활동을 한다…… 바른 인성을 하고, 그 다음에 특성화를 해서 기둥을 세우고, 그 특성화에 대해서 각각을 개편하고, 그러고 난 다음에 그것이 건강한 신뢰할 수 있는 여성의 인재, 이미지. 그래서 사회 곳곳에 투입이 되어서 국가의 경제를 살릴 수 있는 여성 인력.

이것이 서울여대가 가지고 있는 앞으로의 이미지입니다. (보직교수 A)

　　'Learn to Share, Share to Learn' 그런 게 딱 나와 있잖아요, 홈페이지에. 그러한 기본적인
게, (고황경) 박사님이 맨 처음부터 설립할 때부터 '실천하는 인재형' 그런 게 되어 있어서, 암암리
에 다 그런 게 배어 있는 게 아닌가 생각이 듭니다. (직원 A)

2) 교육과정에 투영된 인재상

　　대학의 경영, 주요 정책의 개발과 시행, 교육과정의 운영에 대학 교육목표와 인재상
을 자연스럽게, 그러나 분명하게 연계하는 것은 쉽지 않은 일이다. 많은 경우 대학 구
성원들은 인재상을 상징적으로 존재하는 선언으로만 이해하고, 이를 내 업무, 직무수
행 과정, 대학 내 공동체 생활 및 인간관계의 형성과는 무관한 것으로 인식하거나 이
를 의도적으로 연결하려는 노력을 하지 않는다. 그러나 서울여대의 인재상은 대학의
운영과 교육 과정 및 활동에서 살아 움직이고 있었다. 대학 구성원들은 이를 적극적으
로 해석하고, 자신의 업무와 교육 활동에 반영하고 있었다.

　　저희가 이제 인성교육을 공동체에서 화합하는 인재를 양성한다라는 게 저희 인성교육의 목표
거든요. 그러다 보니까 결국은 저희가 추구하는 플러스형 인재상에서 공동체 가치를 실현하는
창의적 인재를 양성을 해야 되는 모든 교육에서 그걸 해야 되는데, 이제 바롬인성교육은 아무래
도 공동체 가치를 실현하는 교육을 중점적으로 하고 있다고 말씀을 드릴 수 있겠죠. (보직교수 B)

　　그리고 저도 제가 여대에 오면서 굉장히 이제 인터뷰할 때 서울여대 왜 왔냐고 하면 저는 정말
여성교육이 중요하다고 생각해서 왔다고 말씀드렸거든요. 정말 여성교육이 중요하다고 생각하
고…… (중략) …… 그리고 일부 제가 하고 있는 것도 있었거든요. 그래서 서비스 러닝 같은 경우
에는 '어, 이거 너무 좋은 프로그램'이라는 생각이 들어 가지고 학생들 많이 하라 그러고. 오전에
했던 프로그램 같은 경우에는 서울여대 학생들 글로벌경영이라든가 인문학 관련된 중에서 유학
생들 데리고, 그 유학생들을 데리고 교회에서 선교센터에서 베트남 근로자들한테 한글교육을 시

키는 데를 저희가 일요일마다 데리고 갔었거든요. (교수 A)

3) 학생까지 내면화된 인재상

재학생이 대학의 교육비전과 인재상을 이해하고 이에 공감하게 되면, 대학에 대한 소속감과 자부심이 향상되고 학습과정 및 대학생활에도 긍정적인 영향을 미치고 궁극적으로 높은 학생성과(student outcome)를 창출하는 데 긍정적으로 기여한다(Kuh et al., 2005). 특히 대학이 제공하는 교육과정과 프로그램에 인재상이 내재되어 있고, 학생들이 교수·학습 과정과 대학생활을 통해 대학의 인재상과 교육목표를 내면적으로 공감하면 높은 학업 성과를 발현하게 된다.

서울여대 학생들에 대한 심층면담 결과, 대부분의 학생들이 서울여대가 표방해 온 인재상에 대하여 이해하고 있음을 알 수 있었다. 일부 학생들은 그 의미까지 매우 정확하게 파악하고 있었으며, 다른 학생들은 비록 명시적으로 이해하지는 않더라도 서울여대의 교육적 방향성을 알고 있었다. 이는 대학이 여러 방법으로 홍보하고 내면화시키려고 노력한 결과의 산물이라고 본다.

> 우리는 나보다 강하다. 되게 공동체 강조하는 학교잖아요. 저희 학교가 (면담자: 플러스형 인재?) 아, 네! 우리를 되게 강조한다는 거는 늘 듣고 있어요. (학교에서 제공되는 프로그램에) 네, 전부 다 깔려 있는데……. 보통 과제를 할 때도 공동으로 해야 되는 것도 많고. (인문계 4학년 학생 V)

> 또 그런 공동 과제가 어떻게 보면 협업인 거잖아요. 그래서 저는 학교에서 이렇게 협업을 배운 것을 가지고 나중에 사회에서도 회사를 다니면 그 회사 생활이 공동체 생활이고, 각기 다른 과목을 배운 사람들이 일하는데 거기서 또 불만 없이 지낼 수 있다고 생각해요. (예체능계 4학년 학생 H)

> 학교 포스터 같은 거 있잖아요. 책 같은 데 봐도 그런 게 많이 나오고. 근데 플러스형 인재가

뭔지는 잘 몰랐는데, 공동체를 중요시한다는 거는 항상 학교에서 강조하고 있기 때문에……. 항상 나 혼자 할 수 없는 것도 같이 하면 더 잘할 수 있고? 뭐 이런 거를 되게 강조하는 것 같아요. 그게 수업이었는지, 아니면 제가 어딜 가서 들은 건지는 잘 모르겠는데, 네. 항상 'Learn to share, Share to learn'이라 해서, 배우면 나누고, 같이해서 더 큰 걸 만들어 내고, 약간 그런 거? (사회계 3학년 학생 C)

4. 기본을 지키려는 대학: '교육과정과 수업을 최우선으로'

대학에서 교육과정은 학부교육의 핵심 구성요소이며, 그 질과 성과를 좌우한다. 그럼에도 많은 경우 교수 활동의 전문성과 자율성을 보장한다는 이유로 대학에서 교육과정은 주로 개별 교수의 재량 영역에 맡겨져 왔다. 특히 전공 교육과정은 개발, 수정, 보완 및 운영까지 전 과정이 교수 개개인의 영역이고, 특히 수업의 내용과 방법은 전적으로 교수의 몫이었다. 즉, 대학 차원에서 교육과정의 개발과 운영, 특히 개별 수업의 운영에 적극적으로 개입하는 것은 결코 쉽지 않은 일이다. 서울여대도 이전에는 비슷한 상황이었으나 학교 변화의 필요성을 공감하는 교수들과 대학 차원의 지원 노력이 결합하여 교육과정 전반을 개선하고 수업의 질을 높이려는 시도가 지속적으로 있어 왔다.

1) 결국 커리큘럼에 변화가 있어야: '정규 수업에 녹여서'

서울여대 학부교육의 우수성은 총장부터 일반 교수까지 정규교육과정과 수업의 중요성을 인식하고 이를 중심으로 투자가 이루어지는 것부터 출발한다. 학부교육의 혁신은 결국 교육과정과 수업의 변화로 구현되고, 교육과정과 수업의 변화가 있을 때, 학부교육 혁신의 지속성이 보장된다는 것을 서울여대 구성원들은 인지하고 있었다. 흔히 대학에서 다양한 정부 재정지원을 바탕으로 운영하는 일회성 비정규 교육 프로그램은 재정지원이 있는 동안에는 잘 운영되는 듯하나, 재정지원이 끝나면 프로그램 운영이 중단되는 경우가 많다. 서울여대의 구성원들은 이러한 생태에 대해 잘 이해하고 이를 개선하기 위한 노력을 꾸준히 해 왔으며, 2주기 ACE 사업에 선정된 후 단순히 일회성 교육 프로그램의 수를 늘리기보다는 성공적인 프로그램을 정규교육과정에 내재화하고 질 관리를 하는 데 최선을 다하고 있다.

> 결국 교육 프로그램에 대한 보완 작업들, 그런데 이런 것들이 커리큘럼에 대한 변화가 일어나야 하는 거죠. (총장)

> 많이 수업으로 저희는 흡수를 했어요. 수업으로, 정규 수업으로 많이 가지고 왔고요. 그리고 지금 하고 있는 뭐 CK 사업도 저희가 뭐 교육심리, 아동학과, 사회복지가 지금 이렇게 하나 세 과가 뭉쳐 가지고 특성화를 하고 있는데, 거기에서는 교과목으로 저희가 다 기초공통, 무슨 전문과정, 이런 고급공통으로 다 교과목으로 했기 때문에 빠져나간다고 하더라도 돈이 없다고 이게 끊기는 사업은 아닐 것 같고요. (보직교수 B)

> ACE가 끊어진다면 프로그램이 다 스톱이에요. 그래서 제 시각에 느낀 게 이게 그냥 비교과나 그렇게 하지 말고 수업에다 녹여 들여야겠다 하는 것 하고……. 그거를 인센티브 베이스가 아니라 어떤 프로그램 베이스로 그 과목에 녹여 놓는다든지 어떤 그런 다른 어떤 뭐든 짜내야겠죠. 다른 방법으로 그걸 돈 없이도 돌아갈 수 있게 만드는 게 제일 문제라고 제가 굉장히 크게 느꼈었죠. (보직교수 A)

대학의 교육목표가 반영된 다양한 교육 프로그램을 정규교과과정으로 흡수하면서 이러한 프로그램을 대하는 교수나 학생들의 관심과 태도도 자연스럽게 달라졌다. 각 프로그램에 참여하는 교수나 학생들의 태도가 진지해지고 몰입도도 더 높아졌다.

2) 좋은 수업을 향한 노력들: '뭔가 유익한 게 있어야지'

서울여대 교수들은 학부교육의 질은 결국 좋은 수업을 하느냐 여부에 달려 있다고 생각하고 있었다. 심층면담에 참여한 대부분의 교수들은 '잘 가르치는 대학'의 핵심적인 특징이 무엇이냐는 질문에 '수업의 질'을 제시하였다. 면담을 통해 서울여대 교수들에게 '좋은 수업'이란 대학의 교육이념과 인재상을 바탕으로 전공지식을 잘 가르치면서도 학생들이 가진 잠재 능력을 최대한 이끌어 내는 수업이었다. 또한 유행처럼 생기는 새로운 교수·학습 방법을 좇기보다 진정한 의미에서 '좋은 수업'이 무엇인지를 고민하고 있었다. 이를 위해 서울여대 교수들은 많은 시간을 수업 준비에 투자하고 있으며, 대학은 수업의 질을 높이려는 교수들의 노력을 정책으로 지원하기 위해 최대한 노력하고 있다.

> (잘 가르치는 대학이란 무엇이냐?) 학생의 인터랙션(interaction)이 많은 교육이어야 될 거 같아요. 어…… 그냥 일방적인 강의보다는…… 학생들이 지금 갖고 있는 지식을 바탕으로 어떻게 더 끄집어 낼 수 있을지 학생들이 자기가 있었다고 생각하지 못하는 능력이 분명히 있는데 그거를 깨닫게 해서 이끌어 내 주는, 그런 수업이라고 생각을 하거든요. (교수 C)

> 서울여자대학은 상당히 중소규모 대학이지만 그 분야에서는 최고의 강점을 가진 전공이다. 이렇게 갈 수 있도록 하는 것이 전략이기 때문에 지금으로썬 교수님들이 교육. 그래서 교육집중교수가 있어요, 저희가. 그래서 교육집중교수는 연구를 약간 줄여 주는 것……. 그리고 연구만 하실 분들은 교육에 관한 부분은 책임을 약간 줄여 주는 거죠. 이렇게 해서 집단을 나눴는데, 생각보다 연구중심보다는 교육중심으로 교수님들이 한 반 이상이 스스로 선택해서 오시는 거고요. (총장)

> 교수님들이 특별하신 것 같아요. 그런 분들한테서 배우는 학생들이니깐 그 서비스 러닝이 그냥 형식적으로 흔드는 게 아니라 근본 취지 내용들을 잘 이해하고 학생들한테 전달하니깐 이제 학생들이 그 내용, 정신을 올바르게 이해를 하는 거죠. (보직교수 A)

이처럼 교수들이 수업의 질 개선에 좀 더 관심을 갖도록 유도하고 그에 대한 적절한 보상을 위한 방안으로 '교육집중교수' 제도를 도입하고, 교수들의 수업 시수를 일괄적으로 늘리는 등의 노력을 하였다. 비록 시행 초기에는 기본 수업 시수 증가에 대한 교수들의 반발이 있긴 했지만, 대학 차원에서 교육중심대학을 표방하는 서울여대의 발전 방향을 끊임없이 교수들에게 설득시키고 공감을 이끌어 낸 덕분에 현재에는 다수의 교수들이 '좋은 수업'을 만들고자 하는 대학의 노력에 동참하고 있다.

3) 교육에 대한 선도적 투자: 교수학습센터를 중심으로

학부교육의 본질과 실체는 교수와 학습(teaching & learning)이다. 교수들의 효과적인 교수 활동과 학생들의 적극적인 학습참여가 높은 학생성과(student outcome)를 창출한다는 것은 상식적이다. 효과적이고 참여적인 교수·학습 활동을 하기 위해서는 많은 투자와 노력이 요청된다. 그러나 일반적으로 교수들은 전통적으로 자신의 수업 역량을 높이기 위한 활동 참여가 저조한 것이 사실이다.

많은 대학에서 대학 수업 개선을 지원하기 위한 목적으로 설치된 교수학습센터가 대학에서 핵심 부서로 인식되지 않고, 인력과 재정 투자도 잘 이루어지지 않고 있다. 반면, 서울여대의 경우 일찌감치 대학의 교수·학습 역량을 높이기 위한 투자를 해 왔다. 서울여대의 교수학습센터는 학교 규모에 비해 상대적으로 인적 규모가 큰 편이다. 서울여대 교수학습센터에 현재 근무하고 있는 직원은 총 24명(단장, 교수 6명, 연구원 3명, 직원 9명, 지원 인원 6명)으로 일반적으로 다른 대학의 교수학습센터가 적게는 2~3명에서, 많으면 10여 명 수준의 직원을 보유하고 있는 것에 비해 규모가 상당히 크다. 2015년 8월 조직 개편을 하면서 학부교육 강화 및 선진화가 교수학습센터를 중심으로 이루어지게 되고, ACE, CK 등 국고지원사업을 전담하면서 규모가 커진 것이다. 서울여대 교수학습센터는 ACE 사업 선정 이후 풍부한 정부 재원을 바탕으로 교내 다양한 학습 및 교수법과 관련된 프로그램을 주도적으로 운영하고 있다. 풍부한 재원을 바탕으로 센터 운영에 참여하는 교직원의 수가 많다 보니 교수학습센터에서 운영 중인 프로그램들을 '수박 겉 핥기' 식으로 운영하지 않고, 수시로 관리하며 프로그램 종료 후 사후관리까지 하며 내실화에 힘을 쓰고 있다.

CTL이라는 게 그 센터장이 어떤 분인가에 따라서 항상 그 센터장의 영향이 크잖아요. 근데 저희는 계속 교무처장님이 겸직을 하시다가 이번에 교육혁신단으로 빠지면서 그 교육혁신단 안에 CTL이 들어갔는데 지금은 기획처장님 겸직이세요. 혁신단장을 지금 기획처장님이 겸임을 하고 계시기 때문에, 항상 처장회의든 이렇게 좀 그 학교의 일을 결정하는 데 그 부서장이 들어가 있는 거잖아요. 그러니까 어떤 얘기해도 '그러면 이건 CTL에 이거를 같이하면 좋겠습니다.' 이런 안을 항상 내세요. 그러니까 큰 그림 안에 CTL이 빠질 수가 없는 게 그 부서장은 항상 어디 중요 보직에 있기 때문에. (보직교수 B)

그거는 저희가 이제 선발에서만 그치는 게 아니라 지속적으로 저희가 피드백을 주고요. 그다음에 리더모임이라든가 이런 걸 통해서 필요한 부분을 갖다가 설문이나 이런 걸 해서 원하는 게 뭔지. 그런 걸 갖다가 반영을 하고 있습니다. 일례로, CTL 앞에 보면 스터디룸이 있고, 튜터링룸, 이런 공간이 있는데 그걸 갖다가 저희가 지속적으로 예산을 마련을 해서 구축을 한 예입니다. (직원 E)

　면담에 참여한 서울여대 교수들은 교수학습센터의 노력과 성과에 대해 잘 인식하고 있는 것으로 나타났다. 실제로 교수법 프로그램 참여율을 살펴보면 서울여대 교수들의 대다수가 적어도 한 가지 이상의 교수법 관련 프로그램에 참여한 것으로 나타났다. 적극적으로 '나서서' 참여를 유도하는 교수학습센터의 노력으로 교수법 프로그램에 참여하는 교수의 수는 2014년도 기준 189명(중복참여)이었고, 그 수는 매년 증가하고 있다. 또한 교수학습센터에서 제공하는 다양한 교수법 관련 프로그램의 효과에 대하여 면담에 참여한 교수들은 전반적으로 긍정적으로 평가하였다.

저는 제가 교육학 쪽에 있어서 관심이 있는 거겠지만, 전혀 다른 인문학이나 자연대 쪽에서도 CTL 교수법이나 학습법에 관심이 있는 교수님들이 많으셔서 그분들이 어떻게 하면 학생들을 좀 잘 가르칠 수 있나, 이런 고민도 많이 하시는 것 같아요. 여기서 이제 많다는 건 상대적으로 많은 거지, 뭐 전체 50% 이런 게 아니고요. 그래도 어떤 그 좀 리딩 그룹이 있는 것 같아요. CTL이라는 것도 그렇고, 인성도 리딩 그룹이 있거든요. 어떠한 다양한 분야에서 그것에 힘을 실어서 끌고 나가 주는 힘이 있으면 어느 정도 좀 나아지는 그걸 눈으로 볼 수 있었던 것 같아요. (보직교수 B)

(면담자: 어떻게 어떤 경로로 PBL을 하시게 되었나요?) 아, 요기 교수학습센터에서 이제 PBL 관련……이 이거라고 홍보를 하고요. 그거를 다음 학기에 하시고 싶은 분은 이제 워크숍에 참여를 해라, 워크숍에 가면 그 PBL이 뭔지 설명해 주고 예시를 해 주고 다음 학기에 자기 작품에 대해서, 과목에 대해서 계획서를 만들어 보고. (네~.) 그래서 저기 그 교수법 담당하시는 ○○○ 선생님이 학기 전에 많이 상담을 하고 그리고 이제 일, 한 학기 플랜을 쫙 짜서 검토하고 그래서 하게 됐어요. 그 교수학습센터에서 많이 유도를 하죠. 교수학습센터에서 이제 PBL 관련…… 이거다라고 홍보를 하고요. 그거를 다음 학기에 하시고 싶은 분은 이제 워크숍에 참여를 해라. 워크숍에 가면 그 PBL이 뭔지를 설명해 주고 예시를 해 주고…… 과목에 대해서 계획서를 만들어 보고…… (교수 C)

그냥 수업 개발할 때, 여러 가지 지원을 많이 해 주셨던 것 같아요. 제가 그 플립 러닝 적용을 2년 전 정도부터 하고 있었는데 그것과 관련해서 지원해 주시고, 수업을 어떻게 설계할지 관련해서 그런 지원도 해 주시고, 편집하는 툴 사용법도 알려 주시고, 동영상 편집하는 툴? 그리고 라이선스 같은 것도 지원이 있었고요. 음…… 네. 그리고 저는 뭐 교육, 강의 방법? 관련된 특강도 상당히 유용한 것들이 많았던 것 같아요. 그래서 저는 가능하면 시간 되면 다 들으려고 했던 것 같고요. (교수 B)

서울여대 교수학습센터는 교수(teaching) 분야 외에도 학생들의 학습(learning)과 관련된 다양한 프로그램을 지원하고 있으며, 학생들의 참여도 또한 높은 편이다. 서울여대는 ACE 1주기 때 다른 대학들처럼 평가 결과를 잘 받기 위해 학습 프로그램에 참여하는 학생 수를 늘리는 데 집중하였다. 그러나 2주기에 들어서면서 학생들을 대상으로 하는 학습법 프로그램의 질 관리에 집중하기 시작하였다. 단순히 참여 학생 수를 늘리기보다는 학생들의 프로그램에 대한 만족도를 높일 수 있는 방안을 마련하였다.

이러한 교수학습센터의 노력 덕분에 교수학습센터에서 제공하는 학습 관련 프로그램에 참여한 학생들의 만족도도 높아지고, 한 번 참여해 본 학생들의 재참여율도 높은 편인 것으로 나타났다.

> CTL에 교수 3명, 4명이죠. 지금 창의성 센터까지 들어갔으니까. 교수 4명에 연구원이 3명이 있고, 그런 사람들이 이 정도 사이즈의 학교를 돌린다는 거는 저는 어느 정도의 전문성이 기반이 돼서 학생들을 소수로 지도를 잘하고 있다고 생각을 해요. 그리고 스터디 그룹이나 그리고 학생들이 그쪽에 있는 교수님들이랑 상담을 많이 하는 걸로 알고 있는데, 상담할 때 본인의 학습법이나 이런 부분에 대해서도 고민을 많이 하고 있고. 그리고 아무래도 이제 서울여대가 오래 CTL을 하다 보니까 그쪽에서도 노하우가 생기는 것 같아요. (보직교수 B)

4) 가슴을 뛰게 하는 수업들: '대학다운 수업'

학부교육의 우수성은 기본적으로 수업에 대한 학생들의 높은 만족도에서 나타난다. 심층면담에 참여한 학생들은 고등학교에서 이루어진 주입식 수업이 아닌 '대학다운' 수업의 '재미'에 빠져 있었고, 이는 자연스럽게 교수들에 대한 존경과 높은 평가로 이어졌다. Tinto(1993)의 학생이탈모형이 제시하는 학업적 통합(academic integration)이 서울여대 캠퍼스에서 실현되고 있었고, 이는 대학에 대한 자부심과 소속감을 의미하는 대학 몰입으로 이어지고 높은 수준의 학습참여(student engagement)가 발현되는 토대가 되고 있었다.

특히 1학년 단계에서 교육에 몰입하고 재미를 느끼는 것은 서울여대 학부교육이 가진 최대의 장점이자 우수성으로 분석된다. 바롬인성교육이나 전공 소학회 등을 통해 대학생활에 빨리 적응할 수 있고, 1학년 때부터 능동적·협동적 학습을 경험하는 데 도움을 주고 있었다. 이후 이러한 교육 경험들이 심층학습(deep learning)과 높은 수준의 학습참여(student engagement)로 이어지는 현상을 확인할 수 있었다. 1학년 단계에서의 긍정적인 수업 경험은 신입생 단계에서 대학생활에 적응하는 것을 돕고, 이후 고학년이 되어서도 성공적인 학습과 대학생활을 영위하게 하는 자양분이 되고 있었다.

즉, 서울여대 사례는 우수한 학부교육은 수업으로부터 시작된다는 것을 실제로 보여준다.

> 1학년 때는 제가 방황을 되게 많이 했었어요. 왜냐면 선생님이란 단어가 교수로 바뀐 것 같고 교과서라는 게 교재가 된 것뿐이고…… 그다음에 저희 과는 한 학번에 30명이 정원이다 보니까 '이게 여고 생활의 연장선이다.'라고 느꼈었거든요. 그래서 1학기 땐 되게 방황을 많이 해서 자퇴까지 생각을 했었어요. 나랑은 안 맞는구나……. 그런데 저는 슈가멘토라는 학교 홍보 및 멘토링 동아리에 들어 있어요. 그걸 하면서 교수님이랑 입학사정관 쌤들이랑 계속 면담을 하면서 느낀 건, 내가 한 학기, 1년 짧게 다닌 걸 가지고 이 학문이 나랑 맞네 안 맞네를 판단하기에는 조금 많이 어린 생각이었던 것 같은 거예요……. 저는 그래서 오히려 고등학교 때보다 대학교 생활을 더 열심히 한다고 생각하고, 공부도 더 즐겁게 하는 것 같아요. (교육계 4학년 학생 U)

> 대형강의임에도 불구하고 그렇게 수업이 자유롭게 이루어지는 걸 보고 저는 되게 신선했거든요. 제가, 너무 놀라운 경험을 한 거예요. 그래서 '아, 대학이란 이런 곳인가?' 막 이러면서……. 그래서 저는 너무 재미있는 것 같아요, 지금 대학생활이……. (인문계 1학년 학생 A)

> 사실 고등학교 때 공부를 했을 때는 진짜 말 그대로 수동적이었고, 대학교의 공부는 능동적이지 않을까 그게 가장 큰 차이점이라고 생각을 해요. 그래서 대학교에서 듣는 수업들이 저는 사실 개인적으로 되게 가슴이 뛰거든요. 왜냐하면 그러니까 진짜 말을 했듯이 책에서 볼 수 있는 내용들이 아니라 교수님이 실제로 경험을 해 보시고 '아, 이 내용이 이 내용이구나.'라는 이런 사례를 정말 직접 들어서 말씀을 해 주시니까 확 와닿고. (교육계 4학년 학생 U)

많은 학생이 대학에 입학하여 고등학교 때와 별반 다르지 않은 강의식 수업에 실망을 하고 학습동기 저하를 경험하게 된다. 그러나 서울여대에서는 학생들이 수업내용을 스스로 주도적으로 구성해 보는 토론식 혹은 (팀)프로젝트 방식의 수업들을 많이 경험하면서 참된 대학교육을 경험하게 된다.

5. 학생중심 문화: "당연하지만 어려운 '관점의 전환'"

서울여대 교수들은 보직교수, 일반 교수를 막론하고, '교육'을 가장 숭고하고 중요한 일로 생각하고 있었다. 그러나 많은 경우 교수들은 교육과 연구 사이에서 시간과 열정을 어떻게 배분할 것인지를 고민하였다. 교수는 미래 인재를 키우는 교육자이면서 진리를 탐구하는 연구자로서 이중적인 성격을 가지고 있다. 교수 개개인이 자아 성취를 이룰 때, 높은 성과를 창출할 수 있다. 이런 점에서 연구자로서 교수의 의욕을 무시하기는 어렵고, 교수들은 종종 교육과 연구 활동 사이에서 갈등을 일으킨다. 심층면담 과정에서 만난 서울여대 교수들도 교육자이자 연구자로서 이중적 정체성을 느끼고 있었다.

연구자로서 이중적 지위와 학문 활동에 대한 욕구가 있음에도 서울여대 교수들은 학생을 우선하고 교육을 중시하는 마음과 태도를 유지하고 있었다. 나아가 이는 교수들의 생활 속에서 당연시(taken for granted)되는 단계로 들어가 서울여대의 문화와 규범이 되고 있었다. Strange와 Banning(2001)은 대학 구성원의 참여와 공동체 의식을 이끌어 내는 캠퍼스 환경(campus environment)의 하나로 대학의 구성원들이 공유하는 규범(norms)과 가치(values)를 제시하고 있다. 대학에 내재된 규범과 가치는 보이지 않게 구성원의 행동을 제약하거나 유도하는 강력한 요인이 된다는 것이다. 이는 물질적 인센티브와는 구별되는 심리적·제도적 요인이라 할 수 있다.

서울여대 교수들에 대한 심층면담 결과, 서울여대에는 학생과 교육을 최우선하는 보이지 않는 규범이 존재하고 있었다. 또한 이는 어느덧 서울여대의 문화로 자리 잡았고, 교수들의 일상이 되고 있었다. 아울러 서울여대가 교육중심대학으로 발전하는 원동력이자 자양분이 되고 있었다.

> 저는 이제 뒤에서 실험만 하던 사람이고 딱 왔는데 학생들을 접하고 실질적으로 이 교육의 현장, 학교라는 현장에서 연구보다도 제가 할 수 있는 게 또 어떤 first priority를 둬야 하는 일이 교육이어야 되겠다라는 생각을 갖게끔 만드는 어떤 학교의 분위기…… 어떤 분들은 거기에 그런

점들이 좀 자아 실현적인 측면에서 뭐 안 좋게 생각하실 수도 있지만, 저 나름대로 그런 것들이 중요하지 않았나 생각이 들어요. 그래서 저도 생각이 많이 바뀌었습니다. (교수 D)

전체적인 대학의 측면에서도 봤을 때 그 지금까지 좀 무시되어 왔던 교육적 측면이 현실적으로 좀 계속 확산되지 않을까. 이게 현실적으로 확산된다는 것은 교육을 하지 않으면, 지금 연구를 하지 않으면 승진이 안 되고 뭐 안 되는 것처럼 교육을 하지 않으면, 제대로 하지 않으면 학교가 살아남을 수 없다는 그러한 측면이 그 저희 학교 측이나 교수들 측이나 또는 학생들까지도 이제 좀 확산이 되는 사회적 분위기가 있었으면 좋겠다 하고. (교수 D)

서울여대가 그런 미국의 시스터, 세븐시스터즈를 모델로 만들었는데, 정말 좋다는 생각이 들 정도로 교수 학생 간이 너무너무 가깝고, 서로 얘기도 많이 하고, 시간도 많이 보내고……. 일 년에 한 번 테너 프로그램이라는 게 있는데, 거기는 이제 교수와 학생들이 하는 프로젝트를 하루 종일 발표하는 날이 있거든요. 그 프로젝트를 교수랑 같이해야 하니까 너무 인터랙션이 많고 좋더라고요. 그런 거가 참, 근데 그게 한국의 현실인 거 같아요. 서울여대의 현실이 아니라, 한국의 현실이 교수는 논문을 먼저 써야 하니까 그런 거 때문에 참 굉장히 고민이 어려운데 (서울여대의 교육은) 정말 이상적인 교육은 그게 아닌가, 인격적으로 만나는 거 같아요. 학생들을. (교수 C)

6. 제 위치에서 최선을 다하는 대학 행정 조직

이 연구는 서울여대가 학부교육 우수대학으로 도약한 원인을 체계적으로 밝히는 데 있다. 오늘날 서울여대가 거둔 성과는 그동안 역사적으로 축적되어 온 노력과 경험의 산물이지만, 최근 몇 년간 서울여대가 비약적인 발전을 이루는 데에는 현 집행부의 역할이 적지 않았다고 할 수 있다. 따라서 여기서는 지난 3년 동안 대학을 이끌어 온 총장과 보직교수 및 행정 직원을 중심으로 분석하였다.

1) 움직이는 리더십: '결국 리더의 몫'

서울여대는 작은 규모의 대학이며 따라서 총장의 리더십이 대학 조직 전반에 걸쳐 영향을 미칠 가능성이 대형 대학에 비해 상대적으로 높다. 역사적으로도 서울여대는 초대 고황경 총장 때부터 대학을 운영하는 과정에서 총장의 영향력이 작지 않은 대학이었다. 동문 선배이기도 했던 역대 총장들은 서울여대가 지향하는 학부교육의 방향, 교육 목표 및 전략에 지대한 영향을 미쳤다.

최근 학부교육의 중요성이 부각되고, ACE 사업 등 정부 재정지원 사업이 도입되는 과정에서 서울여대의 발전 방향을 교육중심대학으로 포지셔닝하는 데는 역대 총장들의 의지와 역할이 컸다. 역대 총장들은 서로 다른 유형의 리더십을 펼쳤지만 좋은 학부교육에 대한 강력한 의지와 투자를 조직의 목표로 두었다는 공통점이 있다. 이러한 영향으로 서울여대는 2010년 1주기 학부교육 선진화 선도대학 사업에 선정되었고, 2014년에는 2주기 사업에 재선정되었다. 전임 이광자 총장은 1주기 ACE 사업에 선정된 후 "49년 동안 고수해 온 '공동체 기반의 학부교육'이 결실을 맺은 것 같아 기분이 좋다. 1994년부터 대학의 연구만 중점적으로 평가되는 부분이 있었는데, 연구 못지않게 중요한 대학의 역할이 바로 교육이다."라고 말함으로써 서울여대가 교육중심대학을 표방하고 있음을 밝혔다.

대학 구성원에 대한 심층면담 결과, 서울여대 총장은 실질적인 성과의 창출을 중시하고, 원칙에 충실하며, 결과에 책임지는 리더십을 보이고 있었다. 총장과 함께 서울여대를 이끌어 온 보직교수들은 총장의 솔선수범 리더십과 진정한 용기가 오늘날 서울여대의 학부교육 강화를 중심으로 하는 대학 발전을 이끌어 내는 데 큰 기여를 하였다고 판단하고 있었다.

> 결국은 리더의 몫이라고 생각해요. 그러다 보면 갈등 구조가 될 수도 있고, 욕을 먹을 수도 있고, 그치만 욕을 두려워할 필요는 없는 거니까. 결국은 방향을 맞춰서 가는 것이 결국은 리더로서의 권한이자 책임이잖아요. 결국은 책임을 누가 지겠어요. (총장)

아무래도 작은 대학이다 보니깐 효과가 큰 게 리더십이잖아요. 딱 목표를 정하고 밀고 나가는 건데, 그게 항상 통할 수 있는 건 아니지만 시기적으로 그게 필요하다는 판단을 했었어요. 그래서 총장님도 그렇고 욕먹을 생각을 하고, 옳다고 생각하는 외부의 변화를 알고 있는 사람들이, 욕먹고 하자. 그런 취지였고. (보직교수 C)

2) 보직교수들의 탄탄한 팀워크: '든든한 개혁 지원자'

훌륭한 리더는 혼자만 존재하는 것이 아니라 리더의 비전을 실현시켜 줄 수 있는 보다 훌륭한 팔로워들을 가진 사람이다. 서울여대 보직교수의 애교심과 상호 협력 및 화합은 총장의 경영 방침이 현장에서 발휘되고 리더십이 대학 전반에 영향을 미칠 수 있도록 뒷받침하는 촉매로서 역할을 하였다. 어느 대학이든 보직교수단은 총장 및 대학의 경영진과 일반 교수들의 중간 지대에 위치한다. 대학을 운영하는 데 있어 총장과 호흡도 중요하고 일반 교수들의 의견을 전달하는 창구 역할도 해야 한다.

서울여대의 경우 보직교수단은 총장이 가진 비전과 목표를 스스로 내재화할 뿐만 아니라 이를 현실에서 실현하고 적용할 수 있는 구체적인 방안들을 실체화하는 역할을 수행하고 있다. 즉, 보직교수단의 기획력과 협력 정신이 좋다고 할 수 있다. 이처럼 총장의 리더십에 대한 든든한 '지원군'이자 '행동대원'으로서 보직교수단이 있기에 서울여대의 혁신과 성공이 가능하였다고 할 수 있다.

실제로 저희가 교수회의 때도 그것에 대한 것을, 시각화에 대한 것을 설명을 했고요. 또 저하고 실질적으로 기획처장님하고 굉장히 사고가 같아요. 그러니까 결국 제가 한 말을 기획처장님이 체계화시키고, 체계화시킨 것을 제가 또 잘 서포트하고…… 그래서 그것이 방향대로 갈 수 있도록 의기투합이 잘 된다고 할까요. 그리고 우리 처장님들은 거기에 대해서 서로 다 힘을 모아요. 밀어 주시고. 그러니까 결국은 제가 학교마다 보면서 느끼는 것은…… 결국은 행정라인의 협력이에요. 의기투합. (총장)

다른 대학에서는 그냥 교수님들 보고, 학생들 보고, 그냥 따라와라 이런 주도였다면, 저희 학교는 처장도 그렇고 총장님도 그렇고 같이 가는 그런 모습을 좀 보이지 않았나. 처음에는 반론도 있고 반대도 있으셨지만 총장님이 뛰시고 처장님들이 같이 뛰고 하니깐 같이 따라갈 수밖에 없는 거죠. 일단 총장님도 그렇고 처장님들이 스스로 뛰니까요. 스스로 말만 하는 게 아니라 실제로 모범을 보여 주니깐 반대를 하시다가도 '일단은 따라가 보자.' 이런 좀 분위기가 있는 것 같습니다. (보직교수 D)

3) 직원의 직무몰입: '학교 일을 내 일처럼'

서울여대는 대학의 규모에 비해 직원의 수가 부족한 편이다. 그러나 이러한 수적 열세를 극복하기 위해 직원들은 더 열심히 일하고 있었다. 직원 한 명 한 명의 역량이 최대한으로 발휘되어야 한다고 인식하고 있었다. 또한 직원 가운데 여성이 160명(정규 직원 수는 48명)으로 전체 직원의 65%를 차지하고 있다. 여성 직원 가운데에는 동문이 상당수를 차지하고 있으며, 이는 서울여대 직원 문화의 형성에 어느 정도 영향을 미친 것으로 나타났다.

나중에 혹시 기회 되면 서울여대에 성공요인이 뭐냐고 하면 직원을 뽑아요. 직원 분들이 숫자가 적은데도 진짜 헌신적이세요. 그리고 싫은 소리 안 하고 여튼 너무너무 교수님들을 잘 섬겨 주고요. 교수님들이 12시까지 막 지난주도 수업태도중심 대학 사업 쓰느라고 한 3주를 거의 교수님들이 맨날 12시에 나갔거든요. 직원들이 2시에 나가요. 그 애 둘 딸린 엄마가 팀장인데도 다 하고 나가고. (보직교수 C)

(직원 문화가) 저희는 가족적인 것 같아요. 왜냐하면, 저희 또 아마 여성부에 또 신청도 하셨다고 하시던데, 가족친화 인증제? 뭐 그걸 신청을 하셨대요. …… 왜냐하면, 뭐 물론 여성의 비율이 그렇게 높다고 볼 수는 없지만, 기본적으로 남성분들 자체도 되게 가정적이시고요. …… 비교적 정말 저는 직원들이 참 가족적으로 잘 서로 소통하지 않나 하는 생각이 좀 들어요. 학생들과의 관계에서도 물론. 그렇기 때문에, 우선은 기본적으로 직원들의 기본적인 자세들 자체가, 다들 비교적 온순하다는 표현은 좀 그렇지만 성품 자체가 다들 가정적이시다 보니, 학생들을 대할 때에도 조금 그런 게 영향을 좀 미치지 않았나 라는 생각이 좀 들거든요. (직원 B)

또한 대학에서 직원들의 전문성과 직무 몰입(job commitment)은 대학행정의 질에 상당한 영향을 미친다. 교무, 학사 행정뿐만 아니라 교육 프로그램의 운영을 담당하는 행정직원의 전문성과 직무 몰입 정도가 학부교육의 질에 영향을 미친다는 것은 자명한 일이다. 면담을 통해 서울여대 행정직원들의 직무몰입도가 높다는 것을 알 수 있었다. 그리고 대학과 자신의 현 상황 및 미래를 정서적으로 연계하는 '대학 동일시' 현상도 나타났다. 심층면담을 통해 이러한 현상이 서울여대가 모교인 직원들에게서뿐만이 아니라 서울여대가 모교가 아닌 남자 직원들에게서도 공통적으로 나타난다는 것을 확인하였다.

> 아무래도 모교이다 보니깐. 모교이다 보고 하니깐, 그런 거에 대한 것도 있고, 또 개인적으로 좀 학교에 감사함도 있고. 나름대로 후배들한테 이렇게 좀. 저희가 직원들이 조금만 거기에다가 신경을 써서, 조금만 애들이 어떻게 하면 좋을까 라는 거를 조금만 신경을 써서 기획을 하면 학생들이 그거를 아는 것 같아요. …… 학교가 사실 발전이 되어야. 그러니까 직장으로만 봐도 내 직장이 발전이 되어야지 나도 발전이 되는 거고, 저희 같은 경우에는 내 학교가, 결국은 모교잖아요. 모교이다 보니깐 내 모교가 잘 되어야지, 옛날보다 훨씬 더 명성이 이루어져야지 그나마 내가 이 구성원으로서 역할을 좀 잘 한 게 아닌가……. 그리고 우리가 조금만 불편, 조금만 노력하면 받아들이는 학생들은 되게 다를 수 있잖아요. (직원 A)

> 항상 직접 핸드폰으로 전화해서 상황설명을 하고 "이러이러해서 교수님이 도와주셔야 됩니다." 이렇게 이야기를 하면 다 적극적으로 도와주셨어요. 제 기억에 한 번도 거절을 한 분이 없었거든요. 이번에 참여하지 못한다는 교수들에게는 다음 기회에 대한 약속을 받아 내고 제가 다음 학기에 꼭 전화합니다. 이러면 그다음 학기에는 미안해서라도 하시더라고요. 그런 쪽으로 진행해서 학과 성과지표도 많이 달성했죠. 교수님들의 협조도 많이 끌어냈고. 직원들에게는 야 우리가 이래 가지고는 저 후배들이 우리들을 보고 뭐라고 그러겠냐고 그러니깐 쟤들한테 창피하지 않고 이제 밀리지 않으려면 우리도 잘해야 된다고, 열심히 해야 된다고 막 그렇게 하고 그들한테 존경을 받는 사람이 돼야 한다고 계속 얘기를 하거든요. (직원 F)

서울여대의 직원들이 가진 학교에 대한 애정과 학생 중심 서비스 정신은 대학 혁신의 동력이라 할 수 있다. 면담에 참여했던 직원들은 보직교수들과 마찬가지로 현재의 상황을 위기로 인지하고 있었다. 업무 수행 과정에서 '일이 많다'는 불만보다 '이렇게 해야 우리가 살아남고 발전할 수 있다'는 마음가짐이 많았다.

제5절 결론 및 제언

1. 결 론

이 연구의 목적은 다음 두 가지 질문에 답하는 것이다. 서울여대 학부교육은 왜 우수하다는 평가를 받는 것일까? 무엇이 서울여대의 학부교육을 강하게 하는 것일까? 이를 위해 K-DEEP 연구진은 관련 문헌을 분석하고, 학생, 교수, 직원 등 대학 구성원에 대한 심층면담을 실시하였다. 수집된 자료의 분석 결과 서울여대 학부교육의 질은 다음의 관점에서 우수함을 발견하였다.

첫째, 서울여대 학생들은 정규 수업과 비교과 프로그램을 포함한 학습과정에서 전형적인 심층학습(deep learning)을 경험하고 있다. 심층학습은 대학에서 배운 다양한 지식과 기술 그리고 대학생활을 통해 얻은 경험을 서로 연계하거나 종합해 보고, 이론적 지식을 사회 이슈나 실제 문제 상황에 적용하여 해결 방안을 찾아보는 학습 경험을 의미한다. 이 과정에서 학생들은 자신의 생각과 관점을 반성적으로 돌아보고 다양한 관점을 찾아 적용해 보는 탐구 과정을 거친다. 이러한 고차원 학습(higher order learning)과 반성적·통합적 학습(reflective and integrative learning)을 포함한 학습경험을 심층학습이라 한다. 이는 단순한 표면적 학습(surface learning)과 차별화된다. 심층학습을 통해 학생들은 학업적 도전감을 높이고, 비판적이고 창의적인 사고력을 높이며, 도덕적 추론 역량의 함양에도 긍정적인 영향을 미친다. 나아가 진로성숙과 대학만족도에도 긍정적인 영향을 미친다.

　학생들에 대한 심층면담 결과, 서울여대 학생들은 대학에서 이루어지는 수업과 다양한 활동을 통해서 깊은 사유, 질문과 문제 제기, 토론 및 협업을 통한 깨달음을 경험하고 있었다. 또한 이를 통해 배운 지식을 실제 생활 및 문제 해결에 적용하고 심층 학습하는 기회를 효과적으로 활용하고 있었다. 나아가 일부 학생들은 학습의 결과를 학습 포트폴리오, 성찰 일지 등을 통해 반성적 관점에서 기록하여 심층학습과 함께 내면적 성장을 꾀하고 있었다. 학생들은 대학생활을 통하여 '자기 스스로 뭔가를 깨닫고 해내는' 학습과 '무작정 배우는 게 아니라 좀 더 의미 있게 다가가는' 경험을 하고 있었다. 교수들은 학생들에게 '생각을 펼치고' '질문하고' '사색하라'고 가르치고, 학생들이 '현장에 가서 그것을 실천하면서' 대학에서 배운 지식, 기술, 경험을 종합하고 발전시키는 심층학습을 하고 있었다. 이러한 활동은 바롬인성교육, 서비스 러닝, 전공 소학회 등의 정규교육과정과 다양한 학습 활동을 통해 전문적이고 체계적으로 유도되고 있었다.

　둘째, 서울여대 학생들에게 협력적 학습(collaborative learning)은 일상이 되어 있다. 학생들은 입학과 동시에 협력적 학습을 주된 프로그램으로 하는 바롬인성교육에 참여하게 된다. 바롬인성교육 프로그램을 통해 학생들은 다양한 규모의 팀 활동을 하고, 이를 통해 나와 다른 배경을 가진 동료 학생들과 교류하고 함께 협력하며 과제를 수행해 나아가는 경험을 하게 된다. 이러한 바롬인성교육을 필두로 학생들은 졸업할 때까지 다양한 협력적 학습을 경험하고 있었다. 서울여대 학생들에게 협력적 학습은 일상이자 당연한 학습 방식으로 여겨지고 있었다.

　이러한 학습 문화는 서울여대가 지향하는 플러스형 인재상(Learn to share, share to learn)에도 부합한다. 서울여대는 대학의 교육목표이자 인재상인 플러스형 인재를 양성하기 위하여 학생들이 협력적 학습을 다양하게 경험할 수 있도록 의도적으로 정교하게 교육과정을 구성하였다. 면담에 참여했던 학생들이 "늘 '우리'를 강조하고 (이러한 관점은) 학교 프로그램 전반에 전부 다 깔려 있다."고 말할 정도로 협력적 학습은 서울여대 학습 과정 전반에 깊이 내재되어 있었다. 그들은 정규 수업은 물론 다양한 수업 외 활동 등 대학생활 전반에서 '배우면 나누고, 같이해서 더 큰 걸 만들어 내는' 경험을 하면서 성장하고 있었다.

또한 미국 대학교육협의회에서는 다양한 대학의 교과 및 비교과 프로그램들 가운데 실증적 차원에서 학생성과에 긍정적인 영향을 미치는 것으로 나타난 프로그램을 선정하여 고효과 프로그램(high impact practices)이라 명명한 바 있다(Kuh, 2008). 미국 대학교육협의회는 학생들의 학습참여를 높이고 궁극적으로 긍정적인 대학교육 효과를 내기 위하여 개별 대학이 이러한 고효과 교육 프로그램을 활용할 것을 권장하고 있다. 주목할 점은 고효과 교육 프로그램의 대부분이 학생들의 협력적 학습을 포함하고 있다는 것이다. 서울여대는 스터디 그룹과 같은 학습 공동체, 다양한 멘토링과 튜터링 프로그램, 바름인성교육, 서비스 러닝과 같은 대학 차원의 교육 프로그램과 제도를 통해 학생들의 협력적 학습을 지원하고 있다. 이러한 교육 프로그램들은 미국 대학교육협의회에서 분류한 고효과 교육 프로그램에 해당한다.

셋째, 공동체 정신에 기반을 둔 인성교육의 체계적인 실시는 서울여대 학부교육의 우수성을 뒷받침하는 가장 큰 원동력이라 할 수 있다. 대학 구성원들은 인성교육이야말로 서울여대에서 이루어지는 모든 교육활동의 기초 토대를 이루는 것으로 생각하고 있었다. 한편, 인성교육은 서울여대 학부교육의 역사이기도 하다. 초대 고황경 총장은 "인간이 바로 된 후에야 지식도 기술도 바로 쓰인다."고 하여 일찍이 인성교육의 중요성을 천명하였고, 그 정신은 지금까지 꾸준히 이어지고 있다. 최근에는 '우리는 나보다 똑똑합니다'라는 슬로건 아래 '더불어 행복한 인재'로 대변되는 '플러스(PLUS)형 인재상'으로 정립되었고, 바름인성교육으로 체계화되고 있다. 심층면담 결과, 이러한 인성교육의 교육적 가치와 방향성은 서울여대 학생들의 대학생활 전반에 깊이 자리 잡고 있었으며, 학생들의 학습 태도와 인간관계의 형성에 깊은 영향을 미치고 있었다.

인성교육, 심층학습, 협력적 학습은 서울여대에서 이루어지는 학부교육의 대표적인 특징이자 우수성을 보여 준다. 연구자들은 이러한 학습 패턴이 높은 학업성과를 발현하는 데 기여한다는 사실을 밝혀 왔다. 그러나 이는 하루아침에 우연히 생겨난 것이 아니다. 서울여대 구성원들이 역사적으로 발전시켜 온 공동체 정신, 학생중심 캠퍼스 문화, 교수들의 참여와 헌신, 대학 차원의 강한 의지와 촘촘하게 설계된 교육 프로그램이 복합적으로 작용하여 만들어 낸 산물이다.

서울여대 구성원들에게 깊이 내면화되어 온 공동체 정신과 문화는 인성교육, 심층학습, 협력적 학습이 서울여대에서 발아하는 정신적 토대로 작용하고 있다. 대학 차원에서 이루어지는 바롬인성교육, 서비스 러닝, 학습공동체 활동, 전공 소학회 등의 교육 프로그램은 이러한 학습활동이 일어나는 플랫폼의 역할을 하고 상호 시너지를 내면서 발전하고 있음을 알 수 있었다. 좋은 수업과 학생의 변화와 성장을 향한 교수들의 헌신적 노력은 이상의 프로그램들을 실질적으로 움직이게 하는 윤활유의 역할을 하고 있었다.

서울여대 학부교육의 우수성은 다음의 성공요인이 있었기에 가능하였다. 여러 성공요인을 도식화한 것은 [그림 1−20]과 같다.

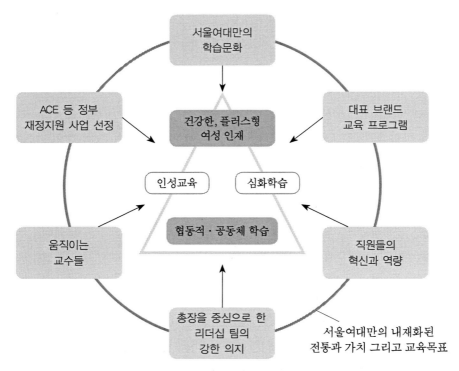

[그림 1−20] 서울여대 학부교육의 우수성과 성공요인

첫째, 서울여대 학부교육은 하루아침에 쌓은 성이 아닌, 역사와 전통에 뿌리를 두고 있다. 심층면담을 통해 서울여대 학부교육의 뿌리와 근간에 해당하는 교육철학과 교육목표는 시간이 지나도, 구성원이 바뀌어도 큰 맥락은 변하지 않고 한결같이 유지되어 왔다는 것을 알 수 있었다. 더구나 서울여대의 가치와 전통 그리고 이에 기반을 둔 교육목표는 대학 본부로 대표되는 공식적인 시스템보다는 서울여대 구성원들에게 내면화된 규범(norms)과 가치(values)로서 지켜지고 이어져 왔다는 점은 주목할 만하다. 또한 이러한 문화와 전통은 서울여대 모든 구성원과 교육 활동을 하나로 묶어 주는 역할을 하고 있었다. 총장부터 학생에 이르기까지 대학의 구성원들은 서울여대의 전통, 가치, 교육목표를 내면화하고 있었으며, 이는 교육 프로그램의 운영뿐만 아니라 전반적인 대학 경영에도 깊은 영향을 주고 있다.

둘째, 서울여대가 지켜 온 교육적 전통과 가치는 오늘날 대학이 운영하는 교육 프로그램의 개발과 운영에 깊은 영향을 주면서 대학교육의 안정성과 지속성에 기여하고 있었다. 즉, 서울여대는 다른 대학의 프로그램을 단순히 모방하기보다는, 오랫동안 여러 사람의 손을 거치고 다양한 시행착오를 겪으면서 축적해 온 경험과 교훈을 바탕으로 다른 대학에는 없는 서울여대만의 고유 교육 브랜드를 발전시켜 왔다. 여기에는 바름인성교육, 서비스 러닝, 사제동행 프로그램, 전공 프레임워크, 서울여대만의 성인지 교육 등이 있으며, 이들이 서울여대 학부교육의 우수성을 뒷받침하는 토대라 할 수 있다.

셋째, 기독교 정신에 바탕을 둔 서울 외곽의 조용한 여대였던 서울여대의 문화가 조금씩 변화하기 시작한 계기는 학부교육 선도대학 육성사업(ACE 사업)으로 선정되면서부터다. 대학생들의 등록금과 동문들의 기부금에 의존하던 대학이 ACE 사업을 통해 정부 재원을 받고, 무엇보다 잘 가르치는 대학이라는 타이틀이 주는 명예감에 힘입어 대학의 문화가 조금씩 변하기 시작하였던 것이다. 면담에 참여했던 교수들은 6년에 걸친 ACE 사업의 수행을 계기로 대학이 전반적으로 교육 시스템을 정비하고 대학의 체질과 역량을 키워 왔다는 인식을 가지고 있었다. 즉, ACE 사업은 대학 차원에서 교육중심대학으로 변화하려는 시도를 뒷받침하는 동력이 되었고, 실질적으로 교육 프로그램의 질적인 정비와 양적 확충에 기여하였다.

넷째, 오늘날 서울여대가 거둔 성과는 개교 이래 역사적으로 축적되어 온 경험과 노력의 산물이지만, 최근 몇 년간 서울여대가 이룬 비약적인 발전은 총장을 중심으로 한 대학 경영진의 역할이 컸다고 할 수 있다. 특히 서울여대는 전임 교원이 250여 명에 불과한 중소규모 대학으로 총장 및 보직교수 등 리더십 팀의 역할과 영향력이 상대적으로 크게 작용하는 특성이 있다. 심층면담 결과, 현 서울여대 총장은 실질적인 성과의 창출을 중시하고, 원칙에 충실하며, 결과에 책임지는 리더십을 보였다. 섣불리 새로운 비전을 제시하고 형식적인 혁신을 외치는 대신, 서울여대의 교육적 가치와 비전을 구체적으로 실현할 수 있는 방안과 프로그램의 실천에 모든 역량을 모았다. 또한 보직교수단은 총장이 가진 비전과 목표를 내면화하고 이를 실현할 수 있는 구체적인 방안을 만들고 구현하는 역할을 성실히 수행함으로써 서울여대의 변화와 발전에 기여하고 있다. 총장의 실사구시형 리더십에 대한 든든한 '지원군'으로서 보직교수단이 있었기에 서울여대의 혁신과 성공이 가능하였다고 할 수 있다.

다섯째, 서울여대가 지난 몇 년간 경험한 극적인 변화에는 무엇보다 대학 구성원들의 비전과 목표에 대한 공유와 헌신이 있었기에 가능하였다. 대학 본부의 보직교수들은 서울여대가 처한 위기적 상황에 대해 누구보다 정확히 인식하고, 변화와 혁신을 위해 솔선수범하는 자세를 보였다. 또한 이 과정에서 동료 교수들을 설득하기 위한 노력도 지속적으로 펼쳐 왔다. 한편, 일반 교수들의 대학에 대한 애정과 헌신이야말로 실질적으로 서울여대 학부교육이 발전하는 원동력이라고 할 수 있다. 이들 일반 교수들은 때로는 총장 등 대학 경영진이 요구하는 변화의 방식에 불만족하더라도 대학의 발전과 교육적 비전의 실현을 위해 기꺼이 같은 배를 타는 모습을 보였다.

여섯째, 서울여대 행정직원의 특징은 직무 몰입도가 높다는 것이다. 심지어 이들에게서는 대학과 자신의 현 상황 및 미래를 정서적으로 연계하는 '대학 동일시' 현상도 나타난다. 심층면담을 통해 이러한 현상이 서울여대가 모교인 직원들에게서뿐만이 아니라 서울여대가 모교가 아닌 남자 직원들에게서도 공통적으로 나타난다는 것을 확인하였다. 또한 서울여대 행정직원들은 프로그램 기획력도 우수하다. 자신이 기획한 프로그램이다 보니 애착도 많아서 프로그램의 성공을 위해 헌신하는 직원이 많다. 무엇보다 학생들에 대한 애정과 교육에 대한 숭고한 사명의식이 서울여대 학부교육을 우수하게 만드는 데 보이지 않는 역할을 하고 있다.

이러한 서울여대만의 학부교육 성공요인을 통해 앞서 논의한 서울여대만의 학부교육의 특성과 우수성이라는 결과를 낳게 되었다. 서울여대의 학부교육이 잘 운영되고 있다는 것은 서울여대 학생들을 면담하는 과정에서 자주 등장했던 단어들을 통해 다시 한 번 확인할 수 있다. '경험' '뿌듯' '기억' '감동' '함께' '우리' 등의 단어는 학생들과의 면담 내용에서 가장 많이 출현한 단어들이다. 서울여대 학생들이 대학과 대학교육에 대해 가진 생각은 밝고 긍정적이었다. 그들은 대학에서 이루어지는 학습과 다양한 대학생활 경험에 대하여 감동적이라고 표현할 정도로 만족하고 있으며, 이를 이루어 내고 있는 자신과 이를 가능하게 해 준 대학에 대하여 뿌듯한 마음을 가지고 있었다. 대학이라는 유기체 조직과 자신을 하나로 동일시하는 정서적 체험을 하고 있었으며, 이러한 긍정의 경험들을 동료 학생들과 교수들과 함께하고 있었다. 서울여대 학생들이 갖는 대학에 대한 애정과 믿음, 긍정적 태도는 다른 어떤 지표나 특성보다 서울여대의 학부교육이 잘 운영되고 있다는 결론을 내릴 수 있는 근거가 될 수 있다.

2. 이슈와 제언

앞서 살펴보았듯이 서울여대는 우수한 학부교육을 실천하고 있다. 학부교육 실태조사(K-NSSE) 결과를 보더라도 서울여대 학생들은 전반적으로 높은 학습참여(student engagement) 수준을 보이고 있다. 서울여대의 다양한 구성원들과의 심층면담을 통해 이 연구에서는 다시 한 번 서울여대의 학부교육의 우수성을 확인하고 그 요인을 탐색할 수 있었다. 지난 6년간 ACE 사업과 다양한 정부 재정지원 사업을 수행해 오면서 서울여대는 서울 외곽의 중소형 규모 여대라는 불리한 점을 어느 정도 극복할 만큼의 역량을 기르고 혁신의 토대를 확보하게 되었다. 서울여대 학부교육의 대표 브랜드라 할 수 있는 우수 프로그램의 운영도 어느 정도 내실화되어 안정 단계에 이르고 있다.

그러나 서울여대는 여전히 중소형 규모의 대학으로서, 또 여대로서 앞으로 극복해 나가야 할 점들을 가지고 있다. 서울여대 학부교육의 우수성을 더욱 발전시켜 나가기 위해서는 다음의 이슈에 대한 깊은 고려와 대응이 필요할 것으로 생각된다.

1) 진취적 도전 정신을 어떻게 살릴 것인가

서울여대 학부교육은 인성교육을 잘하는 것으로 널리 알려져 있다. 실제로 학생들은 1학년 입학과 함께 바름인성교육 프로그램에 참여하면서 공동체 정신을 배우고 대학생활에 순조롭게 적응하기 시작한다. 대부분의 학생들이 기존의 대학문화와 질서에 순응하는 편이고, 대학이 제공하는 프로그램과 활동들을 착실히 이행한다. 서울여대 학생들의 순응적 태도는 서울여대 학생들만의 고유한 '선하고 순종적이다'라는 이미지를 형성하게 되었다. 면담에 참여했던 학생 및 교수와 직원들은 전통적으로 서울여대 학생들에 대해 갖는 이러한 이미지를 인식하고 있으며, 이를 어떻게 개선하고, 어떻게 학생들에게 진취적 도전 정신을 함양할지를 고민하고 있는 것으로 나타났다.

> 현장 실무를 가면, 학교마다 특징이 있는데 서울여대는 좀 소극적인 애들이 많다는 말을 많이 들었어요. (예체능계 4학년 학생 X)

> 저희 학생들 항상 특징적인 게, 굉장히 착해요. 부모님들이 굉장히 좋아하는 학생들, 그러니깐 그게 굉장히 온순하고 학생들이 굉장히 순한데, 반면 그 반대의 말은 애들이 적극적으로 뭐 달려든다거나 진취적인 그런 게 부족했다고 생각이 되거든요. (직원 A)

> 저희 학생들은 보면요, 전반적으로 좀 calm하고요. 그 좀 얌전하다고 그럴까요? 오히려 그런 것들이 단점일 수 있어요. 적극적이지 못하고 주관적인 저의 생각이지만 자기 한계를 좀 정해 놓는 그런 성향이 있는 것 같습니다. 그래서 많은 학생들이 서울이나 이쪽 근교에 있는 학생들이라면 부모님이 거기 가면 어떻겠냐라든지 그런 뭐……. 그런 생각을 많이 가지고 왔고 들어와서 가만히 보면 막 길길이 뛰는 학생들은 별로 없어요. (웃음) 그래서 어떻게 보면 막 이렇게 좋은 건지

나쁜 건지는 모르겠지만 좀 예, 그런 학생들이 많이 들어오는 것 같고요. (교수 D)

서울여대 애들 볼 때마다 온실에서 자란 애들이 많고 강남 애들이 많이 오니깐 곱게 자란 애들이 너무 많아서, 애들한테 좀 이미지를 심어 주려고, 똑똑하다는 이미지를 강조를, 그래서 2010년도부터 ACE가 딱 되면서 우리가 똑똑하다는 이미지를 6년간 밀고 있거든요. 6년간 밀고 있는데 그 배경에는 예쁜 여자애들이 들어가요. 기존의 이미지는 살리면서 예쁘고 똑똑하고 다부지고. 그런 이미지를 자꾸 만들려고 해 왔는데, 그게 다르게 표현하면 저희 학교가 갖는 이미지의 단점이죠. ○○여대 학생들은 뛴대요. 자기 고집도 있고, 자기 주관도 있고, 사람들하고 부딪혀도 자기 주관대로 확실히 밀고 나가는데, 서울여대 학생들 데려다 놓으면 조직에서 너무 너무 잘 적응하는데 너무 순하다는 거예요. 이게 칭찬일까 욕일까. (보직교수 D)

서울여대는 전통적으로 '플러스형 여성 인재'의 육성을 목표로 하고 있다. 그러나 최근 여기에 '건강한'이란 개념을 덧붙여 '건강한, 플러스형 여성 인재'의 육성을 대학의 교육목표이자 비전으로 삼고 있다. 서울여대 구성원들을 대상으로 한 심층면담을 통해 여기서 말하는 건강함이란 신체적 건강을 넘어 우리 사회가 요구하는 적절한 역량과 기술을 가지고 적극적으로 활발히 활동하는 것을 의미한다는 것을 알 수 있었다. 글로벌 창조경제시대를 맞아 적극적이고 진취적 도전 정신을 갖춘 여성 인재의 양성은 서울여대가 당면한 과제가 될 것이다. 한 가지 주목할 점은 이러한 진취적이고 도전적인 여성에 대한 이미지, 즉 '건강한' 여성의 이미지는 하루아침에 나온 것이 아니라 1961년 서울여대가 처음 개교하였을 무렵부터 있었던 '신체 건강하고, 자신의 역할을 다하는 여성 인재'의 개념으로부터 발전된 것이다.

ACE는 자료를 서로 공유하다 보니깐 인재상이나 이런 것 또 대동소이해요. 창의력 뭐. 근데 제가 이제 우리 학교의 역사를 쭉 보면서 총장님이 고민했던 것 중 하나가, 건강이다. …… 이미지가 건강한 인재라는 것이 굉장히 중요. 이게 올해 살잖아요. 올해 플러스 인재라고 해서 공동체에 더불어서 행복하고 도움을 주는 인재라고 했는데, 본인이 아파 버리면 이 공동체에 부담을 준

다고 해서, 이 건강을 앞으로 굉장히 중요하게 생각해야겠다 해서 이게 신체적 건강 플러스 정신
적 건강. 이렇게 생각하고 있습니다. (보직교수 D)

그 건강이란 분야는 저희 학교가 기독교적인 배경에서 나온 거죠. 그런데 이 기독교 하면 제일
중요한 핵심 가치는 사실 신뢰거든요. 신뢰. 신뢰를 두 가지를 물어요. 신뢰라는 것은 도덕성 윤
리적인 신뢰가 있고요. 또 하나는 가고자 하는 방향에 대한 능력을 이야기하는 거죠. 아무리 우리
가 윤리적으로 반듯하다 해도 자기가 가고자 하는 포지션과 맞지 않는 능력을 가졌을 땐 그건 신
뢰가 없습니다. 능력이 있어야 한다는 것입니다. 그 포지션과 일치될 수 있는 능력을 배양해 줘서
결국은 윤리적으로, 도덕적으로 건강하고 동시에 그 직군에 맞는 능력을 갖추고. …… 그런 인재
를 키우는 것이 서울여대가 가지고 있는 방향이거든요. (총장)

이제는 현시점에서 서울여대가 지향하는 '건강한 여성 인재'를 실제로 양성하기 위
하여 구체적으로 어떠한 교육 프로그램이나 대학 정책을 활용할 것인지를 본격적으
로 고민해 보아야 할 필요가 있다.

2) 여자대학으로서 정체성 재확립과 장점의 극대화

남녀공학에 대한 고등학생들의 선호가 커질수록 여자대학으로서 서울여대는 위기
를 맞을 가능성이 높다. 더욱이 앞으로 대학 입학자원이 줄어드는 상황에서 우수한 여
성 인재의 충원은 서울여대가 생존 차원에서 당면할 직접적인 문제가 될 전망이다. 이
미 일부 여대들은 이러한 차원에서 위기의식을 느끼고 남녀공학으로 전환한 바 있다.
따라서 대학 입학자원의 감소와 남녀공학 대학에 대한 학생들의 선호라는 이중적인
위기에 맞서 서울여대도 여대로서의 정체성을 강화하고 여대가 갖는 장점을 극대화
할 수 있는 방안을 모색해 보아야 할 시점을 맞이하였다.

우리가 여대로서의 정체성을 과연 얼마나, 과연 가져가야 하는 것인지 아니면 우리가 정체성
을 바꿔야 하는 것인지에 대해서는 사실은 조금 걱정이 되긴 해요. 제가 입학처에 있다 보니깐 데

이터를 쭉 보면, 아무래도 여학생들의 선호도는 남녀공학이더라고요. 우리가 아무리 교육을 잘한다고 해도, 어쨌든 여학생들은 남녀공학이라는 것에 대해 굉장히 호감을 갖고 있기 때문에 그런 인식을 저희가 타파해야 하고, 그럼에도 불구하고 여대를 와야 하는 이유를 스스로 만들어 내야 하는데, 앞으로 그렇게 만들어 낸다면야 큰 문제가 없겠지만, 좀 글쎄요. 그런 부분은 좀 우려가 되는 부분이긴 합니다. (보직교수 D)

현시점에서 서울여대는 여학생 친화적인 환경을 조성하고, 여학생들이 선호하는 방식으로 수업을 진행하며, 교수와 학생, 학생과 학생 사이의 교류를 확대하는 등의 노력을 하고 있다. 그러나 물리적 환경의 개선과 인간적 교류 확대를 위한 노력만으로는 한계가 있을 수 있다. 근본적으로 여자대학으로서 여학생들이 원하는 것이 무엇인지에 귀를 기울이며 우리 사회가 요구하는 여성 인재의 모습에 맞추어 대학교육을 변화시킬 필요가 있다. 또한 대학이 가진 장점을 이전과 달리 적극적으로 홍보할 필요도 있다. 예를 들어, 서울여대의 가장 큰 장점은 '유지취업률'이 타 대학에 비해 높다는 것이다. 대학생들에게 있어 취업은 대학교육의 가장 큰 성과다. 대학평가를 위해 임시방편으로 학생들을 취업시키는 것이 아닌, 한 조직에 오래도록 남아 자신의 역할을 다하고 행복을 느끼는 미래 여성 인재를 양성하는 대학으로서의 이미지를 강조할 필요가 있다. 또한 남녀공학 대학에 재학하는 여학생들이 대학 내에서 유리 천장을 경험하거나 적절한 롤모델을 찾지 못하는 불리한 점들도 있다. 남녀공학 대학이 갖는 이러한 한계를 이용하여 여학생들이 여성 인재로서 교육받기 좋은 대학으로서의 이미지를 홍보할 수도 있을 것이다.

실제 이제 4년제 대학 전국 평균하고 비교하면 여대가 평균 수준을 다 밑돌아요. 지금도 마찬가지 수준인데, 서울여대 같은 경우에는 5개, 6개 여대 중에 중간 정도를 가거든요. 취업률 자체로 보면. 취업률, 6월 1일자 취업률 기준인데, 6월 1일 이후에 계속 취업률을 측정을 하는데, 정부가, 저희가 이제 '유지취업률'이라는 게 있어요. 6월 1일자 취업률이, 예를 들어서 뭐, 45.6%다 이러면 그 취업한 아이들을 건강보험 기준으로 그 정도였는데, 그거를 9월 달, 11월 달, 이렇게 계속 추적 조사를 하거든요, 어느 정도 유지를 하는지. 그걸 보는 게 이제 '유지취업률'인데, 거기에는 아주 독보적으로, 굉장히 높아요. 90%가 넘거든요. 그게 이제 무슨 말이냐면, 당장 어디 취업하는 게 급급한 게 아니라, 실제 취업을, 양질의 취업처를 어떻게 보면 학교가, 아이들이 찾고, 그거를 계속 유지하는 게 높은 거거든요. (직원 C)

3) 일하는 집단의 저변 확대

서울여대가 당면한 또 다른 이슈는 대학 혁신주도 세력의 저변 확대다. 오랫동안 특정 집단이 대학 경영을 주도하거나 독점하는 것은 바람직하지 않다. 대학 혁신을 주도하는 것은 상당한 수준의 피로감을 수반하며, 타성과 아이디어의 빈곤으로 이어질 수도 있기 때문이다. 상대적으로 적은 수의 전임 교원을 가진 서울여대는 대규모 대학에 비해 인적자원의 부족 현상을 경험하고 있다. 대학에서 수업 이외에 본부에서 다양한 행정적 업무를 담당할 보직교수 집단층이 서울여대는 다른 대학에 비해 얇다는 점은 향후 개선해야 할 문제점이다.

극복해야 할 점……. 이게 제가 ○○여대하고 딱 한 번 지표 비교를 한 적이 있는데. ○○여대 교수님들이 1,004명이세요. 하하…… 1,004명. 저희 학교에 250명. 딱 네 배죠. 딱 네 배인데, 학생 규모는 4배가 안 돼요. 저희보다 조금 더 많아요. 두 배? 두 배 반? 그러니깐 교수님들이 많으시죠. 거기는 처도 있지만 부처장도 있고. 소위 말해서 거기는 일할 수 있는 층이 굉장히 두꺼운 거예요. 그리고 또 아무래도 대학이 그쪽이다 보니깐 일을 잘하시는 분들이 많고. 근데 서울여대라고 해도 모든 조직을 다 갖고 있어야 하잖아요. 없어도 되는 게 아니고. 다 있어야 하니깐. (보직교수 D)

대학 경영에 다양한 사람이 참여할수록, 즉 보직교수의 순환이 원활하게 이루어질수록 대학 사회의 역동성은 커지고 대학 본부와 교수 사회의 거리는 좁아질 수 있다. 참신하고 혁신적 아이디어의 발굴과 적용의 면에서도 일하는 집단의 저변이 확대될 필요가 있다. 그렇다고 대학 행정가로서 준비되지 않은 교수의 참여는 행정의 전문성 측면에서 부작용이 우려된다. 대학 행정은 교수 활동과는 다른 역량과 태도를 요구하기 때문이다. 향후 서울여대는 대학행정에 참여할 역량을 가진 잠재적인 교수집단을 어떻게 육성하고, 대학경영 활동에 참여시킬 것인지가 중요한 이슈가 될 것이다.

> 일을 하시던 분한테 집중이 되죠. 하시는 분이 또 하고 또 하고, 이전 총장님은 일이 잘 되게 하려면 바쁜 사람 시켜라. 항상 그…… 그 지론이기 때문에 일을 하시는 분들이 또 하세요. 그래서 이렇게 보면 한 몇 년 동안은 이제 지금 같으면 팀워크가 잘 맞는 그룹이 있죠. 이분들이 처장도 하고, 대학원장도 하고, 이 사업을 지금까지 끌어온 팀이거든요? 근데 이게 언제까지 같이 될까? 소위 총장님 바뀌면 싹 바뀌잖아요. 그러면 학교 입장에서는 그것에 대한 준비가 필요한 거죠. 그래서 제가 어…… 작년에 총장님께 그 이야기를 했는데. 저희 위원회를 하나 만듭시다. 우리 위원회 많지만 하나 더 만들자고 해서. 미래가치창출위원회라고 제가 이름을 붙였어요. (보직교수 D)

4) ACE 사업이 종료된 후, 어떻게 대학 혁신의 동력을 유지할 것인가

현재 서울여대는 ACE 사업을 비롯하여 다양한 정부 재정지원 사업을 수행하고 있다. 정부 재정지원 사업의 수주는 한편으로는 보수적인 대학사회를 개혁하는 명분을 제공하고, 다른 한편으로는 개혁적인 프로그램을 개발하고 운영하는 데 필요한 재정지원의 효과도 있다. 서울여대는 대학법인으로부터 충분한 재정지원을 받지 못하고 등록금 수입에 의존하는 경영을 하고 있다. 따라서 정부 재정지원 사업이 종료되면 재원 부족으로 개혁의 동력도 식을 가능성이 있다.

다행히 현재 서울여대는 효과적인 프로그램을 정규교육과정에 내재화하는 작업을 통해 정부사업 종료 시에도 지속 가능성을 담보하려고 하고 있다. 그러나 정규교육과정으로 내재화하는 작업은 일부 프로그램에 집중되어 있고, 또한 정규교육과정으로 전환한 프로그램도 지속적인 프로그램 개발과 운영을 위한 최소한의 예산이 요구된다.

> 저희가 사실 교육 쪽으로는 '국고 사업이 없었다면 어떻게 됐을까?'라고 생각을 할 정도로 지

금 재정상황이 어려운 상황이라서 그게 가장 위기가 되지 않을까 싶어요. (직원 F)

......근데 많이 수업으로 저희는 흡수를 했어요. 수업으로, 정규 수업으로 많이 가지고 왔고요. ...... 그리고 ACE 쪽에서 좋았던 거는 항상 ACE 1주기 끝날 때 저희가 이제 못 받을지도 모르니까 좋은 건 살리고 돈 없어서 못하는 건 포기하자. 그리고 그때 한 번 이렇게 대대적으로 또 한 번 검토를 했거든요. 그래서 그때 살아났던 프로그램들 그리고 다시 2주기가 시작되면서 다시 재정적 지원이 되니까 그때 했던 것 중에서 더 확장해서 많이 지금 진행하고 있는 것 같아요. (보직교수 B)

5) 또 다른 잠재된 위기를 극복하기 위한 로드맵의 필요

현재 서울여대는 ACE 사업을 비롯한 다양한 정부 재정지원 사업을 통해 학부교육의 우수성을 어느 정도 확보한 상태다. 고등교육 시장의 무한경쟁 시대에 다른 대학들이 대학의 정체성을 확립하지 못하고 방황하고 있을 때 일찍이 서울여대는 교육중심대학으로서 정체성을 확립하고 관련 정부 재정지원 사업들에 선정이 되어 비교적 안정적으로 대학 교육을 개선하고 대학의 입지를 확고히 하는 과정을 거쳐 왔다. 그러나 등록금과 재단 전입금에 주로 의존하는 대학의 재정구조에서 정부 재정지원 사업이 종료되면 지금까지 수행해 온 교육 프로그램을 어떻게 유지할 수 있을지에 대한 대비책이 필요하다.

이러한 잠재된 위기 상황에 대처하기 위해 앞으로 교육중심대학과 연구중심대학 사이에서 균형을 맞추는 전략도 고려할 필요가 있다. 탄탄한 연구력을 바탕으로 대학원 과정을 만들고, 연구 분야의 재정지원을 받아 연구 활동에서도 두각을 나타낼 수 있는 학과들을 집중 육성하고, 교육중심으로 발전할 학과들은 지금과 같이 우수한 학부교육이 지속될 수 있도록 하는 투 트랙 전략을 고려해 볼 수 있다. 즉, 서울여대가 가진 교육명문 대학으로서의 이미지와 강점을 살리면서 대학의 특성화 발전을 위한 연구력 강화 방안도 지금부터 착실히 준비할 필요가 있다.

대학원생이 저희 학과에는 많지 않습니다. 손에 셀 정도로……. 저희 과에는 대신 연구전담 교수님들이 계십니다. …… 연구지표도 있고 그러니깐 그렇게 했던 것 같습니다. 저는 근데 그 방법은, 이건 제 개인적인 생각입니다만, 그렇게 좋지는 않다고 봅니다. (교수 B)

우리가 연구가 약해요. 우리는 학부중심대학이기 때문에 지금 현대는 교육에 치중해서 교육업적하고 교육평가, 그다음에 연구평가인데 연구평가는 다른 학교에 비해서 좀 약합니다. 그런데 그럼에도 불구하고 제가 총장으로 들어오면서 교육평가를 좀 높여 놨어요. 그래도 타 학교가 워낙 높기 때문에, 저희 학교는 그렇게 높여 놨는데도 불구하고 아직도 조금 더 높여야 된다고 생각하고. 그리고 특히나 저의 전략으로는 지금은 연구중심대학으로 일단 출발은 했지만 특성화단계로 진입해서 5개 내지 6개 학과가 특성화학과가 됐지 않습니까? 그거는 언젠가는 연구중심으로 가야 한다고. (총장)

제2장

아주대학교

체질화된 혁신과 융복합 전략이 만들어 낸
수도권 사립대학 성공모델

이석열/전재은

아주대학교 학부교육의 특징

아주대학교(이하 아주대)는 수도권(수원)에 위치한 사립대학으로, 캠퍼스가 크지 않은 소규모 대학이고, 설립 당시부터 공대에 강점이 있다는 이미지를 가지고 있다. 초창기부터 철저한 수업을 강조해 온 아주대는 교수문화와 행정시스템 모두 수업을 가장 중심에 두고 움직인다. 대학문화는 혁신이 체질화되어 끊임없이 혁신적 아이디어를 궁리하고 실천에 옮기며 변화를 도모한다. 아주대 교수들은 다양한 아주대형 학습 모델과 도구를 개발하여 적용하고 발전시키고 있다.

이러한 아주대에 입학한 신입생들은 1학년들부터 '아주대학교'가 아닌 '아주고등학교'를 연상하게 된다. 신입생들은 입학 전 진단평가를 바탕으로 수준별 기초교육을 탄탄하게 받고, 전공진입제를 거쳐 고강도 전공교육에 본격적으로 돌입하기 때문이다. 전공진입제의 대표적 예로 수학 교과의 수준별 교육모형을 보면, 우선 신입생 오리엔테이션 때 실시한 수학 과목에 대한 진단평가를 실시하여, 그 결과에 따라 수준별로 보충반, 일반반 그리고 최상위반인 아너(honor)반을 구성한다. 이때 보충반 수강생은 다른 반들과 마찬가지로 3학점 수업을 수강하지만 수업시수가 4.5시간이어서 수업 시간이 좀 더 많다. 보충반 학생들은 다른 분반 학생들과 같은 내용을 배우고, 평가도 다 같이 실시되기 때문에 이들과 같은 내용을 더 천천히 배운다고 볼 수 있다. 특히 보충반이라는 낙인이 찍히지 않도록 시간표 배정을 배려하는 행정은 인상적이다. 학생들은 자신의 수준에 맞는 수업을 수강하고, 필요하면 다양한 학습지원을 받을 수 있다. 결국 아주대 학생들은 전공에 진입하기 전 수준별 교육, 전공진입제도 등을 통해 기초학습역량을 갖추어야 한다.

아주대에 입학한 학생들은 '아주대생'으로 변화할 수밖에 없다. 1학년 때부터 학생들은 '진로설정과 어학역량계발'이라는 과목을 통해서 대학생활에 적응해 나간다. 학생들은 자신의 역량을 체크하고 이를 향상시키기 위해서 노력하게 되고, 학교에서도 이 부분을 강조하고 있다. 예를 들어, 아주대는 공대 위주의 학교이지만 글쓰기와 말하기 교육이 중요하다는 공감대가 형성되어 있고, 의사소통교육을 위해 다양한 프로그램과 진단평가도구를 개발하고 있다. 학생들은 의사소통교육과 관련해서 글쓰기, Ajou Debate, 아주고전 등과 같은 교육 프로그램을 접하게 된다. 아주대는 신입생 전원에게 고강도 글쓰기 교육을 의무로 실시하고 있다. 이런 교육을 통해 학생들은 학생들의 창의적·논리적인 사고력을 갖추게 된다.

전공교육과 관련하여 한 공학계열 교수는 아주대 학생들이 학습량이 많은 것을 숙명처럼 받아들이고 전공공부에 몰두하는 상황을 설명하였다. 이와 같이 고강도의 교육이 이루어지기 위해서 일부 공대 전공학과에서는 타 대학에는 없는 '집중교육'을 운영하고 있다. 집중교육은 한 학기 4개월 동안 6학점 전공과목 2개를 2개월씩 수강한다. 전공과목은 월화목금에 진행되고, 수요일에는 IT영어라는 전문영어 3학점 과목을 수강하여, 한 학기 총 15학점을 이수하게 되는 체제다. 오전에는 교수의 이론 강의수업으로 구성되고, 오후에는 실습조교 세션과 함께 학생들이 프로젝트 과제를 자율적으로 진행한다. 참여 교수들은 이 과정에서 학생들이 문제해결능력을 키우고, 능동적 학습이 가능하게 되는 것을 경험하였다고 설명하였다. 더불어 아주대 전공교육은 아주대 인재상인 다산형 인재, '실사구시를 실천하는 융복합 창조인'을 양성하기 위해 현장과 밀착된 응용을 강조하고 실용적 교육을 추구한다.

또, 아주대 학부교육에서 융복합교육과 교양교육을 운영하는데, '박이정(博而精)'이라는 철학이 중심이 되는 점에 주목할 필요가 있다. 아주대의 학부교육은 핵심과 폭을 갖춘 넓고도 깊은 교육, 주전공을 중심으로 융복합교육을 꾀하고, 핵심을 알되 여러 분야와 지식을 아우르는 열린 교양을 추구한다.

최근 들어 아주대 하면 떠오르는 단어가 '융복합'교육과정이다. 아주대의 비전도 '융합학문을 선도하는 세계 수준의 대학'이다. 이렇게 아주대에서 융복합이 강조되는 것은 타 대학과는 차이가 있기 때문이다. 아주대는 융복합의 주체가 가르치는 교수가 아닌 학생이 스스로 주도하는 융복합교육을 지향한다. 교수가 강의로 가르쳐서는 융복합교육을 실천하기 어렵다고 보고 학생의 자발적인 융합 사고능력을 기르기 위해서 강의페어링이라는 기존의 패러다임을 바꾸는 아이디어를 발전시키고 있다. 강의페어링은 학생이 스스로 별개의 강의들을 선택하여 담당과목 교수와 상의하여 지도를 받고, 두 과목의 융복합연구를 수행한 과제를 해당 과목의 과제로 제출하는 제도다. 강의페어링은 참여 학생의 융합 사고력뿐만 아니라 스스로 학습을 주도하여 학습동기도 고양되는 효과를 기대할 수 있다. 더불어 이미 수강한 과목을 복습하는 효과도 있다.

아주대는 학생 스스로가 "학생 중심의 대학이라는 게 많이 느껴져요."라고 표현할 정도로 학생 중심의 다양한 행정지원이 이루어지고 있다. 이와 같이 학생들을 위한 프로그램과 행정이 이루어지는 데는 그만한 이유가 있다. 한 학생은 재학생들로 구성된 '학사모니터링단'에 들어가 학생과 학사 담당 부서와의 소통을 지원했다고 한다. 행정부서에서 세밀한 부분까지 체크를 하지 못하는 것을 대비해서 학생들이 어떤 점이 불편한지를 신고하면 수정하도록 하는 역할이다. 이와 같이 학생들과 소통하려는 노력은 총장이 학생과의 소통을 위해서 점심모임인 'Brown Bag Meeting(브라운백 미팅)'과 'Book Club(북클럽)'을 운영하는 데서도 볼 수 있다.

이제 아주대는 아주대 학생을 위해 어떠한 교육이 바람직할 것인지 또 다시 고민하고 있다. 아주대 학생의 특징은 착실하고 공부는 어느 정도 하는 반면, '야성'과 적극성이 떨어진다는 평가를 받는다. 이러한 아주대 학생을 위해 학교는 학생주도적 융복합교육(예: 강의페어링)과 학부생연구(UR)를 확산시키고 그 성과를 체감하기 시작하였다. 신임 총장도 '도전학기'를 통해 이러한 노력을 이어 가려고 하고 있다. 이러한 아주대는 인재상으로 '다산(茶山)형 인재'를 설정하고, '실사구시'교육을 강조하며, 우리나라 대학교육의 '혁신'의 아이콘이 되고 있다.

제1절 서론

아주대학교(이하 아주대)는 수도권에 위치한 사립대학이면서 소규모 대학으로서 공대에 강점이 있다는 이미지를 가지고 있으며, 이에 대한 적응과 변화를 위해 노력하는 대학이라고 할 수 있다. 아주대는 주어진 여건과 환경 속에서도 대학의 발전과 생존을 위해서 혁신적으로 '융합'교육을 선도하는 대학의 모델을 제시하고 있다. 이 사례연구에서는 이러한 아주대의 학부교육 성공요인 및 맥락에 대해 분석하였으며, 이는 한국적 상황에서 새로운 대학교육의 발전 전략을 모색하고 있는 많은 대학들에게 시사점을 던질 수 있을 것이다.

아주대는 인간존중(人間尊重), 실사구시(實事求是), 세계일가(世界一家)의 교육이념 하에 1973년에 개교하였다. 출발은 '아주공업초급대학'으로, 1970년대 후반 '외국어에 능한 엔지니어와 매니저를 양성하는 아시아의 MIT'라는 대학 발전의 비전을 세웠고,

공학계열의 학과에 경영학과, 불어학과, 영어학과 등 인문·사회계열의 학과를 신설하였다. 현재 아주대는 총 10개 단과대학 및 다산학부대학과 국제학부, 36개 학과 등에 9,954명의 학부생이 재학하고 있다(아주대학교 홈페이지). 아주대가 대학이념인 '인간존중, 실사구시, 세계일가'뿐만 아니라, 아주대 대학 구성원들은 아주대의 또 다른 정신으로 '혁신'을 거론한다. 아주대 대학 구성원들은 다른 대학이 하지 않은 새로운 프로그램을 만들어 시도하고, 또 새로운 변화를 주도하면서 혁신이 아주대의 또 하나의 정신으로 자리 잡고 있는 것으로 보인다.

아주대는 특히 1997년 국내 최초로 시도된 교수업적평가제도를 비롯하여, 강의평가제도, 원스톱 행정시스템, 캠퍼스 정보화 등을 선도적으로 시행하여, 당시 국내 수많은 대학들의 벤치마킹 대상이 되었다. 또한 국내 최초로 학부제를 실시하고, 외국 대학과의 복수학위제를 도입한 바 있다. 아주대는 이처럼 일찍이 1990년대 한국 고등교육의 선두주자로서 주목 받았다. 아주대의 학부교육은 2010년 ACE 대학으로 선정된 후 다시 주목받기 시작하였고, 이제 학부교육이 우수한 대학으로 평가받고 있다. 현재 아주대는 2015년 신임 총장 부임 이후 'Ajou Great Turning'이라는 모토 아래 '아주 제2의 창학'을 위한 또 한 번의 도약을 준비하고 있다.

이번 K-DEEP 2차년도 연구에서 아주대를 사례대학으로 선정한 이유는 이처럼 아주대가 지난 40여 년의 역사를 거치며 혁신적 기관으로 자리매김했을 뿐 아니라, 학부교육이 우수한 대학이라고 평가받고 있기 때문이다. 또한 아주대 사례연구는 K-DEEP 1차년도 연구에 포함되지 않은 수도권에 위치한 대학을 연구대상으로 한다는 점에서도 의미가 있다. 아주대는 지난 수년간 한국교양기초교육원·학부교육 선진화 선도대학 협의회(2013)가 실시한 '학부교육 실태조사(K-NSSE)'에서 학습참여 관련 여러 요인들이 다른 ACE 참여대학을 비롯한 타 대학들보다도 우수한 것으로 나타났다.

그러나 이러한 양적 지표에 근거한 평가만으로는 아주대 학부교육의 특징이나 이와 관련된 맥락을 이해하기 어렵다. 아주대 학부교육의 우수성은 어떠한 특징을 갖고 있으며, 이러한 우수성에 기여한 요인은 무엇이 있는지를 밝히는 것이야말로 학부교육의 질 향상을 위해 노력하고 있는 국내 대학기관들에 중요한 시사점을 제공해 줄 수 있을 것이다. 이에 따라 아주대 사례연구에서는 아주대가 어떠한 점에서 학부교육을 잘한다고 평가받는 것인지, 즉 어떠한 점에서 학부교육이 우수한지, 그리고 그 메커니즘은 무엇인지를 파악하고자 하였다. 아주대 학부교육의 우수성을 밝히기 위해 실제 학부교육 현장에서 융복합교육과정과 각종 교육 프로그램들이 구체적으로 어떻게 이루어지고 있으며, 그 과정에서 구성원들은 어떤 상호작용을 하며, 이는 구성원들에게는 어떤 의미가 있는지 등을 심층적으로 살펴보고자 하였다. 다시 말해, 이 연구는 아주대 학부교육에 대한 양적 평가 결과의 심층적 맥락을 밝힘으로써 아주대의 학부교육을 깊이 있게 이해하고자 하였다. 즉, 이 연구는 아주대의 학부교육으로부터 한국 고등교육의 학부교육 발전 모델로서의 시사점을 얻기 위해서는 양적 분석과 아울러 질적 분석도 필요하다는 측면에서 이루어졌다.

아주대 사례연구의 질적 연구를 수행하기 위해 문헌자료 분석과 면담 등을 통해 다양한 자료를 수집하였다. 연구자들은 사례대학 구성원들과의 인터뷰를 위해 총 4차례에 걸쳐 아주대를 방문하였으며, 면담자 수는 교수 18명(총장 및 보직교수 포함), 학생 7명, 직원 4명 등 총 29명이다(〈표 2-1〉 참조).

〈표 2-1〉 사례연구를 위해 수행한 면담 내용

구분		사전 면담*	1차 방문	2차 방문	3차 방문
일시		2015. 7. 28.(1일)	2015. 9. 17.(1일)	2015. 9. 24.(1일)	2015. 11. 19.(1일)
장소		아주대학교	아주대학교	아주대학교	아주대학교
면담	교수	1명(교무처장)	총 7명 (개별면담)	총장 포함 총 6명 (개별면담)	총 5명 (개별 및 그룹면담)
	학생	–	총 3명 (개별면담)	총 3명 (개별면담)	총 2명 (개별면담)
	교직원	2명(대학교육혁신원 팀원, 융합교육센터 연구원)	–	–	총 4명 (개별면담)
참여관찰		–	강의페어링 발표대회	–	–

*사전 면담한 인원은 이후 대부분 본 방문 때 정식 면담을 실시하여 총 면담자 수에서 제외함.

문헌자료의 경우 아주대 발전계획서, 자체평가보고서, 아주대 신문 등 공개적으로 얻을 수 있는 문건뿐만 아니라, ACE 사업계획서, 특성화 사업계획서, 학부교육 실태 진단보고서 등 아주대 관련 다양한 자료를 아주대 담당자의 협조를 받아서 함께 분석 하였다. 구체적으로 수집된 문서자료는 다음과 같다(〈표 2-2〉 참조).

〈표 2-2〉 수집된 문서자료

연번	자료 내용
아주대 내부자료	• ACE 사업계획서: 1차년도, 2차년도, 3차년도, 4차년도 • ACE 보고서: 2012 연차, 2013 중간, 2014 연차 • 2013년 대학교육 역량강화 지원사업 사업계획서 • 아주비전 2023: 아주대학교 발전계획 및 특성화 계획 • 2015 아주대학교 요람 • 대학교육 역량강화사업 학생 참여수기 우수사례집: 2011학년도, 2012학년도 • 대학교육 역량강화사업 뉴스레터: 2012년 10월~2015년 2월 • Brown bag meeting 홍보 자료 및 학내 안내 공고 • After you 홍보 자료 및 학내 안내 공고 • DSAL 학내 발표 및 공유 자료 • UR 프로그램 홍보 자료 • 강의폐어링 학생 사례 자료 • AFL 운영 방침
신문 및 잡지	• 한국경제(2015. 3. 20.). "부딪히고 깨지더라도 다양한 경험하라" 김동연 총장, 학생들과 '점심 모임' 시작. • 파이낸셜뉴스(2015. 7. 14.) '애프터 유 프로젝트'로 혁신 이끄는 김동연 아주대학교 총장.
기타 자료	• 경제·인문사회연구회(2014). 인문정책 연구과제 중간보고서-대학구조조정과 연계한 창의적 인문학 교육모형 개발과 융복합 생태계 형성.

자료 분석은 사전 방문 및 세 차례의 면담 방문을 통해 수집한 자료를 모두 모아 반복적으로 읽어 나가면서 아주대 학부교육의 특성 및 우수성과 관련된 주제들을 6개 영역별로 분류 및 코딩작업을 실시하였다. 아울러 아주대에서 우수한 학부교육을 가능하게 했던 성공요인들은 사전 문헌 분석과 면담 과정에서 주요 주제로 분석된 지속

적인 '혁신'을 가능하게 한 요인과 '융복합교육' 등에 초점을 맞추어 분석이 이루어졌다. 자료 수집, 분석, 해석과 초안 작성의 작업은 필요에 따라 반복적으로 이루어졌다. 보고서 초안을 완성한 후에는 내부자 검토를 위하여 아주대 담당자의 검토 뒤 검토 의견을 수렴·반영하여 최종보고서를 완성하였다.

제2절 아주대학교의 기본적 특성

1. 역사적 맥락

1) 역사 및 배경

아주대는 한국과 프랑스 정부 간 기술초급대학 설립에 관한 협정에 의하여 설립되었다. 한국 정부와 프랑스 정부는 1969년 4월 16일 한불기술계대학 설립에 대한 기본방침에 대한 합의를 이룬 후, 1971년 12월 23일에 기술초급대학 설립에 관한 협정을 이루어 냈다(아주대학교, 2015b). 이어서 1972년 7월 28일에 당시 한불기술계대학 설립 기본방침에 대한 합의를 이루어 냈던 박충훈 부총리를 이사장으로 하여 아주대의 학교법인으로 유신학원이 설립되었다(아주대학교, 2015b). 이듬해인 1973년 3월 15일 전자, 정밀기계, 발효화학, 공업경영 4개 학과로 이루어진 아주공업 초급대학이 설립되었으며, 1974년 3월 1일 공업경영, 기계, 전자, 화학공학과의 4개 학과 12개 전공으로 이루어진 아주공과대학으로 승격되었다(아주대학교, 2015b). 1977년 제1회 졸업생을 배출하던 해 대우실업 김우중 사장이 사재 53억 원을 출연하여 학교법인 대우학원을 설립하고 아주공과대학을 인수하였으며, 유신학원의 초대 이사장이었던 박충훈 이사장이 대우학원의 초대 이사장으로 취임하였다(아주대, 2015b).

아주대는 설립 당시부터 기술초급대학, 공과대학으로 시작한 만큼 인문대보다는 이공계열이 강세를 보이고 있었으며, 이를 반영하듯 BK21사업, BK21 플러스 사업 등에서 이공계 학과가 좋은 성과를 낸 바 있다(아주대학교, 2015b). 아주대는 2006년 학교법인과 관련된 대우의 파산 신청(경제비즈, 2006. 5. 28.), 2015년 대우의 파산위기설(프레시안, 2015. 7. 16.) 등 악재 속에서도 학부교육 부분에서 지속적인 성과를 보여 왔다. 아주대는 2008년부터 2013년까지 대학교육역량강화사업에 선정되었으며, 2011년에는 학부교육 선진화 선도대학 육성사업(ACE 사업)으로 선정되었다. 2014년에는 산학협력선도대학(LINC)으로 선정되었으며, 같은 해 대학특성화사업(CK 사업)에 총 6개 사업단이 선정되는 등 다양한 정부 정책 사업에서 탁월한 성과를 보이고 있다.

2) 주요 학과 및 학생모집 정원의 변화

아주대는 1973년 아주공업 초급대학 당시 모집정원 280명에서 1975년 아주공과대학으로 승격되면서 모집정원이 480명으로 늘었으며, 1981년에는 졸업정원 1,040명의 종합대학으로 승격되었다(아주대학교, 2015b). 아주대가 종합대학으로 승격되면서 기존에 있던 기계, 전자, 화공계열 및 산공, 전산계열 외에 공과대학, 경영대학, 인문사회대학, 환경공학과, 전자계산학과, 경제학과가 신설되었으며, 대학원도 설립되었다(아주대학교, 2015b). 이후 1983년부터 1993년까지 10년간 국어국문학과, 재료공학과, 생물공학과, 수학과, 물리학과, 화학과가 신설되었으며, 사회과학대학, 공과대학, 문과대학이 증설되었고, 1988년에는 의과대학 의예과가 신설되었다(아주대학교, 2015b). 대학원 역시 1984년 이후 일반대학원, 특수대학원, 전문대학원의 석·박사 과정이 증설되었다(아주대학교, 2015b). 2015년을 기준으로 아주대는 10개 단과대학 및 다산학부대학(구 기초교육대학)과 국제학부로 이루어져 있으며, 일반대학원과 2개의 전문대학원, 11개 특수대학원이 운영되고 있다(아주대학교 홈페이지). 아주대는 종합대학으로 승격된 1981년 이후 입학정원이 거의 두 배 가까이 증가하였다(〈표 2-3〉 참조).

〈표 2-3〉 연도별 아주대학교 입학 정원   (단위: 명, %)

연도	입학 정원	모집인원			지원자			입학자					정원 내 신입생 충원율 (%)	경쟁률 (%)
		계	정원 내	정원 외	계	정원 내	정원 외	계	정원 내		정원 외			
									남	여	남	여		
2013	1,938	2,125	1,943	182	25,398	24,415	983	2,129	1,349	598	122	60	100.2	12.6
2014	1,938	2,125	1,938	187	25,425	24,505	920	2,108	1,294	636	136	42	99.6	12.6
2015	1,928	2,121	1,923	198	31,819	30,672	1,147	2,103	1,247	661	145	50	99.2	16.0

출처: 대학알리미 홈페이지(아주대학교 2015년 공시자료).

2. 교육 철학 및 목표

1) 대학이념

아주대는 '지성과 덕성을 겸비한 국제적 수준의 고급 인재 양성'이라는 설립 취지 하에 1973년 '인간존중(人間尊重), 실사구시(實事求是), 세계일가(世界一家)'를 대학이 념으로 설정하여 추구해 왔다. 특히 1983년부터 '실사구시 교육'을 목표로 지속적으로 발전계획을 수립·추진하였다(아주대학교, 2015a, p. 1). 아주대에서 강조하고 있는 '실사구시'는 '실제의 사실에 근거하여 진리를 추구한다.'는 의미로서 대학이 진리 탐구와 학문 연마 그 자체에만 그치는 것이 아니고 사회적으로 유용한 학문, 사회에 기여하는 학문을 해야 한다는 정신을 의미한다(아주대학교, 2015b). 아주대는 '실사구 시' 이념과 '융복합학문'을 중시하는 아주대의 교육 전통에 의거하여 실용학문 기반의 EMBI(Engineering, Medical, Business, International)를 주축으로 하는 특성화 계획을 지속적으로 추진하여 왔으며, 이를 융합학문 기반의 교육특성화로 확대하고 있다(아주대학교, 2015c).

2) 교육목표 및 인재상

아주대는 교육목표로서 건학이념인 '인간존중, 실사구시, 세계일가'를 충실하게 반 영하여 '전문인, 창조인, 협동인, 세계인, 문화인'을 양성한다는 5가지 교육목표를 설 정하였다(아주대학교, 2015c). 아주대는 '융합학문을 선도하는 세계 수준의 대학'이라

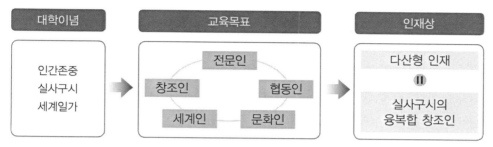

[그림 2-1] 아주대학교의 대학이념, 교육목표, 인재상 체계도

출처: 아주대학교(2014a).

는 비전에 따라 교육목표 구현을 위한 대학의 인재상을 '다산(茶山)형 인재'로 설정하였으며, 다산형 인재의 핵심역량으로 '융복합 사고역량, 실천적 창의역량, 의사소통역량, 글로벌 역량'을 선정하였다([그림 2-1] 참조; 아주대학교, 2015c). 여기서 '다산형 인재'란 한 가지 특정 지식에 국한된 전문가가 아니라 종합적 사고에 바탕을 둔 '실용적·창조적 21세기 인재'를 의미한다(〈표 2-4〉 참조).

〈표 2-4〉 다산형 인재의 핵심역량 강화를 위한 주요 노력

교육목표	인재상	핵심역량	주요 노력
전문인 창조인 협동인 세계인 문화인	다산(茶山)형 인재 ∥ 실사구시의 융복합 창조인	융복합 사고역량	• 융복합 교양/전공 교육과정의 구축 • 타 전공분야 이해능력 증진을 위한 비교과 프로그램 강화
		실천적 창의역량	• 창의적 사고를 위한 수준별 기초과학교육 강화 • 산학협력 교육과정체제 확립 • 문제해결 체험을 통한 창의성 증진
		의사소통 역량	• 다양한 수준별 의사소통교육 실시 • 학생참가형(액션러닝) 수업 확대 • 자기표현 능력 강화
		글로벌 역량	• 글로벌 교양 트랙 구축 • 전공별 글로벌 커리큘럼의 확대 운영 • 다양한 비교과 해외 체험 프로그램의 개발

출처: 아주대학교(2015c).

아주대는 2008년 '융합학문을 선도하는 세계 수준의 대학'으로 발전하기 위해 '아주비전 2023'을 선포하고, 이를 구현하기 위한 4대 전략 18대 핵심과제를 도출하였다([그림 2-2] 참조). 2012년에는 10대 중점 추진사업 및 39개 세부 추진사업을 선정하여 추진하고 있다. 이를 통해 아주대는 '아시아가 세계의 중심이 되는 21세기에 아시아를 리드하는 최고의 대학'이 되고자 노력하고 있으며(아주대학교 홈페이지), 미래 사회에 적합한 의사소통능력과 글로벌 역량을 겸비한 인재, 창의성과 전문성을 고루 갖춘 융복합 인재를 양성하기 위해 노력하고 있다(아주대학교, 2015c).

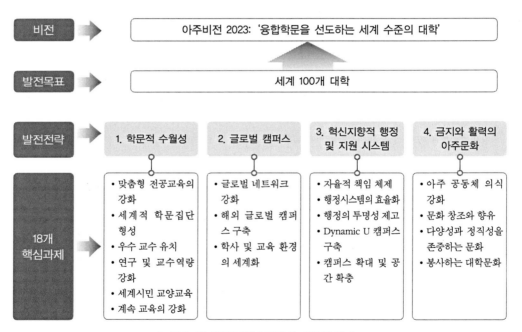

[그림 2-2] '아주비전 2023'의 내용 및 체계도

출처: 아주대학교(2015a).

3. 구성원

1) 교 원

2015년 8월을 기준으로 아주대의 전임교원은 672명이고, 비전임교원은 736명이며, 모두 합쳐 1,408명이다(〈표 2-5〉, 〈표 2-6〉 참조). 학부를 기준으로 2015년 아주대의 전임 및 비전임 교원 인원은 모두 증가하였는데, 전임교원의 경우 2014년 658명에서 2015년 672명으로 증가하고, 비전임교원 역시 2014년 709명에서 2015년 736명으로 증가하였다(대학알리미 홈페이지).

〈**표 2-5**〉 2015년 아주대학교 전임교원 현황(2015. 8. 13. 기준) (단위: 명)

구분	교수		부교수		조교수		합계	
	남	여	남	여	남	여	남	여
학부	288	50	132	34	85	34	505	118
대학원	23	3	11	9	2	1	36	13

출처: 대학알리미 홈페이지.

〈**표 2-6**〉 2015년 아주대학교 비전임교원 현황(2015. 8. 13. 기준) (단위: 명)

구분	겸임교원		초빙교원		시간강사		기타 비전임		합계	
	남	여	남	여	남	여	남	여	남	여
학부	17	2	31	20	131	97	144	55	323	174
대학원	38	11	20	8	62	45	50	5	170	69

출처: 대학알리미 홈페이지.

전임교원 1인당 연구실적의 경우 2015년 기준으로 연구재단 등재지(후보 포함)에 올라가 있는 논문 실적은 0.38편, SCI급 학술지 0.57편이었다(대학알리미 홈페이지).

2) 학 생

2015년 8월을 기준으로 아주대의 재학생은 휴학생을 포함하여 14,141명이며, 재학생 충원율은 125.5%이고, 중도탈락률은 2.6% 정도다(〈표 2-7〉 참조; 대학알리미 홈페이지).

〈표 2-7〉 2015년 아주대학교 재적 학생 현황(2015. 8. 13. 기준)   (단위: 명)

연도	재학생(A)						휴학생(B)					
	남		여		계		남		여		계	
	정원 내	정원 외	정원 내	정원 외	정원 내	정원 외	정원 내	정원 외	정원 내	정원 외	정원 내	정원 외
2013	6,239	642	2,809	481	9,048	1,123	3,542	349	630	70	4,172	419
2014	6,094	627	2,824	443	8,918	1,070	3,421	340	563	74	3,984	414
2015	5,991	675	2,831	457	8,822	1,132	3,230	351	528	78	3,758	429

출처: 대학알리미 홈페이지.

아주대 학생 규모는 〈표 2-8〉에서 볼 수 있듯이 공과대학과 정보통신대학의 정원을 합친 공학계열의 학생 규모가 전체의 반을 넘어 자연계열이나 인문사회계열보다 훨씬 높은 것을 알 수 있다.

〈표 2-8〉 2015년 아주대학교 계열별 정원   (단위: 명)

계열	공과대학	정보통신대학	자연과학대학	경영대학	인문대학	사회과학대학	의과대학	간호대학	약학대학
학생수(명)	567	453	161	197	176	212	40	70	30
백분율(%)	29.7	23.8	8.4	10.3	9.2	11.1	2.1	3.7	1.6

출처: 아주대학교(2015b).

아주대에 입학한 학생들의 약 80%는 일반고 출신의 학생들이었으며, 그다음으로 자율고 출신의 학생들의 비율이 높은 편이었다. 그러나 과학고, 외고 등 특목고와 국제고 출신의 학생들의 비율은 3%가 넘지 않았고, 특성화고 출신의 학생들은 전체 입학생의 2% 미만이었다(대학알리미 홈페이지).

4. 물리적 환경

1) 수도권 위치

아주대는 경기도 수원시에 위치해 있다. 수원은 팔달구를 중심으로 장안구, 권선구, 영통구 네 개의 행정구역으로 이루어져 있는데, 아주대가 위치한 영통구는 수원에서도 동쪽에 위치하고 있다. 아주대의 주변에는 경기도청, 수원시청과 같은 수원 지역 주요 행정시설이 밀집해 있으며, 멀지 않은 곳에 동수원 IC, 광교상현 IC 등이 위치해 있고, 이 중 동수원 IC에서 아주대까지는 9분 정도밖에 걸리지 않는다(아주대학교 홈페이지). 2015년 12월 31일 기준 아주대가 위치한 수원시 총인구는 120만 명이 넘는다(수원시청 홈페이지). 수원시 인구가 광역시 수준으로 증가하였을 뿐만 아니라, 특히 수원은 의정부와 함께 경기도청 소재지이며 지방으로 이어진 고속도로와 인접해 있기 때문에 앞으로도 발전 가능성이 큰 도시로 여겨진다. 이런 상황인 만큼 아주대가 가지는 지리상의 이점도 앞으로 점점 더 커질 수 있다.

2) 작은 캠퍼스

아주대의 보유면적은 2015년 8월 기준 466,700m²이며, 이 중 기본시설 136,433m², 부속시설 139,910m², 기타시설 11,070m²를 보유하고 있다(대학알리미 홈페이지). 아주대의 규모는 재학생을 기준으로 한 교사시설 확보율을 비교해 보면 서울 주요 대학에 비해 그리 크지 않은 편이다(〈표 2-9〉 참조). 하지만 이러한 작은 캠퍼스의 환경은 아주대가 혁신적인 변화를 추진할 때 소통과 협력이 용이해서 효과적으로 작용하는 면도 있다.

〈표 2-9〉 아주대학교 및 수도권 주요 대학 재학생 기준 교사시설 및 교지 확보율

학교명	재학생(명)	교사시설 확보율(m²)	교지 확보율(m²)	기숙사 수용률 (%)
아주대학교	9,954	108.6	116.7	23.8
고려대학교	20,254	166.4	109.7	10.5

서강대학교	8,001	145.4	66.6	12.2
성균관대학교	19,357	140.6	83.0	22.5
한국외국어대학교	16,629	121.4	492.3	17.7

출처: 대학알리미 홈페이지.

5. 대학의 구조/행정부서와 대학 지배구조

1) 행정부서

아주대의 대학본부는 '교무처, 연구처, 학생처, 총무처, 기획처, 입학처, 국제협력처'로 구성되어 있으며, 그 밑에 총 14개 팀이 있다(〈표 2-10〉 참조).

〈표 2-10〉 아주대학교 대학본부 구성

교무처	연구처	학생처	총무처	기획처	입학처	국제협력처
• 교무팀 • 교원팀	• 연구팀	• 학생 지원팀	• 총무팀 • 구매관재팀 • 재무회계팀 • 시설팀	• 기획팀 • 예산팀 • 대학발전팀	• 입학팀	• 국제교류팀

출처: 아주대학교 홈페이지(2016. 2. 기준).

〈표 2-11〉을 살펴보면 부속기관으로는 평생교육원, 대학교육혁신원, 어학교육원, 중앙도서관, 중앙전산원, 박물관, 생활관, 아주심리상담센터, 종합인력개발원, 보건진료소, 대학언론사, 법학전문도서관이 있으며, 산학협력단과 교육대학원부설교육연수원, 학생상담센터, 의사소통센터, 교육방송국, 다산융복합교육센터 등 21개 지원기관이 있다. 그리고 특별기구로는 성인학위과정영센터, 창조인재교육센터, 평생교육연구개발센터, 성인학습및HRD컨설팅센터, 기관생명윤리위원회 등 5개가 있으며, 공학연구소, 정보통신연구소, 다산기초교육연구소, 의과학연구소 등 48개의 연구기관이 있다. 대략적인 아주대학교 조직도는 [그림 2-3]과 같다.

〈표 2-11〉 아주대학교의 행정조직 및 기구   (단위: 개)

계	교육기관		행정기관		부속/부속교육/기타기관		연구소
	대학원	학부	처/단	부/팀	기관	특별기구	45
	13	12	7	11	45	5	

출처: 아주대학교 홈페이지(2016. 2. 기준).

[그림 2-3] 아주대학교 조직도

출처: 아주대학교(2016).

2) 대학 지배구조

아주대 최초의 학교법인인 유신학원은 1972년에 설립되었으나, 5년 후 1977년 대우실업 김우중 사장이 학교법인 대우학원을 설립하고 유신학원으로부터 아주공과대학을 인수·경영하였다. 유신학원 초대 이사장이었던 박충훈 이사장이 대우학원의 초대 이사장으로 취임하였다(아주대학교, 2015b). 그러나 2006년 아주대의 학교법인과 관련이 깊었던 대우가 파산한 바 있다.

아주대가 종합대학교로 승격된 1981년 이후 아주대는 30여 년이 지난 2015년까지 총 15명의 총장이 업무를 수행하였으며, 현재 총장은 제15대 김동연 총장으로 2015년 2월 이후 현재까지 총장으로서 임무를 수행하고 있다(아주대학교 홈페이지). 아주대의 총장 임기는 평균 2년 정도였으며, 1990년대를 제외하고 2006년을 전후로 대체적으로 매우 짧은 임기 동안 총장직을 수행하였다. 결국 아주대의 대학 지배구조는 총장을 중심으로 이루어졌다고 보기 어렵다. 그러나 학교법인의 경제력 악화와 짧은 총장 임기 등의 상황 속에서도 아주대는 BK사업, 교육역량강화사업, ACE 사업, LINC 사업 등 각종 정부 정책 사업에서 탁월한 성과를 보였다. 그만큼 아주대 구성원들 간의 내부적인 결집력이 있었다는 증거이기도 하다.

6. 교육과정

1) 교양과목 커리큘럼

아주대는 교양교육을 통해 '융복합 사고역량, 실천적 창의역량, 의사소통역량, 글로벌 역량'을 고루 갖춘 다산형 인재를 양성하기 위해 '다산교양교육' 체제를 구축해 놓고 있다([그림 2-4] 참조). '의사소통 역량 강화, 융복합 교양교육 체제 확립, 수준별 기초과학체제 구축, 글로벌 교양트랙 운영'에 맞춰 모듈화·체계화하고 있다(아주대학교, 2015c). 아주대는 1995년 9월 교양학부를 신설하였고, 2008년 10월에는 교양학부의 위상 강화를 위해 학부대학으로서의 기능을 부여하여 기초교육대학을 신설하였으며, 2011년 9월에는 다산기초교육연구소를 설립하였다(아주대학교, 2015c). 2015년에는 교양교육과 기초교육을 강화할 다산학부대학을 신설하였다. 다산학부대학은 '신입생을 받아들여 돌보고 지원하며 교육하여 우수한 인재로 배출한다.'는 사명을 가지고 학생들의 교육에 힘쓰고 있다(아주대학교 다산학부대학 홈페이지).

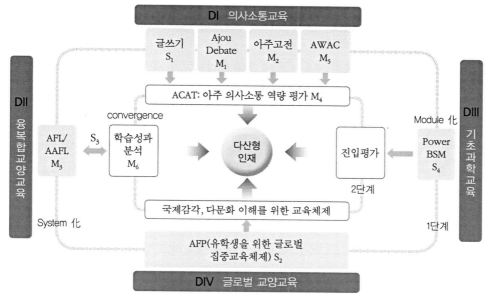

[그림 2-4] 다산교양교육 체계화 · 모듈화 모형

출처: 아주대학교(2015d).

2) 전공과목 커리큘럼

전공교육과 관련하여 아주대는 '실사구시를 실천하는 다산형 인재' 양성 실현을 위한 4대 핵심역량 중심의 전공교육 선진화를 추진하고 있다(아주대학교, 2015c). 특히 졸업생들의 기업 현장 적응능력 제고를 위해 산학협력 맞춤형 교육의 필요성이 증대되면서 산학연계프로그램 확충과 효과적인 운영이 필요하다고 판단하였다. 이에 따라 산업수요지향적인 융복합 전공교육과정과 글로벌 전공교육과정의 실현을 위해 학습자 중심의 창의적 문제해결 기반 교수법을 도입함으로써 전공교육과정의 선진화를 수립하고자 하고 있다(아주대학교, 2015c). 현재 아주대에서 운영 중인 전공교육과정에 대한 구체적인 세부 추진 내용은 다음과 같다.

첫째, 아주대는 융복합교육과정을 구축하고 있다. 아주대는 전문지식 융복합 및 역량 기반의 다산형 '융복합 전공, 트랙'을 개발하기 위해 융복합교육과정 교육 및 학생 지원 전담 학사조직 신설과 융복합교육센터를 운영하고 있다. 이에 전공별 역량기반

교육과정의 로드맵을 개발하고 있으며, 융복합교육과정의 질관리 체제를 확보·확산하려는 노력을 본격화하고 있다.

둘째, 아주대는 산학협력 교육과정 체제를 확립하고자 하고 있다. 아주대는 'I-GVE (Innovative-Global Value Engineering) 과정'에 비공과대학 학생 및 대내외적인 확산을 위해 IE(Industrial Engineering Practice)와 QE(Quality Engineering Practice) 특강을 체계화하는 한편, 산학협력 인력 네트워크화를 통한 산업체경력교원을 활성화하고 있으며, 우수 기업체 소속 우수 강사진을 멘토로 활용하여 학생들의 진로설정을 촉진하고자 노력하고 있다. 또한 인문학 중심의 실무능력을 갖춘 전문가 육성 프로그램(Enterprise Information Portal: EIP)을 독창적인 '인문 중심 산학협력모델'로 표준화하여, 산학협력형 인문교육 혁신모델 구축 및 운영을 활성화하고 있다. 한편, 언어문화 콘텐츠 산업전반 교육 및 개발 실습을 통한 학생들의 전공연계 실무교육 강화 및 사회진출 경로를 다각화하고자 노력하고 있다(아주대학교, 2015c).

셋째, 아주대는 전공 수업 방식을 혁신하고자 노력하고 있다. 아주대는 학과 차원의 'IUR(Intense UR)+학술교류' 추진 활성화를 통해 학부생 연구(Undergraduate Research: UR)가 교내에 확산될 수 있도록 하고 있으며, 전공수업의 혁신모델로 C-IUR(Class based Intense UR, 과목 기반 UR), T-IUR(Team based Intense UR, 팀 기반 UR)의 모형과 운영성과를 확산하고자 노력하고 있다(아주대학교, 2015c). 또한 새롭게 개발된 전공교수모형인 DSAL(Data Science Adaptive Learning)의 정교화, 해당 교육성과 분석을 통한 모형 완성 및 브랜드화 수업모델로 대외 확산을 추진하고자 하고 있다(아주대학교, 2015c).

이 중 아주대의 학부생 연구(UR)는 '다산형 인재'를 양성하기 위한 구체적인 핵심 프로그램의 하나다. 학부생들은 교수, 대학원생과 함께 연구를 수행하고, 연구 결과를 정리하여 UR-day를 통해 발표하고, 논문으로 완성시켜 가는 과정마다 밀착형 지도를 받게 된다(〈표 2-12〉와 〈표 2-13〉 참조). 학부생 연구(UR) 교육과정의 목표는 학부생들의 학습모드를 수동형 수강 중심 수업에서 학생 주도의 능동형 탐구학습으로 학습모드를 바꾸어 나감으로써 창의적 문제해결능력과 의사소통능력, 글로벌 역량, 융합

〈표 2-12〉 아주대학교 학부생 연구(UR) 지원 유형에 따른 지원 대상 및 지원 내용

구분	연구지원	
	연구지원 유형 1 (UR 기반 전공수업 연구지원)	연구지원 유형 2(기존 유형) (Intense Study Group 연구지원)
지원 대상	• 전임교원 　-반드시 [교류지원 유형1]과 병행 　-수업활동의 결과로서 국내외 기관과 실질적 연구활동	• 팀 단위 학부생
심사기준	• UR 기반 수업진행 적정성(예: 연구팀 구성 및 운영, 팀별 주제의 적정성, 논문 지도 방식 수업 진행) • 교류지원 유형1 지원서 심사(예: 교류기관의 우수성, 교류 내용의 구체성 및 향후 지속 가능성)	• 학부생 수준 연구과제의 적정성(1개 학기 연구 과제 가능) • 팀 구성의 적정성 　-교수당 지도팀 수는 2팀 이하 　-팀 구성: 교수 1인+학부생 2인 이상 　-팀당 15~50만 원 심사를 통해 지원 규모 결정
지원 내용	• 수업방법혁신비 지원	• 신청예산을 참조하여 지원금 조정 • 팀 구성 기준 이하 시 사유서 첨부(UR위원회에서 지원금 조정)
결과 제출	• 담당교수 보고서 • 팀 단위 학생보고서: 논문 형식 • 국내외학술활동보고서(학과단위 보고서임)	• 결과보고서
기타 필수사항		• UR-day 학과별 예선 비용 일부 지원 예정 • UR교육 참여 의무(연 2회 예정) • 아주온라인저널 게재(논문형식만 가능, 희망자만)

출처: 아주대학교 홈페이지.

적 사고역량 등을 갖춘 '다산형 인재'로 키우는 것이다(아주대학교 홈페이지).

　마지막으로 아주대는 글로벌 커리큘럼을 확대 운영하고 있다. 아주대는 학생 만족도가 매우 높은 학부생 연구(UR)와 연계된 글로벌 커리큘럼을 지속적으로 개발 및 확산하고자 노력하고 있으며, 해외 우수 기관과의 산학협력 수행을 확대하여 글로벌 문

〈표 2-13〉 아주대학교 학부생 연구교류 지원 유형에 따른 지원 대상 및 지원 내용

구분	연구교류 지원		
	교류지원 유형 1(학과단위 연구교류지원)	교류지원 유형 2(UR-day 수상팀 연구교류지원)	교류지원 유형 3(국내외 학회 발표지원)
지원 대상	• [연구지원 유형 1, 유형 2] 참여 학부생 • 인솔교수	• UR-day 수상팀 학부생	• 2013 UR 참여 학생 • 2012 UR 참여 학생 (단, 2013년 신분이 학부생)

심사 기준	• 학회발표 이상의 실질적 교류 우선
	  −1순위: 연구지원 유형 1 연계 신청(2011 화학과 모델)
	  −2순위: UR참여 학생 대상 학과 차원 연구 교류 (2012 인문대. 전자공학과 모델)
		• 수상팀 학생의 학회발표, 학회참관의 경우에만 선정
		• 학회에 준하는 조직화된 프로그램은 심사하여 지원 결정
		• 해외여행 안전등급 A지역에 한하여 선정
			• UR사업과의 연관성

지원 내용	• 수상팀 학생의 학회발표, 학회참관의 경우에만 선정 • 1인당 전체 소요비용의 60~70% 지원 • 인솔교수(여비)	• 해외학회파견 학부생 항공비(200만 원 한도)+학회등록비 • 국내학회파견 학부생 교통비(실비)+학회등록비+숙박비 • 지도교수(인솔에 한함)	• 해외학회파견 학부생 항공비(200만 원 한도)+학회등록비 • 국내학회파견 학부생 교통비(실비)+학회등록비+숙박비 • 지도교수(인솔에 한함)
신청 서류	• 연구교류계획서	• 연구교류계획서	• 연구교류계획서
결과 제출	• 결과보고서	• 결과보고서	• 결과보고서

출처: 아주대학교 홈페이지.

화에 대한 이해를 증진시키고 있다(아주대학교, 2015c). 외국인 교원을 지속적으로 확충하는 한편, 영어강의 확대 등 글로벌 커리큘럼 인프라를 강화하고 있다(아주대학교, 2015c).

3) 융복합교육

아주대는 새롭게 요구되는 융복합교육을 인큐베이팅하며, 사회와 산업의 수요를 고려한 기술-기술 융복합, 기술-인문 융복합, 인문-인문 융복합교육을 실현하고 있다. 이를 위해 아주대는 일찍이 실용학문 기반의 EMBI(Engineering, Medical, Business, International) 분야의 특성화를 추진하여 왔으며, 2008년 이후 현재까지 융합학문 기반의 교육특성화로 확대하여 운영하고 있다(아주대학교, 2015c).

아주대는 '아주비전 2023'의 목표인 '융합학문을 선도하는 세계 수준의 대학'을 달성하기 위해 실용학문을 추구하는 것과 함께 학생참여를 기반으로 전공과 교양 과정에 다양한 융합학문 교육과정을 운영하고 있다(아주대학교, 2015c). 이를 위해 아주대는 기초교육 전담 교원을 2008년 16명에서 2012년 36명으로 늘렸으며, 신입생 전원에게 고강도 글쓰기 교육을 의무로 실시하는 한편, 전공에 진입하기 전 수준별 교육, 전공진입제도 등 기초학습역량을 강화하고 있다. 융복합과정을 개발하기도 하였으며, 산학연교육센터를 설립하고 GM트랙, 삼성정보통신트랙 등 산업수요 맞춤형 전공트랙을 운영하기도 하였다. 또한 1차년도 일부 전공만 참여했던 '학부생 연구(UR)'를

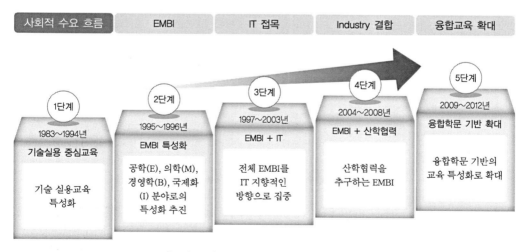

[그림 2-5] 대학의 교육 특성화 발전 흐름

출처: 아주대학교(2015c).

2015년까지 전체 학과에 확산하여 29개 학과의 학생 577명이 참여했고, 해당 교육과정을 지속적으로 확대하고 있다. 아주대는 지속적으로 융복합교육과정을 운영·개발하고 교육과정 운영의 질적 제고를 위한 평가를 시행하고 있다(아주대학교, 2015c).

아주대의 융복합 프로그램은 전공과 교양으로 나누어 진행되며, 아주대는 실사구시를 실천하는 융복합 창조인으로서 다산형 인재 양성을 목표로 교양-전공-비교과의 유기적 교육체제를 구축하고 있다(아주대학교, 2015c). 전공의 경우, 예를 들어 '자동차IT 트랙, 감성비주얼커뮤니케이션 전공트랙, 프랑스어권 아프리카 트랙, 에너지 소재 융/복합 전공트랙'을 운영하고 있다(〈표 2-14〉 참조).

융복합 교양교육의 경우 대표적인 프로그램은 AFL로서 학생들은 〈표 2-15〉의 4개 영역 중 소속계열의 영역을 제외한 3개 영역(건축학 5년제는 4개 영역)에서 1과목 이상

〈표 2-14〉 아주대학교 융복합트랙 예시

트랙명	참여 학부(전공)	이수 기준
자동차IT 트랙 (Vehicle Convergence Technology)	• 공과대학 기계공학과 • 정보통신대학 전자공학과	• 총 이수학점: 24학점 이상 • 선택: 8과목 및 24학점
감성비주얼커뮤니케이션 전공트랙 (Human & Visual Communication Track)	• 국어국문학과 • 영어영문학과 • 불어불문학과 • 사학과 • 문화콘텐츠학과 • 미디어학과	• 총 이수학점: 총 42학점(원소속 전공 21학점+상대 학과 21학점) • 이수 요건: 트랙 이수를 위한 학점 취득과 함께 프로젝트 결과물 제출 의무화
프랑스어권 아프리카 트랙 (Francophone African Studies)	• 불어불문학과 • 정치외교학과 • 경제학과 • 국제통상전공	• 총 이수학점: 135학점('제1전공+제2전공' 또는 '부전공+21학점'으로 이수 가능)
에너지 소재 융/복합 전공트랙 (Interdisciplinary Program for Energy Materials)	• 물리학과 • 화학과	• 총 이수학점: 20학점(트랙 기초 교과목 9학점 이상, 트랙 심화 교과목 6학점 이상, 학부연구 프로그램 참여 필수)

출처: 아주대학교 홈페이지(2016. 2. 기준).

총 4과목 12학점(공대, 정보통신대, 의대는 3과목 9학점)을 이수해야 한다(아주대학교 다산학부대학 홈페이지). 단, 공학인증 대상 학생은 '공학교육인증을 위한 필수 교양과목 이수 원칙'을 따라야 하며, 공학인증 학과 중 비인증 대상 학생은 4개 영역 중 소속계열의 영역을 제외한 3개 영역에서 1과목 이상 총 3과목 9학점을 이수해야 하고, 3과목 중 최소한 1개 이상의 AFL 과목을 이수해야 한다(아주대학교 다산학부대학 홈페이지). AFL 과목 현황은 〈표 2-15〉와 같다.

〈표 2-15〉 2015년 아주대학교 AFL 과목 현황

영 역	과목명		
	양학기(11과목)	1학기(5과목)	2학기(4과목)
역사와 철학 영역 〈각 과목 3학점/ 3시간〉 (5과목)	• 20세기란 무엇인가 • 논리란 무엇인가 • 철학이란 무엇인가	• 역사란 무엇인가 • 윤리란 무엇인가	
문학과 예술 영역 〈각 과목 3학점/ 3시간〉 (4과목)	• 예술이란 무엇인가	• 스토리텔링이란 무엇인가 • 언어란 무엇인가	• 문학이란 무엇인가
인간과 사회 영역 〈각 과목 3학점/ 3시간〉 (6과목)	• 경제학이란 무엇인가 • 법학이란 무엇인가	• 사회학이란 무엇인가	• 정치학이란 무엇인가 • 교육이란 무엇인가 • 심리학이란 무엇인가
자연과 과학 영역 〈각 과목 3학점/ 3시간〉 (5과목)	• 물리학이란 무엇인가 • 생물학이란 무엇인가 • 수학이란 무엇인가 • 화학이란 무엇인가 • 컴퓨터란 무엇인가		

출처: 아주대학교 홈페이지(2016. 2. 기준).

제3절 아주대학교 학부교육의 특징

아주대의 학부교육은 지난 3년(2011~2013년)간 K-NSSE 결과를 살펴보면, 조사에 참여한 전체 동료대학 및 ACE 참여대학보다 ① 학업도전, ② 지적활동, ③ 능동적·협동적 학습 등 3개 요인이 대단히 높은 것을 알 수 있다(〈표 2-16〉 참조; 한국교양기초교육원·학부교육 선진화 선도대학 협의회, 2013). 반면, 나머지 3개 요인인 ④ 교우관계, ⑤ 교수와 학생의 교류, ⑥ 지원적 대학 환경 등은 비교적 낮은 결과를 보였다. 그러나 2014년 K-NSSE 결과에서 아주대는 ④ 교우관계와 ⑥ 지원적 대학 환경도 타 대학보다 높은 결과를 보여 주었고(배상훈 외, 2014), 특히 ⑥ 지원적 대학 환경은 이번 연구 결과에서도 그 우수성을 보여 주었다. 아주대 학부교육의 질에 대한 전반적 평가는 아주대 입학 후 반수를 했던 학생의 경험을 통해서도 알 수 있다. 다음의 학생은 아주대 수업의 질이나 다양성에 매우 만족하며 이제는 '학습적 갈증'을 별로 느끼지 않는다고 설명하였다.

> 처음에 느꼈던 거는 교육적인 좀 아쉬움이 있었기 때문에 그거(반수)를 생각했었거든요. 타 학교에서 조금 수준 높은 교육을 기대할 수 있지 않을까 생각을 했었는데. 근데 일단 그게 좌절됐으니까 우리 학교에서라도 찾아봐야 되겠죠. 그러면서 제가 눈 돌렸을 때 꽤나 괜찮은 수업이 많았다고 제가 말씀드렸던……. 거기서는 제가 만족을 하는 편입니다. 그리고 뭐 되게 다양하게 수업은 진행을 하시기 때문에. 그러니까, 예를 들면 학교 자체에서 일률적으로 발표 수업을 많이 권장한다거나 아니면 토론 수업을 많이 권장한다고 하면 제가 또 어느 순간에 그 포맷에 맞춰서 이렇게 제 능력이나 제가 발휘할 수 있는 기회가 한정되는 면은 분명히 있잖아요. 근데 뭐 제가 말씀드렸던 인터넷을 활용하는 그런 수업이나 아니면 발표 수업, 토론 수업 아니면 저기 현장 수업 이런 것까지 다 겸하는 수업이 있기 때문에, 제가 그런 학습적인 거에서 갈증을 요새는 크게 못 느끼는 거 같거든요. (사회계열 학생 C)

〈표 2-16〉 아주대학교 2013 K-NSSE 조사결과: 6개 영역

	아주대 (n=400)		ACE(23개교) (n=8,659)		전체(31개교) (n=10,078)	
	평균	표준편차	평균	표준편차	평균	표준편차
1. 학업적 도전	11.19	3.7	10.45	3.75	10.45	3.75
2. 지적 활동	14.13	2.7	13.53	2.98	13.54	2.91
3. 능동적 · 협동적 학습	11.62	2.4	11.30	2.60	11.23	2.61
4. 교우관계	10.52	2.8	10.88	2.96	10.87	2.96
5. 교수와 학생의 교류	13.24	3.8	14.08	4.29	14.00	4.28
6. 지원적 대학 환경	8.63	2.3	8.93	2.50	8.91	2.51

주: 2013년 3차 조사에는 총 54개 대학이 참여하였으나, 한국교양기초교육원·학부교육 선진화 선도대학 협의회(2013)
　　에서는 종단 분석의 취지를 고려하여, 2011년부터 3년에 걸쳐 모두 참여한 31개 대학의 응답 자료를 아주대 자료와
　　비교·분석하여 제시하고 있음.

출처: 한국교양기초교육원·학부교육 선진화 선도대학 협의회(2013). 2013년 대학 학부교육의 질과 성과 분석: 아주대
　　학교.

　　여기서는 이러한 아주대의 학부교육에 대해 K-NSSE 6개 요인을 중심으로 그 특징
이 무엇인지를 밝히고자 한다. 이를 위해 요인별로 아주대 학부교육의 우수한 모습을
보여 주는 특징과 관련 프로그램 소개와 함께, 아주대 학부교육의 우수성을 심층적으
로 탐색하였다.

1. 학업적 도전: 탄탄한 기초교육과 고강도 전공교육

　　아주대 학생이 보인 학업적 도전 영역의 수준은 〈표 2-17〉에서와 같이 타 대학에
비해 매우 높은 것을 알 수 있다. 아주대는 2011년부터 2013년까지 꾸준히 ACE 참여
대학을 비롯한 다른 대학보다 학업적 도전 영역에서 높은 수치를 보였다. 2011년에는
10.30으로 ACE 참여대학(9.52)이나 전체 참여대학(9.66)과 비교하여 큰 차이로 높았을
뿐만 아니라, 2012년에는 좁아졌던 차이가 2013년에는 다시 11.19로 상승하였다. 이
는 ACE 참여대학과 전체 참여대학이 동일하게 10.45였던 점수에 비해 매우 높은 수치
다. 이처럼 아주대가 학업적 도전 영역에서 우수한 성과를 보인 것은 단순히 많은 학

〈표 2-17〉 K-NSSE 자료: 학업적 도전 영역

연도	학업적 도전 영역					
	아주대학교		ACE (11년: 22개교, 12, 13년: 23개교)		전체 31개교	
	평균	표준편차	평균	표준편차	평균	표준편차
2011	10.30	3.54	9.52	3.53	9.66	3.61
	(n=207)		(n=5,368)		(n=7,393)	
2012	10.75	3.42	10.57	3.83	10.50	3.81
	(n=219)		(n=7,404)		(n=10,415)	
2013	11.19	3.68	10.45	3.75	10.45	3.75
	(n=400)		(n=8,659)		(n=10,078)	

주: 2013년 3차 조사에는 총 54개 대학이 참여하였으나, 한국교양기초교육원·학부교육 선진화 선도대학 협의회(2013)
　　에서는 종단 분석의 취지를 고려하여, 2011년부터 3년에 걸쳐 모두 참여한 31개 대학의 응답 자료를 아주대 자료와
　　비교·분석하여 제시하고 있음.

출처: 한국교양기초교육원·학부교육 선진화 선도대학 협의회(2013). 2013년 대학 학부교육의 질과 성과 분석: 아주대
　　학교.

습량 때문만은 아니다. 공대 중심의 학교답게 기초과학을 포함하는 기초교육을 철저
할 정도로 체계적으로 운영하고, 이를 바탕으로 전공교육을 집중적으로 시행한 결과
라고 볼 수 있다. 아주대의 탄탄한 기초교육이 뒷받침하는 고강도 전공교육 그리고 이
러한 교육을 시행하기 위한 다양한 프로그램의 개발과 운영이 높은 수준의 학업적 도
전 영역의 결과로 나타났다고 판단된다.

　다시 말해, 아주대는 '아주고등학교'로 불릴 만큼 고강도 학습량의 교육으로 잘 알
려져 있는데, 아주대 학부교육의 특징이자 강점은 기초교육을 탄탄히 다잡아서 이를
바탕으로 고강도 전공교육 및 융복합교육을 도모한다는 점이다.

　　　장기적으로 보면 우리나라가 지금 대학 구조조정 기간 아닙니까. 그리고 이제 기초학문이 좀
　　　상당히 위기에 있고 저희 기본 아이디어는 융복합교육을 잘하려면 기초학문이 잘 되어야 된다는
　　　거든요. 마치 그 칵테일을 하려면 베이스는 칵테일이 아니어야 되잖아요. 근데 자꾸 외부에서는
　　　기초학문이 뭔가 취업이 잘되는 걸로 바꿔라, 뭐 합쳐라 이런 식이에요. 근데 그거는 제가 볼 때

지속성이 없다고 봅니다. 기초학문 자체가 잘 살아야 되는데 이게 어떻게 사느냐 이거죠. (다산
학부대학 교수 E)

1) 탄탄하게 기초교육 다지기

아주대 교육의 중요한 특징 중 하나는 기초교육에 중점을 두고 학생들이 개별 전공
에 진입하기 전 기초교육을 탄탄히 다질 수 있는 기틀을 체계화시킨 점이다. 이는 다
산학부대학과 기초학문 관련 전공학과 간의 협업, 기초교육 내실화를 위해 장기간 축
적된 경험, 다산학부대학 내 관련 연구기관과 인력의 적극적 역할 선도 그리고 현재도
계속되는 기초교육 개선을 위한 끊임없는 노력 등이 모두 함께 어우러져 가능했다고
볼 수 있다.

> 우리 기초 수학 기초과목 교육은 자부합니다. 전국에서 이만큼 체계적으로 알차게 하는 데는
> 없을 거예요. …… 체질을 만든 거예요. 근데 수학과가 우리가 지금 뭐 수학 전공 학생이 학년 그
> 입학생 기준으로 한 40명쯤 되나요? 근데 그 수학 전공 학생들을 위해서 우리가 지금 한 13명,
> 14명 정도 되는데 이번 학기에는 교수님들이 플러스 강의 교수들도 있고 강의 교수 몇 명이지?
> 네 명, 교수 요원이 꽤 많은 거예요. 이게 수학과를 위해서 존재하는 게 아니다라는 인식을 갖고
> 있습니다. 이 BSM 교육 중에 Math 파트를 우리가 책임을 감당한다라는 전제 하에서 이 정도 규
> 모를 우리가 유지를 하는 거기 때문에 학교에 대한 그런 책임이 있다라는 의식이 있어요. 그래서
> 꽤 귀찮고 힘든 일인데도 감당을 합니다. (자연계열 교수 A)

기초교육과 관련하여 우선 아주대의 교양교육은 다산형 인재 양성을 위한 ① 의사
소통교육[글쓰기, Ajou Debate(아주토론), 아주고전, 전공연계 글쓰기 교육 프로그램], ② 융
복합교양교육(AFL, AAFL), ③ 기초과학교육(Power BSM), ④ 글로벌 교양교육으로 이
루어진다([그림 2-4] 참조; 아주대학교, 2015d, p. 20). 이 중 아주대 기초교육에 대해서는
크게 두 축으로 살펴볼 수 있는데, 첫 번째는 수학, 과학 등에 대한 기초과학교육과 이
와 관련한 전공진입제이고, 두 번째는 의사소통교육을 위한 아주대만의 기초교양교

육 근간 작업이다.

① 기초교육과 전공진입제

전공진입제도는 신입생이 기초학습역량을 강화하여 전공에 진입할 수 있도록 한 제도로서, 신입생 오리엔테이션 및 수업 시간에 실시하는 Power-BSM(Basic Science & Mathematics)과 Power Co(Communication)를 통한 진단평가와 학기 중 진단평가 결과에 따른 수준별 교육, 이후 전공진입평가로 이어진다([그림 2-6] 참조). 전공진입제 실시를 위해 아주대는 2011년도에 전공진입평가제를 위한 학칙 및 관련 규정을 개정하고 2012년부터 본격적으로 실시하기 시작하였다(아주대학교, 2015d, p. 81).

이러한 전공진입제의 대표적 예로 수학 교과의 전공진입 수준별 교육 모형을 살펴보면 다음과 같다. 우선, 신입생 오리엔테이션 때 수학 과목에 대한 진단평가를 실시하여, 그 결과에 따라 기초교육 과목에 대한 수준별 반을 편성한다. [그림 2-7]과 같이 반 편성은 보충반, 일반반 그리고 최상위반인 아너(Honor)반으로 나누어진다. 이 때 보충반 수강생은 다른 반들과 마찬가지로 3학점 수업을 수강하지만 수업 시수가

[그림 2-6] 수준별 교육 및 지원 시스템

출처: 아주대학교(2015d).

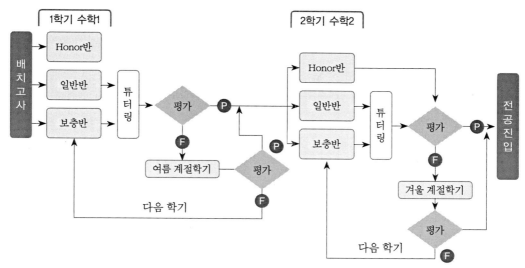

[그림 2-7] 전공진입 수준별 기초과학교육 모형 절차도(예: 수학 교과)

출처: 아주대학교(2015d).

4.5시간이어서 수업 시간이 좀 더 많다. 보충반 담당 강사도 행정적으로 4.5시간의 시수를 담당한 것으로 계산된다. 그러나 보충반 학생들은 다른 분반 학생들과 같은 내용을 배우고 평가도 다 같이 실시되기 때문에, 이들과 같은 내용을 더 천천히 배운다고 볼 수 있다. 또, 아주대 행정 측에서는 보충반 수강생을 배려하여 수업시간표도 다른 반들과 같이 3시간 시간표를 우선 배치해 주고, 나머지 1.5시간은 별도 요일에 배치한다. 이처럼 수준별 분반은 진단평가로 배치되지만, 본인이 자발적으로 보충반을 희망하여 들어오는 경우도 있다. 그러나 진단평가 이후 수준별 수업과 튜터링으로 학습을 하여도, 그다음 전공진입평가에서 또 탈락(fail)하면, 방학 동안 계절학기 수업으로 보습교육을 받고 다시 평가를 받는 시스템이다. 방학 기간 동안의 보습교육은 무료로 제공된다. 이에 대해 다산학부대학의 한 교수는 '패자부활전'을 여러 번 만들어 준 셈이라고 설명하였다. 이 중 아너반은 2014년부터 시험적으로 운영되고 있는데, 플립트 러닝(flipped learning)을 기반으로 절대평가를 시행하며 성적표에도 아너 클래스(Honor Class)가 표기된다.

또, 개별 보충학습이 필요한 학생들을 위해 대학원생이 전담하는 Math Clinic(수학 클리닉)이 상설화되어, 학생들이 언제나 찾아와서 질문할 수 있도록 하고, 1:2 튜터링을 실시하여 배치고사 성적이 안 좋은 학생들 위주로 한 학기에 100명에 가까운 튜티(tutee) 학생을 지원하고 있다. 추가로 기초수학에 대한 동영상 강의도 제공하여 수업을 듣지 못하거나 필요한 학생들이 활용할 수 있게끔 한다. 실제로 이러한 기초과학교육을 위한 튜터링 내지 멘토링을 경험해 본 학생도 보충학습에 도움이 되었다고 설명하였다.

> 기초 과목 같은 경우에는 수학도 있고 화학, 물리 이런 식으로 다 나눠져 있는 걸로 알고 있거든요. 저도 1학년 때 화학을 했었고, 듣는 입장에서. 보니까 좀 자연과학대 화학과나 물리과 이런 쪽 사람들이 많이 하는 걸로 알고 있고. 많이 이용도 하는 편인 거 같아요. 1학년들이. 확실히 도움도 되고. …… 이제 모르는 걸 가서 물어보기엔 아무래도 교수님보다는 조교 선생님들이나 선배들이 편하잖아요. 가르쳐 주는 것도 잘 가르쳐 주고 친절하게. 교수님들은 당연하게 알고 있어야 된다고 생각하시는 내용들은 빼먹으시는 경우도 많으니까. 근데 이제 그런 경우를 좀 많이 풀어서 잘 설명해 주기도 하고, 문제 풀이 위주로 여기는 하다 보니까. 개념을 들었다 하더라도 이해가 안 되었던 내용이 문제 풀면서 이해되는 경우도 많아서 그런 경우에는. (공학계열 학생 B)

이와 같은 아주대의 기초교육을 위한 체계는 가히 학생들에 대한 맞춤형 교육을 실시했다고 평가할 수 있다.

> [수학, 물리, 화학, 생물은] 이과쪽 애들 기초가 될 거고, 영어 글쓰기 같은 과목들은 전 학부생다 기초니까요. 그것들을 이제 거의 1:1 지도 수준으로 교육을 했었고요. 그래서 필요한 경우엔 튜터들을 다 붙여 가지고 조금 더 저조한 학생들한테는 좀 맞춤형 교육을 했던 게 가장 지난 ACE 사업 하면서 포인트였던 거 같습니다. (직원 B)

다시 수학 교과의 기초교육 체제를 좀 더 자세히 살펴보면, 분반별 정기시험도 공동

출제하고 성적 공동사정을 실시하고 있다. 분반별 수준 차이를 감안하기 위해 중간과 기말고사(각각 200점, 250점) 외에 반별 100점, 웹과제 50점을 포함하여 총 600점 만점으로 평가한다. 웹과제는 문제은행 소프트웨어를 사용하며, 2주에 한 번씩 시험을 보고 별도 시간에 희망자에게 문제풀이를 해 준다. 이러한 과정에서 수학 과목 주관 교수가 교과 진도표를 구성하고 시험 출제 진행을 위한 코디네이터 역할을 수행한다.

> 정기고사는 공동 출제해 가지고 성적을 공동으로 사정해 가지고 주는, 그러니까 상대평가지만 거의 절대평가에 준하는 효과를 줄 수 있도록 [다른 학교는] 못하는 일을 저희들이 그런 역량을 갖고 있죠. 그래 가지고 지금 보면 다년간의 데이터가 있기 때문에 대충 그 데이터 하에서 굉장히 스테이블하게 꽤 스테이블하게 이걸 운영하고 있습니다. …… 결국은 평가를 그래서 어떻게 하느냐 하는 게 교육적으로 그 성과를 어떻게 우리가 스스로 파악하느냐와 직결되기 때문에 굉장히 중요한 부분입니다. (자연계열 교수 A)

이러한 전공진입제와 관련해서 최근 새로 수립한 제도는 기초과목을 선수과목화해서 F학점이 나오면 해당 과목을 다음 학기에 강제로 자동 수강신청이 되도록 한 것이다. 그렇지 않으면 다른 과목 수강신청도 할 수 없게 되어 있는데, 이렇게 함으로써 학생들이 F학점이 나온 기초과목 재수강을 미룰 수 없도록 수강신청체계를 제도화하였다. 이 과정에서 기초교육위원회 차원에서 논의가 이루어지고, 선수과목화 제도 수립을 위해 학교측이 협조 및 추진력으로 뒷받침했다는 점은 주목할 만한 부분이다.

> 예를 들어서, 수학 1, 2를 소위 교양 수학인데 이게 그럼 애들이 들어오면 이걸 1학년에서 배워야 하는데 한 학기 해 봤더니 F 나오면 4학년까지 미루어 버린다고요. 옛날에는 제도적으로 그렇게 해도 상관없게끔 되어 있더라고요. …… 지금은 우선적으로 수강신청이 강제적으로 이루어집니다. 지금 1학년 1학기인데 수1이 F가 나왔다, 그러면 다음 학기에 우선적으로 이게 수강신청이 됩니다. 그리고 1학년 또한 못 들으면 2학년 올라가면 우선 이게 수강신청이 돼서 …… 그거 안 하면 다른 과목을 수강신청 못 해요. 그렇게 되어 있기 때문에. 그러니까 뒤로 미루고 싶어도

못 미룬다는 거죠. 이것도 사실 공대 쪽에서는 반발이 많았어요. 왜냐면 그러면 전공을 빨리 못 올라오니까 애들이 그만큼 지장이 많죠. 그럼에도 학교가 수용을 해 준 거죠. 제도적으로 교육적인 관점에서 보면 이게 맞다, 이래 가지고. …… 기초 과학을 운영하기 위한 위원회가 있어 가지고 그 안에서도 얘기를 많이 했습니다. (자연계열 교수 A)

② 아주대 의사소통교육을 위한 인프라 구축

의사소통역량은 아주대의 다산형 인재 4대 핵심역량 가운데 하나다. 의사소통교육은 앞에서 설명한 전공진입제([그림 2-6] 참조)에도 포함되고, 다산형 인재 양성을 위한 다산교양교육을 이루는 4가지 체계 또는 모듈 중 하나다(① 의사소통교육, ② 융복합교양교육, ③ 기초과학교육, ④ 글로벌 교양교육)([그림 2-4] 참조; 아주대학교, 2015d). 아주대의 의사소통교육은 [그림 2-8]에서와 같이 글쓰기, Ajou Debate(아주토론), 아주고전, 전공연계 글쓰기 교육 프로그램(Ajou Writing Across Curriculum: AWAC)으로 이루어지고, 아주대 학생의 의사소통역량은 의사소통역량 진단평가인 ACAT(Ajou Communication Ability Test)로 진단한다(아주대학교, 2015d).

아주대는 공대 위주의 학교이지만 혹은 공대 위주의 학교인 연유로 글쓰기와 말하기 교육이 중요하다는 공감대가 형성되어 있고, 의사소통교육을 위해 다양한 프로그램과 진단평가도구 개발 등 독자적인 교육체계를 개발하였다.

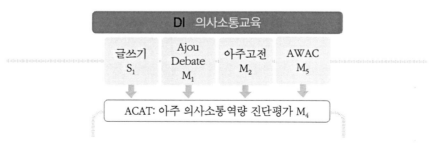

[그림 2-8] 다산교양교육 체계화 · 모듈화 모형 중 의사소통교육 모형

출처: 아주대학교(2015d).

이상하게도 그 공대 쪽에서 글쓰기랑 말하기 필요하다는 게 컨센서스가 있더라고요. …… 글
쓰기는 입학 때가 아니라 글쓰기 수업 시작하잖아요. 그때 이제 진단평가라는 걸 합니다. 그리고
그걸 보고 학기말에 그 시험을 보잖아요. 그럼 주로 글을 쓰는 겁니다. 실제 그 중간에 뭐 여러 가
지 과제가 있지만 그거랑 비교를 하는 거죠. (다산학부대학 교수 E)

교양교육이 어떤 것이어야 될까. 교양교육에서 가장 중요한 요소들이 몇 가지가 있을 것 아닙
니까? 그리고 교양교육이라는 게 아시겠지만, 역사적으로 봐도, 그 리버럴아트 에듀케이션, 제
너럴 에듀케이션 이 모든 것이 쭉 따라가고, 이것들을 분석하다 보니깐, 자, 우리가 어떤 애들을
키워야 하냐면, 분석 잘 하고 문제 잘 풀고 잘 전달해야 한다. 그게 분석력, 추리력, 그 다음에 이
것들을 만들어 내는 문제해결능력들. 결국 이런 것들일 텐데, 이런 것들이 잘 드러나는 게 결국은
토론이라든가 이런 부분에서 잘 드러난다. 그래서 저희가 처음에 1기 ACE 때도, 그냥 의사소통
능력이라고 안 썼어요. 종합적 의사소통능력이라고 붙였습니다. 그게 뭐냐면, 대학 수준에서 의
사소통능력. (다산학부대학 교수 B)

아주대 의사소통교육에 대해 기초교육과 관련하여 중요하게 살펴봐야 할 점은
ACAT와 같은 아주대만의 의사소통 역량 평가를 위한 도구를 개발하고, 아주고전과
Ajou Debate와 같은 프로그램 개발을 위한 내용 및 체제 인프라를 구축하였다는 점이
다. 이러한 인프라 구축 및 체계화가 가능했던 것은 기초교육 관련 기획, 평가, 피드
백과 같은 기능을 담당하는 다산학부대학 내 연구담당 기구인 다산기초교육연구소와
의사소통센터의 역할이 크다고 할 수 있다. 또, 무엇보다도 해당 기구의 참여 인력이
적극적으로 기초교육 체계화와 개선을 위한 선도적 역할을 담당하고 끊임없는 노력
을 기울이고 있기 때문이라고 평가할 수 있다.

우선 기초교육 관련 연구 기구인 다산기초교육연구소와 의사소통센터에 대해 개괄
하자면, 첫째, 다산기초교육연구소는 기초교양교육의 기획, 연구 및 평가 기능을 담
당한다. 구체적으로 아주 종합의사소통 역량평가인 ACAT, AFL(Ajou Flagship Lecture)
교과목, Ajou Debate 프로그램 등에 대한 개발 연구를 수행하였다(아주대학교 다산학

부대학 홈페이지). 둘째, 의사소통센터는 글쓰기클리닉, English Writing Clinic, Ajou Debate, 아주고전 프로그램들을 운영한다(아주대학교 다산학부대학 홈페이지).

이러한 기초교육 관련 연구 기구와 관련 인력이 구축한 인프라는 크게 ACAT라는 진단도구 개발, 아주고전 및 Ajou Debate을 위한 아주고전 100선과 CBT 문제은행, Ajou Debate 사이트 구축 등을 꼽을 수 있다. 이 가운데 아주고전과 Ajou Debate 관련 내용은 다음의 '③ 능동적·협동적 학습' 요인에서 좀 더 자세히 살펴볼 것이다. ACAT에 대해 좀 더 자세히 살펴보기 위해, 우선 아주대가 독자적으로 ACAT를 개발하게 된 배경을 살펴보면 다음과 같다.

> 현재 시행하고 있는 K-CESA와 같은 외부기관의 의사소통역량평가 시스템은 교육과의 연계성이 부족하여 평가결과를 직접 교육현장에 접목하기 어렵습니다. 특히 외부기관의 역량평가는 대학 수준의 교육과 연계한 종합적 사고능력을 반영하기 어렵다는 문제점이 있습니다. 그래서 다산기초교육연구소에서는 글쓰기, 토론, 고전 등 의사소통교육과 연계한 평가 시스템을 구축하여 학생들의 역량을 평가하는 지표로 삼고 그 결과를 다시 교육에 반영하고자 합니다. 또한 이러한 대학교육과 연계한 평가 시스템 구축을 통하여 새로운 의사소통교육 모형을 창출하고 그 성과를 확산하고자 합니다(아주대학교 다산학부대학 홈페이지).

> Ajou Communication Ability Test라는 걸 만들어서 지금 이것도 내부 거래로 좀 사용하고 있습니다. 다른 [단과] 대학에서 우리 학교, 우리 학과 학생들이나 학부 학생들 의사소통 테스트를 해 달라고 합니다. 근데 그중 상당 부분이 글쓰기가 있고요. 또 하나는 말하기. 저희는 말하기 교육을 안 했어요. 발표와 토의라는 과목이 있지만 그거는 뭐 선택과목이고요. 근데 말하기 교육이 필요하다라는 것 때문에 이제 글쓰기-말하기 연계 이 프로그램을 지금 설계는 해 놨습니다. …… 토론 능력을 저희가 ACAT이라는 데서 의사소통능력 테스트를 하고 있습니다. 이거는 자료가 꽤 축적이 되어 있고요. (다산학부대학 교수 E)

아주대는 이와 같은 ACAT 평가 분석 결과를 다음과 같이 활용하고 있다. 첫째, 관런 교육 프로그램(예: 글쓰기, 토론형 교과, 고전형 교과) 내용 및 평가방법 개선에 활용하고, 둘째, 학생에게 개별 피드백을 제공하여 결과 분석 및 필요에 따라 관련 교내 교과·비교과 프로그램 참여를 권유한다(아주대학교, 2015d). 또 필요한 경우, 대상 학생들에게 관련 특강을 제공하여 재교육·재평가하는 방식도 도입하였다.

아까 말씀드렸던 그 첫 번째 교육 기반, 수업 기반 평가는 바로 수업에 평가를 합니다. 수업 프로그램 개선에. 가령 이제 저희 기초교육에 있는 글쓰기 교육 같은 경우는 실제로 그 ACAT에 기반해서 쓰기역량평가에서 교육 프로그램 개선을 바로 바로 하고 있고요. 지금 말씀드린 일반 평가 같은 경우는 바로 교육하고 연계는 좀 안 되죠. 그래서 나중에 학생들한테 평가 시트를 돌려줘요. 너 왜 어떤 점수가 만점이었고 거기서 뭐가 부족하고, 그래서 뭐를 앞으로 해라. 얘기를 하고 있고. 근데 이렇게 평가 시트가 돌아가고, 교내에 있는 추천 프로그램들. 토론 같은 경우는 저희가 운영하고 있는 아주 토론이라든가, 그 다음에 분석능력이 조금 떨어지거나 이해능력에 좀 문제가 있는 학생들은 아주 고전 프로그램을 추천한다든가 이러고 있고. 이 프로그램이 좀 마땅치 않고 어려운 게 있는데, 말하기 같은 거예요. 그래서 말하기는 올해부터는 떨어지는 학생들 대상으로 한 특강을 도입했습니다. 그니깐 각 영역별 추가 교육 시스템들을 개발을 했고, 말하기는 올해 처음 실시하는데요. 테스트는 작년부터 했지만. 그래서 평가 후에 떨어지는 학생들을 재교육하고 재평가할 거예요. (다산학부대학 교수 B)

또, 이러한 전반적 과정은 해당 전공학과와 협의하고 지원받는 협조체제로 운영된다.

사실은 교양학부에서 평가하거나 무슨 프로그램을 개선하거나 이거는 사실은 대학 전체에 걸리는 기능 아닙니까. 그래서 사실은 본부 대학의 성격들이 좀 있게 되는데, 그래서 ACAT도 그렇고. 어떤 학교 전체 구성원들하고 협의하고 협조체제가 튼튼하게 구성되고, 그 협조체계에 맞춘 프로그램들이 나와야 사실상 실현 가능성이 있거든요. (다산학부대학 교수 B)

〈사례 2-1〉 ACAT(아주 의사소통역량평가 시스템, Ajou Communication Ability Test)

- 본교의 고유한 종합 의사소통능력평가 시스템(ACAT) 개발은 국내 대학 최초의 시도임.
- 평가 시스템은 기본적으로 K-CESA와 같은 일반적 평가틀을 참조하되 그 문항 및 내용에 있어 본교 학생들에 보다 적합한 콘텐츠로 구성, 평가는 총 세 가지 영역(글쓰기, 토론, 고전)에 걸쳐 이루어지며, 평가도구 개발을 위하여 각 영역별 대표 교수 및 관련 전문가(교육방법 및 공학 전공 교수)를 위시하여 의사소통센터와 다산기초교육연구소에서 엄정하고 표준화된 진단도구를 개발함.
- 평가에 총 800명의 인원을 영역별로 선발하여 응시하도록 하며, 각 영역별 응시인원과 합격 기준 점수는 당해 연도 결과 분석을 통하여 추후 진단도구 개발 위원의 연구에 따라 적정 기준을 확정하도록 함.
- 영역의 교양교육 목표 달성을 위해서 글쓰기 전담교원의 교육 및 1:1 튜터 첨삭지도 강화, Ajou Dabate의 교과/비교과 영역 활성화, 아주고전 100선 선정 및 해제집 제작을 통한 교육의 다각적 확산을 도모함.

※ ACAT 개요

가. 목적
1) 다산형 인재의 4대 핵심역량 중 의사소통역량 측정
2) 자체 평가 방법 구축 및 교육과 연계
3) 정량화 지수로 핵심역량 측정 정확도 향상

나. 주요내용
1) 의사소통역량 및 연계방안 연구
2) 평가방법 및 평가문항 설계
3) 평가문항 출제 및 평가시행
4) 결과 분석 및 평가 보완책 모색

다. 시스템 개요
1) 평가영역: 글쓰기/ 토론/ 고전
2) 평가대상: 재학생 총 800명(글쓰기 400/ 토론 200/ 고전 200)
3) 배점구분: 각 영역별 100점 만점

출처: 아주대학교(2014a).

2) 탄탄한 기초교육을 바탕으로 고강도 전공교육 실시

아주대 학생들은 이와 같이 철저한 기초교육을 받는 전공진입제를 거쳐 2학년부터 개별 전공교육에 본격적으로 돌입한다. 아주대의 전공교육 역시 기초교육에 이어 고강도로 진행되어 '아주고등학교'라고도 불린다. 다음의 보직교수의 설명과 같이, 아주대 구성원들은 열심히 가르치고 공부를 열심히 시켜야 한다는 공감대를 형성하고 있다.

> 여기도 아주고등학교예요. 우리 한번 교육과정 한 번 보시면 알겠지만, 특히 1학년 교육은 무시무시합니다. 특히 공대쪽 학생들은 뭐 [중간 생략─기초교육 수학 교과 수준별 분반에 대한 설명] 보충반 학생들은 수업 시수가 1.5배. 우리가 3시간을 가르치는데 보통은 3학점 3시간인데 이쪽은 3학점 4.5시간. 튜터 붙이고 뭐 붙이고 어떻게든 해 가지고. 그 정도로 학생 교육을 굉장히 열심히 시키고. 그니깐 우리가 최소한 생각하는 것은 우리 학생들이 들어올 때보다는 더 나은 학생들로. 졸업을 한다. 이렇게 보고. 그 점에 있어서는 학교가 항상 전체적으로 항상 공감하는 부분이에요. 교수들이나 직원들이나 뭐 할 것 없이, 열심히 가르쳐야 한다. 뭐 공부를 열심히 시켜야 된다는 것에 대해서는 항상 이견을 다는 사람이 없어요. (기획처장)

한 공학계열 교수는 본인 전공학과의 학생들이 학습량이 많은 것을 숙명처럼 받아들이고 학기 중에는 밤낮 가리지 않고 전공공부에 몰두하는 상황을 설명하였다. 그리고 아주대 학생의 특징은 이렇게 학습량이 방대한데도 또 따라온다는 것이라고 덧붙였다.

① 집중교육

아주대의 고강도 전공교육을 잘 보여 주는 예로서 일부 공대 전공학과에서 2003년부터 실시하고 있는 '집중교육'을 들 수 있다. 집중교육은 학기 중 또는 방학 때 실시하는데, 학기 중에 실시하면 한 학기 4개월 동안 6학점 전공과목 2개를 2개월씩 수강한다. 이때 전공과목은 월, 화, 목, 금에 진행되고, 수요일에는 IT영어라는 전문영어 3학점 과목을 수강하여, 한 학기 총 15학점을 이수하게 되는 체제다. 방학 때 진행하는 경우에는 6학점 전공과목을 4주에 이수하는 방식으로 진행된다.

> 저희 학과가 공통으로 전국적으로 자랑하고 있는 과목이 있다면 이제 집중교육이라는 과목이 있어요. 그건 어떻게 하는 거냐면 다른 학교에서도 해 보고 싶어 하지만 이게 굉장히 많은 희생이 따르는 과목이라서 참 어려운 건데요. 어떻게 하냐면 학기가 4개월이잖아요? 그럼 그 4개월을 2개월 2개월 나눠서 한 과목만 하는 거예요. 그러니까 전공과목 한 과목만. 대신 6학점짜리고 나머지 두 달도 6학점짜리 한 과목만 해요. …… 강의실을 전용으로 딱 빌려서 하루 종일 그 강의실에서 학생들이 공부하는 거죠. 그리고 대신 그러면 너무 질리니까 중간에 영어를 껴 가지고 어느 하루는 월, 화, 목, 금은 전공만 하고 나머지 수요일은 그래도 좀 리프레시하는 맥락에서 영어를 하고 그런 식으로 하는데 이게 주제가 열려 있어요. …… 교수님은 아침에 3시간, 그다음에 오후 5시간은 조교가 (오전에는) 뭔가 개발을 하기 위해 필요한 어떤 이론적인 지식들을 하는 거라고 치면 오후에는 실습조교가 실제 툴을 어떻게 사용하는 거고, 뭐 이런 거 개발해야 한다는 거죠. (조교 시간에) 처음에는 사용법이나 어떤 노하우를 설명을 하고 나머지는 애들이 프로젝트를 팀으로 하는 거에 시간을 쓰죠. (공학계열 학과장)

집중교육 수업은 오전에는 교수의 이론 강의수업으로 구성되고, 오후에는 실습조교 세션과 함께 학생들이 프로젝트 과제를 자율적으로 진행한다. 참여 교수들은 이 과정에서 학생들이 문제해결능력을 키우고, 능동적 학습이 가능하게 되는 것을 경험하였다고 설명하였다. 이러한 집중교육을 실시하기 위해 참여 전공학과는 전공 커리큘럼을 조정하고, 교수는 헌신적으로 시간을 투자하고, 학교 행정에서는 절대평가 적용을 예외적으로 허용하였다. 이 외에 최소 72시간(무박 3일) 동안 시험을 치루는 사례도 있다.

> 아주대학교에 굉장히 유명한 시험 방식인데, 이거 예전에 KBS 2TV에 예전에 스펀지라는 프로그램에도 나오고 그랬거든요. 1박 2일이 맞을 겁니다. 제가 기억하기로는, 토목과였는지 건축

과였는지 그쪽 계열 학생들은 어떤 과목 시험을 볼 때, 시험 보는 시간이 한 시간 두 시간이 아니라, 교수님께서 딱 다음 날 몇 시까지 정해 놓고 이제 오픈북이에요. 근데 문제를 200문제인지 300문제인지 엄청 내준 다음에 계속해서 시험 문제 푸는 그런 과목도 있거든요. 그게 사실, 공부 학습량은 공대 학생들은 정말 상상을 초월하죠. 근데 되게 유명한 그런 시험이라서. 뭐…… 검색해도 많이 나옵니다. 계속해서 진행하는 걸로 알고 있습니다. (사회계열 학생 A)

② 학부생 연구(Undergraduate Research: UR) 프로그램

아주대는 또 2012년부터 UR이라는 학부생 연구 지원사업을 통해 집중 전공교육을 실시하고 있다. 앞서 2절에서도 설명한 바 있는 UR은 학부생 3, 4학년을 대상으로 하여, 학생 스스로 연구주제를 정하고 팀을 구성하여 연구를 진행하고 담당 교수는 이를 승인ㆍ지도하는 역할을 한다. 한 보직교수는 UR 프로그램은 학부에 비해 비교적 대학원이 약한 아주대에서 학부생이 교수와 연구에 참여하는 경로가 제도화한 것으로 보기도 하였다. 또 다른 공대계열 교수는 교수도 학부생이 연구에 참여함으로써 대학원에 진학하는 것이 필요해서 협조하는 것이라고 설명하기도 하였다. UR 결과물은 참여 학생들이 UR-day에 포스터로 발표하고, 이에 대한 시상을 진행한다. 또 연구결과물을 SCI급 학술지 논문으로 게재하고 국내외 학술대회에서 발표하는 등 연구 확산과 학술교류도 활성화되었다.

이러한 UR 프로그램은 참여인원의 확대, 프로그램 모델(수업 단위, 팀 단위)의 세분화 및 확산, 국내외 학술교류 실적, UR-day 개최 성과 등의 면에서 성공적으로 시행되고 있는 것으로 평가할 수 있다. UR은 비교과 프로그램을 시작해서 현재 UR과목으로도 지정된 수업도 있다. 한 다산학부대학의 교수는 UR이 시작한 지 얼마 안 되어 UR-day에 학생들이 발표하는 모습과 규모에 놀랐다고 묘사하였다. UR 프로그램의 실적은 〈표 2-18〉과 [그림 2-9]와 같다.

〈표 2-18〉 학부생연구지원사업(UR) 운영 실적

학년도	C-IUR	T-IUR	계
2012	• 2개 강좌 23명 －화학특수연구(화학과) －물리학특수연구(물리학과)	187개 팀 425명	448명
2013	• 11개 강좌 170명 －학부연구프로젝트(기계) －정컴개별연구(컴퓨터공학) －생산공정제어(산업공학과)	130개 팀 407명	577명
2014	• 18개 강좌 369명 －수학특수연구(수학과) －생명과학특수연구(생명과학) －에너지융복합특수연구(물리학과) 외	136개 팀 425명	794명

출처: 아주대학교(2015d).

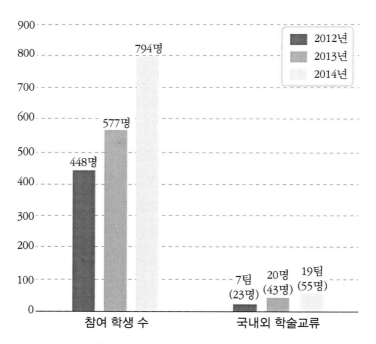

[그림 2-9] UR 2012~2014년 참여 현황

출처: 아주대학교(2015d).

가령 우리 전공에서 UR 같은 것도, 처음에 될까 말까 막 그러고 있는데, 전폭적인 지지를 해 나가면서 바로 바로 프로그램 만들어서, 사실은 지금 성과들 좋거든요. …… 수업 시간 뭐 전교적 차원에서 학생들한테, 너희들이 졸업하기 전까지 연구보고서를 써 오는 게 얼마나 가치 있는 일인지에 대해서 얘기를 하고, 그렇게 해서 금세 확 바꿔 놓고, 저도 그때 놀랐어요. 1년 지났는데, 하하(웃음). 참여율 보고, 학생들 성과 보고, 교수 참여율, 학생 참여율, 성과 보고. 우리가 이런 부분은 뛰어나다, 자랑할 만해요. (다산학부대학 교수 B)

UR 프로그램이 그래도 상당히 성공적인 거 같습니다. 그래서 이제 Undergraduate Research를 처음에는 비교과로 시작을 해 가지고요. 한 200개 팀이 막 돌아가고 그랬다고 해요. 그러다가 저희가 이것을 과목 자체를 UR 과목으로 지정하는 것을 했습니다. 그래서 교수님께 신청을 받아서 전제조건을 해서 했는데 현재 18개 과목인가가 이제 돌아가고 있고요. 작년엔가는 거기서 이제 '학부생이 SCI논문도 게재했다.' 이래서 신문에도 나고 이랬는데, 그런 걸 보면서 '아, UR이라는 것이 학생들에게 잠재력을 끌어내는 데 굉장한 좋은 방법이구나.' 그런 생각을 해 보기도 하고요. (교무처장)

이러한 UR에 대한 학부생의 인식도 긍정적인 것으로 보인다. 그러나 전공교육의 강도가 높아지는 만큼 학생들은 학교에서 비교과활동을 장려해도 참여할 시간적 여유가 부족하다고도 지적하였다.

그것[UR]도 이제 선배들 같은 경우에, 저도 아직 참여를 안 해 봐서 잘 모르겠는데 한 번씩 이렇게 해 보면 도움이 많이 된다고 하고. 사람들이 좀 많이 참여하려고 하는 편이기도 하고. 특히 대학원 준비하고 있는 사람들이나, 연구 쪽 관심 있는 사람들은 이런 거 한 번씩 찾아보고 참여해 보고 이런 식으로 하고 있어요. 저도 3학년 되면, 제가 2학년이라서. 3학년 되면 한 번 해 보려고 하거든요. (공학계열 학생 B)

이제 [UR에] 참가하는 친구들 얘기를 들어 보면은 교수님 연구실에서 정말 계속해서 가 가지고 연구하고 피드백 받고 그러더라고요. 저는 공부를 사실 아주대학교가 많이 하는 학교라고 알려져 있는 만큼, 과제 양도 좀 많고 학점도 좀 짜게 주기로 좀 유명하거든요. …… 공부 양도 많은데, 그렇게 또 수업 외적으로 해야 하는 부분까지도, 공부를 많이 시키는 대학이라는 거는 좀 부정할 수 없는 것 같습니다. 수업적인 측면에서는 사실 학생들에게 과제량이 많은 대학인 거는 분명한 것 같습니다. 좀 여유시간이 별로 없다고 할까. 그래서 사실 비교과활동을 굉장히 장려하고 있는, 선도적으로 운영하고 있는 학교이기는 하지만 실질적으로 비교과활동을 할 시간이 너무 없어서, 좀 쪼개서 활동을 해야 되고, 그런 경우가 많죠. (사회계열 학생 A)

이러한 고강도 전공교육을 받고 졸업한 아주대 출신 학생들에 대해 기업체에서도 '아주대 학생들은 믿을 만하다.'고 이야기한다고 한다. 그러나 아주대는 이제 이러한 주입식 교육이 바람직한 방향인지, 아주대 학생들의 창의성과 진취성을 더욱 함양시켜야 하지 않는지 등에 대해서는 고민하고 있다. 이에 따라 학습량에 치우치지 않고 융복합교육을 위해 연계전공제도, 융복합트랙 등을 시도하고, 2016학년도부터는 도전학기도 실시한다. 그러나 학생들은 아직 기존의 융복합교육제도에 대한 관심이 크지 않은 것으로 보인다. 또 학생들은 아주대 학생의 공부량이 예전보다 줄어들었다고 보는 의견도 보였다.

〈사례 2-2〉 학부생 연구 프로그램

- 1차년도에 일부 전공만 참여한 '학부생 연구(UR)'를 전체 학과로 확산하여, 28개 학과 128명 교수, 455명 학생이 참여하는 거교적인 교육 사업으로 정착하는 데 성공하였으며, 3차년도에는 전공 교육과정 및 수업 방식에 반영함.
- 전공별 학부생 연구(UR) 프로그램 활성화로 자기주도적 학습능력 향상, 실천적 창의역량 제고 및 다양한 국제화 프로그램을 토대로 한 글로벌 커리큘럼 확대 운영
- C-IUR, T-IUR 지속 확대 및 아주대만의 특성화된 전공교육 모델을 심화·발전시켜 다른 대학으로 확산 노력.

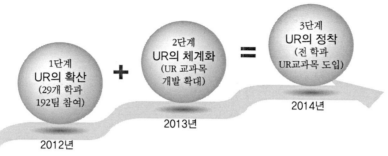

학부생 연구(UR) 발전계획

- 학부생 연구(UR) 제도를 통해 전공수업에서 교수-대학원생-학부생의 협동 연구나 학부
생 팀별 연구를 활성화하고 연구 성과물을 대내외에 발표할 수 있는 지원체제를 운영함.
  - 연구에 참여한 모든 팀이 연구결과를 발표하고 심사과정을 수행할 수 있도록 학부생
연구 축제인 UR DAY를 개최하여 그간의 연구 성과 발표를 통한 지식 공유 및 성취감
극대화
  - UR 지도교수들로 학부생연구지원단을 구성하여, UR 관련 정책을 입안하고 UR 기반
교육과정의 설계 및 실행 등의 업무를 총괄함.
- 학부생 연구(UR)와 연계한 해외대학 파견 프로그램 공모, 방학 중 단기 해외대학 전공
과목 수강을 지원함.
  - 2012년 학부생 연구(UR) 프로그램의 일환으로 진행된 해외 학술교류 참여 학생들의
만족도가 매우 높은 것으로 나타남.

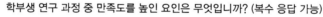

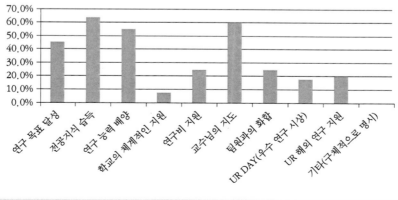

출처: 아주대학교(2014), 아주대학교(2015c).

2. 지적 활동: '박이정(博而精)' 융복합교육과 교양교육, '실사구시 (實事求是)' 전공교육

아주대 학부교육에서 지적 활동 영역도 타 대학에 비하여 우위를 보이는 부분이다. 〈표 2-19〉에서 보여 주는 바와 같이, 2011년 아주대의 지적 활동 영역의 수치는 14.35로 ACE 참여대학 13.33과 전체 참여대학 13.44보다 매우 높은 결과를 보였다. 이러한 차이는 2012년에 근소해졌다가 2013년에 아주대는 14.13, ACE 참여대학과 전체 대학은 각각 13.53, 13.54로 다시 격차가 커진 결과를 보였다. 아주대 학부교육은 교양교육과 전공교육에서 모두 융복합교육을 지향하는데, 교양교육과 융복합교육에서는 특히 '박이정(博而精)'으로 표현할 수 있는 넓고도 깊은 교육, 주전공을 중심으로 융복합교육을 꾀하고, 핵심을 알되 여러 분야와 지식을 아우르는 열린 교양을 추구한다. 또, 전공교육은 응용을 강조하는 실사구시의 교육을 가르치고자 한다. 아주대가 이처럼 유연하고 스스로 가볍다고 표현하는 교육을 강조하는 이유는 사회 변화에 순

〈표 2-19〉 K-NSSE 자료: 지적 활동 영역

연도	지적 활동 영역					
	아주대학교		ACE (11년: 22개교, 12, 13년: 23개교)		전체 31개교	
	평균	표준편차	평균	표준편차	평균	표준편차
2011	14.35	2.57	13.33	2.92	13.44	2.97
	(n=207)		(n=5,368)		(n=7,393)	
2012	13.64	2.58	13.36	2.80	13.29	2.81
	(n=219)		(n=7,404)		(n=10,415)	
2013	14.13	2.73	13.53	2.89	13.54	2.91
	(n=400)		(n=8,659)		(n=10,078)	

주: 2013년 3차 조사에는 총 54개 대학이 참여하였으나, 한국교양기초교육원·학부교육 선진화 선도대학 협의회(2013)에서는 종단 분석의 취지를 고려하여, 2011년부터 3년에 걸쳐 모두 참여한 31개 대학의 응답 자료를 아주대 자료와 비교·분석하여 제시하고 있음.

출처: 한국교양기초교육원·학부교육 선진화 선도대학 협의회(2013). 2013년 대학 학부교육의 질과 성과 분석: 아주대학교.

발력 있게 대응할 수 있는 교육과 학습을 제공하고자 하는 고민에서 비롯되었다고 할 수 있다. 그렇지 않고 기존 교육체계와 학사구조를 바꾸고 새로운 교육과정을 가르치려 한다면 그 과정에서 시기를 놓칠 수 있기 때문이다. 이러한 교육을 실현하기 위해 아주대만의 교육 프로그램과 인프라를 구축하고 학생 주도의 교육을 위해 다양한 노력을 기울이는 부분도 높이 평가할 만한 점이다.

1) 학생 주도의 유연한 융복합교육

아주대는 전통적으로 융복합교육을 강조한다. 제4절에서 설명하는 바와 같이 아주대의 융복합교육은 아주대의 한정된 자원과 환경을 효율적으로 활용하기 위해 전략적으로 강점화시켰다고 할 수 있다. 융복합교육은 전공교육과 교양교육에서 각각 융복합트랙, 강의페어링(pairing)이나 AFL, AAFL 강의 등의 형태로 시행되고 있다. 아주대 융복합교육의 특징은 학생 주도와 '가벼움'을 들 수 있다. 여기서 '가벼움'이란 아주대 교직원과의 면담에서도 자주 언급된 표현으로서, 사회적 변화와 필요에 따라 유연하고 신속하게 적용할 수 있는 교육과 주전공을 중심으로 확장, 창조하는 융복합교육을 지칭한다.

우선 첫 번째 특징으로 아주대는 학생이 스스로 주도하는 융복합교육을 지향한다. 이후 다산학부대학의 교수가 설명하듯이 교수가 융복합 강의로 가르쳐서는 학생의 자발적인 융합 사고능력을 기르기 어렵다는 인식 아래 강의페어링이라는 기존의 패러다임을 바꾸는 아이디어를 발전시키게 된다. 기존 한국 대학에서 이루어진 융복합 교양교육은 '교수 1인의 단일 교과목 개발'이거나 '단일 주제에 대하여 다양한 전공 교수들에 의한 다양한 접근'방식으로 이루어졌다(홍성기 외, 2014). 이러한 기존의 융복합교육의 패러다임과 한계점을 극복하기 위해 아주대가 시도하게 된 것이 강의페어링이다.

> 교양교육에서 융복합교육이라는 것은 어떤 결과물을 융합하는 사고력을 키우는 것 아니겠습니까? 교수가 다 만들어 가지고 가르쳐 주면 학생들이 '아, 저게 융복합강의인 모양이다.' 이렇

게 하지만 본인들의 자발적인 사고, 융합 사고 능력은 별로 그렇게 개발되는 것 같지가 않더라고
요. 그래서 저희는 이제 패러다임을 바꿔야 되겠다라는 생각을 하게 되면서 이런 아이디어를 생
각했습니다. …… 그래서 저희가 강의페어링이라는 아이디어를 만들었습니다. 강의페어링 이것
은 사실은 한국에서 처음이 아니라 외국에 없는 겁니다. 저희 같은 두 강의를 결합시켜서 하나의
결과물을 융복합 결과물을 만들어 내자라는 아이디어는 없었어요. 그래서 그거를 강의페어링을
시도해 보겠다. 그다음에 그 강의페어링된 거를 몇 개 모아서 일종의 그 융복합 트랙이라고 전공,
부전공, 복수전공 말고 가벼운 이건 어떤 게 되면은 그냥 계속하고 안 되면 해체해 버리는, 마치
그 스마트폰 앱 같이 가벼운 그런 트랙을 만들어 보자고 해서 아이디어를 냈습니다. (다산학부대
학 교수 E)

　　강의페어링은 학생이 스스로 별개의 강의들을 선택하여 융복합을 시도하게 된다
(〈사례 2-3〉의 그림 참조). 이때 두 개의 강의 중 하나는 기존에 수강한 강의일 수도 있
다. 학생은 스스로 선택한 강의들을 강의페어링 하는 것에 대해 담당 과목 교수와 상
의해서 지도를 받고, 해당 과목의 과제로 융복합연구를 수행한 과제를 제출하게 된다.
강의페어링의 시범사례는 [그림 2-10]에서 볼 수 있다. 예를 들어, 학생들은 강의페어
링을 통해 '경제학의 철학적 논점'과 '동양고전철학' 강의들을 강의페어링 하여 '공맹
(孔孟), 이타적 경제를 논하다'라는 연구결과물을 제출하거나, '예술이란 무엇인가'와
'성격심리학' 강의들을 강의페어링하여 '그림을 만나다'라는 연구 결과물을 제출하였
다. 또 아주대는 개별 강의페어링 사례에 그치는 것이 아니라, 학생들이 강의페어링한
것들로 자기주도적 융복합 트랙을 구성하고, 학생들의 관심과 수요에 따라 융복합 트
랙이 생성, 소멸되는 융복합생태계를 조성하는 것을 목표로 하고 있다.
　　강의페어링은 전공교육에서도 시도되고 있으며, 학생들이 강의페어링을 통해 스스
로 '자기만의 트랙을 만들 수 있게' 하여서 기존에 없는 전공(예를 들어, 국문과 학생이
웹툰 디렉터가 필요한 강의를 엮고 복합시키기)을 융복합트랙으로 인정하는 방향으로 학
칙 개정을 추진하고 있다.
　　그러나 강의페어링을 처음 시행했을 때에는 강의페어링할 교과목들을 학교에서 미

〈사례 2-3〉 강의페어링과 융복합트랙

- 융복합적 사고역량은 기존의 교수 주도 융복합교육을 통해서 함양되지 않고 학생 스스로 융합의 주체가 되어 학습활동을 수행해야 함양될 수 있음.
- 우리 학교의 융복합교육 패러다임의 핵심은 강의페어링 제도에 기반하여 학습자 스스로 융복합 사고역량을 기르는 데 있음.
- 강의페어링의 교육방식은 교수와 학생의 역량이 합쳐지는 플랫폼 강의라는 혁신적 방식임.
- 교양과 전공을 아우르는 강의페어링을 통해 학생은 자기주도적 융복합 트랙을 구성할 수 있고, 교육수요자의 요구에 따라 다양한 트랙이 생성과 소멸의 과정을 겪는 융복합 생태계가 구성됨.
- 강의페어링에 기반한 융복합 생태계라는 교육체계는 사회의 역량/직업군의 융복합 경향과 동형구조를 갖고, 사회적 수요를 충족하면서 동시에 기초학문(인문/사회)의 독립성과 완결성을 유지할 수 있음.

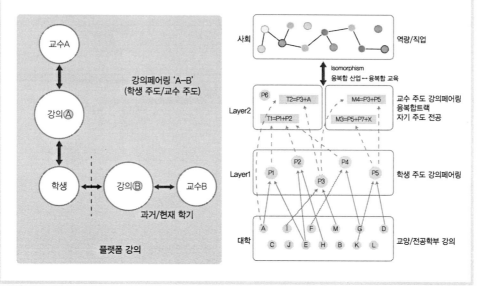

출처: 아주대학교(2015c).

리 구상하여 지정하였는데(홍성기 외, 2014), 학교가 짝지은 과목 수강률이 저조하자 학생 스스로 강의들을 선택하게끔 한 것이다. 그러자 학생들이 자발적으로 강의페어 링할 과목들을 선택하고 융복합할 접점을 구상하는 것이 교수의 생각과 다르면서 새로울 수 있다는 점을 발견하게 되었다.

그래서 지지난 학기부터 시작을 했는데 딱 보니까 문제가 터진 거예요. 저희가 생각한 강의를 2개를 다 들은 학생이 별로 없는 거예요. 그러니까 위기잖아요. 그때 그냥 거의 본능적으로 (웃음) 학생들끼리 마음대로 만들라고 한 거예요. 그러니까 학생이 과거에 들었던 전공이나 교양이나 이번 학기에 듣는 교양이나 전공이나 이 강의와 저 강의를 묶어라 그리고 융복합 보고서를 내라 그렇게 해서 시작을 했습니다. 그런데 놀랍게도 제가 거기서 굉장히 많이 느낀 것은 학생들의 생각이 교수 생각이랑 상당히 다른데 거기에 사실은 새로운 포인트들이 있더라고요. 좋은 점이.

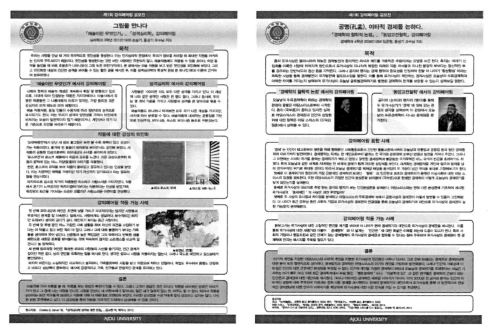

[그림 2-10] 강의페어링 시범사례

출처: 아주대학교 제공.

그러니까 학생들은 몰라요. 내 생각이 이게 가치 있는 생각인지 없는 생각인지, 해도 되는 건지 하면 안 되는 건지, 이런 생각을 하는데 강의페어링을 하면서 저는 상담하면서 이제 학생들에게 무조건 해라 웬만하면. 저희 목표는 아웃풋보다는 그런 도전의식. (다산학부대학 교수 E)

강의페어링은 참여 학생의 융합 사고력뿐만 아니라 스스로 주도하여 학습동기가 고양되는 효과도 기대할 수 있는 것으로 보인다. 더불어 이미 수강한 과목을 복습하는 효과도 있다.

그러다 보니까 과거에 들었던 강의를 다시 복습해야 돼요. 그리고 다른 교수들의 강의 내용을 저절로 알게 됩니다. 이젠 (웃음) 만약에 이게 잘 된다면 교수 사회에서 내 강의 계획서나 강의 내용이 어떻게 되면 오픈된다고 봐야 돼요. 그리고 잘못할 수가 없습니다. 이게 그리고 학생 스스로 하니까 모티베이션이 굉장히 큽니다. 저는 한 수강생의 한 10%? 정도가 이런 시도에 참여해 줬으면 좋겠다라고 생각했는데 지난 학기에는 그거보다 조금 많았고요. …… 저 개인적인 생각으로는 융복합교육은 그게 제일 경제적이고 어떤 면에서 학생들의 사고력 증진에는 도움이 되는 방식이라고 생각합니다. (다산학부대학 교수 E)

두 번째 특징으로서 아주대 융복합교육에서 주목할 점은 '가벼운' 융복합교육을 지향한다는 점이다. 이때 '가볍다'는 것은 빠른 속도로 변화하는 사회에 신속히 적응하여 유연하게 전공교육을 운영할 수 있도록 하고, 학생은 스스로 전공공부와 진로를 탐색하며 성찰하고 시야를 넓힐 수 있는 교육을 가능하게 한다는 것이다. 다음 다산학부대학의 교수가 설명하듯이 융복합교육은 '박이정(博而精)'에서 '박(博)'으로서 전공교육인 '정(精)'을 깊이 공부한 후 이를 응용·융합하며 확장하는 역할을 하기를 기대하고 있다.

전공끼리 하면 학칙이 바뀌고 이수 과목이 있고 해서 굉장히 경직성이 높거든요. 바꾸기는 힘들고 한 번 만들면 없애기도 힘들고 학생들에 대한 요구는 학칙에 있으니까. 근데 직업 시장도 빨리 바뀌고 사회가 빨리 바뀌니까 좀 가벼운 게 필요하다는 거죠. 좀 더 틈새, 예컨대 학생들의 진로와 밀착된, 뭐 자동차, IT, 이건 굉장히 큰 거 아닙니다. 특히 인문사회계 쪽은 아마 취업이, 전공 유관율이 굉장히 낮더라고요. 보니까 50% 미만이더라고요. 그러니까 그런 학생들에게 좀 진로 탐색뿐만이 아니라 자기가 앞으로 해보고 싶은 일에 대한 관심을 더 높이면서 새로운 시야를 좀 열어 주는 그런 의미가 있다고 보여요. (다산학부대학 교수 E)

우리 옛날 그 스님들이 독서회를 가르칠 때, '가장 좋은 독서란 뭐냐' '박이정(博而精)이다.' 넓게 읽으면서도 깊이가 있어야 된다. 그러니까 교육도 그걸 지향해야 되지 않느냐. 그 얕은 것은 넓게 알아도 되고 자기가 정체성과 관련된 분야는 상당히 깊이 있는 지식을 가져야 되고. 그래서 사실은 학습 총량이 늘어날 수밖에 없다고 생각했었어요. 제가 근데 이제 나이가 들어서 이렇게 보니까 아이들한테 너무 여백을 안 준 거 아닌가. 사실은 그런 생각을 해서 저희들이 120학점 체제로 140학점에서 이렇게 줄였던 건데 여백을 주자고 …… 그러니까 '정'은 전공이고 '박'은 융복합이다. 그래서 가급적이면 제1전공은 열심히 공부하고 제2전공은 트랙을 몇 개 독립적으로 구성해서 전공을, 전공적 지식을 활용하거나, 아니면 그 폭을 확장시키거나 이렇게 하는 또는 그 전공지식을 스스로 성찰할 수 있게 하는. (다산학부대학 전 학장)

2) 핵심과 폭을 갖춘 교양교육

아주대 교양교육의 특징은 핵심을 갖추면서도 가볍고 넓은 교양교육을 지향한다는 점이다. 여기서 '가볍다'는 표현은 무겁지 않다는 의미도 있지만, 사회 변화에 순발력 있게 대응하는 '열린 교양'을 지칭한다. 이러한 아주대 교양교육을 잘 보여 주는 프로그램은 융복합 교양강좌인 AFL(Ajou Flagship Lecture), AAFL(Advanced AFL)과 아주고전 및 관련 프로그램들이다. 또 아주대는 이러한 교양교육 프로그램을 온라인 컨텐츠화하여 학생의 접근성을 높이고 있다.

① 융복합 핵심교양 AFL, AAFL 강의

AFL은 아주대가 대표 교양강의로 내세우는 것으로, '융복합적 사고를 위한 기초 소양을 제공하는 대형·입문' 강의다(아주대학교, 2015d, p. 22). AFL 강의는 전공학문의 대표성을 띄는 주제로 구성되는데, '논리란 무엇인가' '20세기란 무엇인가' '생물학이란 무엇인가'와 같은 강의가 개설되어 있다.(〈표 2-15〉 참조). 이는 다음 보직교수가 설명하는 바와 같이, 상이한 전공계열의 학생들이 서로의 학문에 대해 이해하고 관심을 갖도록 하는 대형 강의다. AFL 강의는 KOCW를 통해 공개되어 있다.

> 저희 학교 교양교육 과목들을 보면 그런 것들이 있습니다. '○○란 무엇인가?'라고 하는 시리즈물들이 있는데요, 인문대 학생들한테도 예를 들면 '수학이란 무엇인가?' 이런 과목들이 있을텐데, AFL이라든가 Ajou Flagship Lecture라고 해서 좀 대형 강의이기는 한데 이런 것들이 대표강좌를 열어서 인문대 학생들도 공학이나 자연과학에 조금 관심을 가질 수 있는 어떤 과목들, 그런 것들을 이제 제공을 해서 좀 듣게 하는 편이고요. 교양교육에서는 교양교육의 폭이 AFL이 생기면서 좀 넓어졌어요. 그니까 좀 다양해졌다 그럴까요. 좀 들을 수 있는 과목들이 여러 폭이 좀 넓어진 측면이 있고요. (입학처장)

AAFL은 이를 심화한 세미나식 수업으로 고전독해형, 발표와 토론형, 논문작성형 소형·심화 교양강좌 등으로 구성되어 있다(아주대학교, 2015d). 아주대는 AFL, AAFL 등의 교양강좌를 통해서도 융복합교육을 지향하고 있다.

> 저희가 그 ACE 사업 내용 쪽인데 AFL이라는 강좌 그룹을 만들었어요. …… '아주 플래그십 렉처(Ajou Flagship Lecture)'라 그래 가지고요. 어, 이제 대단위 강의를 기본적으로 그 학문 영역마다 쫙 한눈에 조망할 수 있는 대표강좌를 그 간판강좌를 한 스무 개 정도 만들었고요. 그걸 토대로 이제 그건 이제 온라인 콘텐츠로 제작이 돼서 학생이 이제 자습이나 복습에 이용할 수 있고요. 그 강좌를 통해서 그건 대단위 강좌입니다. 듣고 나서 기본적으로 학문에 대한 흐름을 익히고. 그다음에 AAFL이라는 강좌 그룹이 또 있습니다. 그러면은 그 AAFL은 소단위 강좌예요. …… 세미나식 수업이라고 보시면 됩니다. 둘 다 교양 그룹에 있는 수업이고요. AFL을 듣고 거기서 여러 가지 영역의 AAFL들 하고 같이 이제 크로스오버를 시키는 거죠. 그렇게 하면서 저희

가 흔히 저희들은 '비빔밥식이다'라고 얘기를 했는데 그런 융복합교육을 현재 구상을 하고 진행 중에 있습니다. (직원 B)

이 외 '아주강좌'라는 교양강의도 사회의 변화에 순발력 있게 대응할 수 있는 '열린 교양'을 지향하며, 학생들도 높은 만족도를 표현하였다.

그전에 이제 교육과정위원회에서 일을 하면서 만들어 낸 게 '아주강좌'라고 하는. 그러니까 그때 저희들이 고민했던 것은 교육과정이 굉장히 경직되어 있다. 그래서 교육과정을 고치려고 하면 각종 위원회를 거쳐야 하고, 교수들 이해관계를 조율해야 되고 그렇게 되다 보니까 실제로 사회의 변화에 이렇게 순발력 있게 대응하기 어려운 부분이 있다. 그러니까 교육과정 중에서 어떤 것은 안정적으로 아무리 세상이 바뀌어도 가야 되는 게 있고 또 어떤 것은 또 변화에 대응할 수 있어야 되지 않냐. 그래서 이제 '열린 교양'이라고 하는 이름으로 불렀었는데요. 그러니까 비교과와 교과를 좀 이렇게 접경지대를 만들고 그 안에서 교육내용을 사전에 확정하지 않는 이제 수업 형태를 한번 시범적으로 출범시켜 보자. 그래서 만약에 사회에서 어떤 문제가 떠오르면 그걸 바로 가져와서 이제 그 교육내용에 포함시킬 수 있으려면 수업 계획서 안에 모든 게 다 짜여져 있으면 안 되지 않느냐, 그렇게 해서 시작한 게 아주 강좌라는 프로그램이었어요. (다산학부대학 전 학장)

아주강좌라고 교양 수업인데 1학점짜리예요. 근데 외부강사나 아니면 좀 유명하신 분들을 데리고 와서 한 시간 반, 두 시간 이렇게 강연을 하는 거거든요. 근데 정말 너무 좋은 거예요. 저는 이거를 1학년 때 들었지만, 목요일 날 네 시 반에 진행되거든요. 근데 거의, 거의 매주 가요, 지금까지. …… 제가 그때 느꼈던 그런 갈증을 좀 많이 해소해 주는 것 같아요. 예를 들면, 나영석 PD 이런 분들이 와서 자기 얘기해 주면, 저는 그거만으로 어떤 동기를 받아 가거든요. …… 그런 분들이 와서 얘기하는 그런 경험이나 자기가 느꼈던 그런 생각들을 얘기해 주는 거는 제 입장에서는 엄청 큰. …… 아주강좌는 진짜 다른 학부생들도 다들 칭찬하는. …… 제가 또 기억나는 게 어디 중앙박물관 관장님이신가? 오셔서 이야기하는데 역사에 대해서 제가 책을 읽거나 아니면 강의를 들었을 때 못 듣는 그런 얘기들 있잖아요. 그러니까 그 현장에 있기 때문에 말할 수 있는 그런 이야기들. 그런 얘기를 듣고 있으면, 제가 생각해 보지 못한 그런 영역도 이렇게 상상해 볼 수 있는 그런 시간이 되죠. (사회계열 학생 C)

또 한 학생은 아주대가 융합학문을 지향하고 선도하는데, 철학 교양 강의를 통해서도 전공계열 불문하고 융합학문이 가능한 풍토가 조성되었다고 설명하였다.

② 아주고전

아주대 교양교육 중 아주고전도 핵심과 '가벼움'을 지향한다. 우선 아주고전이란 다양한 분야(문학, 사학, 철학, 사회과학 및 자연과학)의 고전 100선에 대한 소개글과 해제집을 작성한 것이다. 또 이에 대한 문제은행 1,500제를 구축하여 학생들을 대상으로 온라인으로 CBT 시험을 치를 수 있도록 되어 있다(아주대학교, 2015d). 아주고전 해제집과 문제은행은 아주고전 홈페이지(http://classic.ajou.ac.kr)에서 확인할 수 있다.

'아주고전 100선'에 대해 다산학부대학 교수는 요약이 아닌 핵심을 발췌한 것이라고 강조하였다. 학생들이 고전 100권을 다 읽는 것이 어려운 상황에서 학생들이 핵심 부분과 해제집을 읽어서 학생들이 고전을 경험하고 익숙할 수 있도록 하는 '가벼운 목적'을 설정한 것이다.

요약은 아닙니다. (질문: 그러면은?) 핵심 부분입니다. …… 문학은 좀 어렵다고 보는데 사실은 철학이나 사회과학이나 자연과학 고전의 핵심 부분이 있거든요. 그러니까 그 부분은 읽으면 어느 정도 이 해제와 같이 읽으면 아 그런 책의 내용은 이런 거구나 라는 걸 알 수 있거든요. 그래서 저희는 깊은 내용이 아니라 그 책이나 그 작가 이름 들었을 때, '아, 나 옛날에 한 번 읽어 본 그런 거네.' 그것도 꽤 도움이 되거든요. 네, 그래서 그런 거를 목표로 한 겁니다. 아주 가벼운 목적 설정이고 넓은, 그래서 다른 대학이랑 공유하자. 저희는 지금도 그 원칙은 고수하고 있거든요. 그러니까 타 대학은 그걸 갖고 가서 다른 용도로 써도 되고 그렇잖아요? …… 고전교육을 깊이보다는 넓게 그런 아이디어를 지금 하고 있습니다. 조금 다른 대학이랑 같이했으면 좋겠어요. (다

산학부대학 교수 E)

또 아주대는 이러한 '아주고전 100선'을 다른 학교와 공유하면서 더 확장해 나가기를 희망하였다. 나아가 저작권 문제로 고전 발췌 부분을 공유하는 데 문제가 있는 점에 대해서 교육부와 합의해서 '한국의 코리아 아카이브 10만 권'과 같은 아카이브를 구축할 수 있기를 원하였다.

저희가 해제한 거 상당히 공도 많이 들이고 돈도 많이 들었는데 그걸 그냥 다 드리겠다는 겁니다. 그럼 그 대학에서 한 10권 정도 더. 그럼 그것도 공유가 되고, 또 다른 대학에 하게 되면 또 10권을 눈 굴리듯이. 발췌, 어떤 부분이 핵심 부분이냐, 예를 들어서, 뭐 철학책 같은 게 전부가 다 핵심은 아니고 중요한 내용이 있잖아요. 그 부분을 발췌를 해 놓고 그다음에 한 교수분이 작가의 생애라든가 사상과 책의 핵심 의미죠, 사상, 그다음에 핵심적인 부분 이런 게 한 모듈로 만들어서 그거를 지금 100여 개를 만들었습니다. (다산학부대학 교수 E)

이렇게 구축된 아주고전은 수업이나 점심시간 강의인 Brown Bag Lectures(BBL), 고전 경연대회, 그리고 토론과 고전이 연계된 아주고전 토론대회 등에 활용되고 있다. BBL은 고전을 발췌하고 해제집을 작성한 교수가 고전을 소개하는 강의로, '원포인트 강의'라고 할 수 있다.

저희는 '브라운 백 렉쳐'라는 것도 하는데 그것도 2주에 한 번씩 하는데, '아주고전 100선'이라고 하는 게 있어요. 그래서 고전에 대해서 교수님들이 원서랑 서술해 놓으신 게 있거든요. 기술해 놓으신 게 있는데 그걸 갖고 교수님들이 점심 때 한 30~40분씩, 2주에 한 번씩 발표를 하세요. 그러면 거기 다른 과 교수님들과 학생들이 와서 들어요. 아무 때나, 아무나 와서. …… 마니아처럼 오는 아이들이 있다고 하더라고요. 많지는 않겠지만. 교수님들끼리 서로 토론하니까 그런 것도 재밌고. 거기에 마니아인 교수님들은 많고요. (웃음) (다산학부대학 교수 D)

〈사례 2-4〉 아주고전 Brown Bag Lectures(BBL)

- 아주대는 2013학년도 2학기부터 ACE 사업의 일환으로 아주고전 Brown Bag Lectures(BBL)를 확대 · 운영하고 있음.
- 점심시간을 이용하지만 비교과 강의 형식이 아닌, 음식/음료수 반입이 엄격하게 금지되며 사전 예약된 학생들을 대상으로 컴퓨터 환경을 최대한 활용한다는 점에서 '격식을 갖춘 명품 고전 강연'의 성격에 더 가까움.

〈아주고전 홈페이지〉

〈2014-2학기 아주고전 BBL 개강 포스터〉

〈2014-2학기 아주고전 BBL 프로그램〉

일시	문헌	강연자
2014.9.16.	사이먼 싱『페르마의 마지막 정리』	최수영(자연대)
2014.9.23.	포퍼『열린 사회와 그 적들』	강신구(사회대)
2014.9.30.	카뮈『이방인』	강충권(인문대)
2014.10.7.	헤로도토스『역사』	김봉철(인문대)
2014.10.14.	데카르트『성찰』	이진희(기초교육대)

　학부생들이 고전을 쉽게 접하고 논할 수 있는 자리인 '아주고전 Brown Bag Lectures(이하 BBL)'가 2학기 개강과 함께 시작됐다.

　2014년 9월 16일 사이먼 싱『페르마의 마지막 정리』에 대한 수학과 최수영 교수의 강연을 시작으로 10월 14일까지 4번의 강의가 더 진행된다. 기초교육대학 다산기초교육연구소의 주최로 진행되는 BBL은 매주 화요일 오전 11시 50분에 성호관 303호에서 진행되며, 강의 후에는 갈색 봉투에 담긴 간단한 다과와 함께 고전에 대한 토론 시간을 가지게 된다. 또한 강의 전과 후에 해당 고전을 찾아 읽어 볼 수 있도록 아주 위대한 고전 홈페이지(http://classic.ajou.ac.kr)에서 고전 해제집을 제공하고 있다. 참여 신청은 따로 받지 않으나, 전회 참여를 희망하는 경우 참가신청서를 작성하여 기초교육대학 다산기초교육연구소에 제출하여야 한다.

　'아주고전 Brown Bag Lectures'는 매년 11월에 열리는 '아주 위대한 고전 경연대회'와 함께, 우리 대학 학생들에게 인류의 지적 유산이지만 접근하기 까다로운 고전을 '어떻게 읽을 것인가?' 하는 물음에 구체적이면서도 실질적인 고전 독해법을 제시하고 있음.

출처: 아주대학교(2014c), 아주대학교(2015c).

이처럼 아주고전은 아주고전 100선에 대해 발췌, 해제집을 구축하고, 홈페이지를 통해 발췌집을 공유하고 CBT를 가능하게 하여, 수업 및 여러 비교과 프로그램에 활용할 수 있도록 하였다. 아주대 다산학부대학의 교수도 이러한 아주고전은 교양교육에서 가장 최적화되어 있고 인프라가 잘 구축되어 있는 것으로 평가하였다.

> 고전교육이 교양교육 중에서 가장 어려운 파트잖아요. 모든 학교가 도전했다가 잘 성공을 하기 굉장히 어려운. 투자는 많아야 하고. 근데 저희는 그렇게 하지는 않고, 처음부터 체계화하자. 그래서 이제 만들어 놓고 고전 100선을 만들어 놓고 해제집을 만들었어요. 그리고 해제집을 학생들이 읽었는지 안 읽었는지 일단은 테스트할 수 있잖아요. 간단하게. 수준은 좀 떨어지지만. 그리고 좀 더 심도 깊은 것들은 그 해제집을 활용해서 수업시간에 또 쓰고. 그리고 브라운백 렉쳐라고, 그것을 해서 또 학생들 참여하게 만들고, 그다음에 고전 경연대회를 통해서 참여하게 만들고. 참여율이 갈수록 뭐 고전은 토론보다 참여율이 갈수록 더 올라가요. 계속 좀 올라가고 있고. 그다음에 토론하고 고전하고 연계한 프로그램도 제가 하나 만들었어요. 그니깐 1학기 때는 아주고전 토론대회. 고전을 또 읽고 와서 토론하게 하는. 그 프로그램도 있고 그래서 고전이 지금 프로그램이 다양하게 되어 있어서, 학생들한테 접근할 수 있는 루트를 많이 만들어 놓은 거죠. …… 그래서, 우리는 처음부터 인프라를 강조했어요. 최적화 문제와 관련해서. 그래서 그게 인프라라는 측면에서 보면 가장 잘되어 있는 게 고전 쪽입니다. (다산학부대학 교수 B)

3) 응용 중심의 전공교육

아주대 전공교육에서는 응용을 강조한 교육이 이루어지고 있는 점에 주목할 수 있다. '실사구시'는 '인간존중' '세계일가'와 함께 아주대의 3대 대학이념이다(아주대학교, 2015c). 또한 아주대 인재상인 다산형 인재는 '실사구시를 실천하는 융복합 창조인'이다(아주대학교, 2015d). 이처럼 아주대의 교육은 응용을 강조하고 실용적 교육을 추구한다. 그리고 학생들도 이러한 실사구시를 실현하는 전공교육을 받고 있다고 생각하고 있었다.

아주대학교 교훈이 실사구시, 세계인가, 인간중심인데 실사구시적인 측면을 되게 많이 보인다고 저는 생각을 하고, 이거는 저뿐만 아니라 저희 학교 모든 학생들이 우리 학교 모든 학생들이 정말 다 공감하는 게 정말 실사구시 정신이 뛰어나다, 정말 뭐 현실에서 적용 가능한 학문들을 배우고 뭐 접목시키는 방법을 가르쳐 주는 그런 학교라는 생각이 많이 들었습니다. 그래서 약간 좀 아쉬운 점이 있다면 너무 실사구시 형태의 학문들, 아니면 그런 활동들을 강조하다 보니깐 예체능 과목이 없어 가지고. (사회계열 학생 A)

[취업 시험 준비하는데] 아무래도 학교에서는 프로그래밍 수업을 하니깐 학교에서 배웠던 전공 기초 과목이 시험에 출제가 되거든요. …… 선배 후광도 있고 또 배운 전공지식이 시험 문제로 나오니깐, 가장 직접적이죠. (공학계열 학생 C)

공대의 특징이 반영된 것일 수 있지만, 교수의 기업과 연계한 연구를 통해 최신 동향을 파악하고 공장견학을 통해서 현장학습을 하는 등 좀 더 현장과 밀착된 효과적 전공교육을 도모하는 것으로 보인다.

공대 같은 경우에는 공부 외적으로 실험이나 아니면 기업과 연계해서 이렇게 갈 수 있는 거 있잖아요. 여기 같은 경우에는 ○○이랑 좀 많이 돼 있는 편이라서. 그래서 이제 교수님 연구내용 같은 것만 봐도, 어, 교수님이 하시는 연구 말고도 이제 기업에서 따온 것도 많거든요. 그런 거 통해서 동향 같은 것도 알 수 있고. 어느 지역이든 어떤 대학이든 기업과 연계되어 있는 학교들이 있는데 저희 학교도 마찬가지로 그런 면에서 그런 게 없는 학교들보다는 잘돼 있어서 많이 배울 수 있는 거 같고. 배울 수 있는 것도 많고, 기회도 많고. (공학계열 학생 B)

아, 저희는 그게 있어요. 학기마다 공장견학이라는 게 있거든요. 교수님 한두 분 정도랑 저희 신청한 인원들이랑 해서 기업 차원에서 신청해서 공장을 견학하고 그렇게 해서 한 1박 2일 교수님이랑 갔다 오는 게 있거든요. …… 저는 되게 좋았어요. 현대자동차 아산 공장이랑 여기 수원에 있는 ○○연구원 다녀왔었거든요. 그냥 그 내용, 솔직히 여기 학교에 있는 연구실 규모랑은 기업

연구실이나 아니면 공장의 규모는 확실히 다르잖아요. 뭐, 그런 데서 느낄 수 있는 점이나, 아니면 그 공정 자체를 보는 거니까. 그냥 학문으로만 배우는 거랑 진짜 실험해서 느끼는 것처럼 실제로 보는 거랑 큰 차이가 있는 거 같아서 좋았어요. …… 어마어마한 차이인 거 같아요. 보고 안 보고는. 공정 자체가. 그 공장을 따라다니면서 한 공정을 다 훑는 거잖아요. 그냥 글로 보는 거랑 그렇게 보는 거랑은 머릿속에 그냥 딱 이렇게 들어온다 그래야 되나. (공학계열 학생 B)

앞서 언급한 집중교육을 실시한 후 현장실습으로 이어질 때도, 전공교육을 통해 학습한 것을 현장에서 바로 적용하고 회사에 필요한 과제와 업무를 수행해 주는 성과를 거두기도 하였다.

집중교육을 한 다음에 현장 실습을 가면, 현장 실습도 워낙 회사가 다양하니까 바로 연계되는 회사를 가는 경우는 사실 드물기는 하지만, 그럼에도 불구하고 애들이 현장 실습을 가면 아무래도 프로그래밍, 프로젝트를 아주 인텐시브하게 했던 친구들이 가는 거잖아요. 그러니까 회사에서도 만족도가 높아요. 특히나 뭐 정말 연계해서 가는 회사에서는 아주 땡큐하는 거고요. …… 여기에서 배웠던 거 특히나 안드로이드나 이런 주제, 이걸 기반으로 하는 IOT 이런 거를 하고 나면 요새 안드로이드 모바일 시스템 안 하는 회사들이 별로 없잖아요. 그러니까 안드로이드한 친구들은 굉장히 땡큐, 웰컴하면서 현장 실습을 가는 거죠. 그래서 나름 가서 회사에서 필요로 하는 숙제들을 해결해 주고 온 친구들도 있고요. (공학계열 학과장)

3. 능동적·협동적 학습: 아주대만의 학생 주도형, 토론형 학습

아주대 학부교육에서 능동적·협동적 학습은 아주대가 개발한 학생 주도형 학습 프로그램과 토론형 학습 프로그램이 특징적이다. 이와 관련한 아주대의 능동적·협동적 학습 영역 수치도 〈표 2-20〉에서 볼 수 있듯이 2011년부터 2013년까지 모두 타 대학과 비교하여 높은 결과를 보였다. 2011년에는 12.27로 ACE 참여대학과 전체 대학의 수치인 각각 11.69와 11.60보다도 높았다. 2012년과 2013년에도 아주대는 11.53과

11.62로 2011년보다는 하락했지만, ACE 참여대학 그룹도 11.24 혹은 11.30으로 하락하여, 여전히 아주대가 타 대학보다 능동적 · 협동적 학습 면에서 우위인 것을 알 수 있다. 아주대는 학부교육 프로그램 가운데 강의페어링, UR, 집중교육 등을 통해 학생이 주도하는 전공교육과 융복합교육을 활성화시키기 위해 노력하고 있다. 또 Ajou Debate라는 아주대 토론 모형이자 이를 위한 플랫폼을 개발하여 온라인에서도 활용하고 있다.

〈표 2-20〉 K-NSSE 자료: 능동적 · 협동적 학습 영역

연도	능동적 · 협동적 학습 영역					
	아주대학교		ACE (11년: 22개교, 12, 13년: 23개교)		전체 31개교	
	평균	표준편차	평균	표준편차	평균	표준편차
2011	12.27	2.25	11.69	2.49	11.60	2.50
	(n=207)		(n=5,368)		(n=7,393)	
2012	11.53	2.33	11.24	2.57	11.17	2.56
	(n=219)		(n=7,404)		(n=10,415)	
2013	11.62	2.41	11.30	2.60	11.23	2.61
	(n=400)		(n=8,659)		(n=10,078)	

주: 2013년 3차 조사에는 총 54개 대학이 참여하였으나, 한국교양기초교육원 · 학부교육 선진화 선도대학 협의회(2013)에서는 종단 분석의 취지를 고려하여, 2011년부터 3년에 걸쳐 모두 참여한 31개 대학의 응답 자료를 아주대 자료와 비교 · 분석하여 제시하고 있음.

출처: 한국교양기초교육원 · 학부교육 선진화 선도대학 협의회(2013). 2013년 대학 학부교육의 질과 성과 분석: 아주대학교.

1) 학생 주도형 학습모델 개발을 위한 창의적 노력

아주대의 학부교육은 전반적으로 아주대 학생의 주도적 학습과 능동적 참여를 강조한다. 이는 다음의 교수들이 지적했듯이 아주대 학생이 착실한 반면, '야성'이나 적극성이 떨어지는 특징 때문일 수도 있다.

　　단, 이제 데이터라고 본 거는 K-CESA 같은 경우에 비교가 나오잖아요. 그런데 거기서도 약

간은 비슷했는데, 우리 애들이 조금 인지적 능력은 괜찮은 편으로 항상 나와요. 근데 이렇게, 우리가 저는 그걸 태도라고 하는데. 한국에서 태도라 그러면 예의범절을 따져서 좀 그렇긴 한데, 적극적이고, 어설트(assert)하려고 하고, 문제에 개입하려고 하고 자기 주장 해내려고 하고. 그게 굉장히 중요한 태도일 텐데, 그 부분들이 조금씩 약하게 나와요. 교육현장에서도 느끼고, 우리 그 ACAT에서도 조금씩 드러납니다. 근데 그게 제가 말을 할 때 조금 주저하게 된 게, 다른 대학하고의 그 관계는 어떨까. 왜냐면 우리나라 학생들이 제가 느끼기에는 전체적으로 떨어질 거예요. (다산학부대학 교수 B)

우리 애들은 성실하고 진지하게는 키워지는데, 이제 '야성이 부족하다' 이 평을 많이 받아요. 그래서 최근에 변화는 이제 아마 총장께서도 그러신 거 같고 야성을 좀 키워 주자. 그걸 이제 극단적으로 제가 총장한테 그 말씀을 드렸어요. 정말로 애들이 동기만 갖고 있다면 어떤 어려움도 다 이겨낼 거 아닙니까. 자기가 이건 꼭 해야겠다. 그러니까 어떻게든지 동기를 이끌어 내는 환경과 노력이 교육에서 굉장히 중요한 것 아닙니까. 그러니까 그 야성이 부족한 건 바꿔 말하면 열정이 부족한 거 아닙니까. 시키는 대로는 잘하는데. 근데 지금 세상이 이제 경쟁이 훨씬 치열해졌는데. (다산학부대학 전 학장)

학생 주도형 학습은 앞서 자세히 설명한 강의페어링과 UR과 같은 프로그램의 예에서도 잘 드러난다. 반복해서 요약하자면, 강의페어링은 학생 주도형 융복합교육 모델로서 학생이 스스로 2개의 강의를 짝지어서 융합연구를 진행한다. 초기에 학교에서 짝지어 지정한 강의 수강률은 저조한 반면에, 학생들이 자발적으로 강의들을 짝짓고 융합의 접점을 찾는 성과가 높이 평가할 만하였다. 강의페어링 과목들을 연결하여 개인별 융복합트랙도 구성할 수 있도록 학사 개정을 추진하고 있다.

UR 프로그램도 다시 요약하여 설명하면, 학부생 연구 프로그램으로서 학생이 스스로 연구주제를 설정하여 지도교수로부터 승인을 받고 연구를 발전시켜 나가는 형태다. 아주대는 UR을 수업 기반과 팀 기반으로 세분화시켜 교과목으로도 지정하였으며, UR 연구결과물을 발표 후 국내외 학술교류의 기회도 제공하고 있다.

공간을 주고 기회를 주면, 그냥 다 알아서 하는구나, 그런 생각이 들더라고요. 그 당시에. 그래서 그 이후에 이제 그 학생의 UR 프로그램이 학교에 만들어졌어요. 학생이 UR 하려고 하는데 처음에 지도교수님 이렇게 그 UR 할려면 이제 교수님이 신청서 써 내는데, 지도교수님 서명이 필요하다 그래서 해 줄 테니까 갖고 와라. 자기가 계획서하고 뭐 이런 걸 다 써 왔어요. 뭘 하라고 하는 것도 아닌데. 그래서 저는 그 학생이 제가 본 유일한 UR을 했었던 유일한 학생이기 때문에 그 학생이 표준 모델 정도인가 그랬었는데, 다른 과 보니까 뭐 전자과에 어떤 학생은 전자과 컴퓨터과 어떤 학생은 보니까 SCI 논문도 쓰고 이랬더라고요. (웃음) 그래서 아 이제 학문적으로도 자기가 하고 싶은 거 말고, 학문적으로도 이렇게 교수님들이 격려를 해 주면 학생들이 잘하는구나. 환경만 만들어 주고 기회 주고 그러면 하는구나. (입학처장)

특히 공대 계열에서는 집중교육이나 프로젝트형 수업을 통해, 학생들이 주도적으로 학습하며 수업에서 배우지 않은 내용을 찾아 스스로 문제를 해결하는 능력을 키우고자 하였다.

저희 정통대에서 이제 처음에 그 IT집중교육이라 그래서 이제 시작을 했었는데 …… 제가 학생들한테 좀 감동을 받은 것 중에 하나가 뭐냐 하면, 점심시간 이후에 이제 그 학생들한테 이제 시간을 5시간 정도 주는데요. 자유로운 분위기에서도 그런 팀 프로젝트 하고, 서로 막 물어보고. 뭔가를 해 내려고 하는 동기유발이 굉장히 많이 됐어요. 단 한 개의 토픽을 가지고 8주의 시간을 주면서 그거만을 위해서 모든 걸 한번 쏟아 봐라, 진짜 그 요즘 표현으로 하면 '진짜 열정바리 그런 거를 한번 해 봐라.'라고 했을 때, 학생들이 그걸 하는 걸 보면서 제가 오히려 많이 배웠습니다. 그때는 학생들한테 '아. 이거 교육방법으로서도 굉장히 의미가 있을 수도 있겠구나. 그리고 학생들한테 뭔가 하고 싶은 일을 놔두면, 학생들은 정말 알아서 하는구나. 자기가 하고 싶은 건 진짜 잘하는구나.', 뭐 그런 것들을 알게 되었습니다. (입학처장)

앱 프로젝트라는 수업이 있는데, 그게 제가 딱 들었을 때가 첫 생긴 과목이었어요. 과 커리큘럼이 한 번 바뀌면서 새로 하나 생겼는데, 그때 교수님이 와서는 정말 프로젝트 수업을 해서 팀을 짜고 그 팀끼리 기획을 다 한 다음에 며칠까지 어떤 걸 해야 되고, 며칠까지 어떤 거를 해야 돼서 완전한 프로젝트를 하고. 교수님은 이제 간단하게 그 프로젝트를 하기 위해서 필요한 도구에 대한 지식을 제공만 해 주시고 나머지는 프로젝트 매니저처럼 뒤에서 이렇게 봐 주시는 수업이 있었어요. 그걸 하면서 자주적으로? 그렇게 한 거예요. ……

교수님이 이렇게 '뭐 이거 하세요. 저거 하세요.'보다는, '이거 하세요, 저거 하세요.'를 안 줘서 좀 방황을 하긴 좀 했어요. 어떻게 해야 되나, 길도 잘 모르겠고 했는데 이렇게 좀 풀어져서 배우다 보니깐 학교 수업에서는 배우지 않았던 내용까지도 내가 직접 찾아보면서 공부를 하고 그걸 프로젝트에 반영을 해 가지고 '이런 쪽도 있구나, 이런 프로그램도 있구나.' 그런 것을 좀 많이 알게 된 수업이었어요. (공학계열 학생 C)

한 사회계열 학생도 아주대의 수업 분위기가 학생의 참여를 많이 독려하는 편이라고 설명하였다. 소규모 수업에서 이런 분위기의 수업이 많이 진행되는 편인데, 동생을 위해 다른 몇몇 학교에서 참여형 수업을 찾으려고 했더니 별로 개설되어 있지는 않은 것 같다고 덧붙였다.

되게 좀 많이 부추긴다고 해야 하나? '네가 할 수 있잖아.' 이런 식의 그런 진행을 많이 하시거든요. 제가 순간 질문이 있어서 손을 들어 가지고 질문을 하더라도 교수님께서 조금 듣다가 자기가 아는 얘기다 싶으면, 아, 알겠다, 자기 말씀하시고, 아니면 또는 제가 쪼끔 말도 안 되는 질문을 하면 중간에 커트 놓고 자기 수업을 진행하시든지 뭐 그럴 수 있잖아요. 근데 교수님, 제가 들었던 수업의 교수님들은 그래도 '니가 할 수 있는 질문, 니가 하고 싶은 질문은 일단 끝까지 10분이든 20분이든 한번 해 봐라.' 그런 교수님들이 많았고요. 그런 거에서 진짜 제가 궁금한 것, 제가 좀 갈증을 느끼는 부분을 해소시켜 주시려는 그런 면을 많이 발견했습니다. (사회계열 학생 C)

이 밖에도 '대학의 지원적 환경'에서 설명하겠지만, 아주대의 교육 중심형 행정 지원은 학생들의 참여와 동기 유발에도 기여하는 것으로 보인다. 또 아주블루마일리지라는 비교과 마일리지 프로그램으로 학생들의 자발적 참여를 유도하고 동기를 고취시키고자 하는 것으로 보인다.

> 전폭적으로 운영이나 기획 측면에 있어서도 그동안 선생님들이 알고 있는거 다 가르쳐 주시고 그리고 교과랑 비교과를 연결하려는 시도들을 굉장히 많이 추진을 해 왔고, 지금도 하고 있거든요. 예를 들어서 아주대가 또 최초로 하는 게 비교과활동 증명서라고 교과 성적 이외에 이런 동아리나 소학회나 아니면 외부 단체활동이나 이런 지표들을 또 어떤 하나의 증명서같이 만들어서 점수를 부여하는, 또 그게 뭐 강제적으로 해라가 아니라 그냥 학생들의 노력들을 좀 고취시키기 위해서 그런 부분들을 장려하기 위해서 그런 성적표 같은 것도 하나 만들고, 비교과 성적표 같은 것도 만들고 또 그런 비교과활동을 장려하기 위해서 또 공모전도 하고 그리고 뭐 프로그램 개발에 굉장히 노력을 많이 하시는 게 보입니다. 거의 연중 내내 계속해서 학교 학생들과 관련된 프로그램들이 돌아가고 있고요. 참여만 하고 싶으면 언제든. (사회계열 학생 A)

한 아주대 교수는 '어떻게 하면 좀비학생을 웜바디(warm body)로 만들 것인가'를 고민한다고도 표현하였는데, 이러한 능동적 학습을 위한 아주대의 다양한 교육적 시도가 성공적으로 운영되고 있는 것으로 보인다. 이와 유사하게 2016년도부터 시작되는 도전학기 프로그램의 취지와 성과도 주목해 볼 만한 부분이다.

2) 아주대형 토론 학습: Ajou Debate

Ajou Debate는 아주대가 개발한 토론형 학습의 모델이다. 아주대가 앞서 설명한 아주고전과 함께 아주대만의 토론 교육 모형과 관련 프로그램을 개발한 이유는 다음과 같다. 다음의 면담에서 다산학부대학의 교수가 설명하였듯이 대학 수준의 이해능력은 고전이 포함되어야 하고, 토론을 통해 문제해결 및 논증 능력을 갖추어야 한다고 생각하기 때문이다.

> 토론수업은 그게 조금 또 그게 히스토리가 있는데, 아까 말했던 종합적 의사소통역량을 생각을 하고 저희가 했던 게 초기 1기에 했을 때, 아주고전, 아주토론이라는 프로그램을 만들었어요.

의사소통역량에 고전이 들어가는 학교는 굉장히 드물텐데, 우리가 그것을 의도적으로 두 개를 합쳐 버린 거예요. 대학 수준에 이해능력이라는 것은 고전 쪽으로 가야 한다. 그리고 토론 가지고 문제 해결하고 논증 능력을 가야 한다라고 하면서 봤을 때 고전이 필요하다고 생각했고. (다산학부대학 교수 B)

이처럼 Ajou Debate는 아주대 토론모형이자 이를 위한 플랫폼이라고 할 수 있다. 아주대 다산학부대학에서는 사전연구를 통해 아주대 토론모형을 개발하고, 이에 맞는 홈페이지를 구축하였다(아주대학교 Ajou Debate 홈페이지). 토론모형은 비교과와 교과를 위한 토론 모형을 별도로 개발하였고, Ajou Debate 홈페이지를 통해 교과 및 비교과 온라인 토론을 실시한다. 교과를 위한 토론모형의 활용은 다음과 같이 진행되며, 학생들의 토론 참여도가 꾸준히 상승하고 있는 것으로 평가된다.

그러면 어떤 토론모형을 선택을 할까. 그래서 국내외에 있는 토론 교육이나 토론대회 방식을 쭉 다 리뷰를 했어요. 근데 크게 보면 두 가지가 있잖아요. 하나는 이제 대회용. …… 사실은 대학에서 필요한 게 현장 토론에서의 대회용보다는, 아카데믹 토론모형이겠다라고 연구를 해서 결론을 내렸어요. 사전연구 절차들이 있었습니다. 결론을 내리고, 그러면 이것을 어떻게 실행을 할까라고 해서, 일단은 애들이 충분히 숙고를 한 다음에 쓰게 하자. 쓰고 글로 토론하게 하고, 주장하고, 반박하고 최종 주장하게 되는 이런 단계들을 거치게 하자라고 하고, 이 모형에 맞는 홈페이지를 구축을 했어요. …… 토론대회 때도 사용하고, 약간 변형을 해서. …… 비교과 모형도 있고 교과 모형 두 개를 만들어 놓은 겁니다. …… 아주 토론 모형을 만들어서 거기서 수업을 운영하는 거죠. 그리고 그 온라인 토론은 이제 제가 그렇게 얘기하는 게, 발표 자료를 다 읽고 얘기해야 하니깐 분석하고 어설트 하는 능력들이 길러지고, 앞전에는 그 교실에서 얘기하도록 하고. 마지막 게 재밌어요 사실은. 전체 리뷰를 하도록 해서 최종적인 자기주장을 하게 하고, 나중에 보면은 애들이 쭉 오는 과정이 보이잖아요. 그런 과정이 재미가 있는 것 같아요. (다산학부대학 교수 B)

Ajou Debate는 2014년도에 교과형 토론을 총 6반, 295명이 참여하여 총 73개의 주

[그림 2-11] Ajou Debate 홈페이지, 아주토론대회

출처: 아주대학교(2014b), 아주대학교(2015d).

제에 대해 토론하였고, 비교과형 토론대회도 2회 실시하여 134명이 참가하였다(아주대학교, 2015d).

4. 교우관계: 소규모 공동체와 공대 중심의 학생문화

아주대 학생의 교우관계는 〈표 2-21〉의 수치에서 확인할 수 있는 바와 같이 타 대학에 비하여 높지 않은 편이다. 특히 2011년에는 10.87로 ACE 참여대학의 10.96에 비해 현저히 낮은 점수를 보였다. 그러나 2012년부터는 아주대는 10.53, ACE 참여대학 10.90과 전체 참여대학 10.74로 수치 차이가 줄어들었고, 2013년에는 이러한 차이가 유지된 결과를 보였다. 이러한 아주대 교우관계 영역의 결과는 아주대 학생의 교우관계가 소규모 공동체를 중심으로 이루어지는 특징과 공대 계열의 비중이 큰 아주대 특징을 통해 이해할 수 있다.

〈표 2-21〉 K-NSSE 자료: 교우관계 영역

연도	교우관계 영역					
	아주대학교		ACE (11년: 22개교, 12, 13년: 23개교)		전체 31개교	
	평균	표준편차	평균	표준편차	평균	표준편차
2011	10.87	2.57	10.96	2.82	10.96	2.68
	(n=207)		(n=5,368)		(n=7,393)	
2012	10.53	2.68	10.90	2.87	10.74	2.85
	(n=219)		(n=7,404)		(n=10,415)	
2013	10.52	2.76	10.88	2.96	10.87	2.96
	(n=400)		(n=8,659)		(n=10,078)	

주: 2013년 3차 조사에는 총 54개 대학이 참여하였으나, 한국교양기초교육원 · 학부교육 선진화 선도대학 협의회(2013)에서는 종단 분석의 취지를 고려하여, 2011년부터 3년에 걸쳐 모두 참여한 31개 대학의 응답 자료를 아주대 자료와 비교 · 분석하여 제시하고 있음.

출처: 한국교양기초교육원 · 학부교육 선진화 선도대학 협의회(2013). 2013년 대학 학부교육의 질과 성과 분석: 아주대학교.

1) 소규모 공동체 중심의 교우관계

아주대 학생의 교우관계는 전공학과 내 소학회 또는 동아리와 같은 소규모 공동체를 중심으로 이루어지고 있다. 이러한 소규모 공동체에 속하지 않은 학생들의 경우에는 같은 전공학과 내 사람들을 제외하고는 교류하거나 관계를 맺을 기회가 적은 것으로 보인다.

저희 과는 소학회 활동이 중요해서, 종류도 많고. 애들 소학회 거의 들어서. 소학회별로 선후배 관계가 이루어지는 것 같아요. (사회계열 학생 B)

[질문: 소학회가 굉장히 많이 활성화돼 있나 봐요?] 학교 전체가 좀 그런 거 같긴 해요. 그러니

까 소학회가 원래 과마다 다 있다 보니까 그냥 그거를 신입생 때 보통 다 들거든요? 그리고 저희는 축구 동아리다 보니까 거의 공대잖아요, 남자들이 많이 있는 편이에요. …… 아니면 OB−YB라고 해서 소학회 같은 거, 만약에 축구 소학회다 하면 선배들 해서 하루 날 잡아서 이렇게 졸업생들이랑 재학생들이랑 축구경기하고, 회식하고, 회식하면서 이런저런 얘기하고 뭐 이런 식으로 해서 언제든지 그렇게 좀 많은 거 같아요. (공학계열 학생 B)

되게 재미있는 거 같아요. 오히려 과보다도 동아리에서 처음에 더 정감을 느끼는 게 분위기가 좋아서. …… 고등학교 때 선배, 후배를 잘 모르고 지냈는데 여기서는 선배, 후배를 접하게 되니까. 처음엔 힘들었는데 오히려 더 잘해 주고 하니까 재미있어요. …… 과 친구들 몇 명이랑 이렇게는 더 모르겠는데. 어떤 가족 같은 분위기가 나거든요. 학생회 같은 경우에는. 예를 들어서 환상의 조합이라고. (자연계열 학생 A)

이 연구를 통해 만난 몇몇 학생들은 교우관계에 대한 갈증을 동아리나 소학회 활동으로 해소하고 있었으며, 소학회 활동을 기반으로 취직하기도 하였다. 한 공학계열 학생은 자동차 소학회에 참여하며 관련 경진대회와 학술대회에 참여한 경력이 인정되어 졸업하기 전에 취직이 된 경우도 있었다.

그 이제 저는 1학년 때부터 이제 ○○과 동아리가 있어요. 소학회라고. 그 소학회 동아리를 한게. 저는 이제 자동차 소학회를 한 게 해서 1학년 때부터 계속 꾸준히 하고 소학회 활동 참여해서, 무슨 공과대학 경진대회 아이디어. …… 학술적 활동도 많이 해서, 대회, 대회도 갔다 오고 해서 (공학계열 학생 A)

그러나 최근 취업난과 같은 환경 탓에 예전보다 소학회나 공동체 중심 학생들 간 친목 시간도 줄고, 몇몇 전공학과에서 선후배 사이 유대감 강화를 위한 공동체를 활성화하는 노력이 큰 성과를 거두지 못하고 있다는 의견도 있었다.

2) 비공대 학생들의 소외감

아주대 학생의 교우관계에서 주목할 점은 공대 중심 학교에서 비공대 계열의 학생들이 느끼는 소외감이다. 아주대는 10개 단과대학 및 다산학부대학, 국제학부로 구성되어 있는데, 10개 단과대학 중 의·약학대학, 간호학과를 포함한 이공계열의 단과대학이 6개이고, 인문계열의 단과대학이 4개로 구성되어 있다(아주대학교, 2015b). 〈표 2-8〉에서 볼 수 있듯이 공대계열 학생의 비율이 전체 정원 중 절반에 가까워 인문사회계열(30.6%)이나 자연계열(8.4%) 학생 비율보다 훨씬 높다. 비공대계열의 학생들은 학교 전체적으로 공대계열 학생과 남학생 비율이 높은 것에 대해 분명히 자각하고 있었다. 또 학교에서 제공하는 프로그램도 공대 학생을 대상으로 하는 프로그램이 많다고 인식하였고, 공대계열 학생의 자신감과 인지도에 위축되는 경향도 있었다. 인문사회 계열뿐만 아니라 자연대 학생도 공대에 대해 규모면에서 위축감을 느끼는 것으로 나타났다. 더군다나 인문사회계열과 공대계열은 캠퍼스상 공간적으로도 떨어져 있어서 서로 교류할 기회도 적고, 더욱 거리감을 느끼는 것으로 보인다.

일단 취업률 같은 것도 학교에서 공개를 해 줄 때도 무조건 전화학이라고 그래서 전자 화학 기계가 이렇게 깔려 있고, 그다음 한참 밑에 가면 경영대 이렇게 있는데. 원래 이공계열이 취업이 잘 된다고 하는데 일단 프로그램 자체도 학교 홍보를 나갈 때도 제가 입학처에서 활동을 하는 게 있는데, 학교 홍보를 갈 때도 무조건 이공계열 위주로 된 홍보랑. 그리고 되게 지원되는 게 뭔가 저도 정확히 어떤 프로그램인지는 모르겠는데, 일단 이공계열 학생들을 위한 프로그램들도 되게 많고. 튜터링 같은 것도 이공계열 학생들이 훨씬 더 잘돼 있고. 그리고 사업 같은 것도 공고되는 거 보면 거의 이공계열들을 위한 이공계 학생들을 위한 그런 게 되게 많은 편인데. 그래도 요 근래에는 조금 이제 인문학도들을 위한 프로그램 아니면 뭐 인문학교 대외활동 지원 사업이라고 올라오기는 하는데, 1학년 때만 해도 거의 다 이공계열, 근데 학생들 생각에도 '아주대는 공대가 세다.'라는 걸 인식을 안 하고 있는 학생들은 거의 없는 것 같아요. 다른 공대 친구들을 만나 봐도 이제 우리는 이미 다 보장이 되어 있다는 게 조금 은연중에 말 중에 깔려 있어요. 일단 이공계열에서 4점대 이상이면은 웬만한 데는 다 간다는 생각을 다들 하고 있는 것 같아요. (인문계열 학생 A)

다른 단대보다 자연대가 가장 작은 걸로 알고 있거든요. 그래서 이제 단합이나 뭐 이런 거는 좀 잘되긴 하는데. 단합 같은 거는 작으니까, 소규모니까 오히려 더 잘되는데. 어, 뭐라 해야 되지, 약간 위축된다는 느낌? 그런 건 좀 있어요. …… 예를 들어서 학생회비라든지, 그러니까 돈 들어오는 것도 좀 다르고. (자연계열 학생 A)

인문사회계열 학생 가운데는 본인은 학교생활에 만족하지만, 문과 학생이 아주대에 오는 것은 권유하고 싶지 않다고도 답하였다. 반면, 이와는 대조적으로 공대계열 학생들은 아주대에 합격만 한다면 '아무 생각 없이 와도 괜찮을 거 같다'고 대답하였다.

솔직히 말씀드리면 과에 따라서 다를 거 같아요. 이공계열이면 적극 추천할 텐데 만약에 인문사회과학 그쪽이라면은 서울로 가라고 하고. 그러니까 저는 학교 일단 다니고 있는 입장이고 학교에서 되게 많은 프로그램을 주고 있지만 만약에 그 친구나 동생이 역량이 된다면 서울로 가라고 권하고 싶어요. 수원에서 입지는 좋지만 서울 조금만 가도 아직 모르는 사람들도 되게 많고 아직까지는 뭐라 해야 되지, 학교의 이미지가. 그래서 만약에 몇 년이 지나서 더 학교 입지가 높아졌다면 좀 추천하겠지만 문과 친구들한테는 그렇게 권유를 하고 싶지는 않아요. (인문계열 학생 A)

5. 교수와 학생의 교류: 열려 있는 교류의 통로와 학생 중심 교수문화

아주대의 교수와 학생 간 교류 영역 수치는 〈표 2-22〉에서 보는 바와 같이 2011년에는 13.36으로 ACE 참여대학 13.56과 전체 참여대학 13.41에 비하여 근소한 차이로 낮은 결과를 보였다. 그러나 2012년과 2013년 결과에서는 아주대가 13.33과 13.24로 조금씩 수치가 낮아진 반면, ACE 참여대학과 전체 참여대학은 각각 14.08과 14.00까지 높아져 차이가 커진 것을 알 수 있다. 즉, 아주대의 교수와 학생 간 교류 영역 결과는 타 대학의 결과와 비교하였을 때 높지 않은 편이다. 그러나 이러한 교수와 학생 간 교류 영역 결과와 관련한 아주대의 특징과 맥락을 분석하여 최근의 변화를 살펴본 결과는 다음에 서술된 바와 같다.

〈표 2-22〉 K - NSSE 자료: 교수와 학생의 교류 영역

연도	교수와 학생의 교류 영역					
	아주대학교		ACE (11년: 22개교, 12, 13년: 23개교)		전체 31개교	
	평균	표준편차	평균	표준편차	평균	표준편차
2011	13.36	3.69	13.56	4.26	13.41	4.21
	(n=207)		(n=5,368)		(n=7,393)	
2012	13.33	3.66	14.06	2.87	13.64	4.16
	(n=219)		(n=7,404)		(n=10,415)	
2013	13.24	3.76	14.08	4.29	14.00	4.28
	(n=400)		(n=8,659)		(n=10,078)	

주: 2013년 3차 조사에는 총 54개 대학이 참여하였으나, 한국교양기초교육원 · 학부교육 선진화 선도대학 협의회(2013)
에서는 종단 분석의 취지를 고려하여, 2011년부터 3년에 걸쳐 모두 참여한 31개 대학의 응답 자료를 아주대 자료와
비교 · 분석하여 제시하고 있음.

출처: 한국교양기초교육원 · 학부교육 선진화 선도대학 협의회(2013). 2013년 대학 학부교육의 질과 성과 분석: 아주대
학교.

1) 다양한 교수와 학생 간 교류의 제도화

많은 아주대 학생들이 다양한 통로를 통해 교수와 교류하고, 언제든 교수를 찾아가
면 교수가 애정을 갖고 학생과 상호작용한다고 느끼고 있었다. 교수와 학생의 상담이
제도화되어 있어서, 매학기 상담 횟수가 정해져 있다. 상담신청은 인터넷으로도 가능
하고, 학생들은 교수를 찾아가서 대화를 하는 것을 어렵지 않다고 생각하였다. 인문사
회계열 학생들은 주로 비교과활동을 통해서 교수와 교류하고, 이공계열 학생들은 교
과활동을 통해 주로 교수와 교류하는 것으로 인식하고 있었다.

> 교수님들마다 소통할 수 있는 시간은 굉장히 많고 또 공대 학생들은 수업 양이 굉장히 많으니
> 깐 수업적으로 소통을 해야 될 겁니다. UR도 굉장히 많이 해야 되고, 공학인증도 있고 하니깐.
> 더 저희보다 아마 소통을 많이 할 겁니다. 저희는 좀 이런 비교과적인 활동으로 소통을 많이 하는
> 편인데, 그 친구들을 그런 쪽으로 소통을 많이 하는 편이죠. (사회계열 학생 A)

한 인문계열의 학생은 '교수와의 산책'이라는 프로그램을 통해서 전공과 진로에 대한 고민으로 방황하던 것을 이야기 나누고 더욱 전공에 몰입할 수 있게 되었다고 설명하였다. 또 전공학과와 교수들이 학생들에게 신경 써 주고 있다는 것을 느낀다고 이야기하였다.

> 교수님 학부생 때도 얘기 듣고 말씀으로 그리고 뭐 대학원 때 시절 그런 거 그래서 되게 너무 힘들기만 했거든요. '학교생활 하는 게 재밌기는 했지만 내가 여기서 뭘 할 수 있을까?'라는 생각이 들었는데 지금도 솔직히 확실하지는 않지만 그래도 그 교수님을 만난 것이 학교생활 하는 데 뭔가 좀 버팀목처럼 되어 가는 것 같아요. (인문계열 학생 A)

공대계열의 한 교수는 학생상담을 어떻게 진행하는지에 대해 다음과 같이 설명하였다.

> 학생상담을 이렇게 한다고 학생들한테 공지를 이렇게 합니다. 게시판에. 물론 문자메시지 보내고 이메일도 보내죠. 그래서 학생상담할 때 올해는 이렇게 한다. 단체상담, 개인상담 이렇게 하는데, 시간은 뭐 이번 학기 이렇게 한다. 단체상담은 두 번을 단체상담을 하고요. 그다음에 개인적으로 만나기 원하는 학생들은 요러 요러 하니깐 신청해라. 학년별로. 이렇게 해서 학생 만나서 하는데, 단체상담에서는 일반적인 얘기. 주로 학생들이 일반적으로 궁금해하는 것. 미리 좀 묻고 싶은 것 있으면 해서 하고, 단체상담은 아니, 개인상담, 개인적인 어떤 특수성을 좀 고려해야 되기 때문에 이 뭐 상담 문지서라든지 이런 것을 좀 작성해 오라고 하죠. 수학계획서도 작성해 오라고 하고. …… 학생포트폴리오 만들라고 하고. (공대계열 교수 A)

이어서 인상 깊은 학생상담 사례를 설명하였다.

> 작년인가는 학생 하나가, 걔는 이제 제 수업을 들은 적은 없는데, 상담으로 이제 군대 갔다 와서 계속 저랑 이거 하면서, 처음에는 아무런 준비를 안 하고 왔어요. 그래서 제가 되게 혼내면서

이것을 왜 준비해야 하는지를 설명을 한 20분 정도 하고 하니깐, 일주일 후에 다시 연락해서 준비됐다고, 교수님, 다시 상담해 보면 좋겠다고. 그럼 와 보라고 해서 오고, 그렇게 매 학기 하고 저희가 이제 회사 취직했다고, 그때 와 가지고, 아이, 교수님, 그때 말씀해 주셔서 제가 정신 차리고, 군대 와서 그때 정신 차리고, 자기가 다시 학교생활을 잘해서 이렇게 된 것 같다고. 그러면서 저는 뭐 제가 해야 할 일을 했을 뿐인데 그렇게 하니깐, '아, 이것도 이렇게 알아주는 학생들이 있구나.' 그럴 때 …… 그 학생이 참 기억에 남죠. (공학계열 교수 A)

반면에, 공대의 경우 학과별로 학생 인원이 많다 보니 교수와의 정례화된 상담은 형식적인 면도 있고, 소학회 지도교수와 주로 교류하는 것으로도 보인다. 다만, 다음의 공대계열 학생은 학과 정원이 적어서 교수와의 관계가 친밀할 수 있는 점을 설명하였다.

제가 다른 학교를 안 겪어 봐서 정확하게는 모르겠는데, 이렇게 실험이랑, 저희는 과 규모가 작아서 교수님들이랑 되게 관계가 친밀하거든요. 예, 그래서 그런 부분이 뭐 모르는 거나 궁금한 게 있을 때 피드백도 빨리빨리 되고, 또 이렇게 도움이 필요한 부분이 있으면 서로서로 좀 도와가는 느낌의, 그런 식으로 운영이 되고 있어서 그런 부분이 좀 좋은 거 같습니다. (공학계열 학생 B)

이처럼 아주대에서 교수와 학생 간의 교류는 다양한 교류를 위한 통로가 제도화되어 있고, 학생들도 교수를 친밀하게 느끼는 경향을 보이고 있다. 그러나 앞서 〈표 2-22〉에서와 같이 타 대학에 비하여 교수와 학생의 교류 영역 수치가 낮은 결과를 보인 것은 여러 가지 측면에서 생각해 볼 수 있다. 우선 아주대에서는 공대계열의 학생 규모가 큰 편인데 대체로 공대 전공학과는 정원이 많은 편이기 때문에 교수와 학생 간 교류가 제한적이고 그 정도의 편차가 클 수 있다. 또 공대계열 학생의 교수와의 교류는 수업 외적으로 교류하기보다는 수업과 관련한 교류가 많고 주로 소학회 지도교수와 교류한다면, 학생 입장에서 교류 정도에 대한 체감이 크지 않을 수 있다. 마지막으로 아주대 전체적으로 학생과 교육 중심의 교수문화가 형성되어 있더라도 교수에 따라 학생과의 교류 정도에 차이가 있을 것이다.

2) 학생과 교육 중심의 교수문화

아주대에서 교수와 학생 간 교류에서 기본적으로 전제되는 것은 학생과 교육 중심의 교수문화다. 교수들은 일상적 대화 속에서도 어떻게 하면 학생들을 더 잘 가르치고, 교육을 더 잘할 수 있을 것인지에 대한 고민이 주요 화제가 된다. 아주대 교수들 스스로 학교에서 교수의 발언권이 존중되며 본인들이 학생과 교육을 중심에 두고 있다고 자긍심을 느끼고 있다. 교수들은 면담에서 아주대에서 학생을 잘 가르치고 교육하는 것이야말로 교수의 역할이며, 이러한 교육적인 면이야말로 학부모가 아주대를 선택하는 이유가 된다고 강조하였다.

> 처음에 왔을 때 우리 과 교수님들이 그런 얘기를 하시더라고요. 그래, 교수가 연구도 잘하고 교육도 잘해야 하고 사실은 박사학위를 받은 사람들이 갈 수 있는 사람들이 갈 수 있는 데가 국책 연구소도 있고 사기업도 있고 학교도 있는데, 우리는 학교에 있는 이유는 그거다. 연구도 해야 하지만 교육이 일단 먼저다. (공학계열 교수 A)

> 교수의 역할이죠. 잘 가르치는 거, 잘 연구하는 것이고 그래서 하여튼 잘 가르치는 거가 되게 중요하다라고 생각이 되고요. 하여튼 그런 것들에 대한 가치가 더욱더 잘 인정이 되고 그랬으면 좋겠다. 아까 말씀드린 것처럼 아직 여전히 교수님들을 연구로만 평가를 하는데, 근데 어떤 분이 그러세요. 부모가 학생을 학교에 보낼 때 그 학교의 교수가 논문을 많이 쓴 편수를 보고 가겠습니까? 교육을 잘한다는 걸 보고 가겠습니까? 뭐 이렇게 말씀하시는데 중앙일보 대학 평가나 대학 평가는 또 그렇게 순위를 매기잖아요. 그죠? 교육 얼마나 잘 시키는가라는 평가보다는 그럼 뭐 연구, 산학 협력, 금액 이런 거 가지고 평가를 하니까 아무튼 좀 교육에 관련된 것들이 잘 부각이 되고. 예, 그랬으면 좋겠습니다. (공학계열 학과장)

예를 들어, 앞서 설명한 공대의 집중교육 수업을 하기 위해서는 교수가 헌신하고 방학을 반납해야 하는데도 항상 교수들의 자발적 참여와 헌신으로 가능하였다.

근데 단 한 번도 그 강사를 섭외하는 데 문제가 된 적이 없어요. 그러니까 어느 누군가의 희생과 헌신은 계속 있었던 거죠. 그냥 교수 회의를 하면서 이번에 집중 교육을 해야 되는데 누가 하시겠어요? 하면 손 드는 사람이 있었다는 거예요. 그러니까 어떻게 생각해 보면은 이제 그런 교수님들의 어떤 헌신이 있었던 거 같고요. 그게 아까 말씀하신 대로 자기 이득 보면 그거 못하시는데 학생들한테 이게 필요하다라고 하시니까 그냥 하셨던 거 같아요. 그리고 저희는 학과 특성상 프로젝트 중심으로 가는 게 이제 아주 중요하기 때문에 집중교육은 프로젝트 형태의 과목으로는 상당히 좋거든요. 그래서 여기서 나온 결과물들이 상당히 좋습니다. (공학계열 교수 B)

또한 학생들도 아주대 교수는 '학생들한테 애정이 많다'고 느끼고 있었다.

교수님들이 당연히 자기랑 교수님 개인이랑 연락도 그렇게 자주 하는 학생도 아니고 아님 그 수업을 열심히 들었던 수강생도 아니라면 이렇게 찾아서 학생을 끌어 주지는 않잖아요. 근데 제가 만약 욕심을 가지고 교수님한테 어떤 부탁을 드린다든지 아니면 추천서를 부탁드린다든지 아니면 취업 쪽에서 어떤 도움을 받는다든지, '제가 이런 면을 가졌는데 어떤 식으로 진로를 결정하면 좋겠습니까?' 이런 식의 조언을 얻었을 때 굉장히 애정을 가지고 해 주시는 거 같아요. 이건 제가 교수님들이랑 많이 면담을 했기 때문에 들 수 있는 생각일 수도 있겠는데, 교수님들이 학생들한테 애정이 많다. 저는 그렇게 생각합니다. (사회계열 학생 C)

다음 인용문의 학생은 한 명예교수가 수업 외에도 학생의 성장을 위해 추가로 노력과 시간을 할애하는 데 감명 깊었다고 설명하였다.

제가 이런 얘기를 그 '경제원론2'라는 수업의 ○○○교수님이라고 계시는데, 저번 학기에 제가 수강을 했었거든요. 근데 명예교수님이세요, 퇴직을 하셨는데. 그분한테 수업을 들으면서 같은 학우들이랑 얘기를 할 수 있는 경우가 있었는데, 그때 그분에 대해서는 적어도 그분에 대해서는 이분 되게 학생들한테 남다르게 애정을 쏟는 것 같지 않냐라는 얘기를 많이 했었거든요. 근데 그랬던 이유가, 일단 수업 자체도 마찬가지고 과제 자체로, 그러니까 경제원론 수업인데 과제로 자기소개서 이런 걸 받았어요. 그리고 『로마인 이야기』 10권을 읽고 거기에 감상평을 내라, (주변에서 감탄사) 그러면 내가 점수를 플러스로 몇 점을 주겠다. 그런데 그런 게 되게 교수님 입장에서는 자기 수업에 쏟을 시간을 어떻게 보면 낭비해서라도 우리 학생 개인들의 지식이나 아니면 그런 감성이나 지성 같은 걸 위해서 할애하신 면이잖아요. 그런데 거기에 되게 투자를 많이 하셨던 거 같거든요. 그러니까 단순히 자기가 가르치는 코스, 수업만을 강요하지 않고 좀 폭넓게 '내가 너를 애정을 가져서 하는 이야기인데, 이 면, 이 면을 네가 꼭 생각을 해야 해.' 하는 그런 교수님이었기 때문에 기억이 많이 남습니다. (사회계열 학생 C)

3) 총장의 학생 소통을 위한 적극적 행보

아주대에서 교수와 학생 교류는 총장의 적극적 행보도 병행되고 있다. 2015년 3월 아주대에 취임한 김동연 총장은 학생과의 점심모임인 '브라운백 미팅(Brown Bag Meeting)'과 '북클럽(Book Club)'을 통해 학생들과 정기적 만남을 갖고 있다. 브라운백 미팅에서는 학생들의 건의사항과 고민 등을 총장과 자유롭게 대화를 나누는 자리다.

제가 그래서 학교 오자마자 지금 브라운백 미팅 만들어서 엊그저께 했는데 9번 됐고요. 그리고 총장 북클럽 만들어서 제가 책을 정해서 같이 읽고. 제가 학생들한테 책 읽는 분위기 주고 싶어서 그랬고. 지난 학기에 제가 이런저런 게재로 제가 희망하는 사람 모아서 문화 활동, 연극 또 공연 보러 갔어요. 영국대사관도 보러 가면서 학생 초청해 갖고 대학로 가면서 한 50명 초청하면서 표 사 주면서 영국대사도 와 가지고 인터미션 시간 중에 내가 대사랑 차 한 잔 할 테니까 와서 인사해라 등등등 얘기도 하고. 저로서 제일 좋았던 건 학생들과의 만남이었고요. (총장)

많은 아주대 학생이 이러한 총장의 학생과 소통하기 위한 노력과 다양한 프로그램을 인지하고 있었고, 과잠(학과 점퍼)을 입고 축제 때 피자와 맥주를 사 주는 총장에 대해 매우 친근하게 느끼고 호감을 표하였다. 다음의 인용문에서 한 학생이 이야기하듯이 학생들 사이에서는 학교에 불만이 있거나 이야기하고 싶은 점이 있을 때 "너도 브라운백 미팅 해 봐." "이거 총장님한테 말해야겠다."라고 서로 이야기하는 것이 마치

유행어와 같이 되어 버렸다고 한다. 또한 아주대는 총장이 먼저 읽고 추천한 책을 학생들과 돌려 읽는 '총장 북릴레이' 프로그램도 운영한다.

> 총장님이 요번에 바뀌면서 총장님이 되게 적극적으로 학생들이랑 다가갈 수 있는 그런 자리를 많이 만드는 거 같아요. 예를 들어서, 총장님이랑 뭐 학교 축제할 때도 피자 타임인가 뭐 만들어서 피자를 쏘고, 뭐 질문할 거리 모여서 말하는 자리도 만들고. 아니면 또 도서관에서 책을 한 권을 선정한대요, 총장님이. 그걸 이제 읽고서 토론하는 그런 시간도 만들고. (자연계열 학생 A)

> 저는 되게 교수님들이 학생들이랑 되게 커뮤니케이션을 많이 해 주시려고 하는 거를 되게 많이 느꼈는데 …… 저희 과뿐만 아니라 다른 과에서도 조금만 노력을 하려고 하는 학생들한테는 정말 교수님들이 지원을 많이 해 주시려는 걸 많이 봤고. 그리고, 아! 아주대학교에서 진짜 좋았던 게 저희 이번에 총장님이 바뀌셨어요. 작년, 아, 올해, 올해 취임하셨는데, 정말 이런 총장님이 계실 수도 있구나, 생각이 들었던 게 학생들이랑 소통을 정말 많이 해 주세요. 저희가 브라운백 미팅이라고 있는데 그게 이제 총장님이랑 되게 거리낌 없이 학교에 이런 게 있었으면 좋겠다 하면서, 하면서 하는데, 그게 되게 개선이 많이 된 거 같고. 그니까 저는 약간 조금 학교에서 되게 학생들과 소통을 많이 해 주시려고 하시는 부분에 있어서는 정말 아주대학교 온 걸 잘했다는 생각을 많이 했던 것 같아요. (인문계열 학생 A)

6. 지원적 대학 환경: 학생과 교육 중심의 배려하는 지원

아주대의 지원적 대학 환경 영역에 대한 양적 평가 결과는 〈표 2-23〉과 같다. 2011년부터 2013년까지 아주대의 수치는 ACE 참여대학이나 전체 참여대학과 비교하여 근소한 차이로 낮은 것을 알 수 있다. 예를 들어, 아주대는 2011년에는 8.48이고 2012년과 2013년에는 8.63으로 상승하였다. ACE 참여대학이나 전체 참여대학은 2011년 모두 8.64, 8.62에서 2012년에는 각각 8.76과 8.60으로 상승 또는 유지한 후, 2013년에는 각각 8.93, 8.91로 모두 향상된 결과를 보였다. 비록 수치상으로는 아주대의 결과가 상대적으로 낮은 결과를 보였지만, 이와 관련한 아주대의 특징과 맥락을 분석한 결과 학생과 교육 중심의 지원, 그리고 유연하면서도 배려하는 행정적 지원이라는 주제를 도출하였다. 또한 양적 수치 결과와의 차이에 대한 해석도 제공하였다.

〈표 2-23〉 K-NSSE 자료: 지원적 대학 환경 영역

연도	지원적 대학 환경 영역					
	아주대학교		ACE (11년: 22개교, 12, 13년: 23개교)		전체 31개교	
	평균	표준편차	평균	표준편차	평균	표준편차
2011	8.48	2.29	8.64	2.46	8.62	2.37
	(n=207)		(n=5,368)		(n=7,393)	
2012	8.63	2.12	8.76	2.48	8.60	2.50
	(n=219)		(n=7,404)		(n=10,415)	
2013	8.63	2.27	8.93	2.50	8.91	2.51
	(n=400)		(n=8,659)		(n=10,078)	

주: 2013년 3차 조사에는 총 54개 대학이 참여하였으나, 한국교양기초교육원·학부교육 선진화 선도대학 협의회(2013) 에서는 종단 분석의 취지를 고려하여, 2011년부터 3년에 걸쳐 모두 참여한 31개 대학의 응답 자료를 아주대 자료와 비교·분석하여 제시하고 있음.

출처: 한국교양기초교육원·학부교육 선진화 선도대학 협의회(2013). 2013년 대학 학부교육의 질과 성과 분석: 아주대 학교.

1) 학생 중심의 다양한 행정적 지원

아주대의 행정적 지원에 대해 학생들은 "학교에서 제공해 주는 기회는 다 있다."고 표현할 만큼 학교에서 다양한 프로그램을 지원하고 있고, 또 학생들을 위해 '애정을 쏟고 있다.'고 인식하고 있었다. 이에 대해 한 학생은 "학생 중심의 대학이라는 게 많이 느껴져요."라고 표현하였다.

우선, 학생들은 다양한 비교과활동 프로그램 지원과 친절한 직원에 대해 긍정적으로 인식하고 있었다. 예를 들어, 다음의 학생은 비교과활동에서 많은 것을 얻었을 뿐만 아니라, 동아리 활동을 할 때 직원의 친절한 태도와 적극적 지원에 깊은 인상을 받았다고 설명하였다. 반면에 다른 상위권 대학에서 같은 주제로 활동하는 동아리는 외

부 언론에서도 주목받을 정도로 뛰어난 실력을 보였는데도 교내 지원이 부족해서 더 이상 활동을 못 하고 있는 것으로 안다고 덧붙였다. 그 학교에서는 학생들이 정식 동아리로 활동할 만한 제도도 부족하고 교직원도 학업 외 활동을 하는 것에 대해 불편하게 생각하고 불친절하게 대했다는 것이다. 또 동아리 활동할 때 아주대 버스를 대절해 주는 데 자부심을 느꼈다는 학생도 있었다.

> 사실 아주대학교에서 수업적인 면보다는 비교과활동 쪽에서 저는 많은 흥미를 느꼈고 또 엄청나게 많은 것을 얻었습니다. 아주대학교가 그런 부분을 전폭적으로 지원해 준 것도 있고요. 예를 들어서 제가 군복무를 마치고 이제 2학년 복학했을 때, 제가 이전에는 동아리를 활동만 하다가 이번에는 학내에 좀 환경 문제에 관심이 생겨서 좀 분리수거도 안 되고 이런 문제에 좀 관심이 생겨 가지고 동아리를 만들려고 친구들이랑 좀 모이게 되었거든요. 그래서 어떤 환경보호 캠페인이나 행사 같은 거를 기획하고 운영하는 데에 있어서 사실 그냥 학생들이 무턱대고 준비하고 진행하려고 하는 일들을, 정말 저는 좀 지금 생각해도 충격적이었던 게 교직원 선생님이 굉장히 좀 친절하게 좀 하나부터 열까지 다 코칭해 주시고 뭐 틈나는 대로 전화하면은 다 답변해 주시고 하는 그런 모습들이 굉장히 좀 인상 깊었고, 결국 그런 선생님들 덕분에 제가 동아리를 만들어서 지금은 중앙동아리까지, 아주대학교에 정식으로 등록된 중앙동아리들이 있거든요. 그런 데까지 승격시킬 수 있었던, 그런 부분도 그렇고. 일단 학생들이 자기주도적으로 뭔가를 하려고 할 때 교직원 선생님들께서, 교수님들께서 굉장히 적극적으로 나서서 도와주시려고 하십니다. 그리고 또 그런 제도가 잘되어 있는 학교이기도 하고요. (사회계열 학생 A)

또 학교에서 다양한 학습 지원 및 비교과 프로그램을 운영하고, 학생들이 이러한 프로그램에 참여하도록 아주블루마일리지라는 비교과 마일리지를 활용하는 것도 긍정적으로 평가되었다.

> 일단 학교에서 되게 프로그램을 많이 진행해 주고 있다는 걸 되게 많이 느낀 게 뭐냐면, 일단 입학해서도 이거는 이공계열에도 해당되는 이야기이기도 하지만, 일단 신입생들 처음에 교육 같

은 거를 해 주세요. 이제 부족한 과목들, 수학이나 과학 분야에 해 주고, 그리고 이제 재학생 등이랑 멘토를 처음 붙여 줘요. 원하면은 그런 것도 되게 많고, 그리고 학습법 특강이라고 해서 특강 같은 것도 되게 많이 해 주시고, 그리고 뭐 강연이라든지 아니면은 직접 기업 가서 체험할 수 있는 프로그램이라든지. 그리고 저희가 이번에 이제 수업을 들으면서 수업 안에서 스터디를 만드는 거예요. 그래서 그 스터디, 학습 계획이랑 학습하는 것 그런 거 이제 계획서를 제출하고 활동하면 나중에 뭐 성과대로 뭘 주신다든지, 그런 거에서 되게 '아, 학교에서 많은 거를 제공해 주시고 있구나.'를. 메일로도 많이 오거든요. 그거랑 또 전 되게 좋았던 게 비교과 마일리지라는 게 있어요. 저희 학교에 비교과활동 뭐 동아리여도 좋고, 소학회여도 좋고 아니면 제가 뭐 학습법 특강을 들었다든지, 무슨 프로그램에 잠깐잠깐 참여해도 이 마일리지를 주세요. 근데 이 마일리지를 나중에 장학 무슨 마일리지 많이 모으면 무슨 장학금이 따로 있고, 그리고 또 이제 비교과 공모전이 있어요. 우수사례 그래서 그런 되게 학교 안에서 교과랑 비교과를 신경을 많이 써 주신다는 거를 많이 느꼈던 거 같아요. (인문계열 학생 A)

한 사회계열 학생은 다른 대학으로 진학하려고 반수를 했지만, 다시 학교에 돌아와 학교의 다양한 프로그램과 제도(교환학생, 발표능력향상수업, 상담센터, 취업준비센터, 해외기업탐방 기회 등)로 지원해 주고 있는 것을 알게 되어 학교에 대해 긍정적 인식을 갖게 되었다고 설명하였다. 이 학생은 교환학생 프로그램에 지원하여 다음 학기에 출국할 예정이었다.

다음으로는 교무처의 학사모니터링단의 예에서 볼 수 있듯이 아주대의 수요 지향적 교육체제 및 행정 지원 구축에 대한 노력을 꼽을 수 있다(아주대학교, 2015d, p. 80). 학사모니터링단은 재학생들로 구성되어, 학생과 학사 담당 부서와의 소통을 지원하는 업무를 한다. 학사모니터링단에 참여하는 한 학생은 학교에서 모든 걸 일일이 관리하거나 어떤 점이 불편한지 알 수 없어서 도입한 제도로서 홈페이지 에러 등을 신고하여 수정하도록 하는 역할을 하였다고 설명하였다. 주위 친구들도 본인이 학사관리단인 걸 알고 문제가 생기면 주위 친구들이 알아서 제보해 준다는 것이다.

<사례 2-5> 학사모니터링단

- 수요지향적 교육체제를 위한 학사제도 개선
- '학사모니터링단' 구성·운영 및 수요지향적 학사제도 수립
  - 학사모니터링단: 전과, 휴학, 복학, 학사경고 등의 경험을 갖고 있는 학생들로 구성
  - 매월 1회 정기모임을 통한 체계적 운영, 학사 모바일앱 상시 모니터링 등 학사 전반에 대한 사전, 사후 의견 수렴
  - 대학생활 전반에 관한 학생들의 요구사항을 반영하여 교육만족도 제고
  - 학사서비스의 대상인 학생들의 요구 및 의견을 반영하여 학사 모바일앱의 기능 개선 및 안정화를 통한 이용률 제고
  - 앱 다운로드 누적 건수 9,597건(2013년)→21,537건(2014년)
  - 학사모니터링단을 통한 '학사모바일앱' 서비스 상태 점검 및 개선 상시화
- 실수요자 중심의 수강신청시스템 제도 개선으로 학생만족도 제고

구분		절차 1	절차 2	개선사항
개선 전	예비수강신청 (책가방식) ⇨	본 수강신청 ⇨	복학 신청 ⇨	• 수강신청을 해 놓고 복학신청을 하지 않는 학생 다수 발생
개선 후	예비수강신청 (책가방식) ⇨	복학 신청 ⇨	본 수강신청 ⇨	• 복학생에게만 수강신청 권한을 부여함에 따라 예비수강 시 실제 수강 수요 반영 가능

학사모니터링단, 2014학년도 활동 마무리

2014학년도 2학기 동안 교내 학사제도와 융복합 프로그램에 대해 여러 의견을 제시해 온 '학부생 학사모니터링단'이 지난 12월 19일, 2014학년도의 마지막 간담회를 가졌다. 경영학과, 국어국문학과, 응용화학생명공학과, 수학과, 기계공학과 등 다양한 전공의 학부생으로 구성된 학사모니터링단은 2014년 9월 25일 첫 간담회를 시작으로 월에 1회 이상 간담회를 가지며 교내 다양한 프로그램 및 제도에 대한 의견을 개진해 왔다. 이날 회의에서는 2014학년도 학사모니터링단의 활동을 되돌아보고 아쉬웠던 점을 중심으로 개선되어야 할 부분에 대한 의견을 나누었으며, 지속적인 모니터링 활동을 위한 장기적인 운영 계획안을 도출해 내는 시간을 가졌다.

출처: 아주대학교(2015e).

진짜 광범위해요. 교무팀에서 정말 많은 거를 관리하고 계시더라고요. 장학뿐만이 아니라 그러니까 저희가 학생의 입장에서 그걸 들어서 교무팀이랑 이제 연결고리 같은 역할…… 학생들의 불만사항. 저희가 뭐 학교 포털 같은 것도 오류가 뜨면 바로 저희가 선생님들한테 연락을 드리면 선생님들은 주말이고 그 상관없이 바로 이렇게…… 성적도 그렇고, 출석도 그렇고, 비교과도 그렇고, 저희 어플 학교에서 제공하는 어플도 그렇고. 그러니까 이제 교무팀에서는 뭔가 한정되어 있잖아요. 학생들이랑 커뮤니케이션 하는 게 그거를 이제 저희를 통해서 조금 개선을 하시려고 작년이 처음이고 올해가 두 번째라고 하셨거든요. …… 만약에 교무팀 선생님들이 학생들한테 궁금한 게 있다고 하면은 저희한테 먼저 와서 우리가 이렇게 질문 이제 설문을 할 건데 피드백 줄 거 있냐 하면서 그렇게 하고 있고. (인문계열 학생 A)

추가로 학생들이 긍정적으로 자주 언급한 학교 지원 중 하나는 사회진출센터다.

일단은 학부생 입장에서 저도 지금 3학년 1학기이지만 취업에 대해서 사실 까마득하거든요. 제가 아는 정보가 지금 거의 없는데. 근데 그런 면에서 일단 도움을 체계적으로 많이 주시더라고요. 날짜도 계속 잡아서 뭐 언제 언제 와라, 그리고 언제 언제까지 너가 준비된 거를 말을 해 주면 내가 거기서 코멘트를 달아 주겠다는 것까지 이런 좀 개별적인 상담까지 진행이 되니까 거기서 선배들이나 친구들이 많이 만족하는 거 같고. 만약에 제가 은행권이나 아니면 좀 특별한 분야에 취업을 하고 싶어서 스터디를 만들고 싶다 하면 그쪽 찾아가서 '만들어 주세요.' 하면 만들어 주거든요. (사회계열 학생 C)

사회진출센터라고 있는데 거기를 가면 이제 저희 동문 중에서 기업에 나가 있는 선배들의 연락처 같은 거나 이런 거를 알 수 있어요. 아니면 현황 같은 거나. 그런 거 통해서 연락을 먼저 해 가지고, 후배인데 이래이래서 궁금한 게 있다 뭐 이런 식으로 연락을 할 수도, 그렇게 하는 경우도 많고요. (공학계열 학생 B)

이러한 아주대의 학생 중심의 행정적 지원은 다시 학생들의 학교에 대한 긍정적 인

식과 충성심 고취로 이어지는 것을 볼 수 있다.

> 정말 솔직히 말씀드리자면 대부분의 대학생과 마찬가지로 수능점수에 맞는 학교를 선택한 측면이 컸고요. 저는 정시로 수능만 보는 전형을 선택했기 때문에 수능 점수만 반영한 그런 아쉬움이 있다고도 할 수 있지만, 근데 제가 막상 학교 와서 얻은 게 너무 많고 만족하면서 다녔기 때문에 전혀 후회는 없습니다. …… 교과랑 비교과를 연결하는, 연계해서 좀 그런 식으로 진행을 하려는 모습들이 정말 실질적으로 도움이 되는 것 같습니다. 또 아주대학교의, 제가 좀 아주대학교를 좋아하거든요. (웃음) 애교심이 좀 많은 사람인데, 제가 지갑도 또 아주대학교 지갑을. (사회계열 학생 A)

> [아주대 지원을] 저는 추천할 거 같아요. 그러니까 그 보통 그런 거 있잖아요. 한 만큼 얻어 갈 수 있는 학교 안에 포함되는 거 같아서, 와서 또 열심히 하면 뭐 흔히들 말하는 그런, 서연고 이런 데 말고라도 좀 자기 한 만큼 얻어갈 수 있는 학교에 속하는 거 같아서. 와서 열심히 하면 그만큼 얻는 것도 많고, 그만큼 학교도 얻을게 많으니까 저는 추천할 거 같아요. …… 이제 얻을 뭐 사람들이 잘 모르는 학교일지는 몰라도 만약에 취업 관련해서도 그렇고 공부의 질적인 면에 있어서도 그렇고 그렇게 다른 대학에 꿀리지 않는다고 생각하고 있거든요. (공학계열 학생 B)

2) 구성원을 배려하는 대학의 지원

아주대의 학생 지원 프로그램이나 행정 지원에서 특징적인 것 중 하나는 구성원을 배려하는 점이 눈에 띈다. 대표적으로 김동연 총장의 애프터 유(After You) 프로그램을 들 수 있다. 애프터 유 프로그램이란 형편이 어려운 학생들을 위한 해외연수 프로그램이다. 특히 주목할 점은 본인이 신청하는 것뿐만 아니라 주위에서 학생을 추천할 수 있는데, 참여 학생 중 누가 어려운 형편의 학생인지 드러나지 않도록 하는 점이다. 또 다른 일반 학생이나 타 대학 학생들도 함께 지원, 참가할 수 있도록 운영한다. 운영비는 전액 후원금으로 운영되며, 후원금으로 운영되기 때문에 성적이 아닌 가정형편과 본인의 의지로 학생을 선발한다. 사회적 이동(social mobility)을 목적으로 삼은 프로그램으로서, 이번 신임 총장의 철학이 반영된 대표적 프로그램이라 할 수 있다.

애프터 유는 아시겠지만 어려운 사람들한테 해 주는 프로그램인데 저희가 전액 다 외부로부터 펀딩을 했어요. 100만 원 기준이라서 펀딩을 했고, 학교 돈 하나도 안 썼어요. 학교 돈을 안 썼기 때문에 학생 뽑을 적에 성적을 안 봐도 됐어요. 학교 장학금으로 하려면 성적을 봐야 되더라고요. 저희가 학생들 뽑을 때 성적을 하나도 안 봤어요. 영어성적, 학교성적 하나도 안 봤어요. 왜냐하면 어려운 학생일수록 성적이 안 좋은 학생이 훨씬 많거든요. 그 두 가지 기준으로 뽑았죠. 하나는 가정형편, 두 번째는 본인의 의지. 정의투표를 했어요. 좋은 건 아니지만 한 3배수부터는 전부 인터뷰를 다 했어요. 그리고 타교 학생을 이십 프로 포함시켰어요. 아주대 학생뿐만 아니라 타교 학생, 성대 학생도 있었어요. 물론 경기도 캠퍼스. 경기도에 있는 대학 20개에 우리가 추천을 받았어요. 그 제가 학생들한테도 그렇게 말했어요. 영어 공부하고, 중국어 공부하고 문화체험뿐만 아니라 변해서 와라. 넓은 세상에 도전하고 자기가 하고 싶은 걸 찾도록 해라. 저희가 미시간 대학, 존스홉킨스대학, 상해교통대학 세 군데 보냈어요. 학생들은 제가 보기에 갔다 온 학생들 제가 멘토링 때 만나 봤는데 제가 세웠던 기준을 다 채웠어요. 제가 기대했던 기준이 되게 높았어요. 한마디 하면 눈빛이 바뀌어서 와라 했는데 다 바뀌었어요. (총장)

실제로 참여한 학생이나 다른 학생들도 애프터 유 프로그램을 매우 긍정적으로 평가하고 있는 것으로 보인다.

최근에 '애프터 유' 해 가지고, 친구를 추천해 가지고 돈이 없거나 가난한데, 꿈 같은 거나 열정 같은 거 있는 친구들 추천을 해 줘요. 자기를 추천할 수 있긴 한데. 본인 스스로도 할 수 있고. 원래 취지는 그런 거 같아요. 그런 친구들을 추천해서, 그런 친구들을 모아 가지고 면접을 보고. 봐서 미국이나 주로 이제 지난 학기에는 유학이나 이렇게 방학 동안에 다녀오게. …… 그래서 저희 선배님 중에 한 분이, 학과는 아니고 동아리 선배인데, 갔다 왔는데 되게 좋대요. [질문: 어떤 게 좋대요?] 새로운 생각을 할 수 있다고. 여기에서는 경험을 못 하는 걸 거기에서 해 봤으니까. 그런 프로그램이 되게 좋다고 해 보라고 하더라고요. (자연계열 학생 A)

〈사례 2-6〉 'AFTER YOU' 와 '아주 희망 SOS' 프로그램

- AFTER YOU 프로그램: 2015년에 시작된 프로그램으로 학생의 경제적 수준과 상관없이 공부하고자 하는 열정과 도전정신으로 참가자를 선발, 전액 장학금을 지급하는 프로그램. 'AFTER YOU 프로그램: 아주글로벌 캠퍼스' 는 단기간 동안 강도 높은 맞춤형 몰입 어학 프로그램으로 파견 전부터 파견 후까지 통합 교육 프로그램을 관리
- 아주 희망 SOS 프로그램은 갑작스러운 가계 곤란 상황으로 학업 지속이 어려운 학생들을 위한 긴급 지원 프로그램

〈아주 희망 SOS〉   〈After You: 아주글로벌캠퍼스〉

사전교육 (2주)	• 파견 전 명사 특강 • 후원자와의 멘토링 • 언어 사전 집중 교육

⇩

프로그램 참여(4주)	• 언어 집중 교육 • 다양한 문화 체험

⇩

사후관리	• 귀국 후 평가 간담회 • 후원자와의 만남

- 세계 최고의 명문대학에서 선진교육 기회 제공
  - 2015년 여름 프로그램: 미국 미시간대, 미국 존스홉킨스대, 중국 상해교통대
  - 2015년 겨울 프로그램: 중국 북경이공대학
- 소요장학금 전액은 본 프로그램 취지에 공감하는 외부 인사의 기부금으로 마련
- 프로그램 참가자들에게 교양선택 3학점 인정

- 지원 대상: 긴급 상황 발생으로 학업 수행에 큰 어려움을 겪고 있는 학생
- 지원 내용: 기본적인 생활 또는 학업에 필요한 비용을 긴급 지원
- 신청방법: 본인뿐만 아니라 주변에 있는 친구 또는 교직원도 추천 가능함.

출처: 아주대학교 홈페이지.

'아주 희망 SOS' 프로그램도 아주대 학생을 배려하기 위한 신임 총장의 프로그램이다. 이 또한 사회적 이동을 목적으로 하는 프로그램으로서, 갑작스럽게 가계가 곤란해져서 학업을 지속하기 어려운 긴급 상황이 발생할 경우 생활비 또는 학업자금을 긴급 지원한다. 아주대 홈페이지의 총장실 산하의 신청 사이트로 신청해서, 학생의 프라이버시를 보장하며 지원할 수 있도록 하고 있다. 아주 희망 SOS 프로그램도 애프터 유 프로그램처럼 외부 인사의 기부금으로 운영된다.

이 외에도 아주대가 구성원을 배려하는 행정지원은 기초교육 프로그램 운영에서도 드러난다. 앞서 설명하였듯이, 기초교육 수학 교과의 경우 보충반 학생들은 3학점 3시간이 아닌 4.5시간의 수업을 듣게 된다. 여기서 아주대 행정측은 이 학생들에게 수업 시간표를 4.5시간을 한 번에 배정할 경우, 다른 학생들도 누가 보충반 수업을 듣는지 쉽게 알 수 있게 되는 것을 방지하고자 노력한다. 4.5시간 수업 중 3시간은 일반반 학생들과 마찬가지로 동일하게 배정하고, 나머지 1.5시간은 별도로 배정해 주는 방식을 취하고 있다. 또 방학 동안 기초과목에 대한 보습교육이 필요한 학생들에게는 이를 무료로 제공해 주고 있다.

> 학교에서, 예를 들면 시간표 작성하는 것도. 학생들은 3시간이잖아요. 같은 전공인데 보충반은 4.5로 잡고 그럼 시간이 이상하게 되면 애네들이 '어, 나는 찌질이인가 보다.' 이런 감정을 가질 수 있잖아요. 그러니까 그런 것들을 느끼지 않게끔 시간표를 동일 과 애들은 3시간은 동일 시간으로 해 주고, 1.5시간은 따로 또 잡고. 이런 것들도 되게 신경을 쓰는 거 같아요. 하나하나 배려가. 단순히 [분반으로] 나누어 주는 것보다. (다산학부대학 교수 F)

3) 교육 중심의 유연한 행정적 지원

마지막으로 아주대의 행정적 지원에서 인상적인 점은 교육을 위한 학사행정을 유연하게 운영하는 점이다. 학과 차원에서 교수들이 창의적 교육과정을 개발·운영할 때, 학교도 학사제도를 유연하게 적용하며 행정적으로 지원한다.

예를 들어, 공대의 집중교육이라는 과목의 운영은 앞에서 자세히 설명한 바와 같이

1학기 4개월을 2개월씩 나누어서 6학점짜리 한 과목만 집중적으로 강의와 응용실습을 병행한다. 수업 성격상 수강인원을 25명 이내로 제한을 하는데, 학교에서 절대평가를 예외적으로 허용해 주고 있다. 또 기초교육 교과목의 선수과목화도 앞서 설명하였듯이 F가 나오면 다음 학기에 자동으로 수강신청이 되고, 이를 수강신청하지 않으면 다른 과목 수강신청이 불가하게 되어 있다. 이 제도도 전공진입이 지연되는 문제 때문에 공대계열 전공학과에서 반발이 많았지만, 학교 측에서 교육적 관점에서 필요하다고 수용하여 시행하게 되었다.

이처럼 전반적으로 아주대 학생들이 학교가 제공하는 다양한 교육 및 취업 지원 프로그램에 대해 긍정적으로 인식하고, 교직원이 친절하다고 느끼며, 학교가 구성원을 배려하고 교육을 위한 유연한 행정적 지원을 제공하는데도 〈표 2-23〉에서 양적 결과가 상대적으로 높지 않은 이유는 다음과 같이 생각해 볼 수 있다. 우선, 많은 학생들이 학교 지원에 대해 전반적으로 긍정적 인식을 표한 반면, 학교의 시설(도서관, 기숙사, 여학생 휴게실 등)이나 장학금 제도에 대한 아쉬움도 함께 드러냈다. 또 동아리나 소학회 활동은 활성화된 반면, 문화 행사나 스포츠 행사는 그렇지 못하다고 생각하였다. 마지막으로 아주대에 대한 홍보나 교내 프로그램에 대한 홍보도 부족하다고 생각하는 점 등이 작용했을 수 있다. 그러나 '2014년 학부교육 실태조사'(배상훈 외, 2014)에서는 '지원적 대학 환경에 대한 인식'이나 '교직원과의 관계'에 대한 결과가 타 대학과 비교하여도 매우 높은 결과를 보여, 이번 질적 분석 결과와 부합한다고 볼 수 있다.

제4절 성공에 영향을 미친 맥락적 요인 분석

앞에서 아주대 학부교육의 우수한 모습을 학업적 도전, 지적 활동, 능동적·협동적 학습, 교우관계, 교수와 학생의 교류, 지원적 대학 환경 등 6가지 영역에서 살펴보았다. 이 절에서는 이러한 분석 결과를 바탕으로 아주대가 우수한 학부교육을 실현할 수 있었던 성공요인을 분석해 보고자 한다. 아주대 학부교육의 성공요인은 크게 '혁신'이 체질화된 문화, 끊임없이 움직이는 교수들, 수업이 강조되는 행정시스템, 기초교육을 강조하는 교육, 융복합을 추구하는 교육과정, 도약을 꿈꾸는 아주대 등의 여섯 가지 측면에서 주요 특징들이 나타났다.

1. '혁신'이 체질화된 문화

1) 한발 앞서 변화를 추구하는 대학 풍토

아주대 구성원들은 변화에 매우 익숙해 있다. 일반적으로 아주대는 타 대학보다 한 발자국 먼저 움직인다. 아주대가 주목을 받았던 시기는 1990년대 중반이었다. 당시에 아주대는 타 대학보다 먼저 교수업적평가와 강의평가 등을 적용하면서 타 대학의 벤치마킹 대상이 되었다. 아주대는 15년 전에 이미 '아주비전 2013'에서 졸업학점을 축소하고 책임시수도 단축하고 기초교육을 강화하고자 했다. 우리나라에서 제일 먼저 원격 원서 접수를 도입하고, 학생들을 위한 원스톱 서비스 시스템('ASC 아주 서비스 센터')도 먼저 도입했다. 요즘 많은 대학에서 신입생들의 대학생활 적응을 위한 교과목을 개설하고 있는데, 아주대는 오래전에 신입생들의 대학생활을 위한 교과목인 '대학생활과 진로' '진로설정과 어학역량개발'을 타 대학보다 먼저 도입을 하였고, 지금도 신입생을 위한 교과 및 비교과 프로그램 개편을 계속 시도하고 있다. 수업 중간평가를 스마트폰 앱으로 할 수 있도록 교무처 직원들이 학생들의 통행이 많은 장소에서 직접 홍보를 하기도 한다. 이와 같이 아주대는 다른 대학보다 한 발 앞서서 대학의 변화를 추구하고 있다. 아주대는 '이왕 할 거면 빨리 하는 게 좋다.'고 생각하는 '혁신'이 일상화가 되어 우리나라 대학사회에서 '대학교육 혁신의 기수' 역할을 하고 있다.

처음으로 강의평가 공개도 했었고, 학부제도 95년에 처음 실시했었고. (다산학부대학 교수 D)

한 15년 전에 아주대학에서 아주비전 2013이라는 걸 만들면서 교육의 목표를 어디다 둘 거냐 뭐 이런 거 하면서 여러 가지 논란이 그때 있었거든요. 그러다가 그때 아주비전위원회라는 게 있었습니다. 그때 총장이 오○○ 총장이었는데 거기서 중요한 몇 가지 조치를 하게 돼요. 그게 졸업학점 단축, 책임시간 축소, 그다음에 그 기초교양 교육 강화, 뭐 이런 것들 교육과 관련해서는 그런 변화들이 있었는데. (다산학부대학 전 학장)

뭐, ASC 아주 서비스 센터라는 것도 원스톱 서비스 시스템인데 그 양반이 처음 한국 대학에서 만든 분이거든요. (다산학부대학 전 학장)

아마 '대생진'이라고 대학생활과 진로, 그다음에 '진어계'라고 진로설정과 어학역량계발 뭐 이런 프로그램들이 있어요. 그래서 진로 프로그램, 대학생활 하는 프로그램 또 신입생 세미나라고 하는 것도 있었고. 이 신입생 프로그램이 작년까지만 해도 다 운영이 됐었는데, 올해 그거를 전면 개편을 하고 있는 중이라서 그건 교무처에서 아마 들어보시면 더 맞는 거 같아요. 그래서 신입생들 적응하는 프로그램도 운영하고 있어요. 내년에는 새로운 모습으로. 조금 아까 말했던 도전이나 창의적인 모습이 들어갈 수 있도록. (다산학부대학 교수 D)

제가 볼 때는, 이왕 할 거면 빨리 하는 게 저는 좋다고 생각합니다. 홍보효과도 그렇고. 그건 참 우리 학교가 잘하는 것 같아요. 강의평가도 어차피 지금 다 하고 있지 않습니까? 제일 먼저 했다고 그러더라고요. 이왕 할 거면 먼저 해서 좀 주목 받는 게 좋죠. (공학계열 교수 A)

2) 아주대의 '혁신성'에는 역사가 있다

아주대가 혁신을 강조하고, 이것이 체질화된 것은 아주대의 역사와 무관하지 않다. 그 출발점은 역시 1990년대 중반으로 볼 수 있다. 아주대도 1990년대로 들어서면서 신입생 모집과정에서 문제가 발생한 적도 있었으나 이 시기에 새로운 총장이 들어서면서 상당한 변화를 주기 시작했다. 학부제를 전면적으로 도입하고, 교수업적평가를 비롯한 혁신적인 프로그램을 도입해서 새롭게 도약하는 아주대를 만들었다. 또 하나의 특징은 아주대는 타 대학처럼 강력한 리더십을 가진 총장이 있었던 것이 아닌 혁신성에 바탕을 둔 거버넌스가 대학을 주도했다. 아주대는 총장의 평균 임기가 2년이 안 될 정도로 자주 바뀌었고, 2006년에는 학교법인과 관련된 대우의 파산신청도 있었다. 이런 과정에서도 아주대가 계속해서 정부 재정지원 사업에 선정이 되면서 지속적으로 발전할 수 있었던 것은 혁신성에 바탕을 둔 새로운 도전이 계속 이루어졌기 때문이다.

　　95년 이래로 혁신이라고 하는 것이 일상어가 됐어요. 대학 전체에서 그게 이제 사실은 교수들이 쫓아내기는 했지만 김○○ 총장의 업적이라고 저는 봐요. 그러니까 이분이 이제 서강대 교수를 하다가 이제 우리 총장으로 와 가지고 그 업적평가, 수업평가, 뭐 당시로서는 굉장히 선도적인 여러 가지 개혁조치를 취했고, 또 그 과정에서 교수들하고 의사소통을 많이 처음에는 하셨어요. 근데 나중에 가서 그 문을 닫아 버려 가지고 문제가 된 거였는데 처음에 대화를 많이 하시고 그 다음 본인이 교육이라는 것에 대해 말하자면 자기 철학이 분명했기 때문에 토론회에서 교수를 설득하는 게 아무래도 유리했겠죠. 정말 저도 매혹됐었어요. 그때 아, 이런 총장이 있다니 내가 아주대에 참 잘 왔다. 뭐 이런 생각을 주위인들 중에 가진 사람들이 많았을 겁니다. (다산학부대학 전 학장)

　　교협이 혁신성을 가지고 있었죠. 제가 말하자면 업적평가 엄격화, 무슨 강의평가 엄격화, 이런 부분에 대해서 교협은 협조적이었지 부정적이 아니었다는 거죠. 이제 그래서 그 혁신성이라고 하는 것이 김○○ 총장의 키드라고 말할 수도 있죠. 어떤 측면에서는 그러니까 그 양반하고 같이 성장하면서 혁신을 내면화한 사람들이 그 다음 단계에서 이제 퍼스트에 중개인이 되기 시작하니까 혁신이 아주 일반화된 것이 있고요. (다산학부대학 전 학장)

　　리더십이 아니라 거버넌스가 아주대학에서는 중요했던 것 같다라고 말씀드렸던 것이 이 과정에서 총장도 굉장히 중요했어요. 근데 그 저희들이 15년 동안 총장의 평균 임기가 2년이 안 됐던가 그래요. 그 이게 사건 사고가 많았습니다. 뭐 한 달 만에 쫓겨난 총장도 있고, 뭐 또 무슨 관계로 나가 버린 사람도 있고 등등 하다 보니까 실제로 총장 임기가 굉장히 짧았거든요. 혁신이 일상화되어 있다는 거하고. (다산학부대학 전 학장)

다산학부대학 (전) 학장: 아주대학은 [혁신의 계기가] 두 번쯤 계기가 있었던 것 같습니다. 그러니까 90년대로 넘어오는 과정에서 한 번 신입생 모집과정에서 문제가 발생한 적이 있었고요. 그다음에 95년에 학부제 전면도입하고 교수업적평가제 등등 일련의 혁신적인 프로그램을 도입해서 그런 위기상황을 타파를 했는데 그게 2000년대에 들어오면서 좌절을 한 번 겪고. 그것이 학내에서 여러 가지 문제를 발생시켜서 그 문제를 해결하는 과정에서 혁신이 불가피했는데, 그 혁신이 정체성과 잘 조화되도록 구성을 해야 되겠다라는 쪽으로 [혁신과 변화가] 심화되었다 이렇게 말할 수 있겠습니다. 원래 이제 저희가 프랑스 협력을 받아서 만든 대학이어서 수업관리 이런 것은 정말 철저했습니다. 초기부터 지금까지. 거기다가 사회변화, 시대요구 이런 것과 대응하는 어떤 혁신성을 이제 가미하는 것이었는데, 그런 두 차례의 변화를 겪으면서 체질화가 되어 가지고 웬만한 변화에 대해서는 구성원들이 별로 놀라지 않는 혁신 피로감 같은 게 출현하기 시작해서, 요즘은 뭐 고친다고 그래도 다 무덤덤하게 '그래, 한번 해 보지 뭐.' 이렇게 되어 가고 있어서요, 그게 좀 걱정이기는 합니다. (변기용 외, 2015, pp. 518-519)

3) '혁신'을 이끄는 힘은 '소통'이다

아주대가 변화를 체득화한 배경에는 '소통'이라는 매개가 있다. 학교의 규모가 작아서 자연스럽게 이루어지는 물리적인 측면도 있지만 교수와 교직원들이 함께 새로움을 추구하는 데 '소통'을 위한 노력이 이루어지고 있다. 변화를 시도하는 과정에서 갈등이 없을 수 없지만 소통을 통해서 가능한 한 최소화하려고 한다. 예를 들어, 이번에도 대학발전계획을 수립하는 과정에서 대학 구성원들은 대략 3회 정도는 의견을 개진할 수 있는 기회를 가졌다. 특히 발전계획에서 '도전학기'에 대한 반대 입장이 개진되기도 했지만 공감대를 형성하기 위해서 교수, 학생, 직원뿐만 아니라 동문 상대로도 의견수렴 과정이 이루어졌다. 물론 학내 구성원들 중 정책에 반대하는 사람들이 있어서 '방어적 침묵'으로 문제가 생기기도 하지만, 의견수렴 과정에서 애착을 가진 사람들이 솔선수범하기 때문에 새로운 변화가 이루어진다. 이러한 소통은 교수들만의 전유물이 아닌 직원과 학생들이 함께하고 있다. 특히 총장과 학생이 함께하는 Brown Bag Meeting(BBL)은 매우 상징적인 예가 될 수 있다.

아이디어 산출부터 팀장급 직원하고 집필진하고 같이 이야기를 하고 거기에 같이 포함이 돼서 좀 수평적으로 논의가 되어지는 거 같더라고요. 네, 그래서 그런 면에서 제도의 목적을 명확하게 양쪽 집단이 다 이해를 하고 있고, 그리고 그것이 어떻게 운영이 되는지, 가장 효율적인 방법이 무엇인지에 대해서 좀 더 빨리 찾는 거 같고. 연계가 조금, 연계가 얼마나 잘되느냐 그 부서 간 연계가 얼마나 잘되느냐, 그다음에 뭐 직원과 교수 간의 연계가 얼마나 잘되느냐가 사실 어떤 사업을 할 때 굉장히 중요하다고 생각하는데. 근데 더 잘되는 대학이 있을 수도 있겠지만 아주대학도 잘되는 편이라고, 내부에 갈등이 하나도 없다고 얘기할 수는 없지만 그래도 잘되는 편이라는 생각이 들어요. 왜냐하면 학교가 작아서 커뮤니케이션을 하는데 어렵지 않고 또 학교가 어떤 방향을 세우면 그 쪽으로 움직이기도 좀 편한 거 같아요. 규모가 작아서. (다산학부대학 교수 D)

사람들이 이제 자기 얘기 했을 때, 자기한테 계속 부담만 오고, 왜 얘기를 했을까. 안 한 만 못하다는 생각. 그게 아마 심리학에서는 방어적 침묵이라고 얘기를 하던데, 방어적 침묵이라고. 무슨 회의가 있어서 '의견 있으면 얘기해 보세요.' 하면 얘기해 봐야 달라지는 것 없고, 그 다음에 괜히 얘기하다 내 혹만 붙여서 나오고 이렇게 되면 누가 얘기하려고 하겠습니까. (공학계열 교수 A)

ACE 진입을 하기 위해서 프로포잘을 쓸 때 한 20명 정도가, 교수 한 20명 가까이가 직원들 하고 합숙을 했어요. 날밤을 세우면서 토론을 하고, 그때 그 총책임자가 교무처장이었는데, 그 교무처장님이 그때 당시에 우리 기초교육대학 학장을 대행하면서 그런 상태에서. 학부대학 교수들이 대거 거기에 참여하고 하면서, 교육목표부터 인재상부터 굉장히 열심히 난상토론을 하고, 그런 토론 과정에서 학생들을 위해서 뭐 거기서 어떻게 공적인 자리에서 교수들의 이익 생각하고 그럴 수 있겠어요? 정말로 학생들 좋은 학교 좋은 교육의 질을 담보하기 위해서 뭘 해야 될까에 대해서 사심 없이 토론하게 되고, 그런 것들이 약속처럼 계획서에 올라갔고 그것이 다행히 채택이 되어서 4년을 추진을 하면서 탄력이 붙었고. 그 과정이, 이를테면 전공진입자 같은 거 우리 하거든요? 들으셨죠. 그런 것들 보통 생각해 가지고 만들어 내기 힘든 작업이거든요. 우리 다산학부대학 교학팀 일 엄청나게 많아요. 정말 저 사람들 정말 내 돈으로 밥 사주고 싶을 만큼 고생하거든요. 그런데 그거 했어요. 그리고 하고 있고요. 그런 거라든지 글쓰기 튜터링 같은 거. 굉장히 우리 학교가 그렇게 대학원이 풍부한 대학이 아니기 때문에, 튜터 양질의 튜터 만들기 쉽지가 않은데 그 일을 상당히 많은 부분 교수님들이 해 줬거든요, 초기에. 튜터가 할 일을 그런 식의 커미트먼트를 많이 해 주셨죠. 그러니깐 그런 것들이 뭐냐면, 처음에 난상토론 하면서 이렇게 가야 된다라고 우리가 합의가 됐으면, 그게 옳은 길이면 우리가 조금 힘들더라도 우리가 한다. 하자. 그렇게 된 것 같아요. 그런 과정이 중요하지 않나 그렇게 보고. 앞으로도 우리는 그게 일상화되어 있다라고 보는 거죠. (다산학부대학 교수 A)

4) 혁신적 아이디어에 대한 적극적 관심과 실천

아주대는 다양한 혁신적 아이디어를 끊임없이 생산해 내고 있다. 예를 들어, 다산학부대학의 정체성을 'liberal arts college(학부중심대학)'로 끌고 가고자 하는 의견도 있다. 지난 여름 학교의 발전계획수립을 위해 교내 구성원과 'liberal arts college(학부중심대학)'에 대한 토론이 있었다. 이처럼 계획에 포함 여부보다는 지속적으로 학교에 적용시키기 위한 타당성을 검토하는 것이 아주대는 체질화되어 있다. 또한 PBL(Problem-Based Learning)이나 TBL(Team-Based Learning)도 마찬가지고, 융복합교육이나 강의페어링 등도 새로운 아이디어를 적용하는 데 적극적이다.

학부대학이 이 상태로는 안 된다고 생각을 하고요. 저는 총장님한테도 그랬고 지금 논의도 되고는 있는데 일부, 일종의 리버럴 아트 칼리지로 바꾸어야 한다고 생각해요. 그래서 자연대까지는 아니어도 인문사회 학부 대학이 합쳐져서 하나의 단과대학으로 되고, 전공의 벽도 인문사회는 좀 낮아지고, 기본기를 좀 갖추는 교육을 하고, 더불어서 다른 공대나 경영대나 이런 데에다가 교양교육 제공해 주는 그런 대학으로 바뀌어야 된다고 생각해요. (다산학부대학 교수 A)

또 PBL은 뭐고 TBL은 뭐고 뭐 이런 것도 있지만, 니들이 고민하고 있는 것들이 뭔지 교수들끼리 묶어서 소모임 해서 토론하고 지금 문제점이 뭐고 그 문제점을 해결하기 위해서는 어떤 생각을 하고 있는지, 또 해 본 사람은 어떻게 됐는지 그런 것들을 연구하고, 토론할 수 있도록 아주 작은 단위의 지원을 해요. (다산학부대학 교수 A)

과연 사회가 요구하는 융복합교육이 뭐냐. 사회적 니즈도 연구했고요. 몇 가지 정책 연구도 하고 그리고 실행하고 있는 것은 강의페어링이라는 이 작업이고. 지금은 융복합교육 트랙 같은 것도 구상해서 지금 준비 중에 있고요. 아직은 걸음마 단계죠. (다산학부대학 교수 A)

2. 끊임없이 움직이는 교수들

1) 변화를 반기지 않지만 가야 할 길로 인식

대학 교수들 중에 변화를 좋아하는 교수들은 아마도 많지 않을 것이다. 교수들은 자신의 영역에서 자신이 하던 방식에서 벗어나기 쉽지 않다. 그럼에도 아주대 교수들은 변화를 추구하는 문화 속에서 새롭게 적용되는 각종 교육행정시스템에 대해서 적응하고 있다. 아주대는 1990년대 중반부터 '교육혁신의 기수' 역할을 했으며, 학사관리에 대한 한발 앞서는 변화와 더불어 대학의 인지도가 높아졌다. 이제 아주대 교수들은 변화를 일상적으로 이루어지는 과정으로 그냥 받아들이고 있다. 아주대에 처음 온 교수가 아주대에 대해서 느낀 점 중에 하나가 '아주대 교수들은 계속 움직인다.'는 점이었다. 변화에 대해서 피로감을 느끼기도 하고 반기는 것이 아닌, 때로는 어쩔 수 없이 할 수밖에 없다고 투덜거려도 아주대 교수들은 계속 움직이고 있다. 즉, 아주대 교수들은 변화에 대해서 반기지는 않지만 아주대가 발전하기 위해서는 할 수밖에 없다는 생각을 가지고 있다.

단적인 예를 드리면 이번 학기에 저희 산학 협력 중점 교수로 오셨거든요. 근데 다른 학교에 계시던 분이 오셨어요. 근데 오시자마자 저희가 지난주에 회의를 했었나 그랬는데 그때 이제 회의 끝나고 제 연구실로 오셔 가지고 잠깐 15분 정도 이야기를 나눴어요. 그때 무슨 표현을 하셨냐면은 본인께서 1년 동안 다른 학교에 있다가 아주대학교에 이번에 왔는데 일단 느낀 것이 아카데믹 쇼크다. 그래서 예, 그게 어떤 의미냐면…… 학기가 시작되면 잠을 거의 못 자는 거를 그냥 자연스럽게 받아들이더라, 거기서 한 번 쇼크를 받으셨고, 두 번째는 회의 같은 거를 이렇게 보니까 교수들이 굉장히 막 움직이고 있더라. 본인이 있었던 예전 대학에서는 교수들이 그렇게 움직이지 않았다. 무슨 회의를 하고 논의를 하면서 뭔가를 계속하려고 하는 게 자기한테는 쇼크였다. 이 말씀을 하셨어요. 그러니까 교수들도 뭔가를 받아들여서 뭔가를 하는 것처럼 학생들도 그러니까 최소한 ○○학과는 프로젝트가 많기 때문에 학생들이 기말 되면 거의 밤잠을 못 자면서 작업을 해야 된다. 이런 게 그냥 있어요. 그 자세가 이미 세팅이 되어 있고요. (공학계열 교수 B)

거기에 자꾸 이렇게 연결시키는 그런 것들이 좀 '기본적으로 깔려 있어서 그게 되는구나.' 왜냐면 지향점이 없이 뭔가를 하려고 하면 자기이해관계를 따지는데 제가 봐서는 어쨌든 교수님들이 기본적으로 학생들을 교육을 시켜야 된다고 하는 거, 그걸 시키기 위해서 어떤 변화를 혁신에 대한 부분을 좀 더 그냥 수긍하면서 받아들이는 게 있지 않나 하는 그런 느낌. (공학계열 교수 B)

일반적으로 우리 눈은 좀 새로운 것을 항상 찾고 귀는 익숙한데 그걸 찾죠. 사실 몸도 익숙한데, 익숙한 것을 계속 찾는 것 같아요. 제가 보기에도. 그래서 그런 변화에 대해서 사실은 다 그런 것은 아닌데 일단은 좀 반기는 분위기는 아닌 것 같고요. 그러면서도 그 일부 중에서는 '아, 어차피 해야 하는 거니깐 열심히 잘하자.' 하는 분도 계셨고. 그렇게 해서 지금까지 온 게 아닌가. 그런 변화는 사실은 힘들긴 하지만 받아들이고, 그 변화에 발 맞춰 가지고, 시대의 변화에 발 맞춰 가지고 학교가 바뀐 게 많죠. (공학계열 교수 A)

2) 아주대를 사랑하는 교수들

교육과정을 새롭게 개정할 때마다 교수들 간에 갈등이 예상되지만, 이를 수용하고, 누군가는 그것을 받아들이는 솔선수범하는 교수들이 있다. 지속적으로 변화를 하면서도 교수들은 상호배려, 이해, 경청하고자 한다. 예를 들어, '집중교육'을 방학에 하려면 6학점을 4주 동안에 해야 하는데, 누군가는 이에 대해서 책임을 지고자 하는 교수들의 희생과 헌신이 이루어져 수업이 개설되고 운영이 된다. 지금 아주대의 융복합교육의 시발점이 되었던 다산학부대학의 교수들 중에도 융복합교육과정에 대한 선구안을 갖고 핵심적 역할을 한 시니어 교수들이 있다. 그렇다고 아주대 모교 출신이라는 분위기가 지배적이지도 않다. 아주대에는 모교 출신의 교수라는 개념보다는 '내 학교'라는 주인정신에서 아주대를 사랑하는 헌신적인 교수들이 있다.

실제로는 방학 동안에 집중교육이 진행이 되지만 안 그러면 강의실에 안 나오거든요. 그렇죠. 학생들 입장에서는 걔네들도 방학 반납하는 거죠. 그리고 한 달 동안 그거 매달리는 건데요. 이게 교수 입장에서 보면은 이제 뭐 학생 입장은 배울 욕망이 있다고 치고 교수 입장에서 보면은 진짜 방학 반납하는 거거든요. 그리고 교수들이 뭐죠 강의료 몇 푼 더 받겠다고는 안하죠. 근데 단 한 번도 그 강사를 섭외하는 데 문제가 된 적이 없어요. 그러니까 어느 누군가의 희생과 헌신은 계속 있었던 거죠. 그냥 교수 회의를 하면서 '이번에 집중교육을 해야 되는데 누가 하시겠어요?' 하면 손드는 사람이 있었다는 거예요. 그러니까 어떻게 생각해 보면은 이제 그런 교수님들의 어떤 헌신이 있었던 거 같고요. 그게 아까 말씀하신 대로 자기 이득 보면 그거 못 하시는데 학생들한테 이게 필요하다라고 하시니까 그냥 하셨던 거 같아요. (공학계열 교수 B)

그러면 누가 하려고 하겠습니까. 그럼에도 불구하고 그런 자리에서 아직까지도 그런 얘기를 하시는 분들이 계시고 하는 것을 봐서는, 아직도 학교에 애착을 가지고 잘해 보려고 하는 교수님들이 남아 있고, 그런 교직원들이 있어서 여기까지 오고 다시 한 번 일어나려고 지금 노력하고 있지 않나 하는 생각이 듭니다. (공학계열 교수 A)

그리고 아까 말한 김○○ 학장님, 굉장히 신망도 있고, 교수 사회에서 신망도 있는 시니어였고, 또 아까 말한 대로 추진력이 대단한 분이에요. 이거 옳다고 하면은 저돌적으로 하시는 분이었어요. 그래서 기초교양교육도 결국은 성사가 됐고. 물론 그러기 위해서는 뒤에 신망이 있지 않으면 저돌적으로 가면 깨질 수도 있고 그런데, 뒤에서 많은 사람들이 백업을 해 주고 그러니깐 가능했고, 그다음에 오신 분이 김○○ 선생님인데, 이 분도 학교에서 크레딧이 굉장히 좋은 분이에요. (다산학부대학 교수 A)

아주대를 사랑하는 사람들이 있는 데 이 사람들은 왜 이런 마음을 가졌을까? 왜냐면, 사실은 제가 봐서는 교수님들이 다른 어느 대학보다 있는 교수님보다 피곤해요. 이것저것 먼저 시행하죠, 압박하죠. 사실은 제가 보니깐 교수업적평가제 이런 것도 그렇고. (공학계열 교수 A)

교수들한테 막 주어지는 압박감이 있으면 피로감이 생기거든요? 피로감하고 느끼는 성취감하고. 학교의 어떤 변화라든지, 학과의 변화라든지 학생의 변화에서 성취감하고. 이게 어느 쪽이. 이게 더 높으면 이 피로감을 참아 내겠는데 어느 순간 이 피로감이 너무 커져서 이게 이렇게 된다면 둘 중에 하나거든요. 몸이 망가지든지, 아니면 마음이 떠나든지. (공학계열 교수 A)

3) 혁신을 위해 협조와 배려하는 교수문화

아주대는 교수들 간 학생을 위한 교육, 교수법 개선에 대한 소통이 활발하다. 교수들도 자발적으로 노력하고, 새로운 교육 프로그램을 창출하려는 데 의욕적이다. 학생과 관련된 수업이나 교육과정에 대해서도 서로 대화를 나누는 분위기가 조성이 되어있다. 예를 들어, 미디어과의 교육과정을 개편할 때 다산학부대학의 교육학 전공 교수를 초빙하여 함께 회의하는 공개적인 분위기도 그렇고, 정보컴퓨터공학부가 소프트웨어융합학과와 정보컴퓨터공학과로 분리될 때, 미디어학부가 만들어질 때와 같이 학과를 새로 만들거나 분리할 때, 다른 학과 교수들이 가능한 한 적극 협조하고 지원해 주었다. 아주대는 교수의 질을 높이기 위해서 평가를 다면화하는 한편 동료평가(peer review)를 하고, 자문, 파일럿 시스템, 모니터링을 실시하고 있다. 이에 대해 교수들의 거부감보다는 협조와 긍정적 평가를 찾아볼 수 있는 문화다.

아주대에서 시행하고 있는 동료 멘토링(peer mentoring) 프로그램에 참여하는 교수들도 큰 거부감이 없다. 신임교원인 경우에도 대학에 적응하는 기간을 두기 위해서 처음부터 많은 부담을 주기보다는 선임교원이나 시니어 교원들이 더 많은 일을 하는 경우가 있다. 아주대는 계속되는 변화 속에서 교수들 간에 서로를 이해하고 배려하면서, 학생과 수업을 위해서 혁신을 하는 경우에는 조금 더 개방적이고 의사소통이 수월하게 이루어지도록 협조하는 교수문화가 있다. 이와 같이 교수를 포용하는 대학에서 역시 동료교수들도 서로를 도와주면서 배려하고 서로 포용하는 교수문화가 형성되어 있다.

교수님들끼리 모이면 주로 학생들 수업시간에 어떤 애가 있었는데, 뭐 자기가 수업을 이런 식으로 했는데 애들의 반응이 좋았고, 뭐 이런 식으로 했는데 애들의 반응이 나빴고, 그럼 우리가 어떤 식으로 하면 좋을까 이런 얘기도 되게 많이 해요. 그러니까 식사하면서 대화할 때 그런 얘기들 되게 많이 하고요. 또 이제 그런 거 같아요. 저희 학교가 학부교육에 있어서는 많은 교수님들이 모여서 서로 이렇게 대화할 때 그런 이야기 학생들은, 어떤 학생들은 이런 문제가 있는데 이런 식으로 하면 좋고, 뭐 이런 얘기들을 상당히 많이 하셔서 서로서로 다른 학과에서도 '그 학과는 이렇게 했대.' '아, 이 학과는 저렇게 했대.' 우리 노하우를 또 전하고 이런 소통들을 많이 하는 것 같아요. …… 모든 학과가 공통적으로 갖고 있는 고민사항이기 때문에 그런 얘기들을 하면 참 재밌더라고요. (공학계열 학과장)

교육과정 개편을 주기적으로 하려고 하는데 그 교육과정 개편을 모여서 두 달 만에 딱 할 수 있는 건 아니잖아요. 그러니까 교육개편을 위한 자료를 외부에서 수집하기도 하시고, 뭐 졸업생들한테 수집하기도 하시고, 기업한테도 수집하기도 하시고 이러면서 교육과정에 대한 자료들을 만들고 계시는데, 그것과 더불어서 수업 단위에서, 수업에 대한 개편들도 수업 방법을 개선하려고도 하시더라고요. 그래서 이제 이거에 대한 논의가 학과에서 매달 있는데, 그런 매달 하는 모임에 저나 S 교수님한테 참여를 해 주실 수 있느냐 물어봐서 저희가 들어갔더니 교육과정에 대한 이야기들도 포괄적으로 하시지만, 본인들이 수업을 진행하는 수업계획에 대한 이야기, 수업에 대해서 한 학기 계획에 대한 이야기, 그다음에 지난 학기 했을 때 문제점에 대한 이야기. 이런 이야기들을 같이하시고 있고. 아마 이번 달이나 다음 달에도 모일 거예요. 모여서 이제 한 학기, 한 달 진행해 봤더니 어떻더라. 그래서 다음 학기에 만약에 다른 수업을 하고 싶은데 어떻게 하면 좋을까 이런 얘기들을 공개적으로 이야기하시더라고요. 그래서 굉장히 고무적으로…… (다산학부대학 교수 D)

헌신, 이런 것들을 하시는 분이 적지 않다고 생각해요. [연구진 질문] 학부대학은 아까도 말씀드렸듯이 교육중심을 선언한 대학이고. 연구는 지 알아서 하는 거고. 그게 학부대학의 특징이니깐. 그렇게 하고. 또 학부교육 교수들이 다들 만나서 이야기하기를 좋아하고. 우리는 매일 빈 시간은 회의 시간이다. 라고 얘기할 만큼 그래요. 그리고 우리 학장님을 빼고는 가장 시니어인

○○○ 교수님이 굉장히, 일 벌리기를 좋아하세요. (다산학부대학 교수 A)

그런 것들을 했을 때 교수님들의 거부반응이 좀 없는 거 같아요. 뭐 피어 멘토링이라고 하는 게 보통 우리가 수업 컨설팅을 할 때 교수님의 수업을 촬영을 할 때, 뭐 전문가와 그 다음에 이제 학과의 멘토 교수라고 저희는 부르는데 학과든 단과대학에서 오랜 교육학적 경험이 있는 교수 두 명이 같이 컨설팅을 하는 거예요. 근데 그런 것들을 했을 때 그런 거에 대한 부담감이 그렇게 뭐 거부반응이 그렇게 심하지 않았던 것들. (다산학부대학 교수 D)

그 사업을 나갈 때 사업 자체가 아까 말씀드린 것처럼 학부 전체적으로 뭔가 혁신을 해야 되겠다, 그래서 혁신을 하는데 선발대가 필요하다 이런 거였어요. 그러니까 어떤 큰 갈등이나 이런 게 있는 게 아니고 잘할 수 있는 사람들이 나가라 해서 박수받으면서 나온 거고요. 그래서 나와서 학과를 만든 거였기 때문에 기존에 그 다른 분리된 다른 학과의 교수님도 저희 학과를 서포트하는 거고, 저희 학과도 그쪽 학과를 서포트하는 거고, 그런 식으로 서로 공생 협조하는 관계인거죠. (공학계열 학과장)

그 교수님들이 특히 이제 제가 있던 소속 단과대학에서는 이제 정원을 이렇게 학과들이 막 떼 가지고 만들어 준 학과거든요, 저기가. 총 정원을 증원을 할 수가 없었기 때문에 다른 학과들이 다 떼서 줬는데, 그 규모가 보통은 뭐 학과를 하나 만들면 한 30명 이렇게 만드는 게 보통인데, 그 당시에 한 80명 정도짜리 정원을 한 번에 만들어 줬거든요. [연구진 질문] 그래서 정보통신대에 뭐 전자공학과, 컴퓨터공학과에서 굉장히 많은 정원을 떼 줬어요. 그리고 사회대나 인문대에서도 이렇게 조금씩 떼 주셔 가지고 그 굉장히 큰 볼륨의 학과가 만들어졌었죠. 물론 제가 와서 만든 건 아니지만, 제가 왔을 때는 학부 학생들이 차 가고 있는 도중이었기 때문에, 보면 그게 저는 놀라운 거라는 생각을 못했었는데, 당시에. 지금 생각해 보면 굉장히 거의 불가능한 일을 새로운 학과나 새로운 기술에다 투자하셨다는 게, 굉장히 놀라운 경험이었고요. 그다음에 교수님들도 ○○학과는 잘돼야 된다. 다른 과 교수님들이 오히려, 뭐 당신네 학과는 정말 잘되어야 한다. 그리고 학생들 잘 뽑아서 정말 잘 가르쳐서 대학원에서도 잘 가르치고 뭐 해서 학생들에 대한 기대들이 학과 교수님들뿐만 아니라, 주변 학과 교수님들, 주변 단과대 교수님들이 굉장히 많은 그 심리적 후원. 네, 그런 게 있어서 좀 놀랐었고요. 부담도 좀 있었죠. (입학처장)

특히나 수업에 대한 이야기들. 뭐 수업계획서를 이렇게 짰는데 이런 내용인데 이렇게 수업을 하려고 하는데 이게 잘 안 된다는 얘기를 대여섯 분 교수님들이 같이 모여서 하시더라고요. 저희가 같이 들어가서 거기서 같이 아이디어들을 논의를 하고. 그래서 뭐 '교육과정 개편하실 때 이런 거 주의하시거나 조심하세요.' 이런 얘기들도 같이 해 드리고. 그래서 좀 그런 분위기는 다른 학교하고 다른 거 같아요. 그죠? (다산학부대학 교수 D)

우선은 평가 시스템을 좀 다양하게, 교수의 질을 높일 수 있는 방법이 뭐냐. 이런 측면에서 이제 평가를 다면화하자라는 게 있었다는 게 하나가 피어 리뷰였거든요. 동료평가. 그러니까 사실상 교수님들이 수업에 대해서 같이 평가한다는 게 예민하잖아요. 연구에서는, 연구에서는 뭐 당연하게 받아들이는 데 예민하잖아요. 근데 우리가 처음으로 시도를 했어요. 제가 정책연구로 시작을 해서 실제 자문위원들 만나서 자문도 받고, 실제 파일럿 테스트 해 보고. 해서 지금 정착이 됐어요, 지금은 완전히. 신임교원들은 반드시 멘토링을 해야 돼요. 멘토링이란 이름으로 하거든요. 피어 리뷰하면 너무나 평가적인 이미지가 강하기 때문에 멘토링이란 이름으로 해서 신임교원들은 반드시 멘토 지정을 하고, 수업 전문가 세 명이서 반드시 해야 해요. 촬영한 다음에 모여서 하고. 왜냐하면 수업 전문가는 수업에 대한 부분은 얘기할 수 있지만, 수업내용이라든지 학과 특성, 학생 특성 이런 거는 적용이 안 되거든요. 그래서 멘토로서 그런 관계를 지어 주게 되면 당연히 교수의 질은 훨씬 더 높아질 거다라는 차원에서 이제 피어 리뷰를 진행하고 있어요. (다산학부대학 교수 C)

조교수는 모든 일에서 배제해요. [연구진 질문] 네, 연구해야지. 그래서 세틀(settle)하라고 보호해 주고, 첫 학기에는 학점 감면도 해 주고. 이러면서 아, 첫 해에는. 네, 이러면서 조교수들은 잘 안 하고요. 그다음에 뭐 주임교수, 웬만하면 정교수가 맡아라. (다산학부대학 교수 D)

4) 정년트랙을 고수하는 대학

아주대는 교수들을 바라보는 대학의 시선이 색다른 측면이 있다. 현재 우리나라 대부분의 대학에서 비정년트랙 전임교원을 채용하고 있지만 아주대는 교수들이 대학의 중심이라는 생각으로 우수한 교수를 채용하고자 정년트랙의 교원을 채용하고 있다. 정년트랙 교원을 채용하는 것이 대학 재정에 부담은 되지만 비정년트랙 전임교원을 뽑아 전임교원 확보율을 올리려고 하지 않는다. 비정년트랙 전임교원을 채용하는 것이 길게 보면 오히려 학교에 독이 된다는 것을 알고 있다.

또한 비정년트랙 교원이나 연구원으로 채용된 경우도 교수로 임용을 하거나 계속적으로 대학에서 남아 있도록 기회를 제공하고 있다. 실제 시간강사부터 시작해서 특임교수 이후 전임교원이 되거나, 연구원으로 시작해서 연구교수 이후 전임 조교수인 경우, 시간강사부터 연구교수 이후 대우교수가 된 경우 등이 있다.

> 비정년트랙은 무기계약직이나 마찬가지인데, 결국은 교수랑 똑같은 일을 하면서, 임금 격차가 있고, 승진에 있어서 불이익을 받고, 정년 보장 그거는 결국은 지금은 그렇지만 나중에는 지는 게임을 시작한다고 생각하죠. 우리 학교가 한 몇 년 전까지만 해도 교수 확보율이 굉장히 높은 대학이었거든요? 한 65%, 60% 이상이었는데, 대부분 사립대학이 40% 이랬어요. 그래서 월등하게 좋았어요. 근데 지금은 아니에요. 저희가 나쁜 편에 속하고 굉장히 많은 대학들이 70%를 넘겼더라고요. 그 대학 구조개혁 평가 그것 때문에, 정원 줄인다고 하니깐 다 무리하게 몇 년 사이에 그렇게 했어요. (기획처장)

> 제가 처음에는 여기 2011년도에 연구원으로 왔었어요. 연구원으로 왔다가, 어, 계속 전반적인 교수학습개발센터 일을 진행을 했었죠. 그러다가 이제 연구교수로 다시 임용이 되고. 작년에 전임으로 다시 또 됐죠. (다산학부대학 교수 C)

3. '수업'이 강조되는 행정시스템

1) 대학의 초창기부터 강조되는 것은 수업

아주대는 대학 설립의 초창기부터 수업관리를 철저히 하고 학생들의 교육에 대한 열정이 높았다. 아주대 교수들은 가르치는 것으로 승부를 걸 정도로 수업관리가 철저했고, 교육에 열정적인 교수들이 아주대를 움직이는 기초가 되었다. 교수들은 어떻게 하면 학생들이 수업에 집중하도록 할 것인가를 고민한다. 아주대 초창기부터 헌신적인 교수들이 있었고, 이들 교수들의 전통을 이어받아서 새로운 방식으로 학생들과의 상호작용을 지속적으로 하고 있다.

> 그 이전부터도 프랑스 아마 그 대학 운영 방식을 이 학교가 그냥 창립 초기부터 가져온 것이 교육은 굉장히 엄격한 문화가 있었습니다. 내가 여기 와서 제일 놀랐던 게 수업관리가 정말 철저해 가지고 수업을 안 하면 바로 그 이유를 설명을 해야 됐어요. 그런 식으로 수업관리는 굉장히 잘되고 있는 것이었고, 또 그 열정적인 교수님들이 꽤 계셔 가지고 여기서 뭐 아이들하고 밤새고 같이 공부하고 가르치고 하는 그런 문화도 또 있었던 거 같아요. (다산학부대학 전 학장)

> (태블릿 보여 주면서) 보시면 이런 강의 노트를 먼저 만들어서 올려놓게 되면. 일부 좀 비워 놓죠. 특히 수식 같은 경우에는 그것을 다 쓰다가는 학생들도 지루하고 시간도 많이 걸리기 때문에, 중간중간 비워 놓고 설명해 나가면서 써 내려가는 거죠. 그러면서 학생들 반응도 보고, 필요에 따라서는 부수적인 것을 좀 써 가면서 얘기를 해 나가는. 이런 걸 하는데, 학생들이 그래도 좀 반응이 좋았던 것 같습니다. 이게. 이것을 한 학기 시작할 때 이 강의노트를 다 올려 주거든요. 그 일부 학생들은 아예 그것을 책으로 만들어서 그것을 들고 다니면서 공부를 그렇게 하더라고요. 그리고 수업 시작을 하기 전에 항상 이전 수업을 리뷰를 하는데, 예를 들어서 이런 거죠. 어제 수업 시간에 리뷰. 전 시간에 공부했던 것을 리뷰를 이렇게 한번 하고, 워밍업이 된 상태에서, 소위 말해서 야구를 하는데 투수들이 1회 공 던지기 전에, 사실은 먼저 올라와서 계속 워밍업하잖아요. 그걸 먼저 한 번 해 주고 이것과 연관돼서 그다음 오늘 수업이 또 진행되니깐. (공학계열 교수 A)

학생들 수업 들어오면 일찍 들어온 애들 봐도 사실 스마트폰 보고 딴짓하고 있더라고요. 그래서 항상 수업 시작하기 전에, 출석을 저는 항상 정각에 딱 불러요. 부르고 난 다음에, "지난 시간 우리 공부한 것 요약해서 얘기해 볼 사람."이라고 해요. 그러면 일단은 손 안 들어요. 근데 이런 학생들 제가 보너스 포인트를 제가 준다고 해요. 나중에 점수를 1000점 만점을 저는 환산해서 이렇게 하는데, 그중에서 50점이 이 보너스 포인트, 몇 회를 했느냐에 따라서 1회당 5점, 10점 이런 식으로. 이걸 준다고 하면 누군가 50명 수업을 하면 적어도 네다섯 명은 그것을 봐요. 그러면 그런 애들이 있기 때문에 하나둘씩 전파돼서 미리 좀 보는 거죠. 그러면 아무래도 워밍업해 가면서 하면, 훨씬 애들이 이전 것 공부하면서 이렇게 하게 되더라고요. (공학계열 교수 A)

2) 수업을 강조하는 교육행정 시스템 적용

아주대의 변화의 핵심에 수업 개선과 지원이 지속적으로 이루어지고 있는 점이 있다. 교수들의 업적평가시스템이나 강의평가를 우리나라에서 선구자적으로 먼저 시행을 했고, 성과 승격제 적용도 이미 9년 전에 실시를 했다. 승급에 '수업평가'를 도입하고, 수업은 학생들이 예측할 수 있어야 하므로 강의노트 공개를 의무화하여 수업 관련 정보를 얻을 수 있도록 하는 E-teaching 포트폴리오도 타 대학보다 먼저 도입을 했다.

만약 교수들 중에서 수업계획에 제시된 내용이 충족되지 못하면 승급이나 재계약 등 교원인사에도 불이익을 받을 수 있다. 아주대는 팀 프로젝트, 연계전공, 트랙제 등을 강조하고 있으며, 이를 통해 교육 프로그램의 다양화를 시도하고 있다. 아주대는 변화의 과정에서 실패를 하더라도 변화를 받아들이고 지속적으로 개선을 추구한다.

교수들한테 그게 수업은 학생들의 입장에서는 예측 가능하고 복습 가능한 시스템이어야 한다. 그래서 강의 내용이 학생들한테 공개될 수 있어야 한다. 사전에 예습할 수 있게 그래서 강의노트 공개를 의무화했어요. (다산학부대학 전 학장)

현재는 사실은 원래 빡빡한 교육과정 체제는 그대로 갖고 있고요. 수년째 개교 이래 계속 유지되고 있다고 보시면 되고요. 그러면서 한편으로는 그런 반성이 있어 가지고, 무슨 뭐 우리는 연계

전공이라고 하는데요. 연계전공제도를 만들고, 트랙이라고 해 가지고. 예를 들면 뭐, 수학을 예를 들면 수학 전공을 하면서 계산금융 연계전공을 한다든가, 여러 가지 트랙이 있습니다. 인문대 학생들도 ICT융복합 전공을 한다든가, 인문학 교육을 받으면서 IT교육을 받아서, 이런 것들을 몇 개 하고 있는데. (기획처장)

　교수들 평가 시스템을 좀 정교하게 다시 가다듬고요. 특히 테뉴어 받은 교수들을 그것 때문에 지금도 제가 욕을 많이 먹고 있는데 그 성과승격제라는 제도를 지금은 뭐 많이들 하시는 거 같더라고요. 승격제라는 그러니까 예를 들면 이제 교수가 된 뒤에 5년마다 평가를 받아 가지고 봉급을 팍 올려 주는 겁니다. 그러니까 진급 못하면 가령 A, B, C, D, E까지 있는데요, 그러니까 A 1년차부터 5년차까지 있죠? 그러니까 A 5년차에서 10년 동안 정지된 분도 있어요. 그러면 봉급차가 지금 한 1500 이상 날 걸요. 그게 그래서 이제 사실은 연봉제라는 게 실질적인 의미를 갖는 표면적으로 느끼는 편차가 분명하게 드러나게 하는 그런 시스템이고, 그다음에 승급에 수업 평가를 처음으로 저희들이 도입을 하였는데 일정 기준 이상을 통과 못 하면 승급 못 하게 하고. (다산학부대학 전 학장)

　강의노트가 공개되면서 나온 부수적 효과들이 매년 똑같은 강의노트를 쓰는 분들이 곤혹스러워졌어요. 10년 전에 썼던 거를 지금 쓰는 거. 왜냐하면 애들도 돌리지 않습니까. 그래서 지금은 뭐, 여전히 비난은 제가 받지만 대부분의 교수들은 그걸 일상적으로 이제 당연한 것으로 받아들이고 있습니다. (다산학부대학 전 학장)

　교수학습개발센터에서 교수법 강의를 특강을 1년에 한 10번 정도 압박을 하는 것 같아요. 보통 요즘 이제 핫한 게 플립트러닝, 뭐 액션러닝 뭐 이런 쪽이잖아요. 그래서 그런 특강들 있으면 교수님들, 뭐 다는 아니지만 일부가 오셔서 듣고 수업 적용하시고 이러는 거 같고, 저희 학과의 지난번 교수학습개발센터장을 한 교수님이 계신데 이 양반이 교육학적으로 관심이 많아 가지고 그 쪽으로 연구하면서 이런 식으로 프로젝트 과목을 수행하면 좋다고 본인의 어떤 이제 방법론을 하나 만든 게 디쎌이라는 건데요. 그게 학생들이 팀작용 활성화시키고, 상호작용 활성화시키고 뭐 이런 방법이에요. 그것들을 학과 내에서 확산시키려고 하는 움직임들이 있고, 실제로 지금 이번 학기에 디쎌 과목 세 과목이 새로 적용이 되고, 플립트러닝 두 과목이 개발되어서 운영이 되고 있고, 그러니까 지난 학기에 개발한 거죠. 그전부터 개발된 것들이 또 몇 개 과목들이 있고, 그런 식으로 해서 뭐 굉장히 심리적으로 그냥 어, 그러니까 교수들의 노력 플러스 학교 전체적으로는 교수학습개발센터의 어떤 노력들, 거기에 도움을 받고 있죠. (공학계열 교수 B)

저희 학교는 정말 잘되어 있는 게 온라인 시스템이 정말 잘되어 있어서, 지금도 아마 그냥 모바일로도 되는지 모르겠네요. 모바일로도 아마 될 겁니다. 근데 강의실 예약 시스템이 온라인으로 되어 있어서 그냥 자기 아이디로 홈페이지 로그인해서, 학교 홈페이지를 통해서 강의실을 빌리면, 시간대를 딱 체크하는 게 있습니다. 무슨 영화 예약, 영화 예약하듯이. 그런 식으로 시간대를 딱딱 체크하면 빈 시간이 딱 뜨고, 그 강의실을 이제 자기가 쓸 수 있도록 빌릴 수 있는 시스템이 너무 잘되어 있어서 강의실 예약하는 게 굉장히 이제 수강신청하듯이, 좀 약간 전쟁이기도 하죠. 좋은 강의실 빌리려고! (사회계열 학생 A)

3) 학습경험에 초점을 맞춘 성과 분석

아주대는 각 과목마다 무엇을 배웠는가, 어떤 능력이 향상되었는가를 보고자 한다. 이를 위해서 가르치고자 했던 내용과 배웠던 내용의 차이를 줄이고자 하는 교육을 지향하고 있다. 그 대표적인 프로그램이 바로 ATLAS(Ajou Teaching & Learning Analytics System)다. 수업지원을 하기 위해서 학습경험조사를 실시하고 있는데, 학습자와 학습환경에 대한 역동적이고 총체적인 정보들을 수집·분석·보고할 수 있는 기능을 통해 학습과정, 교육 의사결정에 활용할 수 있도록 하고 있다. 아주대는 수업의 효용성을 위해서 학습분석을 실시하고, 학생들의 학습경험을 최대한 높여서 졸업할 때 경쟁력을 갖추도록 하고 있다. 아주대가 위치한 지리적인 여건과 아주대생의 특성을 최대한 살려서 아주대 학생들이 졸업할 때는 노동 시장에서 서울에 위치한 어느 대학의 학생들과도 경쟁할 수 있도록 하고 있다.

작년에 했던 일들 중 하나는 교양교육 관련해서 학습성과에 대한 전수조사를 했었어요. 그래서 교양 관련해서 저희가 이제 교양에서 일반적으로 나올 수 있는 교육목표들을 뽑고, 그 다음에 교양에서 저희가 추구하고자 하는 교육성과들을 뽑고. 그래서 학생들한테 '너희는 어떤 게 목표라고 생각하니?' 그리고 '얼마나 달성했다고 생각하니, 그다음에 수업에서 어떤 활동들을 하니, 수업하는 활동이 충분하니 안 하니.' 뭐 이런 거에 대해서. 교양교육에 대한 전수조사를 저희가 영역별 교양이라고 하는 좀 핵심적인 교양들이 있어요. 그 교양에 대한 전수조사를 지난 학기, 그전 학기 이렇게 일 년여에 걸쳐서 하고 있어요. 그게 좀 누적이 되면 교양교육이 조금 더 어떻게 진행되고 있는지, 교과별로 질 관리를 할 수 있지 않을까, 영역별로 질 관리를 할 수 있지 않을까. 그래서 아이들이 어떤 성과를 냈는지, 어떤 경험을 했는지 이 두 가지를 핵심으로 해서 지금 보려고…… (다산학부대학 교수 D)

　　개별 교수님들한테는 전체 점수가, 전체에서 학습성과에 대한 분류가 이런데 선생님 수업의 강점은 이렇고 학생들이 전체적으로 학습경험은 이 정도하는데 수업에서의 경험은 주로 이런 데에 많이 되어 있습니다 하는 개별 보고서들을 다 만들었고요. 원하시는 분들은 다 드렸어요. 저희가 아무래도 강사분도 많고 이러다 보니까 100퍼센트 다 피드백을 드렸어요. 하기는 뭐 한데, 지난 학기 하고, 이번 학기 하면서 동일한 분들은 다 드렸고요, 동일하게 강의를 하시는 분들은. 그다음에 또 원한다고 하시는 분들은, 우리 반 수합했으니까 결과를 좀 달라 하시는 분들은 드렸어요. (다산학부대학 교수 D)

　　그 핵심은 전 학습 분석이라고 생각을 하거든요. 왜냐하면 제가 그거에 대해 관심을 갖고 있고, 그걸 제가 하나의 어떤 전문 분야로서 개척을 하려고 하고 있기 때문에. 그 학습 분석의 핵심은 LMS거든요. LMS는 모든 교수님들이 학교 전체적으로 사용하고 있는 것들이에요. 그걸 우리가, CTL이 전담하고 있고요. 그러면 아, 그 LMS 단순하게 딜리버리하는 LMS가 아니라 뭐 상호작용 이런 것도 있겠지만 그 LMS에 나와 있는 데이터를 가지고 실제 교수들이 활용할 수 있도록 여러 가지 것들, 뭐 처치를 할 수 있게끔 예측모델을 만든다거나 아니면 여러 가지 것들을 지금 고민하고 있거든요. 그런데 그런 것들이 교수들한테 전달이 되면 아니면 학생들한테 전달이 되면 분명히 새로움으로 다가올 거고 CTL이 대단한 일을 하고, 뭐 대단하다기보다는 어떤 새로운 일을 하고 있구나라는 측면을 충분히 느낄 수 있다고 생각하거든요. (다산학부대학 교수 C)

아틀라스라고 하는 저희들 행정 교수들이 문제 삼는 것 중에 하나가 내가 수업 듣는 아이들이 어떤 아이들인지 현재 알기가 어렵다는 거죠. 그다음에 또 하나는 아이들은 면담을 할 때에도 아이들에 대한 데이터를 교수가 볼 수 있는 게 거의 없다는 거죠. 그래서 사실은 저희들이 만든 게 '대학생활과 진단'하고 '진로설정과 어학능력개발'이라는 교과목이 있습니다. 거기서 이제 진로설정이 그 클리어 로드맵을 학생이 만들어 보는 거거든요. 그럼 이게 자꾸 변할 거 아닙니까. 근데 원래 저희들 계획은 지도교수가 그 학생을 면담할 때 컴퓨터 화면에 그걸 띄울 수 있도록 하자는 게 목표였어요. 그래야 교수하고 학생이 의미 있는 대화를 할 수가 있다. 제가 학생들하고 면담해 보면 이구동성이 교수님들은 대부분 공자 말씀만 하신다. 그러니까 그건 교수도 그 학생에 대해서 정보가 없거든요. 학점이나 이런 거 외에는 정보가 거의 없어요. 그다음 거기에 입학할 때 쓴 뭐 신상기록카드 정도인데 그것도 개인정보여서 여러 가지 제약이 따르고 그래서 아이하고 대화할 수 있는 끈이 너무나 없으니까 진로설정과 어학능력개발이라는 그 교과목을 통해서 커리어 로드맵 자기 구상들을 가지고 있으면 교수는 그걸 보고 얘는 이런 꿈을 꾸고 그럼 그걸 가지고 아이하고 상담하면 더 구체적이 되지 않겠느냐. 근데 의외로 컴퓨터 시스템 뭐가 복잡하더라고요. 그래서 그게 잘 안됐어요. 그니까 화면에 단추는 뜨는데 키면 그게 잘 안 나와요. 그래서 사실은 아틀라스가 그런 걸 포함해서 교수가 가령 내 책상에 앉아서 자기과 학생 또는 자기 수업을 듣는 학생들에 대한 정보를 데이터베이스를 설계하는 데에 따라서 원하는 식으로 재구성할 수 있게 해 줘야 된다. 그래야 학생들이 균일한 집단이 아닌데 말하자면 좀 다양성을 고려한 교육을 할 수 있지 않느냐. (다산학부대학 전 학장)

4. 기초교육을 강조하는 교육

1) 기초를 강조하는 교육

아주대는 2010년도에 학부교육 선도대학 육성사업의 재정지원을 받았는데, 이미 그 이전에 대학교육혁신원을 설립해서 먼저 교육시스템의 변화를 새롭게 설계하였다. 예를 들어, 기초교육에서 MSC(Mathematics Science Computer)를 다른 대학보다 먼저 도입했고, 여기에서 머무르지 않고 여기서 'C'를 제외해서 BSM(Basic Science and Mathematics)으로 운영함으로써 다른 대학들의 MSC와 차별화를 하고 있다.

실제 입학할 때부터 진단평가를 통해서 학생들의 수준에 맞는 기초교육을 실시하고 있다. 기초교육을 위해서 학생들에게 실질적인 도움을 주고자 '클리닉' 개념을 적용하고 있다. 이를 위해서 아주대에서는 한 발 앞서서 교양학부에 1억의 예산을 배정해서 운영하였다. 또한 교과와 비교과의 접경지대를 만들고 그 안에서 교육내용을 다루기 위한 방안으로 '아주강좌'라는 것을 만들기도 했다.

기초를 강조하기 위해서 아주대는 이제 학생들의 역량중심의 교육으로 시도하고 있다. 학생들의 여러 가지 역량 중에서 부족한 역량이 있으면 여기에 집중적인 투자를 아끼지 않는다. 예를 들어, 의사소통능력이 부족한 것으로 나타나자 학생들의 발표와 글쓰기를 확대하여 첨삭지도 형태까지 실시하고 있다.

> 기초교양 교육강화 이런 교육과 관련해서는 그런 변화들이 있었는데, 그때는 그 도구교육과 인성교양교육 쪽, 이걸 좀 분리해서 양쪽을 좀 체계화시키자 그런 관점에서 제가 그쪽을 정리를 하면서, 어 그때 MSC라고 불렀거든요. 근데 지금 저희는 BSM이라고 부르는데 C를 떼어 내가지고 이제 그렇게 부르는데 그 MSC 교육을 다시 한 번 점검을 해서 컴퓨터를 그때 빼게 됩니다. 왜냐하면 그때 컴퓨터 교육이 아이콘 의미, 뭐 엑셀 사용법 이런 거 위주였거든요. 그런데 실제로 아이들을 체크를 해 보니까 소프트웨어 사용법은 '애들이 대충 익히고 있더라?' 그러니까 그런 식이면 그걸 하지 말고. (다산학부대학 전 학장)

> 입학 시에 진단평가를 봐요. COBSM. 진단평가 수준을 봐서 만약에 수학에서 점수가 도저히 안 되겠다 하는 애들은 통합반으로 배치를 하는데, 진단평가를 보고 난 다음에 기초교과는 아이들이 신청하는 게 아니라 학교에서 세팅을 딱 해서 나와요. (다산학부대학 교수 D)

'클리닉 개념으로 접근하자.' 그래서 IT 클리닉, 영어교육도 그런 측면에서 이제 그때 시도했던 게 이제 Writing 클리닉, IT 클리닉 이런 것들을 만들고, 그다음에 영어 작문, 뭐 이런 기초교육 정비를 그때 시작을 했죠. 그러니까 독립예산을 교양학부가 과거에 이제 교무처에서 직할이었는데 독립예산이 거의 없었어요. 그때 처음 O총장이 독립예산을 배정해 줬는데 그때 그게 1억이었습니다. (다산학부대학 전 학장)

아주강좌라고 해서 매번 좋은 사람들 진짜 많이 불러서 하고, 교수학습센터 특강도 또 따로 하고 이러는데. 저희는 아주강좌 같은 건 아마 1학점으로 해서 아이들이 필수로 듣게 대형 강당에서 아마 할 거예요. 그래서 아이들이 듣긴 듣는데, 뭐 잘 듣는 아이들도 있고 질문도 제가 가서 보니까 한, 끝나고 나면 서너 명하고 이러기는 하는데, 조는 아이들도 많고 핸드폰 하는 아이들도 많아요. 근데 나중에 글을 받고 나면 애들이 하는 말이 '이런 강좌 필수로 만들어서 다 듣게 하세요. 너무 많이 배웠어요.' 이런 애들도 또 상당히 많더라고요. (다산학부대학 교수 D)

그때 그 학생들을 평가를 했더니, 그 뭐 여러 가지 역량평가라든지 있지 않습니까? 거기서 의사소통능력 부족으로 판정이 탁 났어요. 글쓰기라든가 발표역량 이런 것 키운다고 해서 학교에서는 좀 어려운 결심인데, 글쓰기 국어. 그전까지는 국어교육이었죠? 그것을 글쓰기라고 이름을 바꾸고, 첨삭지도 형태로 가서, 그 강의를 전부 다 강의교수를 뽑아서 했습니다. 시간강사를 다 없애고. 학교에서. 두 배쯤 돈이 들었죠. 그런 것을 하자고 그랬을 적에 학교가 좋은 것은, 반대하는 사람이 별로 없다는 거예요. 교육에 투자하는 거고, 교육을 잘 시키겠다는 거다라고 말하면. 그런 것은 ACE를 받기 전이었고, 아마 그런 것들 때문에 ACE를 받았을 지도 모르고. (기획처장)

2) '고강도'의 수업으로 학습량을 늘리기

아주대는 수업을 통한 학생들의 학습강도를 높이는 데 주력을 하고 있다. 이런 방법을 사용하기 위해서 신입생 때부터 학생들의 수업방법이나 수업시간 등을 고려한 교육과정을 구상하고 있다. 예를 들어, 졸업학점을 140학점에서 130학점으로 줄이는 대신에 교육과정에서 줄어든 학점만큼 새로운 교과목에 반영을 하거나, 집중교육이나 팀 프로젝트 수업 등을 적용하여 학습량을 늘리기도 하고, 수업 방식의 운영, 다른 학교보다 일찍 상대평가를 통해서 공부를 많이 시키는 대학이 바로 아주대인 것이다. 또한 공대 1학년들은 입학하기 전에 2월에 수학 배치고사를 통해서 3그룹으로 배치하고, 하위그룹인 보충반은 3학점이지만 4.5시간의 수업이 이루어지고 있다. 서강대가 많이 가르친다고 해서 '서강고등학교'라고 하듯이 '아주고등학교'라고 할 만큼 학습량이 많다.

　　고강도 수업이라는 그런 말씀은 사실 아까 말씀드린 전통적으로 '우리가 열심히 가르친다, 많이 가르친다.'라는 그 전통에서 뿌리가 나온 거 같고요. 교수님들의 교육에 대한 열정이 거기에서 이제 드러나는 거 같습니다. 고강도 수업이라는 것은 어떤 가르치는 양에 대한 것도 있고 가르치는 깊이, 또 학생들이 이 정도는 이해해야 된다는 기대수준을 낮추지 않고 높이자 그런 면에서 교수님들께서 자부심을 가지고 계신 거 같고요. 또 예를 들어서 이제 클리커라고 하는 도구가, 아시죠? (네.) 그런 걸 통해서 매시간 끝날 때에는 요거는 확실히 이해했다는 것을, 매듭지어 나가는 방식의 그런 것들이 아마 고강도라는 개념으로 나온 거 같습니다. 그게 교육에서 굉장히 중요하고 교수들의 자부심에 드러나는 거 같습니다. (교무처장)

　　저희들이 120학점 체제로 140학점에서 줄였었던 건데, 여백을 주자고, 근데 교수들이 실제로 수업량을 늘려 버렸어요. 그러니까 120학점이지만 140학점보다 더 힘들어하는 상황이 온 거예요. (다산학부대학 전 학장)

　　여기도 아주고등학교예요. 교육과정을 한번 보시면 알겠지만, 특히 1학년 교육은 무시무시합니다. 특히 공대쪽 학생들은 저는 수학을 가르치는데, 수학과목 같은 경우는 1학년 처음에 2월 달에 배치고사를 봐요. 배치고사 딱 세 그룹으로 나눠서. 1그룹은 아녀반, 2그룹은 일반반, 3그룹은 보충반으로 해서, 보충반 학생들은 수업시수가 1.5배. 우리가 3시간을 가르치는데 보통은 3학점 3시간인데 이쪽은 3학점 4.5시간. 튜터 붙이고 뭐 붙이고 어떻게든 해 가지고…… 그 정도로 학생 교육을 굉장히 열심히 시키고. 그니깐 우리가 최소한 생각하는 것은 우리 학생들이 들어

올 때보다는 더 나은 학생들로 졸업을 한다. 이렇게 보고. 그 점에 있어서는 학교가 항상 전체적으로 항상 공감하는 부분이에요. 교수들이나 직원들이나 뭐 할 것 없이, 열심히 가르쳐야 한다. 뭐 공부를 열심히 시켜야 된다는 것에 대해서는 항상 이견을 다는 사람이 없어요. (기획처장)

상대평가라서. 근데 다른 학교보다 그 비율이 좀 적게 편성이 되어 있어서, 에이 학점 받기가 조금 더 어려운 측면이 있는데. 그래서 공부를 더 많이 해야 하고, 공대 학생들 경우 과제랑 퀴즈가 너무 많아 가지고, (사회계열 학생 A)

근데 오히려 중간중간에 과제 같은 거 내주는 게 솔직히 저는 과제 그런 거 따로 안 내주고 중간에 시험 치고 그런 거 없으면은 좀 벼락치기로 공부를 하거든요. 근데 중간에 과제 내주면은 한 번 슥 보고 그런 걸 할 수 있으니깐 오히려 저한테 도움이 되는 것 같아요. 글쓰기 수업이 있는데 그거는 1학년들이 다 듣거든요. 필수로. 그것도 교수님마다 수업 방식이 되게 다르기는 한데. 저희 교수님은 그 수업 진행하는 방식이 아예 팀을 다 짜 줘 가지고 수업 시간에 팀별로 미션지 주고 그것 팀끼리 얘기하면서 해결하고 그렇게 하게 하는데 저는 그게 되게 맘에 들어요. (사회계열 학생 B)

아, 저희 학교는 그 강의 시간이 75분이잖아요. 그 두 번 나눠서. 그게 좋은 것 같아요. 다른 학교 친구 보면은 3시간씩, 3시간씩 하는데 그거보다 반 나눠서 하는 게 더 집중도 잘되고 그런 것 같아요. (사회계열 학생 B)

그러니까 고강도로 갈 수밖에 없죠. 그래서 엄청난 과제와 막 실습으로 밀어붙이는 거죠. 다 따라와요. 하하하하하. 그러니까 제가 맨 처음에 들어올 때 당시 학과장님한테 무슨 얘기를 들었냐면 당시는 학부장이었죠. 2개 과목인가 3개 과목에서 하는 거를 한 과목에서 해라. 이거였어요. 그러니까 실제로 그렇게 했는데 학생들이 다 따라와 줬다는거죠. 그래서 뭐 그렇다고 영화학과처럼 뛰어난 영상감각을 지녔다 뭐 이런 건 아니고요. 다만 영화학과에서 만약에 열 개 과목을 통해서 얻어 낼 수 있는 감각이라는 게 있다. 그러면 여기서는 한 7개 정도만의 과목으로 그 정도 수준에 올릴 수 있는 그런 결과가 좀 좋았던 거 같아요. 학생들이 굉장히 열심히 따라와 준 거죠. (공학계열 교수 B)

　　고강도 수업이라는 그런 말씀은 사실 아까 말씀 드린 전통적으로 '우리가 열심히 가르친다, 많이 가르친다.'라는 그 전통에서 뿌리가 나온 거 같고요. 교수님들의 교육에 대한 열정이 거기에서 이제 드러나는 거 같습니다. 고강도 수업이라는 것은 어떤 가르치는 양에 대한 것도 있고 가르치는 깊이 또 학생들이 이 정도는 이해해야 된다는 기대수준을 낮추지 않고 높이자 그런 면에서 교수님들께서 자부심을 가지고 계신 거 같고요. (교무처장)

5. '융복합'을 추구하는 교육과정

1) 아주대를 최적화하기 위한 방안으로서의 '융복합'

　아주대의 슬로건은 '융합학문을 선도하는 세계적인 대학'이다. 아주대는 대학의 크기나 위치(사회적 위치 포함)에서 순수학문의 수월성을 보이는 데 한계가 있다고 판단하고, 아주대만의 경쟁력을 갖추기 위해서 사회인식과 미래 변화에 대한 예측으로 '융합'을 선택하고, 이를 강조하는 학과들이 만들어졌다. 기초지향보다는 주어진 자원과 환경을 최적화하고자 '응용지향'이 필요했으며, 국책사업을 신청하기 위해서는 한 개 학과로는 어려우니 여러 학과가 함께 나가기 위해서 '융합'을 강조하였다. 이러한 융합이 처음 나온 것은 2023비전 선포에서였고, 발전계획에서 2008년에는 융합학문을 선도하고, 2010년부터 융합을 홍보의 키워드로 사용하게 되었다.

　　아주대학에 최적화할 수 있는 게 뭐냐. 학문이나 교육에서 그게 융합이었습니다. 그러니까 융합은 사실은 처음에는 아주대 상황에서 최적화될 학문적 방향 이런 걸 고민하고, 교육의 방향 이런 걸 고민하다가 나온 거거든요. (다산학부대학 전 학장)

　　융합은 부족한 자원을 최적화하는 수단으로 시작된 거죠. 사실은 저희 학교가 그러니까, 예를 들면 화학과 그러면 여기 성대의 faculty 멤버가 1/2이 안 돼요. 그러니까 한 과로 나갈 수가 없는 거 BK 사업 같은 것에서 그러니까 자연대 교수들이, 예를 들면 모여 가지고 우리가 가장 잘할 수 있는 게 뭘까 이런 것들을 고민한 결과가 예를 들면 분자과학 이런 걸로 공대 교수들 뭐 이렇게 협력해 가지고 사업단을 만들고 그런 게 BK 사업에서 높은 평가를 받고 뭐 이런 식으로 그 융합을 통한 소통성이 상당히 강화된 부분이 있었던 거죠. (다산학부대학 전 학장)

지금 제가 융복합교육센터장을 맡고 있는데, 그래서 맨날 거기에 가 있는 건데요. 그 센터장을 맡으면서 ○○○ 박사를 모시고 연구를 했어요. 어떻게 하면 융합교육을 할 수 있을까. 벤치마킹도 하고. 근데 아까도 간단히 말씀드렸지만, 무슨 융합적인 주제를 갖고 만들어진 강의를 한다는 게 굉장히 어려움이 있더라고요. 교수자도 구하기 힘들고, 그렇지 않으면 팀티칭 되는데 그건 뭐 백화점이 돼. 그래서 그런 것들을 어떻게 극복할 건가…… 그래서 우리가 그것도 많은 연구, 토론하면서 이렇게 한번 해 보자. (다산학부대학 교수 A)

국제학부도 융합이었거든요. 그게 지역연구이기 때문에 인문대, 사회대, 경영대 이런 3개 단과대학 법대 당시에는 법전원이 아니었고 법대 이렇게 4개 단과대학에서 교수들이 나와서 사업단을 만들고 그다음에 교육도 실제로 그 사람들이 나서서 했던 거거든요. 그래서 지금도 그거는 살아있습니다. 그리고 그게 제일 장점이 학부에서 지역연구를 그렇게 강의하는 데가 그렇게 많지 않았습니다. 그리고 저희는 입학 정원이 없는 학부였거든요. 그래서 복수전공이나 부전공으로만 할 수 있게 구성을 했어요. 처음 설계할 때부터 그래서 거기에 인문대 학생, 공대 학생, 다양한 그러니까 학생들도 융복합이 되고. (다산학부대학 전 학장)

2008년인가 했으니깐. 하여튼 35주년인가 했네요. 그때 선포를 하면서 세운 모토가 그때 2008년에 뭐였냐면, 융복합교육을 선도하는 세계 수준의 대학. 이렇게 이름을 걸었어요. 그때 이미 융복합이라는 말을 쓰기 시작했어요. 근데 사회적인 추세가 자꾸 그런 거잖아요. 휴먼테크노 아이시티…… 근데 계속해서 우리는 국가사업을 할 때 그 제목이, 타이틀이 늘 융복합교육이었고 그래요. 근데 융복합교육이어도 늘 우리 학교가 공대중심이기 때문에 테크노, 테크노의 융복합이었어요. 이를 테면 우리 학교에서 가장 잘 나가는 융복합 트랙 중에 하나가, 자동차 트랙인데 전자과하고 기계과하고 붙어서 만든 기계전자자동차 트랙이죠. 그럼 현대에 취직 많이 되고, 이를테면? 그런 트랙인데요. 지금 요구하는 것은 그런 수준을 넘는 거잖아요. (다산학부대학 교수 A)

AFL이라고 하는 'Ajou Flagship Lectures'라고 하는 그 좀 대표강좌로 키워 보자 그러면서 내건 게 융합이었습니다. (다산학부대학 전 학장)

2) 끊임없이 고민하는 '융합' 교육과정

아주대는 학생들이 잠재 능력을 잘 발휘를 할 수 있도록 아주대만의 교육을 하고자 '융합'을 강조하고 있는데, 그러면서도 진정한 '융합'이 되기 위해서 고민을 하고 있다. 3장에서 설명한 바와 같이, 학생들이 단순히 교과목만 수강하면 융합이 되는 것인가 하는 의문을 갖고, 학생들이 융합적인 사고를 하도록 유도를 하고 있다. '융합'교육과정을 강조하는 대학들 중에는 아직도 과목을 섞어 놓고 나서 그걸 학생들이 들으면 융합이라고 하고 있다. 이런 의미에서 아주대는 교수 주도 융합에서 머무르는 것이 아니라 학생들의 융합 쪽으로 방향을 정했고, 시작단계이지만 성과를 보이고 있다. 아주대의 그 대표적인 프로그램이 바로 강의페어링이다. 강의페어링을 통해 새로운 발상으로 학생들을 자극하려는 움직임을 만들어 가고 있다. 학생은 자신이 수강했던 과목을 다시 복습하면서 현재 수강하는 과목에서 교수와 다른 생각으로 새로움을 창출하는 기회를 가진다. 이와 같이 학생들이 자기들의 트랙을 만들도록 하는 데서 스스로 동기유발이 되고 있다. 아직은 이런 움직임이 시작한 지 얼마 되지 않아서 참여 학생이 약 10% 정도이지만 점차 확대되고 있다.

융복합교육을 한다고 해서, 인문대랑 자연대, 공대 과목을 인위적으로 맞추어서 뭔가 외부 보여 주기 식 하는 것보다도, 실제적으로 그 수업을 듣는 학생들이, 진짜 융복합 또는 뭐 다른 교육을 통해서 진짜 도움이 될 만한 그런 시행에 좀 더 초점을 맞춰야 하지 않나……. (공학계열 교수 A)

그러니까 그러면 무슨 융복합이 되냐, 아이들이 섞여야 융복합이 되는 건데. 그래서 이제 저희들이 융복합을 그런 관점에서 접근한 거죠. 그러니까 정은 전공이고 박은 융복합이다. 그래서 가급적이면 제1전공은 열심히 공부하고 제2전공은 트랙을 몇 개 독립적으로 구성해서 전공을, 전공적 지식을 활용하거나 아니면 그 폭을 확장시키거나 이렇게 하는 또는 그 전공지식을 스스로 성찰할 수 있게 하는. (다산학부대학 전 학장)

인성도 그렇지만 융복합도. 뭐 사실은 거기서 얘기하는 융복합이 과연 어떤 것인가에 대해서도, 그런 부분들 하고 실제 교육시스템하고 접점을 찾으려면 조금 더 앞으로 나간 측면도 있고, 해야 되겠죠. 그렇게. (다산학부대학 교수 B)

아마 아주대학교 학생들의 특징이 아닐까 싶은데 이 친구들은 아주 뛰어난 수재들은 아닌데요, 근데 웬만큼 잘하는 친구들인 거 같아요. 그러니까 학교 들어올 때부터 해서 저희 미디어학과가 융합학문을 하다 보니까 제 케이스로 말씀드리면 저는 영화쪽을 가르치는데요. 아, 영화 쪽 관련 과목이 영화과에 비해서 턱없이 부족하죠. 근데 이 부족한 걸 가지고 얘네들의 영상에 대한 감각을 키우기가 쉽지 않은 거예요. (공학계열 교수 B)

6. 도약을 꿈꾸는 아주대

1) 도전적인 아주대생의 인재상을 찾기 위한 노력

아주대 학생들은 아주대에 입학할 때, 아주 뛰어난 수재는 아니지만 어느 정도 잘하는 학생들이다. 아주대는 다산형 인재를 양성하고자 한다. 1학년 때부터 '진로설정과 어학능력개발'이란 교양필수과목이 있고, '대학생활과 진로'는 졸업학점은 아니지만 필수이수과목이다. 하지만 학생들은 단순히 스펙중심의 대학생활이 바람직한가에 대한 의문을 갖고 있다. 그러나 학생들이 학교에서 다양한 기회와 도전을 경험함으로써 자기주도형 학습을 하고 시행착오 속에서 자신의 진로를 찾아가는 기회를 제공받도록 하는 것은 의미 있다. 아주대는 아주대생들이 다른 생각과 독창적인 사고를 갖도록 하기 위해서, 또 비교과의 활동을 포함한 새로운 인재상 창출을 위해서 '도전학기' 를 모색하고 있다. 왜냐하면 아주대생들은 주어진 과제를 책임지고 달성하고 있지만 보다 더 높은 차원에 대한 도전의식이 부족하다는 진단을 하고 있기 때문이다. 아주대 는 학생들이 리더가 될 수 있는 교육에 관심을 기울이고 있다.

> 패배의식에 젖어 있지 않고, 어디 가서라도 여기서 잘 준비해서 가면, 우리가 마라톤을 하는데 초반 한 10km 거리까지는 우리보다 상위권 학생들보다는 뒤쳐져 있는 상황이라고 할 수 있겠 죠. 그런데 그 나머지 32.195km는 잘 준비해서, 우리가 그 32.195km 중에서 그다음 20km까 지는 그 정도를 여기서 준비한다고 본다면, 여기서 잘 준비해서 가면 초반 10km에서는 조금 뒤 쳐져 있겠지만 충분히 만회해서 나머지 32.195km 잘 주파해서 앞서갈 수 있는 것을, 여기서 두 번째 10km에서 잘 준비해서 가면 저는 충분히 잘되지 않을까. 그런 생각을 가지고 그것을 계속 일깨워 주려고 수업시간에 노력을 하고 있습니다. (공학계열 교수 A)

> 지금 시행되고 있는데 자기주도적 학생교육에 대한 새로운 패러다임에서 이제 어떤 면에서 상충될 수도 있다, 이게 너무 꽉 묶고 지금 저희가 계획 중인 도전학기나 뭐 이런 거, 학생 주도 기 반의 어떤 여러 가지 다양한 활동을 장려하는 교육정책하고는 자칫하면 상충될 수도 있다. 그래 서 저희가 지금, 아, 이것을 어떻게 소프트랜딩을 할 것인지 고민하고 있습니다만. (교무처장)

> 저희가 그 여러 서베이 분석 결과에서 보면 아주대학교 학생이 과거에는 성실이라는 이미지 로 평을 받아서 좋아했습니다. 근데 지금은 그것만 가지고는 안 되고 도전정신이 있어야 하는데, 오히려 성실이 너무 남아 있으면 안 된다. 그래서 이제 도전을 할 수 있는 기회를 주고 그런 것 때 문에 이제 도전학기 같은 것을 생각하게 됐죠. (교무처장)

> 우리 아주대 학생들이 참 착하고요. 수용적이어서 그렇지 수준이 낮지는 않아요 그렇게. 아 주 탁월하고 천재적이고 기발하지는 않지만 적어도 비교적 어려운 얘기하는데 못 알아들어서 쩔 쩔 매고 그런 수준은 아니에요. 그래서 교육하기 참 행복하다라고 저는 생각해요. 근데 대신 행복

한 만큼 걔네들이 교육받고 학습하면서 성장했다라는 그런 생각을 할 수 있기를 교수로서 기대하죠. 그래서 좀 더 우리가 특히 이 인문사회 교수들이 학생들에 대한, 교육에 대한 커미트먼트를 좀 더 같이했으면 좋겠다. 이게 제 바람이에요. (다산학부대학 교수 A)

좀 쉽게 말씀드리면은 제가 제일 안타까운 게 학생들이 이 컨베이어벨트에 들어간 제품 같아요. 그래서 그 어떻게 됐든 간에, 무슨 이유에서든 간에 학생들이 자기가 정말 하고 싶은 일이 뭔지 잘 모르는 것 같아요. 나는 우리 학생들이 우리 학교에 있는 동안에 자기가 하고 싶은 일이 무엇인지 찾게끔 도전하게 해 주고 싶어요. 그래서 그거를 자기 주도형 학습이라고 보셔도 될 것 같고요. 학교에서 굉장히 기회와 도전을 할 수 있는 기회를 많이 제공하려고 그래요. 그래서 그런 기회에 학생들이 부딪혀 가지고 스스로 학생들이 수많은 시행착오를 스스로 겪어야 된다고 생각해요. 자기가 어떻게 한 번에 자기가 하고 싶은 거를 찾겠습니까. 이것도 해 보고, 저것도 해 보고 좋은 줄 알고 해 봤는데 그게 아닌 것도 알게 되고 그런 거를 하는 걸 해 주고 싶어요. (총장)

부장 정도까지는 잘 올라가요, 우리 애들이. 근데 이제 부장에서 이사 되는 것은 오히려 선배들은 많은데 요새 애들은 그쪽에서가 한 15년 이내의 한 20년 이내의 애들은 그 점이 약화되었어요. 그전에는 그 사장도 나오고 많이 있거든요. 졸업생들이 근데 너무 순응적인 애들이 좀 나와요. 그래서 지금 격렬한 토론의 와중에 던져질 거로 생각하는데 동기유발을 위한 도전학기라는 걸 지금 총장이 아마 구상을 하시는 것 같더라고요. (다산학부대학 전 학장)

학생들한테 뭔가 하고 싶은 일을 하게 놔두면, 학생들은 정말 알아서 하는구나, 자기가 하고 싶은 건 진짜 잘하는구나 뭐 그런 것들을 알게 되었습니다. 그게 하나 제 교육경험에서는 처음으로 그 학생들한테서 좀 쇼킹한 경험이 있었고요. 항상 일정한 패턴으로 강의를 하다가 그거 한 학기를 사실 저도 그런 방식으로 강의를 하고 나니까, 제 생각도 좀 바뀌는 것도 좀 있었고. 그게 저희 학교교육에서 제가 가졌던 하나의 독특한 경험이었습니다. (입학처장)

2) 다시 주목받는 아주대를 꿈꾸며

아주대는 1990년대 중반에 대학의 인지도가 높아졌던 당시를 생각하며 새로운 변화를 받아들이고 있다. 아주대 구성원들은 스스로 우수한 잠재력을 많이 갖고 있다고 생각하면서 새로운 총장 영입과 더불어 과거의 명성을 다시 찾고자 '부활'을 모색하고 있다. 2000년대 들어서 대학의 위상이 다소 위축되었지만 새로운 발전계획을 가지고 다시 도약하고자 노력하고 있다. 아주대를 선택한 학생의 이야기에서도 아주대에 대한 믿음을 쉽게 느낄 수 있다. 실제 인터뷰에서 한 학생은 아주대학교의 역사와 전통에 따른 명성에 대한 기대와 믿음이 존재하고, 이전의 선배(동문)들이 사회적으로 좋은 위치에 있기 때문에 이에 따른 후광효과를 기대할 수 있다고 생각하고 아주대를 선택했다고 소감을 밝혔다.

저는 제 생각하기에 지금도 그렇고 부활이라는 단어가 떠오르는데요. (공학계열 교수 A)

굉장히 우수한 잠재력을 많이 갖고 있는 구성원들로 구성이 되어 있고 그 학교 구성원들의 대학 발전에 대한 열망이 높아요. (총장)

아주대의 역사적 배경과 환경, 각종 사업에 접근에 대한 실패 경험 등으로 다소 위축되어 있지만 발전계획을 가지고 다시 도약하고자 한다. (총장)

아주대학이 굉장히 규모가 작은 대학입니다, 사실은. 입학 정원이 2,000명이 안 되는 대학이니까 이제 그 정원을 늘릴 경우가 있었는데, 그때 그 교주(校主)였던 김○○ 씨가 작고 강한 대학 만들자, 규모만 키우지 말자 뭐 그래 가지고 정원을 안 늘렸어요. (다산학부대학 전 학장)

대학을 선택할 때 이 대학이 나한테 해 줄 수 있는 것도 있고, 그다음에 이 대학이 이미 쌓아 놓은 그런 사회적인 위치나 아니면 제가 얻을 수 있는 부수적인 이익 같은 게 있을 거 아니에요? 근데 그런 이익 같은 것도 고려를 안 할 수가 없었죠. 제가 처음 대학을 선택할 때. 그런 거에 있어서 우리 학교는 선배들이 어, 괜찮게 자리를 잡고 있기 때문에 그 이익 역시 제가 노릴 수 있는, 제가 취할 수 있는 그런 이익이라고 생각했고요. (사회계열 학생 C)

처음에 개교 당시에 아주대 위상이 굉장히 높았던 것 같아요. 저는 기억이 없는데, 그때 뭐 공대 다닐 때니깐, 서울공대, 한양공대, 사실 그때 뭐 연대공대 이런 데는 안 갔거든요. 연대나 고대는 공대가 세지도 않았고. 서울공대, 한양공대, 그다음은 아주공대라고 생각했던 것 같아요. 그리고 실제로 공대는 당시에 뭐로 평가됐냐면, 그 과학기술원에 몇 명을 붙이느냐. 근데 아마 거기 가면 군대가 면제됐잖아요. 거기 가는 게 최고의 진로인데, 당시로서는 최상의 진론데. 거기에 뭐, 100명? 하여간 전교생의 절반이 가던가? 이런 식의 굉장히 높은 합격률로 붙였고, 하여간 나름대로 굉장히 높은 위상의 학교라는 그런 것들이 있는 것 같아요. 옛날 사람들이. 그것들이 내려오고, 그다음에 우리가 이제 90년대 말은 학교 7등까지는 갔었고. 뭐 그런 것들이 있으니깐 그런 것들의 잔향이 있겠죠. 그 정도는 우리가 언제든지 할 수 있고 해야 한다라고 생각하는 것들. (기획처장)

제 개인적으로 말씀드리면 아주대가 깨끗한 학교라는 것에 대한 자부심이 있어요. 그러니까 이 말은 이제 뭐 부정부패가 없다 이런 표현이 아니고요. 그러니까 누군가 한두 사람의 의지로 쿵짝쿵짝 해 가지고 뭔가 돌아가는 게 아니라 의사결정 과정도 투명한 편이고요. 무슨 꼼수를 부려서 뭔가를 얻어 내려고 하는 것들은 추구하지 않고 어떻게 보면은 우직한 공돌이 모습이 있거든요. 그래서 꾸밀 줄은 모르지만 그냥 뭔가를 해야 된다고 생각하면 그냥 해 나가는 게 느껴져요. (공학계열 교수 B)

3) 새로운 총장에 대한 기대감

아주대는 지난 15년 동안 평균 총장의 임기가 2년이 안 될 정도로 총장이 자주 바뀌었다. 아주대는 그동안 리더십이 아닌 거버넌스가 중요했다고 할 정도로 총장에 대한 인식이 의미 있게 정립이 되어 있지 않았다. 하지만 이번 총장에 대한 기대감이 그 어느 때보다도 높다. 아주대에는 다른 대학에 없는 총장님 팬클럽이 있다. 총장이 2주에 한 번은 학생들과 함께 식사하는 Brown Bag Meeting(BBL)을 지난 학기에 8회 실시하였는데, 한 번에 20명의 학생들이 참여하고 보통 2시간 넘게 소요되는데 학생들에게 인기가 매우 많다. 총장이 1주에 한 번 학생들과 책 읽는 북클럽이 있고, 학생들이 총장과 함께하는 시간에 참여하기 위해 대기를 하고 있다. 한 교수는 After You 프로그램에서 볼 수 있듯이 총장의 출신 배경과 경력에서 나오는 배려하는 철학에 대해 설명하기도 하였다. 다만, 총장의 인기가 우상화되는 것에 대해서는 우려를 표하였다.

> 제가 자주 얘기하는 게 우리 학교가 베스트(best)는 아니다. 까놓고 얘기해서 베스트는 아니지 않냐. 근데 우리 베러(better)는 된다. 굿(good)보다는 좋다. 베러는 된다. 조금만 더 노력하면 베스트가 될 수 있는데, 아직은 그것에 대해서는, 기회는 우리가 가지고 있는데, 과연 어느 조직이든 리더가 잘 와서 리더가 한 방향으로 이끌고 가야 하는데, 그래서 이번 총장님에 대한 기대가 큽니다. (공학계열 교수 A)

> 예전에는 총장님이랑 소통하는 게 힘들어서 그런 게 어려웠다면, 지금은 뭐 워낙 총장님이 먼저 나서서 만나 주시니깐 뭐 거의 완벽한 학교가 되지 않았나. (웃음) 뭔가 부족한 부분이 있더라도 총장님께, 다음 주에 총장님 만나서 얘기할 거야. 이게 애들한테 무슨 유행어처럼, 뭐가 이제 자기가 학교에 다니다가 불만이 있다 고민이 있다 그러면, 너도 브라운백 미팅해 봐, 총장님한테 말해 봐, 이거 총장님한테 말해야겠다. 이런 식으로 됐습니다. 뭔가 불만이 생긴다고 그러면은. 예전에는 막 교직원 선생님한테 얘기한다든지, 교수님한테 얘기한다든지, 혼자 그냥 삭이고 만다든지, 다른 학교 학생들도 아마 그럴 거예요. (사회계열 학생 A)

> 예전보다는 그래도, 1학년 때는 좀 모르겠는데, 가면 갈수록 이번에, 많이 바뀐 건 이번에 총장님이 바뀌면서, 젤 바뀐 건 이제 학교를 대외적으로 많이 알려 놓은 거 같고, 많이 홍보 같은 거 나? 이번에 또 시하고 뭐 같이해서, 뭐 드론 페스티벌이나 그런 거 같이 시 연합이나 학교 알리는 홍보 같은 거 그런 거 하면서도 또 학생들도 많이 챙겨 주고 그런 게 많이 좋아졌다고 생각해요. (공학계열 학생 A)

총장님이 지난 2월에 오셔 가지고, 학교 발전을 위해 가지고 여러 가지 노력들을 지금 하시고 있고, 학교 경험이 없으시기 때문에 그것을 좀 만회하고자 하는 노력의 일환이 아닌가 하는데, 앞으로 그게 어떤 형식으로 나올지는 좀 지켜봐야겠죠. 지금까지 한 것 가지고 잘한다 못 한다 얘기할 건 아니고, 제가 볼 때는 올 하반기, 내년 한 2월이나 3월 되면 본격적으로 뭔가가 나오지 않을까. 아마 그게 이제 잘 시행이 되어서 하면 학교도 좀 발전이 있을 거고. (공학계열 교수 A)

지난번 학교발전 세미나 할 적에 제가 크게 세 가지 모토를 세웠습니다. 하나는 바르게. 바르게는 Rightly direction이죠. 올바른 방향으로, 근데 그 올바른 방향이라는 것은 아까 OOO가 처음 질문하신 대학 본연에 맞게끔 올바른 방향으로 가야 되겠다. 너무 현실을 무시할 수는 없지만 너무 조직 틀에, 지금은 그게 살 길이라는 거. 두 번째는 Unique way입니다. 첫 번째는 바르게, 두 번째는 다르게 Unique way죠. Unique way는 바르게와 비슷하게 가려는 방향과 컨텐츠도 좀 봐야 되겠고 방법도 봐야 되겠다. 개나 소나 하는 거 다 해선 안 되겠다. 뭐 산학협력이다 국제화다 다른 학교도 다 하는 거라 생각할 수 있지만 우리는 그중에서도 국제화 같으면 어디어디다 focus on을 할 거고 자세한 말씀은 나중에 다른 교수 만나면 들으실 테니까. 세 번째는 크게입니다. '바르게, 다르게, 크게'입니다. 영어로 얘기하면 Rightly direction, Unique way, Big change인데 하나는 내부적인 얘기인데 구성원들 전부 다 바뀌어야겠다. 총장 바뀌고, 직원 바뀌고, 학생 바뀌는 거고요. 두 번째는 전문가 교수님들께는 외람된 얘기이지만 대학의 변화에 있어서 아주대학교가 하는 변화가 작은 변화이지만 의미 있는 변화를 우리가 선두로 해 보자 그렇게 했고요. (총장)

제5절 결론 및 제언

1. 결 론

'아주대' 하면 우리나라 대표적인 기업 중에 하나인 대우를 연상하게 되고, 1977년 학교법인 대우학원을 설립하면서 공대중심의 대학으로 발전해 1990년대 중반에는 인지도가 매우 높았다. 하지만 2006년 아주대의 학교법인과 관련이 있던 대우의 파산신청 이후 학교재정의 어려움이 있었다. 그럼에도 아주대는 대학의 발전과 생존을 위해서 혁신적으로 '융복합'교육을 선도하는 대학으로 성공적인 모델을 제시하고 있다.

아주대가 종합대학교로 승격된 1981년 이후 아주대는 30여 년이 지난 2015년까지 총 15명의 총장이 업무를 수행하였으며, 아주대의 총장 임기는 평균 2년 정도였다. 아주대 총장 임기는 아주대의 전성기라고 할 수 있는 1990년대를 제외하고 2006년을 전후로 대체적으로 매우 짧은 임기의 총장직을 수행하였다. 학교법인의 경제력 악화와 짧은 총장 임기 등의 상황 속에서도 아주대는 2008년부터 2013년까지 대학교육역량강화사업에 선정되었으며, 2011년에는 학부교육 선진화 선도대학(ACE)으로 선정되었다. 2014년에는 산학협력선도대학(LINC)으로 선정되었으며, 같은 해 대학특성화사업(CK 사업)에 총 6개 사업단이 선정되는 등 다양한 정부 정책 사업에서 성과를 보였다.

이 연구에서는 이러한 아주대에 대한 사례연구를 통해 학부교육 우수대학의 특징과 심층적 맥락을 밝히고자 하였다. 이를 위해 다양한 문서자료와 총장, 보직교수, 일반교수, 직원, 학생 등 학교의 주요 구성원들을 대상으로 인터뷰 자료를 수집하여 분석하였다. 연구 결과, 아주대 학부교육의 우수성을 드러내는 특징과 성공요인은 다음과 같다.

우선 아주대 학부교육의 우수성은 학업적 도전, 지적 활동, 능동적·협동적 학습, 교우관계, 교수와 학생의 교류, 지원적 대학 환경 등 여섯 영역에서 그 특징들이 도출되었다. 이러한 특징은 다음의 세 가지로 요약할 수 있다.

첫째, 아주대형 학습 모델의 개발이다. 아주대 구성원들은 아주대가 필요로 하고 또 아주대가 지향하는 교육에 대해 끊임없이 고민하고 논의하고, 이를 실현하고자 함께 노력한다. 예를 들어, 아주대는 기초교육을 철저할 정도로 탄탄하게 다지도록 하는 체계를 구축하고, 이후 고강도의 전공교육을 진행하는 특징을 보였다. 이는 아주대에서 이공계열 학습을 지원하기 위한 기초과학교육과 함께 의사소통교육을 신입생 때부터 탄탄히 해야 할 필요가 있다는 자각과 합의에서 비롯되었다고 할 수 있다. 이를 위해 전공진입제, 기초과목 선수과목화, 의사소통역량 진단을 위한 ACAT 개발 및 시행, 그리고 전공교육에서는 집중교육과 UR 등 아주대 구성원이 고민하고 개발한 제도와 프로그램을 실시하고 있다. 또한 아주고전과 Ajou Debate와 같은 인프라를 구축하고, 강의페어링과 같은 새로운 패러다임의 융복합교육도 시도하고 있다.

둘째, 아주대 인재상과 교육철학에 부합하는 학부교육의 실현이다. 아주대의 인재상은 '실사구시의 융복합 창조인'이다. 교양교육과 전공교육에서 융복합교육을 실현하기 위하여 기존에 개설한 융복합트랙뿐만 아니라 강의페어링을 시도함으로써 자기주도적 융복합 트랙 개설을 통한 융복합 생태계 구축을 꾀하고 있다. 또, 전공교육에서는 응용과 현장을 강조하는 실사구시 교육을 강조한다. 특히 아주대 학부교육에서 융복합교육과 교양교육을 운영하는 데 '박이정(博而精)'이라는 철학이 중심이 되는 점에 주목할 필요가 있다. 아주대의 학부교육은 핵심과 폭을 갖춘 넓고도 깊은 교육, 주전공을 중심으로 융복합교육을 꾀하고, 핵심을 알되 여러 분야와 지식을 아우르는 열린 교양을 추구한다는 점이다. 아주대가 이처럼 유연하고 스스로 가볍다고 표현하는 교육을 강조하는 이유는 기존 교육체계와 학사구조를 바꾸는 것을 기다리기 전에도 사회 변화에 순발력 있게 대응할 수 있는 교육과 학습을 제공하고자 하는 고민에서 비롯되었다고 할 수 있다. 또 이러한 교육을 실현하기 위해 강의페어링, 아주고전, Ajou Debate 등 아주대만의 교육 프로그램과 인프라를 구축하고 학생 주도의 교육을 위해 다양하고도 창의적 노력을 기울이는 부분도 높이 평가할 만한 점이다.

셋째, 학생과 교육 중심의 문화와 행정지원이다. 앞의 두 가지를 가능하도록 하는 것은 기초교양교육 담당, 전공교육 담당 그리고 행정지원의 삼박자가 맞기 때문이다. 여기에 중심이 되는 것은 아주대가 항상 학생과 교육에 중점을 두고 있는 점이고, 이는 교수문화와 행정지원에도 녹아 있다. 이러한 점은 학생의 교육과 취업을 위한 다양한 지원 프로그램과 함께, After You(애프터 유), 아주 희망 SOS 프로그램과 같은 구성원을 배려하는 대학의 지원, 유연한 학사 행정 지원 등을 통해 볼 수 있었다. 또한 학생도 학교의 애정을 체감하며 학생중심 대학이라고 스스로 표현하기도 하였다.

다음으로 아주대 학부교육의 성공요인은 크게 '혁신'이 체질화된 문화, 끊임없이 움직이는 교수, '수업'이 강조되는 행정시스템, 기초교육을 강조하는 교육, '융복합'을 추구하는 교육과정, 도약을 꿈꾸는 아주대 등의 여섯 측면에서 주요 특징들이 나타났다.

　첫째, 아주대의 문화는 '혁신'이 체질화된 문화다. 아주대는 변화에 익숙한 대학 풍토를 가지고 있다. 실제 1990년대 중반부터 아주대는 한발 앞서는 교육시스템을 적용하여 우리나라 대학들의 벤치마킹의 대상이 되고 있고, 지금도 혁신적인 아이디어에 관심을 갖고 변화의 아이콘을 추구하며, '혁신'을 일상화하고 있다.

　둘째, 끊임없이 움직이는 교수다. 아주대가 '혁신'이 체질화된 계기는 초창기 헌신적인 교수들이 있었기에 가능하고 이것이 전통이 되면서 비록 변화가 힘들지만 이를 감내해 내는 아주대를 사랑하는 교수들이 있다. 교수들은 많은 부분을 학생들과 관련된 내용, 수업과 관련된 내용, 교육과정에 주된 관심을 가지고 있다.

　셋째, 아주대는 변화의 행정시스템을 '수업'에 두고 있다. 즉, '수업'을 강조하는 행정시스템이 지금의 아주대를 역동적으로 바꾸어 놓았다. 대학의 초창기부터 수업을 잘 가르치는 것으로 승부를 걸고자 했고, 이와 관련된 수업에 대한 철저한 행정시스템이 지속적으로 제공되었다. 타 대학보다 먼저 교수들의 업적평가시스템이나 강의평가가 적용되고, 강의노트 공개나 E-teaching 포트폴리오도 먼저 도입을 했다. 아주대는 아주대에 입학하는 학생들의 특성을 고려해서, 그들의 잠재력을 키우는 교육을 하기 위해서 다양한 행정시스템을 개발·적용·개선을 하고 있다.

　넷째, 아주대는 기초교육을 강조하면서 학생들의 핵심역량을 높이고자 노력하고 있다. 학생들은 입학할 때부터 기초교육을 강조해서 진단평가를 통해서 수준별 수업이 이루어지거나 핵심역량이 부족하면 우선적으로 투자가 이루어진다. 기초교육을 강조하다 보니 1학년에 입학한 아주대 학생들 사이에서 '아주고등학교'라는 말이 나올 정도다.

　다섯째, '융복합'을 추구하는 교육과정이다. 아주대의 슬로건은 '융합학문을 선도하는 세계적인 대학'이다. 아주대의 규모가 크지 않다는 점을 고려해서 여러 학과가 함께하는 '융합'을 강조하게 되었고, 이것이 시대적인 흐름을 선도하는 계기가 되었다.

하지만 타 대학과 다른 점은 '융합'의 주체가 교수가 아니라 학생 주도로 이어져 학생들의 '융복합'에 대한 역량이 트렌드 마크가 되었다.

여섯째, 도약을 꿈꾸는 아주대는 살아 있는 대학이다. 아주대는 초창기부터 주목을 받기 시작해서 1990년대 중반에는 상당한 인지도를 받았던 대학 중에 하나다. 이러한 아주대의 인지도를 다시 찾고자 하는 의미에서 '부활'을 연상하면서 총장을 비롯한 구성원들이 아주대의 새로운 인재상을 찾아서 끊임없이 변화를 시도하고 있다.

이상의 내용을 중심으로 정리해 보면 아주대는 대학경영의 어려움 속에서도 꼭 가르쳐야 하는 것을 가르치고자 '기초교육'을 강조하면서 고등교육을 선도하는 대학교육을 실천하고자 '융합교육'을 지향하고 있다. 그러면서도 아주대 내부적으로 아주대 구성원들은 형식의 논리에서 벗어나 혁신을 통한 변화 문화가 내재되어 끊임없이 움직이고 있다.

2. 제 언

앞에서 밝혀진 연구 결과를 바탕으로 아주대의 학부교육이 보다 긍정적인 방향으로 발전하기 위한 몇 가지 개선 방안에 대한 제언을 하면 다음과 같다. 첫째, 아주대가 '혁신'을 지향하고 있는데, 이러한 혁신의 명암에 관심을 가져서 더욱더 공동체 의식을 창출하는 데 노력을 기울일 필요가 있다. 또 지금까지 축적된 혁신을 위한 노력들이 조화와 체계와 방향성을 지니고 현재 아주대 학부교육에 긍정적으로 작용하고 있는지 점검할 필요도 있다. 혁신의 아이콘이 되어 버린 아주대에서 혁신이 대학의 변화를 주도하는 힘이 되고 있지만, 또 한편에서는 똑같이 모든 구성원이 혁신에 맞추기는 어려운 점도 있다. 혁신의 구심점에 대한 이견과 다른 목소리에도 귀를 기울이려는 노력도 필요하다. 생존을 위한 혁신도 중요하지만 내실을 기하기 위한 속도 조절도 필요하고 상향식의 의견수렴도 있어야 한다. 변화를 추진하는 데 충분한 시간을 갖고 하기보다는 바로 적용을 하려다 보니 구성원 간 소통 정도에 대한 체감의 온도차가 존재한다. 충분한 시간이 없는 상황에서는 좀 더 적극적으로 설득과 소통이 이루어져야 한다.

둘째, 교수학습개발센터 역할 및 교수·학습법의 개선이 필요하다. 교수들 가운데 는 교수학습개발센터의 교수법 강의와 교수법 모임, 동료 멘토링(peer mentoring) 등을 활용하거나 이를 긍정적으로 평가한 경우도 있었지만, 학생들이 체감하는 교수법 개 선과 학습법 지원 정도는 제한적이었다. 전공계열에 따라 기초 및 이론 수업의 비중이 크고 강의식 수업이 필요할 수도 있겠지만, 학생들은 강의식 수업이 주로 이루어진다 고 대답하였다. 또 학습법 관련 프로그램도 학생들의 참여를 유도하기 어려움도 있겠 지만, 앞으로 더욱 활성화할 필요가 있다. 학교 내에서 교수학습개발센터의 위상과 역 할을 확대하여, 교수법 및 학습법 개선을 위한 활동의 폭을 넓힐 필요가 있는 것으로 보인다.

셋째, 학생들의 공동체 활성화를 위한 학교 차원의 세심한 제도적 노력을 기울일 필 요가 있다. 아주대의 교수문화가 학생과 교육 중심인 특징을 보이고, 학교도 학생들을 위한 다양한 지원을 제공해 주고 있지만, 정작 학생들 간의 교우관계는 자발적 소규모 공동체에 치우쳐 있다. 그러나 최근 취업난과 함께 학생들의 자발적 공동체도 활성화 되는 데 한계가 있는 것으로 보이고, 전공학과 내 소학회 활동도 제한적인 것으로 보 인다. 특히 공대중심의 학교에서 인문사회계열 및 자연계열의 학생이 느끼는 행정적 소외감에 대해서도 배려해야 할 것이다. 지금까지 아주대가 학부교육 개선을 위한 고 민과 자구적 프로그램 개발 성과에서 보여 주었듯이, 학생 간 공동체 및 교수, 졸업생, 학생 간 공동체를 활성화시킬 수 있는 아주대형 프로그램 개발이 필요한 시점이다. 또 한 이는 아주대가 현재 노력하고 있는 다양한 학부교육과 학생을 위한 노력과 함께 맞 물려 갈 수 있는 접점이라 여겨진다.

넷째, 대학의 인프라를 해결하기 위한 중장기 계획을 마련할 필요가 있다. 아주대 는 과거에 '대우'라는 기업이 재단의 어려움으로 인해서 생긴 재정적인 압박을 슬기롭 게 이겨 나가고 있지만 점점 더 재정적인 측면에서 경직성 경비 이외의 재정이 많지 않음으로 부서운영비를 지속적으로 감축하고 있다. 지금까지는 꾸준한 정부사업 수 주를 통한 재정지원을 활용하여 학부교육의 질 개선이 가능하였지만, 재정지원을 위한 혁신을 꾀하여 무엇을 위한 혁신이고 장기적 발전을 위한 혁신인가에 대한 고민도 존재하는 것이 현실이다. 앞으로 아주대는 대학의 인프라(예산, 인사, 조직 개편) 구축에 대한 고민이 지속적으로 있으므로 이에 대한 계획을 대학 구성원들과 공유하는 것이 필요하다.

다섯째, 여러 제도의 연계와 내실화를 위한 총체적인 관리 시스템을 마련할 필요가 있다. 아주대는 혁신의 아이콘처럼 다른 대학보다 먼저 다양한 교육시스템을 개발하여 적용하고 있다. 그리고 이에 대한 주관 부서 등이 다양하게 주어져 있다. 대학 내의 여러 부서와 여러 가지 제도가 합목적으로 작동되기 위해서는 그에 따른 총체적인 관리 시스템이 있어야 하는데, 대학의 인프라의 한계일 수도 있지만 유기적인 작동 면에서 보다 내실을 기할 필요가 있다고 본다. 예를 들어, 다시 언급하자면 현재 교수학습개발센터의 위상을 보다 확대할 필요가 있다. 부속기관으로 독립적으로 움직일 수 있어야 하는데, 교육혁신원 원장이 교무처장이다 보니 움직이는 구동력이 한계가 있다. 많은 변화와 혁신을 주도하는 가운데, 이에 대한 체계적인 환류시스템을 가동하여 대학의 변화와 성과에 대한 성찰을 지속할 필요가 있다.

마지막으로, 아주대의 확실한 포지셔닝과 함께 아주대의 이미지를 제대로 알릴 수 있는 홍보도 중요하다. 아주대는 수도권에 위치한 지리적 이점이 있지만, 구성원 스스로 '어중간한 대학'이라고 지칭하듯이 국내 고등교육에서 아주대의 위상이나 학문 후속세대 양성에 대한 고민이 존재한다. 아주대 학생 스스로 느끼는 본교 진학에 대한 성취감을 고취시킬 필요가 있으며, 특히 아주대가 점하고자 하는 국내 고등교육에서의 위치와 학부교육의 목적을 분명히 할 필요가 있다. 이와 함께 아주대라고 했을 때 떠올릴 수 있는 이미지나 학교 상징을 중심으로 아주대를 적극적으로 홍보할 필요가 있으며, 작년 신임 총장의 부임과 함께 활발한 교내외 홍보 노력을 지속·발전시켜 나갈 필요가 있다.

제3장

충북대학교

한발 빠른 관심과 정부 재정지원 사업이 만들어 낸
진행형 국립대학 학부교육 성공모델

변기용(고려대학교)

변수연(부산외국어대학교)

충북대 신입생의 대학 경험

나는 대학에 입학할 때까지 청주라는 도시에 와 본 적이 없었고, 우리 국토 중간쯤 어딘 가에 있는 소도시 정도로만 알고 있었다. 고3 수험생이 되어서야 서울 외의 다른 도시에 대해 고민해 보기 시작했고, 최근 몇 년 사이 국립대 중에서 가장 빠르게 변화하고 성장하 고 있는 대학으로 충북대학교(이하 충북대)를 고려하게 되었을 때 비로소 청주에 대해 본 격적으로 알아보게 되었다. 수도권에 있는 사립대와 충북대를 놓고 고민하다가 충북대를 선택한 이유는 사실 복합적이다. 물론 저렴한 등록금이라는 국립대 최대의 장점이 가장 크게 작용했지만 집에서 멀지 않으면서도 나름의 독립을 시작할 수 있고, 이공계 지원 프 로그램이 풍부하다는 점 그리고 무엇보다 꽉 막힌 서울과는 달리 여유 있고 아름다운 캠 퍼스가 마음에 들었다.

신입생으로서의 1년은 다소 분주하지만 알차게 짜이는 느낌이다. 과 친구들 모두 영락 없는 모범생들만 모여 있는 것 같아 때로는 경쟁이 피곤해지기도 하지만 전체적으로는 다 같이 손을 잡고 한 걸음씩 앞으로 나아가는 느낌이다. 처음에는 충청도 출신 친구들이 대 부분인 줄 알았는데 조금씩 알고 나니 부산, 대구, 순천 등 전국 방방곡곡에서 온 친구들 이 더 많다. 그렇지만 신기하게도 다들 매사에 성실하면서도 조용한 외유내강(外柔內剛) 형 타입들이어서 지방색이 크게 나타나지 않는다. 대학에 와서 처음으로 제대로 된 팀 프 로젝트를 하게 되는데, 고등학교 때보다 무임승차하려는 학생들이 적은 것 같다. 선배들이 그만 좀 진지하라고 핀잔을 줄 때도 있다.

그런 점은 교수님들도 비슷하신 것 같다. 친절하고 상냥하시지만 그 나긋나긋한 목소리 로 내 과제의 문제점을 조목조목 지적해 주시고, 엄청난 양의 다음 과제를 내 주신다. 내 몸에 있는 모든 용기를 짜내어 과제가 많다는 말씀을 드리면 빙긋이 웃으시면서 '넌 잘할 수 있을 거야'라고 '격려'해 주신다. 그러나 모든 것을 일방적으로 정하시는 것은 절대 아 니다. 대학에 와서 가장 놀란 점은 교수님께서 우리 의견을 들으시고 강의나 시험 방식을 조정하신다는 것이다. 공부해야 하는 양은 고등학교에 비해 압도적으로 많지만 때로는 격 려해 주시고, 때로는 밀어붙여 주시는 교수님들의 힘에 의해 진정한 대학 공부를 하고 있 다는 느낌이 든다.

신입생으로서 가장 어려운 것은 해야 하고 누려야 하는 것들이 너무 많다는 것이다. 학 교 내에 붙어 있는 플래카드부터 대학 홈페이지, 학과 홈페이지 그리고 각종 센터의 게시판과 홈페이지에 정보가 넘쳐 나는데, 그중 해 놓으면 좋은 것이나 안 하면 손해인 것들이 너무 많다. 한마디로 학교에서 지원해 주는 것들의 종류나 양이 매우 많아서 아주 전략적인 사람이 되지 않고서는 대학생활의 이점을 제대로 활용하지 못하고 시간을 보내게 될 것 같은 두려움마저 든다. 영리한 친구들은 의사소통교육센터에서 도와주는 CI 강의를 듣는다 하더니 어느새 프레젠테이션 대회, 토론대회에까지 도전하여 무엇인가를 성취하고 있다. 그래서 나도 내년에는 정신을 바짝 차리고 그러한 새로움에 참여해 봐야겠다는 생각이 든다.

정보는 교수님들한테서도 쉴 새 없이 들어온다. 우리 학교가 운영하고 있는 평생사제제는 교수님과 지도학생들을 4년 내내 묶어서 지속적인 상담과 지도가 가능하게 하는 제도인데, 한 교수님과 한 학기 동안 몇 번씩 만나고 밥도 먹고 하다 보니 교수님께서 알려 주시거나 연결해 주시는 프로그램도 상당하다. 아직 교수님을 부모님처럼 생각하는 것은 아니지만 교수님들도 우리를 만나는 횟수가 늘어날수록 스승이자 부모의 마음으로 우리를 대해 주신다는 느낌이 든다. 특히 취업 때문에 스트레스를 받는 선배들은 모든 인맥을 동원해서 제자의 취업을 도와주시려 하는 교수님들을 만날 때 큰 감동을 받는다고 했다.

이제 2학년에 올라가지만 벌써부터 취업이 걱정되는 것이 사실이다. 사실은 모두가 걱정하니 나도 걱정하게 되는 것 같기도 하다. 다행히도 학교에 오면 학교가 학생들의 취업에 상당한 관심을 가지고 지원해 주는 것 같다는 느낌을 받는다. 아직 한 번 밖에 가 보지 않았지만 취업지원본부에서는 생각보다 다양한 프로그램을 운영하는 것 같았다. 난 그저 그곳에서는 아르바이트나 인턴, 구인기업들을 소개해 주는 곳이라고 막연하게 생각했는데 서류 작성에서부터 각종 면접 방식, 프레젠테이션 기법 등 구직과 관련한 많은 분야를 준비시켜 주고 있었다.

그러나 취업을 위한 가장 확실하고 빠른 길은 무엇보다 내 전공을 열심히 공부하여 좋은 성과를 얻는 것이라고 생각한다. 우리 대학은 처음에는 다소 낯설었지만 금방 고향 같은 친근한 느낌과 가족 같은 든든한 느낌을 동시에 주는 곳 같다. 다른 사람에게 우리 학교를 소개한다면 사시사철 달라지는 아름다운 수목원의 풍경 속에 수줍은 듯 친한 척을 하는 친구들이 도란도란 공부하는 곳이라 소개하고 싶다. 충청도 부모님처럼 말은 많이 안 하시지만 늘 지켜보시며 언제든 도와주시려 하는 묵직한 리더십의 교수님들도 이곳을 든든한 집처럼 느끼게 한다. 나에게 처음의 선택은 아니었다 하더라도 내 목표를 향해 가다가 발견한 숨겨진 보물과 같은 집이자 안식처, 그게 나에게 충북대다.

제1절 서 론

이 사례연구는 K-DEEP 프로젝트에서 학부교육 우수대학의 하나로 선정된 충북대학교(이하 충북대) 학부교육의 특징과 성공요인을 심층적으로 파악하기 위해 수행되었다. 충북대학교는 1951년 청주초급농과대학으로 개교하여 1956년 충북대학으로 개명한 후 1977년에 종합대학교로 승격한 오랜 역사와 전통을 가진 충청지역의 대표적인 거점 국립대학교다. 하지만 충북대는 2011년에 강원대와 함께 '국립대학 구조개혁 중점 추진대학(부실 국립대학)'이라는 오명을 쓰게 되는데, 이 사건은 충북대학교 구성원들에게는 막대한 충격을 안겨 주었지만 동시에 개혁과 혁신을 위한 조직의 에너지를 결집시켜 새로운 도약을 할 수 있는 계기로 작용하였다. 충북대는 다른 대학들이 학부교육에 관심을 두지 않던 2010년대 초 남들보다 한발 빠르게 학부교육의 질 개선에 관심을 가지고 다양한 노력을 경주함으로써 2011년에 거점 국립대로서는 전북대와 함께 가장 먼저 학부교육 선진화 선도대학 사업(ACE 사업)에 선정되어 4년 동안 1주기 사업을 진행하였다. 2015년에는 비록 ACE 사업 재진입에 실패하기는 했지만, 대학 구조개혁 평가에서 서울대에 이어 전국 2위의 우수한 성적을 거두는 우수대학으로 탈바꿈하였다.

거점 국립대학 중 상대적으로 후발 주자였던 충북대가 최근 몇 년간 이루어 낸 이러한 괄목할 만한 성장과 발전이 K-DEEP 프로젝트 연구진들이 충북대에 관심을 가지게 된 계기가 되었다. 하지만 연구진이 충북대를 사례연구 대상 대학으로 선정한 가장 큰 이유는 충북대가 대형 국립대로서 대교협의 2011~2013 학부교육 실태조사(이하 'K-NSSE') 결과에서 조사대상인 6개 영역(학업적 도전, 지적 활동, 능동적 · 협동적 학습, 교우관계, 교수와 학생의 교류, 지원적 대학 환경) 대부분에서 거점 국립대임에도 불구하고 비교대상 그룹과 거의 대등한 수준의 점수를 얻었기 때문이다(제3절의 〈표 3-8〉 참조). 충북대를 사례연구 대상으로 선정한 또 다른 중요한 이유 중 하나는 충북대가 학부교육과 관련하여 새로운 변화를 만들어 내기 상대적으로 어려운 거점 국립대학이라는 점 때문이다. 최근 들어 학령인구가 감소하고 청년 실업난이 심각한 사회적 문제로 부각되면서 거의 모든 대학에서 학부교육의 질 개선에 관심과 노력을 기울이고 있지만, 사립대학에 비해 구성원들이 느끼는 위기의식이 상대적으로 약하고 이에 따라 전통적 교육 방식에서 벗어나 새로운 변화를 도입하기 어려운 국립대학의 조직문화적 특성상, 교수들에게 상당한 부담을 요구하는 학부교육의 질 개선은 국립대학에서 결코 쉬운 일이 아니다. 이러한 어려움에도 불구하고 충북대의 경우 비교적 짧은 기간 동안 학부교육의 질 개선과 관련하여 상당한 성과를 거둔 바 있으며, 현시점에서도 새로운 노력과 관심을 통해 지속적 변화를 이루어 나가는 과정에 있다. 이러한 충북대의 그동안의 도전과 성과, 이 과정에서 국립대로서 직면했던 다양한 문제점과 한계들은 유사한 상황에 봉착하고 있는 많은 다른 국립대학들이 참고할 수 있는 유용한 시사점들을 제공해 줄 수 있을 것이라고 믿는다.

이 사례연구를 관통하는 두 가지 핵심적 연구 문제는 다음의 두 가지다. 첫째, 학부교육 우수대학으로서 충북대 교육의 특징은 무엇인가? 둘째, 비교적 짧은 기간 동안에 충북대가 이러한 질 높은 학부교육을 제공할 수 있도록 만든 조직 내외적인 성공요인은 무엇인가? 첫 번째 연구 문제의 경우 당초 이 사례연구가 K-NSSE와 상호보완적으로 활용되도록 설계되었기 때문에 일단 K-NSSE에서 사용하는 6개 조사영역을 중심으로 충북대 학부교육의 특징을 기술하는 방식으로 진행되었다. 이때 기술의 목표는 K-NSSE 설문조사의 결과로 나타나는 분절적, 무미건조한 '우수한 학부교육의 모습'을 학생들의 구체적 경험과 사례, 스토리로 보다 생동감 있게 드러내는 것에 있다. 두 번째 연구 문제의 경우에는 충북대가 출범 이후 짧은 기간 동안에 질 높은 학부교육을 제공할 수 있도록 만든 다양한 맥락적 요인들이 무엇인지 찾아보는 것이다. 이 과정에서 특히 대학의 정책결정자들이 적절한 정책적 개입을 할 수 있는 제도적인 요인과 이 제도들을 효과적으로 작동하게 만드는 맥락적 변인이 무엇인지를 파악하는 데 분석의 초점을 두었다. 이러한 두 가지 연구 문제에 대한 심층적 이해를 바탕으로, 이 사례연구에서는 사례연구 대상 대학과 학부교육 개선에 관심을 가진 많은 우리나라 대학들이 학부교육 질 개선에 보다 실천적으로 활용할 수 있는 구체적 시사점과 정책적 제언을 도출해 내는 것을 목적으로 한다.

　이러한 연구목적을 달성하기 위해 이 사례연구에서는 인터뷰, 참여관찰 및 문헌자료 분석 등 다양한 방식을 통해 자료를 수집하였다. 특히 사례대학 구성원들과의 인터뷰와 참여관찰을 위해 연구자들은 사전방문을 포함 총 3차례에 걸쳐 충북대를 방문하였다. 먼저 2015년 8월 10일 공동연구원 2명이 충북대를 방문하여 연구의 취지와 진행 방법을 안내하고 원활한 자료 수집을 위한 대학 측의 협조를 구하였다. 이 자리에서 연구진은 충북대를 대표하여 연구진을 조력할 협력 부서인 교무처의 보직교수 및 담당 직원들과 만나 연구 절차를 설명하는 한편, 인터넷 등을 통해 공개적으로 구할 수 없었던 대학의 학부교육 관련 각종 보고서 등 내부 자료들을 수집하였다. 연구진은 이 문헌자료들에 대한 검토 작업을 8월 중순부터 9월 중순까지 진행하면서 1차 현장 방문 프로토콜을 작성하였다. 1차 방문은 2015년 9월 22일부터 24일까지 2박 3일 동안 진행되었다. 1차 방문에서 수집한 결과를 바탕으로 보고서의 초안을 작성한 후 이를 근거로 하여 2차 방문의 면담대상자 및 참여관찰 대상을 결정하였다. 2차 방문은 2015년 11월 24일부터 25일 사이에 진행하였다. 세 차례의 방문 조사의 세부사항은 〈표 3-1〉에 상세히 기술하였다. 최종적으로 연구에 참여한 피면담자 수는 교수 24명(총장 등 보직자 포함), 학생 45명, 직원 16명 등 총 85명이다.

〈표 3-1〉 충북대학교 방문 조사 현황

		예비 방문	1차 방문	2차 방문
방문 일시		2015. 8.	2015. 9. 22.~24.	2015. 11. 24.~25.
연구진		공동연구원 2명, 연구보조원 1명	공동연구원 2명, 연구보조원 2명	공동연구원 2명, 연구보조원 3명
자료 수집	교직원 면담	교무처장, 교무부처장, 교무과장, 직원 2명	총장, 교무처장, 학생부처장, 기획부처장, 창의융합교육본부장, 교육인증원장, 교수학습지원센터장/ 전 교수학습지원센터장, 일반교수 4명, 교무과장/ 직원 7명	입학본부장, 전 교무처장, 교무과장, 여학생커리어개발센터장, 공대 학장/ 학과장 4명, 교육 '우수' 교수 2명, 일반 교수 2명, 직원 5명
		5명	19명	16명

| 학생
면담 | − | 29명(그룹면담) | 16명(그룹면담) |
| 참여
관찰 | − | − | 옴니버스 강좌 |

　문헌자료의 경우 대학발전계획, 자체평가 보고서, ACE 사업 관련 보고서, 충북대 신문 등 공개적으로 얻을 수 있는 문건뿐만 아니라, 사전 방문 시 대학 관계자의 협조를 얻어 충북대에서 작성 혹은 발간한 다양한 공식/비공식 자료를 추가적으로 획득하여 함께 분석하였다. 이 사례연구 보고서 작성을 위해 참고한 주요 자료 목록은 〈표 3-2〉에 요약되어 있다.

〈표 3-2〉 사례연구를 위해 참고한 주요 문헌자료 목록

자료 형태	참고한 주요 자료
충북대 내부자료	• 2012, 2014 충북대학교　자체진단 평가보고서; 2011년도 충북대학교 장애대학생 교육복지지원 자체평가보고서 • 한국교양기초교육원 · 학부교육 선진화 선도대학 협의회(2013). 2013년 대학 학부교육의 질과 성과 분석: 충북대학교 • 2015 학부교육 선도대학 육성사업(ACE) 사업계획서 • 충북대학교 강의평가 기준 개선을 위한 연구(2011. 9.), 수요자 중심 학사 제도 개선을 위한 연구: 다전공 · 부전공 · 전과 활성화 방안(2012. 1.), 학부교육 실태진단평가 대응 연구(2014. 2. 28.), 학부전공교육 효과성 분석(2015. 2.) • 대학 자체평가 반영 설문조사 결과 분석 보고서(2013), 대학 만족도 자체 설문조사 결과 분석 보고서(2013), 대학 만족도 설문조사 결과 분석 보고서(2014), 신입생 대학생활적응 현황 조사(2014), 충북대학교 2014년 K-CESA 결과보고(2014. 2.), 2014년 충북대학교 이미지 및 경쟁력 강화를 위한 조사결과 보고서(2014. 11.), 충북대학교 학생생활 · 교육경험 실태조사 분석 보고서(2015) • 2014-2학기 Exploring Myself 2. CBNU에서 찾은 나의 비전! 나의 행복!. • 평생지도교수제 가이드북(2013), 2012 예비대학 결과보고서, 2014학년도 학습지원 프로그램 활동 후기, 2013학년도 1004 학습 동아리 성공 에세이, 교수학습지원센터 학습지원 프로그램 브로슈어, 충북대 홍보자료("옹골찬 1등 충북대") 등

인터넷 자료	• 학부교육 선진화 선도대학 육성사업(ACE) 사업계획서: 연차(2012), 중간(2013), 연차(2014), 4차년도(2015) 사업성과 보고서 (http://eduup.kcue.or.kr/supportfund/supportfund_02.php?pageType=M) • 충북대 신문(http://press.chungbuk.ac.kr/ktimes/) • 대학 알리미 공시 정보(http://www.academyinfo.go.kr/)

연구진들은 수집된 자료들을 반복적으로 읽어 나가면서, 코딩, 영역 분석, 주제 분석 등의 방법으로 자료 분석을 실시하였다. 제3절 '학부교육의 특징'의 경우에는 사전 연구진 협의를 통해 분석의 기본틀이 이미 K-NSSE의 6가지 조사 영역으로 정해져 있었기 때문에, 참여관찰이나 인터뷰 과정에서 얻어진 자료를 6개의 주제영역으로 분류하고 그 분류의 적절성을 검토하는 방식으로 이루어졌다. 제4절 '성공요인'의 경우 이와는 달리 인터뷰 전사 자료를 반복적으로 읽어 나가면서 코딩 작업을 통해 하위 주제를 추출하고, 코딩 결과를 바탕으로 하위 주제를 범주화시키는 영역 분석, 도출된 영역에 이름을 부여하는 주제 분석을 반복적으로 시행하였다. 특히 제4절 학부교육의 성공요인을 분석하는 과정에서는 1차년도 사례연구 대학들에서 공통적으로 발견했었던 다양한 성공요인들을 참고하면서 이러한 사립대학에서 상대적으로 일반화된 성공요인들이 국립대인 충북대의 맥락에서 어떻게 작용하고 있는지를 비교적 관점에서 관심을 두고 살펴보았다. 연구진들은 이러한 과정을 거쳐 발견한 주요 내용을 중심으로 1차 보고서를 작성하였고, 2015년 12월 21일에 연구진 및 참여대학 관계자들 간의 공동 워크숍을 통해 이를 발표하였다. 최종 보고서 초안은 워크숍에서의 충북대 측 참석자들의 코멘트와 추가적으로 수집한 자료를 바탕으로 작성되었으며, 연구과정 전반에 연구진들과 교감해 온 충북대 학내 코디네이터 등을 통해 구성원들로 하여금 연구진들이 작성한 보고서 초안 내용의 정확성 및 적절성에 대한 확인(member checking)을 받는 과정을 거쳤다. 이러한 과정을 거쳐 완성된 사례연구 보고서 초안은 보고서 작성에 참여했던 2명의 연구자들 간의 최종 조율을 거쳐 최종적으로 확정되었다.

제2절 충북대학교의 기본적 특성

1. 기관적 맥락

1) 기관의 역사와 최근의 발전 상황

충북대학교는 1951년 청주초급농과대학으로 개교하여 1956년 충북대학으로 개명한 후 1977년에 종합대학교로 승격한 이래 진리, 정의, 개척의 건학이념에 따라 교육과 연구를 실천하면서 충북 지역의 거점 국립대로 성장해 왔다. 그러나 2011년에는 강원대학교와 함께 국립대 구조조정 중점 대학으로 지정되어 '부실대학'으로서 스스로를 개혁해야 하는 고통스런 시간을 보내기도 하였다. 이 사건은 충북대학교 구성원들에게는 막대한 충격을 안겨 주었지만 동시에 개혁과 혁신을 위한 조직의 에너지를 결집시키는 계기로 작용한 측면도 있다. 그 결과 충북대학교는 2011년에 학부교육 선진화 선도대학으로 선정되어 4년 동안 1주기 사업을 진행하였으며, 2015년에는 대학 구조개혁 평가에서 서울대에 이어 전국 2위의 우수한 성적을 자랑하는 우수대학으로 탈바꿈하였다. 2016년 2월 기준으로 충북대학교는 15개 단과대학과 8개 대학원, 7개 연구원(36개 연구소)을 갖춘 대규모 대학으로 성장해 교육과 연구에 매진하고 있다.

2) 대학 재정 및 학생 모집 현황

충북대학교의 2013년 예결산 규모는 예산이 1,072억 원, 결산이 1,093억 원으로 지역 거점 국립대학교다운 큰 규모를 유지하고 있다. 충북대학교의 전체 세입 중 등록금 의존율은 40.55%(2012년 기준)에 불과하고 학생 1인당 교육비는 13,038,700원에 달하고 있다. 충북대학교의 학생 모집 상황도 매우 안정적인 수준을 유지하고 있다. 2014년 재학생 충원율은 119.5%, 정원 내 신입생 충원율은 99.8%로 신입생 수급 현황이 양호함을 보여 주고 있다. 최근 3년간의 신입생 선발 경쟁률은 평균 7:1 정도의 양호한 수준을 유지하고 있고, 중도탈락률은 2013년 기준 1.9%로 매우 낮은 수준이다.

2. 미션과 교육철학

1) 지역을 넘어 세계에 봉사하는 인재의 양성

충북대학교의 교육이념은 진리, 정의, 개척 등 세 가지로 구성되어 있으며, 이러한 3대 교육이념을 실천하여 국가와 세계 발전의 원동력이 될 인재를 육성하고자 노력해 왔다(충북대학교, 2015). 충북대학교는 제7차 종합발전계획을 수립하면서 교육목표를 국가와 사회 발전에 공헌할 수 있는 인재 양성에 두고, 2020년까지 아시아 50위, 세계 300위 대학에 진입할 수 있는 '지역과 함께 세계로 비상하는 대학'이 되겠다고 공언하였다.

이와 같은 비전을 달성하기 위해 충북대학교는 ① 교육혁신, ② 연구혁신, ③ 지역연계혁신, ④ 경영혁신 등 4대 추진전략을 수립하여 추진 중이다.

2) 지역 산업과 연계된 특성화 교육의 실시

충북대학교는 오송 첨단의료 복합단지, 대덕 테크노벨리, 오창 첨단산업단지 등 바이오 기술산업과 IT 산업단지와 근접해 있는 지리적 여건을 최대한 활용하여 교육

비전	지역과 함께 세계로 비상하는 충북대학교			
목표	2020 ASIA 50 WORLD 300			
	교육혁신	연구혁신	지역연계혁신	경영혁신
추진전략	• 창의 인재 양성 • 학생 우선 • 인성 우선 • 교육의 질 우선 • 잘 가르치기 우선	• 인적 수월성 강화 • 연구 수월성 강화 • 산학협력 강화 • 기초원천연구 강화	• 지역전략산업 연계 • 지역문화예술 연계 • 지역사회기반 연계	• 책임자율경영 향상 • 발전기금/예산효율성 향상 • 대학복지 향상 • 브랜드 가치 향상
추진주체	기초학문, 응용학문 및 지역연계 80개 학과			대학본부

[그림 3-1] 충북대학교의 비전과 추진전략

출처: 충북대학교(2015).

과 연구를 통해 지역경제 발전에 이바지하는 특성화 교육 모델을 지속적으로 추구해 왔다.

그 결과 충북대학교는 1995년 반도체 정보 통신 분야의 국책 공과대학 지원사업에 선정된 것에 이어 지방대학 혁신역량 강화 사업(NURI 사업), BK 사업, 지방대학 특성화 사업(CK 사업) 등에서 IT와 바이오산업 분야 사업단이 연달아 선정되는 등 이 두 산업분야에서의 탁월한 산·학·연 협동역량을 자랑해 왔다. 2014년도에는 지방대학 특성화 사업에서 최종적으로 6개 사업단(22개 학과)이 특성화 분야로 선정되었다.

〈표 3-3〉 충북대학교 특성화 분야별 지원학과 및 지원액

구분	특성화 분야	참여학과(부)	지원액(천 원)
지역전략 산업인력 양성	스마트 IT 창의인재양성 사업단	전기공학부, 전자공학부, 정보통신공학부, 컴퓨터 공학과	2,600,000
	BT 융합 농생명 6차 산업화 인재양성 사업단	식물자원학과, 축산학과, 환경생명화학과, 특용식물학과, 원예과학과, 식물의학과, 식품생명공학과, 농업경제학과, 수의학과(수의대), 약학과(약대)	2,200,000
	오송 생명과학 인재양성사업단	미생물학과, 생물학과, 생화학과	600,000
지식 기반 사회인력 양성	수학·통계 기반 산업응용 특성화 사업단	수학과, 정보통계학과	300,000
	첨단과학장비를 활용한 미래과학인재 양성 사업단	물리학과	300,000
글로벌 인재 양성	통일시대 융합형 인재양성 사업단	중어중문학과, 고고미술사학과	300,000
계			6,300,000

출처: 충북대학교(2014).

3. 구성원(교직원 및 학생)

1) 교직원

충북대학교의 전임교원은 2014년 현재 총 755명인데, 그 세부구성은 〈표 3-4〉와 같다. 2014년 전임교원 확보율은 85.21%, 전임교원 1인당 학생 수는 23.55명, 전임교원 강의 담당 비율은 59.81% 등의 수준을 보이고 있다. 아울러 충북대 행정직원은 2014년 현재 총 445명이며, 충남대, 전북대 등 입학정원 규모가 유사한 대학과 비슷한 직원 수를 유지하고 있다.

〈표 3-4〉 2014년 충북대학교 전임교원 현황   (단위: 명)

	합계		학부	대학원
	남	여		
2014년	658	97	725	30

출처: 2014년 대학정보공시.

충북대 교원 구성의 특징은 출신 지역이 다양하며 특히 지방 거점 국립대들에서 쉽게 발견할 수 있는 자교 출신 선호 경향이 비교적 낮다는 점이다. 즉, 교수들이 자교 출신자를 신임교원으로 선발하는 인브리딩(inbreeding) 성향이 강하지 않아 충북대 출신의 교수는 그리 많은 편이 아니다. 따라서 교수 사회의 위계나 교수조직 문화도 인브리딩이 상대적으로 심한 타 국립대학들과 비교할 때 덜 경직되어 있다고 볼 수 있다.

2) 학 생

2014년 현재 충북대학교의 학생 정원은 12,570명이나, 재학생과 휴학생을 합한 재적학생 수는 총 20,792명이며, 그 세부사항은 〈표 3-5〉와 같다. 신입생 집단을 출신고 유형별로 분류할 때에는 일반고 출신 학생의 비율이 85.2%로 가장 높고 자율고(7%), 검정고시(2%), 특성화고(1.6%)가 그 뒤를 잇고 있다. 이를 볼 때 충북대학교 학생들의 절대 다수는 일반고 교육과정을 이수한 학생들임을 알 수 있다.

〈표 3-5〉 2012~2014년 충북대학교 재적 학생 현황   (단위: 명)

연도	재적 학생					
	계		남		여	
	정원 내	정원 외	정원 내	정원 외	정원 내	정원 외
2012	18,575	1,758	12,414	1,146	6,161	612
2013	18,623	1,915	12,314	1,240	6,309	675
2014	18,730	2,062	12,192	1,343	6,538	719

출처: 2014년 대학정보공시.

4. 물리적 환경

1) 전략적 위치

충북대학교가 위치해 있는 청주는 교통의 요지로서 수도권에 근접해 있어 중앙의 변화를 매우 빠르게 포착하여 따라갈 수 있으며, 인근에 오송, 세종, 대전 등 지역의 산업 거점 도시와도 가까워 학생들의 수급 및 취업 지원에도 용이한 지리적 이점을 가지고 있다.

[그림 3-2] 충북대의 자연친화적인 캠퍼스 모습

2) 자연친화적 캠퍼스 환경

충북대학교는 긴 역사를 가진 지역거점 국립대학교로서 다수의 연구소와 관련 시설을 갖추고 있어 캠퍼스 자체 면적은 매우 넓은 편이다. 충북대학교가 농업단과대학에서 시작했을 뿐만 아니라 학교 부지도 과거 수목원이었던 곳이어서 캠퍼스의 지형은 매우 평탄하고도 아늑하며 수목이 우거져 있다. 최근 들어 최신 기숙사와 같은 새로운 건물들이 일부 고층으로 건축되고 있기는 하지만 아직까지는 캠퍼스 전체가 매우 자연친화적인 방식으로 조성되어 있다.

5. 행정부서와 대학 거버넌스

1) 행정조직

충북대학교는 현재 3처 1국 8과 1부의 행정조직을 운영하고 있다. 2014년 현재 직원 수는 464명이다. 학부와 대학원의 편제는 [그림 3-3]과 같다. 행정 및 교육 조직의 구조는 지역 거점 국립대의 일반적인 형식을 따르고 있는 것으로 보인다.

〈표 3-6〉 충북대학교의 행정조직 현황

기관명	본부	대학원	단과대학 및 학부(과)군	부속시설			연구시설	법인	기타
				교육기본시설	지원시설 및 부속시설	단과대학(원) 부속시설			
기관 수	3처 1국 8과 1부	9	15	1	28	15	7개 연구원 (39개 연구소)	2	학교기업 2 총장직속기구 2

2) 대학의 거버넌스

지역거점 국립대학교인 충북대학교는 단과대학 및 교수 중심의 수평적 거버넌스 구조를 유지해 오고 있다. 그러나 2010년대 들어서는 ACE 사업을 비롯한 다양한 국책사업에 적극적으로 참여하여 대학 혁신을 이루어야 한다는 문제의식이 대학 구성원들 전반에 확산되면서 국립대로서는 보다 유연한 거버넌스(governance) 구조를 갖추

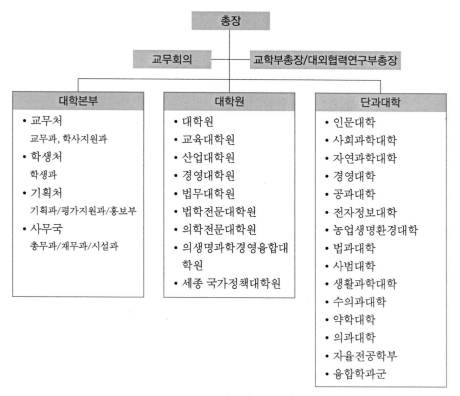

[그림 3-3] 충북대학교의 조직도

기 위해 노력하고 있다.

그 대표적인 예가 학과평가를 통해 입학 정원 감축 등 구조개혁을 추진하고 있는 것과 학과장 회의 등을 활성화하려고 노력하고 있는 점이다. 충북대학교는 다른 국립대와 함께 2011년에 성과급적 연봉제를 도입하였고, 2015년부터는 정교수를 포함한 모든 교원에 대해 이를 확대하였다. 이로 인해 개별 교수에 대한 업적 평가가 매우 중요해져서 대학이 추진하는 여러 교육 혁신 및 국책사업 수행에 대한 교수들의 참여 동기를 강화하고 있다.

또한 충북대학교는 구성원들과의 지속적인 대화와 합의를 통해 학과평가 기준을 설정하고 합의에 의해 도출된 평가 기준에 따른 학과평가 결과를 여러 주요 정책 결정에 반영하는 선도적인 모습을 보이고 있다.

교육인증원과 같이 교육의 엄격한 질 관리를 전담하는 내부 기관을 설립한 것도 단과대학의 자율에 맡기던 과거의 수평적 거버넌스 구조를 타파하여 보다 효율적인 업무 구조를 조성하려는 노력의 일환으로 해석된다. 아직까지는 단과대학이나 개별 학과의 교육과정에 대해 중앙 조직이 그 질과 성과를 평가한다는 방식에 대해 거부감을 표시하는 단과대나 구성원들이 남아 있지만, 국립대로서는 매우 혁신적인 대표적 우수 사례로 평가할 수 있다.

6. 커리큘럼 등 기타 특징

1) 교양교육과정 혁신 노력: 역량 기반 교육과정으로의 이행

충북대학교는 학부교육 선도대학 사업을 통해 과거의 교과목 중심의 교양교육과정을 역량 기반 교육과정으로 개혁하는 작업을 진행 중이다. 그러나 특정 학과가 교양교육의 각 영역의 교육과정 구성을 독립적으로 계획, 운영하는 국립대의 고유한 운영 방식이 아직 남아 있어 현실적인 어려움을 겪고 있다.

이와 같은 어려움을 극복하기 위해 중점적으로 시도한 사업이 의사소통능력 강화 프로그램이다. 미국 MIT의 CI(communication intensive) 센터 모델을 벤치마킹한 충북대학교의 CI 센터 프로그램은 일반 교양과목에 글쓰기/말하기 교육을 강화시키는 것을 골자로 하고 있다. 이를 위해 CI 센터에서는 5~6명의 전문연구원을 고용하여 CI 교과목으로 전환 혹은 개발한 교과목을 지원하도록 하고 있다(2015년 현재 총 12개의 교양과목이 CI 교과목으로 운영되고 있음).

CI 교과목의 개발 및 공모와 지원. 실제로 저희들이 개발하지는 않고 공모를 통해 교수님들이 개발을 하십니다. CI 교과목은 두 가지 요소가 필요합니다. 글쓰기 과제에 대해서는 반드시 CI 센터 연구원의 피드백과 첨삭을 1회 이상 받아야 하고요. 그다음에 수업 중에 팀 프레젠테이션을 진행하면 그 팀들이 각각 두 번씩 CI 센터 연구원과 함께 개요 작성에서 최종 프레젠테이션 자료

작성, 리허설 피드백까지 논의하게 되어 있습니다. 그 조건을 갖춰야 지원이 이루어집니다. ……
센터에 보통 연간 600건 정도의 글쓰기 상담이 들어오는데 그중 CI 교과목에서 들어오는 요청이
400건 정도 됩니다. 한 강좌당 보통 다섯 개 이상의 팀이 운영되고, 각 팀에 최소 두 번씩 지원을
하니까 연간으로 보면 200회 이상 지원을 하게 되더라고요. (직원 A)

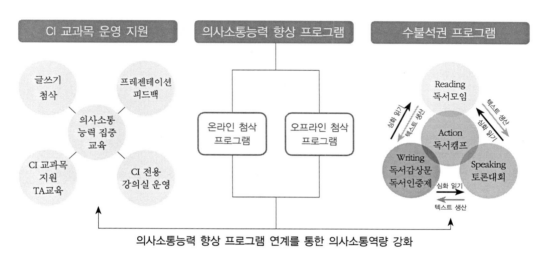

[그림 3-4] 충북대학교의 의사소통교육 개념도

이 외에도 나머지 교양교육과정을 전체적으로 혁신하기 위해 충북대학교는 기존의
기초교육원, CI 센터 등의 관련 조직을 창의융합교육본부 산하의 하위 조직으로 재정
비하여 운영의 효율성과 효과성을 제고하려 노력하고 있다. 창의융합교육본부는 국
립대라는 제약조건 속에서도 교양교육 전반을 개혁하는 교양대학의 역할을 수행해
나갈 계획이다.

2) 교수학습지원센터의 활발한 활동

충북대학교의 교수학습지원센터의 규모와 시설은 매우 우수한 수준이다. 교수학습
지원센터는 크게 교수지원부와 학습지원부, 이러닝 지원부 등 세 부서로 나누어져서

각각 교수활동과 학습활동, 온라인교수학습활동 지원을 담당하고 있다.

2011년부터 2015년 ACE 사업 1주기 동안 교수학습지원센터는 충북대학교 내에서 그 조직과 업무를 가장 활발하게 확장해 온 조직 중 하나인 것으로 보인다. 조직 구성원의 수도 많고, 전용 강의실 및 녹음실 등 설비도 훌륭한 것으로 나타났다.

[그림 3-5] 교수학습지원센터 조직도 및 수업녹화실

사실 ACE 사업에 선정되기 전의 교수학습지원센터는 사범대학교, 전자정보대 인력지원 센터 등에 산재되어 있었어요. 그래서 학교 전체적인 교수학습지원체제가 없었습니다. 있다고 하더라도 그냥 산발적이고 부분적으로 지원하고 있었지, 학교 전체 교수와 학생을 지원하는 이런 시스템이 없었습니다. 그러나 2008년도와 2009년도를 거치면서 저희가 교수학습지원센터를 설립했고 2011년도에 ACE 사업에 선정되면서 정말로 학교가 발전하게 되었고 이렇게 공간도 마련하게 되었고요. …… 저희가 사실 예산이 굉장히 빠듯하고 타이트(tight)하게 돌아가는 상황인데 ACE 사업에서는 사실 하드웨어에 대한 지원이 거의 불가능한데도 불구하고 저희가 스튜디오를 마련하거나 시설을 구비하는 데 그래도 조금의 여유가 있었습니다. 그래서 ACE 사업에서 지원 나온 것으로 이렇게 여건을 만들었고 프로그램을 운영할 수 있는 바탕을 만들게 되었어요. (전 교수학습지원센터장)

ACE 사업과 함께 충북대학교 교수학습지원센터는 교수법 지원과 성적부진학생에

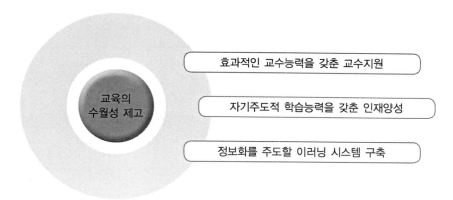

교육의
수월성 제고

효과적인 교수능력을 갖춘 교수지원

자기주도적 학습능력을 갖춘 인재양성

정보화를 주도할 이러닝 시스템 구축

[그림 3-6] 충북대학교 교수학습지원센터의 주요 업무 영역 구성도

대한 지원사업을 중점적으로 시행해서 괄목할 만한 성과를 이루어왔다. 교수법 지원 면에서는 아직까지 전체 교원으로 완전히 확산된 것은 아니지만 단과대학이 관련 학문에 특화된 맞춤형 교수법 워크숍을 요청할 정도로 전문성과 효과성을 인정받고 있는 것으로 보인다.

> 저는 교수지원 실무자로서 진짜 (변화를) 몸소 느껴요. 왜냐하면 5년 전에는 저희가 워크숍을 열면 어떻게든 많은 분이 참여하시도록 대대적으로 홍보를 하잖아요? 그런데 올해에는 찾아가는 단과대학 워크숍을 합니다. 왜냐하면 이제는 교수님들의 요구가 굉장히 많아졌어요. 그래서 단과대별로 우리한테 맞는 그런 워크숍을 개최해 달라는 요청이 있어요. 예전에는 저희가 일방적인 제공을 했다면 이제는 교수님들이 요구를 하는 방식으로 인식이 전환되었고, 그것만으로도 저는 대단히 큰 성과라고 생각합니다. (직원 C)

최근에는 신임교수 시절부터 교수학습지원센터와 협업하는 방식에 적응하고 신임교수들의 교수 활동 관련 어려움을 조력하기 위해 모든 신임교원들에게 의무적인 '수업촬영 분석'을 지원하는 방안을 시행 중이다. 이러한 획기적인 결정은 교수학습지원센터의 역량이 충분히 준비되었음을 전제로 단행되었다는 것이 센터 구성원들의 공

[그림 3-7] 교수학습지원센터 프로그램 안내 자료 및 방송실

통된 의견이었다.

> 지난 4년간의 노력의 가장 큰 성과는 (교수학습지원센터에 대한 교수들의) 인식이 전환되었
> 다는 것이고, 두 번째 성과는 저희가 지난 4년 동안 그만한 기반을 구축했다는 것입니다. 예를 들
> 어, 수업촬영 분석도 저희가 당장 투입할 수 있는 부분이 아니잖아요? 4년 동안 수업분석도구를
> 개발하고 그것을 개선하고 또 지금까지 계속 개선해서 이제 조금 안정된 상태예요. 그래서 신임
> 교원들에 대해 이번 7월부터 의무적으로 수업촬영 분석을 해야 한다는 규정이 마련된 거고요.
> (직원 C)

한편, 학습지원 영역에서 특히 학습부진자 코칭 프로그램 '익스플로링 마이셀프
(Exploring Myself)'는 충북대가 처한 독특한 맥락을 고려하여 구성되었고 학생들에게
실질적인 도움을 주고 있는 것으로 나타났다. 실제로 이 프로그램은 2014년 학부교육
우수대학 최우수사례로 선정되기도 했다.

저희가 '어떻게 하면 학생들이 학습을 잘할 수 있게 만들까?' 고민하다가 '그러면 제일 못하는 학습부진 학생들을 끌어올리는 작업을 먼저 하자.'라고 생각하고 시작했어요. 그래서 '학습부진자 코칭 프로그램'은 첫해에는 사실 아웃소싱(outsourcing)을 했어요. 그래서 외부업체를 통해 운영을 하다 보니까 이게 일회성으로 끝나고 비용이 많이 든다는 문제가 있었어요. '그럼 우리는 우리 학생들을 대상으로 실제로 어떤 프로그램을 운영하여 도움을 줄 수 있을까?'에 생각이 미쳐서 교수님들을 통해 저희가 학생 대상 전수조사를 했어요. 우리 학생들 진단을 위해서. 한쪽에서는 학생들을 진단해 보고 그것을 토대로 다른 학습 프로그램도 개발하게 된 것입니다. 전수조사를 해 보니 (도움이 필요한 학생의) 86%가 이공계 학생들이었습니다. 그래서 '학습부진자 코칭 프로그램'에서 동기부여는 이쪽 상담심리에서 진행을 하고, 그 밖의 수학 튜터링이나 수학 온라인 강좌 등을 통해 학습 지원을 하고 있어요. (직원 C)

학습자 중심의 교수법을 확산시키려는 다양한 교수지원 프로그램도 교수들 사이에서 큰 호응을 얻고 있다. 이 외에도 충북대의 교수학습지원센터는 K-MOOC, OCW 등 온라인교육의 소스 개발에도 매우 적극적인 자세로 참여하고 있다.

3) 평생사제제를 통한 학생 상담지도 관리

충북대학교는 2011년부터 각 학과들의 지도교수제를 '평생사제제도'로 확대하여 운영하고 있다. 즉, 1학년 때 배정받은 지도교수가 졸업은 물론 그 이후까지 평생지도교수로서 지속적으로 상담하고 조언하며 지원하도록 하는 제도다. 교수들이 한 학생을 4년 내내 만나기 때문에 상담의 질이 좋아지고 취업률 상승에도 큰 효과를 나타내고 있다.

2011학년도 이후 입학생들은 1학기부터 7학기까지 '진로개발 및 상담(1학점)'이라는 교과목에 수강신청하고 지도교수와 매 학기 2회(총 14회) 이상 상담지도를 받아야만 졸업 요건을 충족시킬 수 있다. 7학기 차까지 상담횟수가 부족한 학생들은 잔여 학기에 재수강 신청을 하여 부족한 횟수만큼 상담을 받아야 한다. 평생사제제 운영규정을 통해 본 평생사제제의 운영방식 개요는 다음과 같다.

〈표 3-7〉 충북대학교 평생사제 운영규정

※ 충북대 평생사제 운영규정(2011. 2. 25. 제정) 발췌
• (교과목 편성과 이수) 평생사제 과목 편성 및 운영은 정규교육과정 이외에 졸업을 인정받기 위한 과목으로 한다. 평생사제의 교과목명은 '진로개발 및 상담'으로 하며, 일반 선택 1학점으로 운영한다. 이 교과목은 졸업(수료)하기 1학기 전에 수강신청하고 P/F 방식으로 평가한다.
• (학생 배정) 교수당 지도학생 수는 각 학과(부) 교수에게 균등하게 배정함을 원칙으로 한다. 학부의 경우 1학년 때 가배정하며, 전공확정 후 재배정한다. 전과 · 편입학 및 재입학생은 그 시점 학기에 전공학과에서 배정한다.
• (교수의 학생지도 및 경비 지급) 모든 교수는 평생사제에 참여하여야 한다. 지도교수는 상담시간을 게시하여 공지하고, 지도교수는 매학기 학생 1인당 2회(총 14회) 이상 상담함을 원칙으로 한다. 다만 졸업(수료)하기 1학기 전부터는 상담횟수에 제한을 두지 아니한다. 지도교수에게는 배정된 학생 수에 따라 예산의 범위 내에서 상담지도 수당을 따로 지급할 수 있다.

4) 자체전공인증제와 교육효과성 분석

충북대학교는 교육의 질 관리를 감독하는 독립된 기관으로 교육인증원을 설립하고 이 기관을 통해 자체적인 전공인증제와 성과관리시스템을 운영하고 있다. 자체전공인증제란 공학 및 경영학 등 외부 교육과정 인증제도의 기본틀 위에서 개별 학과들의 교육과정을 인증하여 교육의 질을 높이려는 내부 인증제도를 뜻한다. 자체전공인증제를 통해 충북대는 전공교육의 내실화와 질 보장 체제의 기틀을 마련하여 전공교육의 지속적 개선을 도모하는 한편, 거점 국립대로서 선도적인 질 관리 모형을 개발하여 제시하려 노력하고 있다.

충북대 교육의 질 관리부서인 교육인증원은 [그림 3-8]과 같은 하부조직으로 구성되어 있는데, 대표적인 업무는 자체교육인증센터와 외부교육인증센터, 그리고 대학교육효과성분석센터 등 세 개 센터로 나뉘게 된다. 자체교육인증센터는 말 그대로 외부 인증 시스템이 없는 교내 전공들의 교육과정 인증 업무를 담당하고, 외부교육인증센터는 경영학과 공학 등 외부 인증 시스템을 교내 학과에 적용하는 업무를 맡는다. 대학교육효과성분석센터는 자체 개발한 만족도 조사를 통해 학생들의 대학 경험을 분석하는 한편, 수업계획품질보고서(CQI)의 수집과 분석을 통한 교육성과 분석업무를 진행하고 있다.

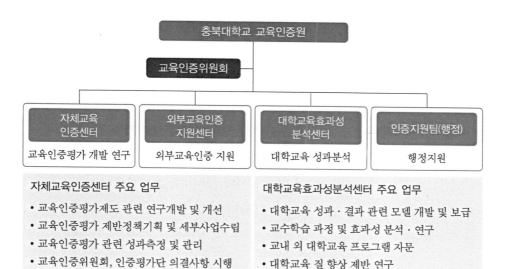

[그림 3-8] 충북대학교 교육인증원 조직 구성

[그림 3-9] 충북대학교 교육인증원에서 만든 각종 보고서

제3절 충북대학교 학부교육의 특징

〈표 3-8〉과 [그림 3-10]에서 확인할 수 있는 바와 같이 충북대는 2011년부터 2013년 까지 3년 동안 실시된 K-NSSE 설문조사에서 지적 활동과 교수와 학생의 교류에서는 상대적으로 높은 점수를 보였던 반면, 지원적 대학 환경에 대한 인식은 낮은 것으로 나타났다. 이러한 상황은 비교대상인 ACE 사업 참여대학 23개와 K-NSSE 조사 대학 전체 그룹에서도 관찰되었는데, 충북대학교의 점수는 비교집단들과 비슷한 수준을 나타내고 있다.

〈표 3-8〉 충북대학교 2013 K-NSSE 조사결과: 6개 영역 종합

K-NSSE 조사영역	충북대 (n=400)		ACE(23개교) (n=8,659)		전체(31개교) (n=10,078)	
	평균	표준편차	평균	표준편차	평균	표준편차
1. 학업적 도전	10.69	3.84	10.45	3.75	10.45	3.75
2. 지적 활동	13.44	2.87	13.53	2.98	13.54	2.91
4. 능동적 · 협동적 학습	11.07	2.54	11.30	2.60	11.23	2.61
4. 교우관계	10.66	2.99	10.88	2.96	10.87	2.96
5. 교수와 학생의 교류	14.07	4.52	14.08	4.29	14.00	4.28
6. 지원적 대학 환경	8.57	2.59	8.93	2.50	8.91	2.51

주: 2013년 3차 조사에서 총 54개 대학이 참여하였으나, 한국교양기초교육원 · 학부교육 선진화 선도대학 협의회(2013)
    에서는 종단 분석의 취지를 고려하여, 2011년부터 3년에 걸쳐 모두 참여한 31개 대학의 응답 자료를 충북대 자료와
    비교 · 분석하여 제시하고 있음.

출처: 한국교양기초교육원 · 학부교육 선진화 선도대학 협의회(2013). 2013년 대학 학부교육의 질과 성과 분석: 충북대
    학교.

2013년 자료를 학년별로 분석할 경우, 6개 요인들의 발달은 학년별로 상이한 양상을 보이는 것을 알 수 있다. 학년별 차이는 학업적 도전과 지적 활동, 교우관계에서 가장 두드러진 반면, 지원적 대학 환경이나 능동적 · 협동적 학습에서는 상대적으로 작은 차이를 나타냈다. 학업적 도전은 3학년 → 4학년 → 1학년 → 2학년 순으로 나타나

2학년에서 3학년으로 올라갈 때 가장 강도 높은 도전을 느끼는 것으로 나타났다.

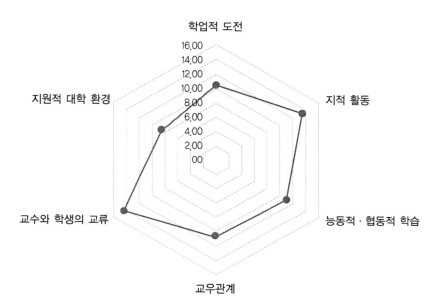

[그림 3-10] 2013년 충북대학교 K-NSSE 6개 요인별 점수

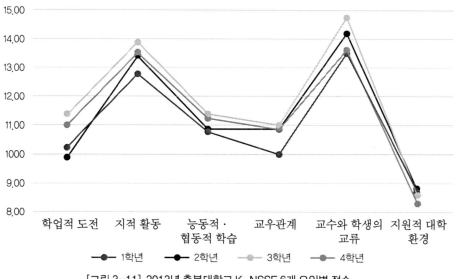

[그림 3-11] 2013년 충북대학교 K-NSSE 6개 요인별 점수

지적 활동에서도 3학년의 인식이 가장 높았으나 2학년들도 4학년과 비슷한 수준의 인식을 보였다. 반면 교우관계에서는 1학년이 가장 낮게 나타났고, 2학년 이상의 학생들은 높은 수준의 인식을 나타냈다. 이와 같은 학년별 비교 결과를 토대로 할 때 충북대학교는 1학년 학생들이 학업적으로나 사회적으로 타 학년에 비해 상대적으로 어려움을 겪는 경우가 많은 것으로 추측된다.

따라서 방문 면담을 통한 질적 사례연구에서는 이러한 차이가 왜 나타나는지, 그리고 대학의 프로그램이나 교육환경이 이러한 차이를 줄이기 위해 어떠한 제도적 노력을 하고 있는지 등을 중심으로 탐색하였다.

1. 학업적 도전: '성실한 교수, 성실한 학생'

학업적 도전 영역에서 충북대 학생들은 〈표 3-9〉에서 확인할 수 있는 바와 같이 지난 3년 동안 비교대상 대학들보다 약간 낮은 수준에서 유사한 수준으로 점진적으로 향상되어 왔다.

〈표 3-9〉 K-NSSE 자료: 학업적 도전 영역

연도	학업적 도전 영역					
	충북대학교		ACE (11년: 22개교, 12,13년: 23개교)		전체 31개교	
	평균	표준편차	평균	표준편차	평균	표준편차
2011	9.50	3.45	9.52	3.53	9.66	3.61
	(n=401)		(n=5,368)		(n=7,393)	
2012	10.40	3.88	10.57	3.83	10.50	3.81
	(n=463)		(n=7,404)		(n=10,415)	
2013	10.69	3.84	10.45	3.75	10.45	3.75
	(n=400)		(n=8,659)		(n=10,078)	

주: 2013년 3차 조사에서 총 54개 대학이 참여하였으나, 한국교양기초교육원·학부교육 선진화 선도대학 협의회(2013)에서는 종단 분석의 취지를 고려하여, 2011년부터 3년에 걸쳐 모두 참여한 31개 대학의 응답 자료를 충북대 자료와 비교·분석하여 제시하고 있음.

출처: 한국교양기초교육원·학부교육 선진화 선도대학 협의회(2013). 2013년 대학 학부교육의 질과 성과 분석: 충북대학교.

1) 교수들의 높은 기대수준과 동기부여에 호응하는 학생

충북대 학생들은 자신들에 대한 교수들의 학업적 기대수준이 높으며 교수들이 학생들을 대상으로 학습의 양적 · 질적 측면을 향상시키기 위해 매우 다양한 방법으로 동기부여를 하고 있다고 느꼈다. 따라서 많은 학생들이 그에 적극적으로 부응하면서 어려운 학업적 도전을 소화하는 문화가 확산되어 있는 것으로 보인다. 면담에 응한 학생들 대다수가 교수들의 부여하는 학업량이 많고 그것을 소화하는 데 있어 벅차다는 경험을 한 경우가 많다고 응답했다.

> 저희 과는 교수님들께서 과제와 시험을 너무 많이 내세요. 그래서 시험 기간이 아니라도 연구실에서 밤 10시, 11시까지 같이 공부하다 가는 경우가 많아요. (전기공학부 4학년)

학생들이 교수의 기대수준에 부응하여 학문적 도전을 배워 나가도록 하기 위해 교수들은 다양한 동기부여 방법들을 사용하고 있다고 학생들은 응답했다. 물론 아직까지는 교수들 사이의 편차가 심한 편이지만 학생들은 교수들이 학업적 탁월성을 보이는 학생들에서부터 어려움을 겪는 학생들에 이르기까지 고른 관심을 쏟기 위해 노력하는 것처럼 느낀다고 대답했다.

> 전공수업 중에 (교수님이) 처음에 들어오시자마자 하시는 말씀이 "물리에 대해 뭐가 궁금하니?"라고 물어보셨어요. 선배들이 (예를 들어) '저는 블랙홀이 뭔지 모르겠습니다.'라고 물어볼 수도 있잖아요. 그러면 교수님께서 이제 아직 가설인 경우가 많으니까 적당히만 설명을 해 주시면서 "나머지는 너희들이 알아서 발표를 하여라. 발표를 하고 그걸로 점수를 매기겠다."라고 그냥 저희한테 엄포를 놓으셨는데, 결국은 그 가설은 저희도 이해하기가 어렵잖아요. 이해하기가 어려운데도 저희가 얼마나 노력하는지에 따라 그걸 교수님이 보시고 판단을 하시더라고요. 그래서 저희가 공부를 하지 않으면 저희는 발표를 할 수가 없어요. 그러면 다른 학생들은 정말 열심히 해 오는데 우리 조만 발표를 못 하거나 그러면 얼마나 비교가 돼요. 그래서 공부를 더 많이 할 수밖에 없고. 막 노벨상 받으신 분들이 하신 말씀이나 그런 연구과제 같은 것도 저희가 직접 찾아서

교수님한테 이게 어떻게 되는 건지 따로 찾아가 보고. 그럼 그럴 때 교수님이 무시하시거나 바쁘시다고 거절하지 않으시고 아예 대학원생도 부르셔서 너희들도 같이 생각해 보라고 그래서 아예 2학년이라고 아예 모른 척하지 말고, 같이 3학년, 4학년들이랑 공부하는 만큼 심화된 만큼 그거를 같이 공부했으면 좋겠다고. 그런 수업이 있었어요. (물리학과 2학년)

고등학교 다닐 때는 그냥 처음과 끝만 이렇게 배웠다면 저희는 그 과정까지 다 알게 되니까 그 부분에서 교수님도 더 이해 잘할 수 있게 직접 보여 주시고, 이래서 단백질 같은 경우엔 이래서 이렇게 되었다 그거를 전반적인 걸 다 볼 수 있기 때문에 좀 더 어찌 보면 전문가적인 지식을 배우는 것 같은 느낌을 많이 받아요. (식품생명공학과 4학년)

교수님들이 공부를 더 잘하는 학생들한테만 관심을 가지기보다는 많이 떨어지는 학생들에게도 관심을 주시는 것 같아요. (신소재공학과 2학년)

정말 진도를 빨리빨리 나가시는 편인데, 저희가 그만큼 알아야 한다고 생각하시니까 하시는 것 같아요. 그래서 양자역학 같은 과목을 들을 때 빨리 수업을 진행하시는데 거기서 나가떨어지는 학생들도 점차 보이고, 3학년에 들어가면 파가 나뉘어요. 물리공부를 계속할 학생, 좀 적당히만 해서 졸업할 학생, 아예 안 할 학생 이렇게. …… 수학이 어려운 학생들은 프로그래밍하는 쪽으로 많이 빠지는데 그런 학생들에게 교수님들이 한 번 슬쩍 쿡 찔러 보세요. 잘 못 따라오는 학생이나 출석을 잘 안 하는 학생들한테 슬쩍 찔러 보면서 많이 어렵냐고 물으시고, 네가 원하는 공부라도 열심히 하라고 말씀해 주세요. 아예 물리를 공부하지 않아도 학생들에 대해서는 꾸준히 관심을 보여 주세요. (물리학과 2학년)

2) 성실한 동료들이 만드는 건전한 상승작용

교수들이 학생들에 대해 가지는 높은 기대와 동기부여 자세는 학생들의 성실성과 결합되어 학생들 사이에 선의의 경쟁 분위기를 조성함으로써 서로서로 학업적 도전을 피하기보다는 적극적으로 대응하는 문화를 형성하고 있는 것으로 해석되었다. 면담에 응한 학생들 다수는 스스로와 동료들이 '성실하고 우수하다'고 평가했다. 실제로 충북대에 입학하는 학생들의 입학 성적은 상위 11% 내외에 해당되기 때문에 이러한 평가는 매우 타당하다고 할 수 있다. 학생들이 갖춘 기본적인 성실성과 학업 능력, 그리고 지역 거점 국립대라는 특수한 기관의 조건을 선택한 학생들의 또 다른 동기가 학업에 적극적으로 임하는 자세의 토대가 되는 것으로 해석되었다.

> 저희 과는 발표를 하려면 그만큼 더 많이 알아야 돼요. 그러면 좀 더 잘하고 싶다는 생각도 들고 다들 욕심도 많은 편이라서. 친구들이랑 조 과제 같은 것을 하다 보면 그냥 은근히 그런 게(경쟁이) 있잖아요. 이기고 싶다, 좀 더 잘하고 싶은데…… 이런 생각. 그러면 더 남아서 하기도 하고요. 교수님들의 적절한 동기부여에 학생들이 따라서 노력을 하다 보니까 (공부)하는 양도 많아지고 질도 좋아진다는 생각을 해요. 오히려 감사해요. 그만큼 알아봐 주시고 그만큼 적절히 해 주시니까. (행정학과 3학년)

> 저희는 교수님도 그러시고 언니, 오빠들도 매번 하는 말이 '너희 왜 그렇게 공부를 열심히 해?'란 거예요. 이번 국문과 신입생들이 공부를 열심히 한다는 소문이 흩뿌려져 있어요. 저희는 딱히 그렇게 열심히 하는 것 같지 않거든요. 그렇게까지 열심히 한다는 생각은 안 했는데 (열심히 하는) 분위기가 저희 사이에 퍼져 있으니까 자연스럽게 그렇게 되는 것 같아요. (국어국문학과 1학년)

> 저희 과가 과제가 되게 많아요. 심리학에서도 실험을 하는데 하는 일이 진짜 많아요. 영어 논문도 봐야 하고 영어로 수업 듣기도 해야 하고. 그런데 다른 학교는 이런 거 별로 안하는 학교도 많더라고요. 제가 아는 언니 얘기만 들어 봐도 과제도 훨씬 적고, 저희는 원서도 봐야 하는데. 책은 제본하면 안 되고 거의 사야 하고 다른 과보다 과제도 많아요. 그만큼 공부해야 할 것을 많이 주니까 자료도 더 찾아야 하고요. 그래서 하기 싫을 때도 있지만 그렇게 능력이 상승되게 교수님들이 만드시는 것 같아요. (심리학과 3학년)

> 국립대 특성이다 보니까 학생들의 책임감이나 성실성은 강한 것 같아요. 생활이 어려운 학생

들도 좀 있어서 그런 것으로 불편을 겪다 보니 철이 일찍 든 학생들도 많고요. 그래서 건강한 아이들은 굉장히 건강해요. (청주 및 충청도 출신 학생들의 경우) 자기 지방의 대학에 다녀서 (학교에 애착과 자부심을 가지는) 특성도 있고. 그런데 충북대에 와서 행복한 아이들도 있지만 또 다른 곳에 가고 싶은데 불안이라든지, 환경이라든지 이런 요소들 때문에 못 간 아이들도 좀 있어서 그런 아이들이 재도전을 하고자 하는 욕구도 상당히 높아요. 그래서 열심히 공부하고 노력하는 친구들도 굉장히 많이 있어요. (직원 I)

3) 학생 중심의 학사제도

충북대 학생들이 학업적 도전에 적극적인 자세로 임하게 하는 배경에는 충북대가 운영하고 있는 전과나 복수·연계전공 등의 학사제도가 학생의 필요에 따라 유연하게 선택하거나 변경할 수 있게 구성되어 있다는 점이 주효하게 작용하고 있는 것으로 보였다. 학생들의 학문적 관심사나 적성에 따라 전공을 변경 혹은 타 전공과 조합할 수 있도록 하는 학사제도는 학생들의 학습동기를 촉진하여 그로 인해 증가하는 학업적 도전에 더 열심히 대응하게 하는 것으로 해석된다.

전과가 쉬운 편인 것 같아요. 다른 학교에 비해서는 그런 제도가 자유로운 편이고 프로그램이 굉장히 잘 짜여 있다고 생각해요. 다른 학교에는 이런 것이 거의 없는 것 같거든요. (신소재공학과 2학년)

저희는 연계전공제도가 엄청 잘 되어 있어요. 예를 들면, 요즘 빅데이터가 화제인데 빅데이터 연계전공도 있고 삼성소프트웨어 전공이라고 연계해서 그 수업을 몇 개 들으면 나중에 삼성에 취업할 때 가산점을 준다든지 그런 제도도 있고요. …… 그런 여러 제도들이 엄청 많아서 그 학생 선택에 따라 선택의 폭이 넓어질 수 있어요. (전기공학부 4학년)

제가 고등학교 때는 이과였어요. …… 그런데 사회학과에 정말 학문적 흥미를 느껴서 온 건데, 지금은 경영정보학을 복수전공하고 빅데이터 연계전공도 하고 있어요. …… 빅데이터라는 학문 자체가 지금 막 붐이 일어나고 있는데 대학교 학부 자체 내에서 재빠르게 (새로운 추세를) 캐치할 수 없는 거잖아요. 근데 연계전공은 제약이 그렇게 많지 않아요. 설계하는 대로 할 수 있어요. 전공을 설계하는 데 있어서 학생들이 활용하면 굉장히 좋은 제도라고 생각해요. …… 그래서 빅데이터 연계전공을 통해 제 사회학 전공도 잘 살려서 융복합적인 사람으로 잘 공부할 수 있지 않을까 생각해요. 굉장히 만족하고요. (사회학과 2학년)

2. 지적 활동: '소통, 협동, 탐색을 통한 지적 활동'

지적 활동 영역에서 충북대학교 학생들은 2011년부터 2013년까지 비교집단에 비해 약간 낮거나 유사한 수준을 유지해 왔다. 2013년 자료를 바탕으로 한 학년별 비교 결과에서는 2학년 이상의 재학생들에 비해 1학년들이 대학 내에서의 지적 활동에 대한 낮은 인식을 보여 준 바 있다. 따라서 충북대학교는 이 영역에서의 강점을 파악하는 한편, 저학년 학생들에 대한 지적 활동 방법을 개발해 낼 필요성이 있는 것으로 해석된다.

〈표 3-10〉 K-NSSE 자료: 지적 활동 영역

연도	지적 활동 영역					
	충북대학교		ACE (11년: 22개교, 12,13년: 23개교)		전체 31개교	
	평균	표준편차	평균	표준편차	평균	표준편차
2011	12.99	2.91	13.33	2.92	13.44	2.97
	(n=401)		(n=5,368)		(n=7,393)	
2012	12.69	2.49	13.36	2.80	13.29	2.81
	(n=463)		(n=7,404)		(n=10,415)	
2013	13.44	2.87	13.53	2.89	13.54	2.91
	(n=400)		(n=8,659)		(n=10,078)	

주: 2013년 3차 조사에서 총 54개 대학이 참여하였으나, 한국교양기초교육원·학부교육 선진화 선도대학 협의회(2013)에서는 종단 분석의 취지를 고려하여, 2011년부터 3년에 걸쳐 모두 참여한 31개 대학의 응답 자료를 충북대 자료와 비교·분석하여 제시하고 있음.

출처: 한국교양기초교육원·학부교육 선진화 선도대학 협의회(2013). 2013년 대학 학부교육의 질과 성과 분석: 충북대학교.

1) 소통과 협동을 통한 지적 활동

먼저 지적 활동에 대한 충북대 학생들의 인식 향상은 소형 강의나 개인별 지도 프로그램 등에서 교수 및 동료 학생들과 심도 있는 소통과 협동학습의 결과인 것으로 해석된다. 학문 분야에 따라 어느 정도의 차이는 있었지만 학생들은 수업 내에서 교수자-학생, 학생-학생의 교류를 높이는 토론이나 질문 등으로 구성된 수업을 자신들에게 지적 활동을 준 인상 깊은 강의로 손꼽았다.

> 저는 작년에 교육정책론이라는 수업을 들었는데 수강생이 8명이었거든요. 그래서 그때 문제를 일으켰던 교육문제를 가지고 찬반 토론식으로 했거든요. 조사를 서로 해 오고 수업시간에 한 3시간 수업이면 2시간 정도는 찬반 토론을 하고 교수님이 이제 마지막 1시간 동안 정리를 해 주시면서 논평을 해 주시고 그거에 대한 감상문을 이제 자기가 써서 다음 시간에 제출하고 그런 식으로 수업을 했었는데 저는 행정 쪽을 준비하면서 정책에 대해서는 별로 생각을 안 해 봤었는데 그 수업을 들으면서 '아, 이런 분야도 있구나.' 흥미를 많이 느낀 수업이어서 인상 깊었습니다. (교육학과 3학년)

> 제가 인상 깊게 들었던 수업에서는 교수님께서 학생들의 발표를 계속 유도하세요. 질문을 하면 교수님께서 체크를 하셔서 나중에 수업 내용에 도움이 되는 질문을 많이 한 학생들에게는 평가할 때 점수를 더 준다든가 하는 방식으로요. 강의 처음부터 그렇게 말씀하셔서 그 수업만 유독 발표율이 높았어요. (경영정보학과 3학년)

특히 충북대학교가 ACE 사업의 일환으로 도입한 의사소통(Communication Intensive: CI) 교육은 학생들에게 기존 강의의 학습 내용을 말하기와 글쓰기라는 두 가지 형식으로 재구성하고 표현하게 함으로써 새로운 지적 활동을 제공했던 것으로 평가되었다.

> CI 교과목이라는 것이요. 기존에 있던 교양과목, 예를 들어 '사랑과 문화'라는 교양과목이 있

다면 CI 센터에서 강의 첫째 주부터 마지막 주까지 사랑과 문화를 배우는 학생들에게 글쓰기 첨삭을 해 주고 말하기 지도도 해 주면서 학생들을 도와줘요. 제 친구 경우에는 '사랑과 문화' 수업을 1학년 2학기 때 들었거든요. 그런데 그 '사랑과 문화' 수업이 사랑과 관련된 고전작품, 즉 『위대한 개츠비』 같은 소설을 읽거나 뮤지컬, 오페라를 감상하는 거예요. 그리고 그 결과를 말하기로 발표하거나 아니면 글쓰기로 써서 제출해야 해요. 그것을 CI 센터가 도와주는 거예요. 저는 CI 과목을 1학년 때 들으면 굉장히 좋다고 생각해요. 공부하는 방향을 잡아 주거든요. 학생들이 귀찮을 정도로 CI 센터 선생님들의 지도를 받는 횟수를 채워야 해요. 일주일에 무조건 한 번씩 만나서 꼭 30분씩 첨삭을 받고…… 거기서 1학년 때 수업을 들으면 다른 과목에 가서도 잘하게 되는 것 같아요. (토목공학부 4학년)

　　제가 대학교에 와서 발표 수업이나 토론 수업이 많은 것이 좋았어요. 저는 그래서 제가 말을 잘한다고 생각했어요. 그런데 너무 충격적이었던 것이 1학년 때 여기 있는 오빠와 CI 센터에서 하는 토론대회를 같이 나갔어요. 정말 나름대로 준비하고 나갔는데 딱 예선 붙고 본선 1차 16강에서 제 차례가 왔는데 말문이 딱 막히는 거예요. 분명히 머릿속에 말들이 둥둥 떠다니는데 토론 시간은 계속 가고…… 그래서 제가 16강에서 떨어졌어요. 그 후 이것은 도저히 안 되겠다 싶어서 대학교 수업을 다 찾아봤거든요. 그래서 토론을 집중적으로 하는 교양수업이 있었어요. 그것을 신청하면서 거기서 정말 좀 제대로 배웠거든요. (사회학과 2학년)

2) 교수들의 자발적 탐색과 노력

면담에 응한 학생들이나 교수들은 자신들이 경험했거나 시도하고 있는 다양한 방식의 지적 활동에 대해 이야기해 주었다. 상당수 교수들은 학생들에게 고차원의 지적 활동을 제공하기 위해 새로운 방식을 시도하고 있는 것으로 보인다.

　　저는 일단 느끼는 게, 저희도 똑같이 고등학교 때 배웠던 것에 어찌 보면 좀 깊게 배우는 것이기도 한데, 그냥 학문 그 자체가 되게 고차원적이어서요. 고등학교 다닐 때는 유전자 증폭이나 복제 같은 것을 처음과 끝만 이렇게 배웠다면 지금은 그 과정을 다 알게 되니까……. (식품생명공학

과 4학년)

토목구조 설계처럼 교량을 시작부터 끝까지 학부생 혼자서 설계하는 과정을 다루는 수업이
요. 말로는 되게 쉬운 것 같은데, 정말 그거 하나만 가지고도 업을 삼는 사람들도 엄청 많은데, 그
걸 학부생한테 할 수 있게 교수님들이 푸시를 하고 조언을 해 주신다는 것 자체가 매우 즐거운 과
정이었습니다. (토목공학부 4학년)

저번에 오픈랩이라는 것을 했어요. 말 그대로 랩실을 오픈했다는 뜻이에요. 랩실을 다 돌아보
면서 거기에 대한 설명을 듣는데 대학원생들이 많이 해 주시긴 하는데 교수님들께서 직접 오셔서
나는 이런 것을 하고 있는데 같이 연구할 학생을 원한다고 하시면서 많은 관심을 보여 주셨거든
요. 대학원생들이나 4학년 선배들은 소개보다는 아예 직접 장비를 가지고 와서 '이 장비를 네가
한번 만들어 봐라.' '분해를 해 봐라.' 하면서 장비에 대한 지원도 해 주셨어요. (물리학과 2학년)

그러나 이러한 경험은 아직까지 충북대 내에서 뚜렷한 문화로 성장하지 못하고 개
별 교수들의 의지나 열성에 따라 큰 차이를 보이고 있는 것("교수님에 따라 달라요.")으
로 느껴졌다. 대다수의 교수들은 여전히 교과 내용의 전달에 충실한 수업 방식을 고수
하고 있다고 학생들은 응답했다.

토론 방식을 시도하는 교수님은 소수이시고요, 실제로는 이렇게 강의식으로 PPT 띄워 놓고
설명해 주시는 게 더 많죠, 사실은…… 그리고 전 3학년이니까 실험 같은 경험도 아직 없고요. 저
희는 고학년이 되면서 실험을 더 많이 해요. (약학과 3학년)

3. 능동적 · 협동적 학습: '모범생들의 진지한 학습'

능동적이며 협동적인 학습방법에 대한 충북대 학생들의 인식은 2011년부터 2013년
사이에 비교 대상 그룹에 비해 다소 낮은 수준을 보여 왔다. 2012년에는 경쟁 대학

들과의 차이가 다소 증가했다가 2013년에는 다시 좁아지는 모습을 보였다. 그 이전 과 K-NSSE의 문항 구성이 달라져서 〈표 3-11〉에는 포함시키지 않은 2014년 수치는 12.98로 ACE 사업 참여대학의 수치(11.59, n=13,902)나 전체 조사 대학의 수치(11.31, n=45,010)보다 높아져 ACE 사업을 추진해 오면서 시도한 다양한 프로그램들이 효과 를 발휘하고 있음을 시사하였다.

〈표 3-11〉 K-NSSE 자료: 능동적·협동적 학습 영역

연도	능동적·협동적 학습 영역					
	충북대학교		ACE (11년: 22개교, 12, 13년: 23개교)		전체 31개교	
	평균	표준편차	평균	표준편차	평균	표준편차
2011	11.61	2.31	11.69	2.49	11.60	2.50
	(n=401)		(n=5,368)		(n=7,393)	
2012	10.41	2.30	11.24	2.57	11.17	2.56
	(n=463)		(n=7,404)		(n=10,415)	
2013	11.07	2.5	11.30	2.60	11.23	2.61
	(n=400)		(n=8,659)		(n=10,078)	

주: 2013년 3차 조사에서 총 54개 대학이 참여하였으나, 한국교양기초교육원·학부교육 선진화 선도대학 협의회(2013) 에서는 종단 분석의 취지를 고려하여, 2011년부터 3년에 걸쳐 모두 참여한 31개 대학의 응답 자료를 충북대 자료와 비교·분석하여 제시하고 있음.

출처: 한국교양기초교육원·학부교육 선진화 선도대학 협의회(2013). 2013년 대학 학부교육의 질과 성과 분석: 충북대 학교.

1) 친근한 학문 공동체

충북대 내에 형성된 '친근한 학문 공동체'에 기초하여 교수들이 유도하는 팀플레이, 즉 능동적·협동적 학습이 이루어지고 있는 것으로 보인다. 학생들은 대부분 타인에 게 피해를 주지 않으려는 자세에서 서로 배려하며 팀플레이 같은 협동적 학습에 임한 다고 대답했다.

저처럼 그냥 청주 살면 통학하고 하니까 비교적 자주 만날 수 있어서 그렇게 한마디로 프리라

이더가 많지 않아요. 다들 잘 협동하는 편이에요. (식물자원학과 3학년)

학과 분위기는 팀플이 많은 것은 아니어서 애들이 좀 기피하는 경향은 있어요. 일단 하면 힘드니까 근데 경영대 자체에서는 정말 당연한 거예요. 정말 당연한 거고 서로서로 '버스 타는(무임승차하는)' 걸 정말 너무 싫어해요. 무임승차하는 거 그래서 각자 굉장히 열심히 하거든요. 기피하려는 것도 안 하고 그리고 나중에 사회 나가서도 팀을 이뤄서 항상 조직을 이뤄서 이제 일을 하고 해야 된다는 걸 당연시하기 때문에……. (사회학과 2학년)

이와 같은 환경에서 소규모 강의들은 학생들의 수업 내 교류를 높여서 학생들에게 보다 질 높은 학습 경험을 하게 만들고 학습에서의 능동성을 강화하는 것으로 보인다.

저희 과 학생 수가 한 학년에 15명이라 전공 수업을 하면 수강생이 10명 안팎이거든요. 그래서 교수님들도 강의식보다는 토론식 수업을 대부분 하세요. 이런 수업을 고등학교 때에는 거의 안 하다가 대학에 와서 하게 되면서 생각의 폭이 깊어지는 것을 유도하시는 것 같기도 하고 과제도 단순히 암기하는 것이 아니라 끊임없이 생각하고 자신이 그것에 대해 깊이 연구해 봐야 답이 나오는 문제를 내 주시기도 하고. (교육학과 3학년)

2) 학부생 연구와 같은 능동적 학습 환경의 효과적 활용

충북대 학생들에게 있어서 능동적·협동적 학습에 대한 인식은 타 대학 학생들과 크게 다르지 않아, 아직까지 우리나라 대학에서는 이러한 학습 자세를 촉진하기 위한 환경 조성이 부족하다는 인식을 나타냈다. 앞서 상술한 대로 충북대 학생들이 대체로 성실하고 남에게 피해를 주지 않으려는 책임의식이 강하기 때문에 팀 기반 학습에서 공동체의 일원으로 최선을 다하려는 자세를 보이는 학생들이 대다수인 것으로 보인다. 그러나 여전히 팀 기반 학습보다는 개인별 학습 방식을 더 선호하며, 교수들 역시 전달해야 하는 교육내용이 분명한 고학년 전공과목으로 갈수록 강의 중심의 수업을 진행하는 경우가 많다고 응답했다.

반면, 이공계 학문분야에서 보편화된 실험처럼 방법 자체가 학생들의 능동적 학습 참여를 전제하는 교육 환경에서는 학생들의 학습에 대한 능동성이나 만족도가 효과적으로 증가하는 것으로 보였다. 미국에서도 학부교육에서 높은 교육효과를 가져오는 교육방법 중 '학부생 연구(undergraduate research)'가 포함되어 있는 것을 상기해 볼 때 이공계뿐만 아니라 인문사회계 학문 분야에서도 실험이나 사례연구처럼 학생의 참여를 촉진하는 교수·학습법을 보다 많이 사용한다면 학생들의 능동적 학습을 한층 더 촉진할 수 있을 것이다. 충북대 학생들의 면담에서도 그와 같은 가능성들을 발견할 수 있었다.

　교수님마다 실험실이 하나씩 있거든요. 1, 2학년 때에는 실험실에 들어간다는 것 자체가 뭔가 거부감을 들게 했는데 이제 3학년이 되니까 필수거든요. 막상 들어가 보니까 교수님과 더 친해질 수도 있고 대학원 선배들도 많이 있고. 그분들한테 취업이나 진로에 대해 많은 얘기도 들을 수 있고요. 교수님한테서 품종을 육종함으로써 어떻게 더 맛있고 품질이 좋은 것을 육종할 수 있나 더 잘 알게 될 수도 있어요. 교수님께서 실험하실 때 옆에서 도와드리면 진학하는 면에서도 도움이 되고 그게 되게 좋았던 것 같아요. 4학년이 되어 실험실 인턴을 하면서 교수님 실험을 도와드리면 자연스럽게 연구에 참여하게 되니까 논문에 이름을 함께 올릴 수도 있고요. (식물자원학과 3학년)

　저희(화학교육과)는 자연대 화학과랑 배우는 내용이 거의 비슷한데 자연대 경우는 인원이 많으니까 실험 조교들이 실험을 다 준비해 주거든요. 그런데 저희는 인원이 15명밖에 안 되니까 따로 실험 조교가 있지 않고 저희가 교수님한테서 실험 매뉴얼을 받아서 직접 시약이랑 실험기를 찾아 실험을 준비하거든요. 그러면서 실험 설계도 해 보고 더 많이 배우게 되는 것 같아요. 자연대 학생들은 그냥 준비된 것을 보고 매뉴얼대로 '아, 이 순서대로 하면 되는구나.' 하고 실험을 하는데 저희는 기본적으로 '이 기구가 왜 필요하고 여기서 어떤 일이 일어나는구나, 여기서는 이 과정을 생략해도 되는데 왜 하는 것일까?' 이런 식으로 생각해서 준비해야 하니까 그런 것이 (학습에) 더 좋은 것 같아요. (화학교육과 3학년)

요즘 학생들한테는 학술 연구라는 게 학부생한테는 약간 뜬 구름 잡는 방식의 그런 공부방법이잖아요. 저는 대학생도 충분히 학술 연구를 할 수 있을 만한 수업으로 개편될 필요가 있다고 생각을 해요. 이상적인 얘기로 들릴 수도 있겠지만 사실 어떤 교양 수업을 들으면 고등학교 수업과 다를 바가 없을 때가 있어요. 그런 수업은 시험 기간 때만 바짝 집중해서 공부하면 점수가 잘 나오는……. 그런 거 말고 학생들이 도서관을 스스로 잘 활용해서 공부할 수 있게 하는 그런 수업이면 좋지 않을까요? (사회학과 2학년)

3) '충청도성'의 극복을 위한 노력

그럼에도 불구하고 내륙의 충청도에 위치한 지리적 위치, 그로 인한 입학생들의 지원 동기 및 자신감 등 여러 요인으로 인해 대다수 학생들은 자신들이 무엇인가에 대해 분명한 의사표현을 유보하는 '충청도적인 특징'을 나타내고 있다고 인식하고 있었다. 이러한 신중하고 조화를 중시하는 성격이 강점을 발휘하는 영역도 있겠지만, 보다 능동적 자세로 학습을 주도하거나 타인과의 의견 차이를 조정하면서 학습을 확장하는 것에는 부작용을 끼칠 수도 있어 보였다. 학생들과 교원들은 이러한 학생 그룹의 특징을 자연스럽게 극복하는 것이 능동적 학습을 포함해 사회적 관계를 통한 학습성과 향상에 도움이 될 것이라고 인식하고 있었다.

저희 교수님께서 이런 말씀을 하셨어요. 대학원생 받을 때 충북대생이랑 다른 타 대학 학생들이 딱 들어올 때부터 뭔가 달라 보인다고요. 뭔가 위축되어 있고. 충북대생으로서 자부심을 가지라고 말씀해 주시는데 우리들은 자기를 서울에 못 가 떨어진, 그래서 미끄러져 어쩔 수 없이 온 사람, 혹은 서울 사립대에 갈 수 있지만 솔직히 경제적인 문제로 국립대 중 가까운 곳으로 온 사람 이런 식으로 꼬리표를 다는 것 같아요. 그래서 그런 인식이 좀 바뀌었으면 좋겠어요. (심리학과 2학년)

모나지 않게 여기서는 뭔가 튀면 안 된다는 무언의 압력 같은 그런 관점이 있는 것 같아요. 막 튀는 행동을 하게 되면 다른 쪽에서는 '쟤 웃긴다.'고 수군거릴 수도 있고 모르는 사람인데 환호를 하거나 그런 경우도 있대요. 저는 집이 인천이라 인하대학교 다니는 학생 말을 들어 보면 그런 경우도 있다고 하는데, 저는 수업을 듣거나 선배들한테 한 번도 그런 말을 들어 본 적은 없거든요. 교수님도 저희가 질문을 안 하거나 좀 꿍해 있으면 '충청도 답답이처럼 굴지 말고 다 대답하라.'고 하세요. (물리학과 2학년)

아울러 충북대학교 학생들은 외부 활동이나 접촉에 대해 다소 소극적이며, 우수한 역량과 성과에도 불구하고 자신과 대학에 대해 자신 없어 하는 경우가 많은 점도 발견되었다. 이는 개인별 출신 지역과는 별도로 내륙에 위치한 학교 환경과 겸양을 중시하는 충청 지역의 보수성과 같은 문화적 압력, 그리고 교과목 중심의 정규교육 프로그램에 집중하는 내신성적 우수자들의 보수적 성향 등과 깊은 관련이 있는 것으로 해석되었다. 실제로 면담과정에서 만난 상당수 학생들은 학교가 의욕적으로 시행하고 있는 프로그램에 대해 모르고 있는 경우도 있어, 각종 교육 프로그램의 효과성을 높이기 위해서는 앞에서 언급한 교육 환경 및 학생들의 성향을 고려한 적극적인 홍보와 안내 활동이 필요해 보였다.

자기가 관심 있는 거, 하고 싶은 거 그런 거를 지원을 많이 해 주고, 학생들 스스로한테도 '너희가 원한다면 이걸 해 줄 수 있어.' 이런 홍보를 많이 해 줘야 될 거 같아요. 학교에서 실제로 해 주는 건 되게 많아요. 저도 장학금 많이 받았고, 지금도 받고 있고 현금으로 주는 것도 많아요. 사람들이 모르더라고요. 종이 한 장만 쓰면 50만 원 주는 것도 있는데 이거를 좀 홍보를 조금 더 많이 해 줬으면 좋겠어요. 그러니까 아는 사람들만 이렇게 공유하지 말고 학교 자체적으로도 이제 좀 각 과가 체감할 수 있도록 홍보가 좀 되어 있으면 좋겠어요. (행정학과 3학년)

4. 교우관계: '예의, 배려, 정을 나누는 학습공동체'

충북대 학생들이 인식한 학내의 교우관계는 2011년부터 2013년 사이에 거의 변동을 보이지 않았는데 비교 집단보다는 약간 낮은 수준을 나타냈다.

〈표 3-12〉 K-NSSE 자료: 교우관계 영역

연도	교우관계 영역					
	충북대학교		ACE (11년: 22개교, 12, 13년: 23개교)		전체 31개교	
	평균	표준편차	평균	표준편차	평균	표준편차
2011	10.81	2.81	13.96	2.82	10.96	2.68
	(n=401)		(n=5,368)		(n=7,393)	
2012	10.29	2.52	10.90	2.87	10.74	2.85
	(n=463)		(n=7,404)		(n=10,415)	
2013	10.66	3	10.88	2.96	10.87	2.96
	(n=400)		(n=8,659)		(n=10,078)	

주: 2013년 3차 조사에서 총 54개 대학이 참여하였으나, 한국교양기초교육원 · 학부교육 선진화 선도대학 협의회(2013)에서는 종단 분석의 취지를 고려하여, 2011년부터 3년에 걸쳐 모두 참여한 31개 대학의 응답 자료를 충북대 자료와 비교 · 분석하여 제시하고 있음.

출처: 한국교양기초교육원 · 학부교육 선진화 선도대학 협의회(2013). 2013년 대학 학부교육의 질과 성과 분석: 충북대학교.

1) 조용하지만 정감 있는 인간관계

충북대의 입학생 중 40% 정도가 청주와 충청북도 인근 지역 출신이고, 나머지 60%는 전국에서 입학하고 있어 신입생들의 지역적 다양성은 매우 우수한 수준이다. 면담에 응한 충북대의 많은 구성원(교직원, 학생)들은 충북대 학생들이 출신 지역에 상관없이 다소 정적인 성향을 보인다고 응답했다.

제가 우리 학교에 첫 부임해서 놀란 것은…… 서울에서는 농담을 하면 막 웃어요. 그런데 애들이 안 웃어! 그게 첫 충격이었어요. 약간 반응이 덜한 거죠. 처음 와서 강의해야 하는데, 뭔가 이 정도면 웃어야 되는데 썰렁해. (인문사회 교수 C)

제가 얼마 전에 청주 내에 있는 다른 학교 학생들이 하는 1일 술집에서 아르바이트 한 적이 있었어요. 한 130명 정도가 함께 술을 마시는데 진짜 그때 느꼈어요. '아, 충북대 학생들은 정말 얌전하고 조용하게 술을 마시는구나.' 정말 우리 학교 학생들은 놀랍도록 조용해요. (국어국문학과 1학년)

그러나 그렇다고 충북대 학생들이 개인적인 성향이 강한 것은 아니었다. 충북대 구성원들은 캠퍼스 내에 크고 작은 학생 공동체들이 있고 많은 학생들이 그 공동체에 소속되기를 바라는 경우가 많다고 응답했다. 타지에서 오는 많은 학생들은 부드럽게 혼합하여 아우르는 학내의 분위기, 그리고 이들이 기본적으로 갖추고 있는 기본적인 성실성이 다소 정적이지만 돈독한 교우관계 형성을 기반으로 작용하고 있는 것으로 보인다. 특히 국립대이기 때문에 학과 수가 많고 학과의 규모는 작은 경우가 많아 그러한 공동체성을 형성하기 좋은 구조를 갖추고 있는 것으로 해석된다.

학생들을 봤을 때 개인적인 성향보다는 무리를 짓고 그 무리에 소속되고 포함되고 싶어 하는 욕구가 많이 강해요. (직원 D)

저희 학교는 진짜 넓게 보면 학교 전체, 그리고 좁게 보면 과내든 동아리든 충분히 인간관계를 넓힐 수 있는 그런 환경들이 많이 준비가 되어 있는 것 같고요. 그게 ACE 덕분에 관련된 것들이 되게 많았고, 특히 지금 이 친구도 CI 센터에서 만난 거거든요. 이 친구도 작년에 만났는데 아직까지 그 팀이 아직까지 그대로 쭉 오고 있어요. 그런 거 보면 본인의 의지만 있다면 충분히 대학교에서 인적 인프라를 많이 쌓아 나갈 수 있는 준비되어 있는 학교인 거 같아요. (토목공학과 4학년)

저희는 매우 소규모 과라서 서로 너무 잘 알아요. 서로를 잘 알고 스터디 같은 것도 되게 많아서 걸핏하면 맨날 모여서 스터디해야 하니까 학년이 올라갈수록 더 돈독해지는 것 같아요. (영어교육과 2학년)

2) 서로를 배려하는 문화적 전통

충북대학교 학생들의 개인적 · 집단적 특성은 소극성과 보수성의 기반 위에서 약자를 배려하는 나름대로의 학생 문화를 형성하고 있는 것으로 보인다. 특히 학과에서 운영하는 비공식적 문화 혹은 전통을 학생들이 잘 준수하고 그것에서 장점을 찾는 것으로 보였다. 아울러 오프라인 공동체와 온라인 매체 등을 활용하면서 서로에게 실질적인 도움을 주는 공동체라는 신뢰를 쌓아 가고 있는 모습을 발견하였다.

> 우리 학생들은 전통을 잘 지켜요. 우리 과 같은 경우만 하더라도 군대에 갔다 오면 보통 서울에 있는 애들은 와, 복학생이라고 놀림 반, 뭐 이렇게 적당히 영감 대우를 하는데, 여기는 복학을 하면 그 애들한테 역할이 주어져요. 올해 마당극을 복학 후 첫 학기에 있는 학생들이 주도했어요. 그래서 쉽게 말하면 복학생들이 과에 잘 편입할 수 있는 좋은 시스템을 운영하는 거예요. (인문사회 교수 D)

> 학생 대표의 입장에서 말씀드리면 단과대학별로 학생 대표들끼리 서로 연합을 잘해서 단과대에서 부족한 것이 있으면 옛날 농촌에서 품앗이 하듯이 서로 도움을 주고받는 것을 많이 해요. …… 저희 자유게시판이나 학교 홈페이지 같은 데 요청을 올리면 학생들이 먼저 나서서 응답하거나 상담을 해 줘요. 무엇보다 학생들 간의 (문화가) 끈끈하다고 느낀 것이 저희 학교에서 분실물을 잃어버리면 거의 90% 이상이 회수됩니다. (총학생회장)

> (분실물을 발견하게 되면) 자유게시판에 올리든지 아니면 직접 연락을 하든지 해서 돌려줍니다. 저도 지갑을 한두 번 잃어버렸는데 두 번 다 돌려받았습니다. (물건을 발견하는 사람은 보통) 그 안의 신분증 보고, 예를 들어 경영학부면 경영학부 학생회실에 가져다 준다든가, 주민등록증만 있으면 총학생회실에 갖다 줘요. 아니면 저희 대학의 인터넷 카페나 어플에 올려서 '어디에서 뭐 주우신 분'이나 '뭐 가지고 있습니다. 아는 분 연락 주세요.'라고 하면 당사자나 친구가 보고 찾을 수 있어요. (동아리 연합회 임원)

5. 교수와 학생의 교류: '한 번 스승은 평생 스승'

충북대 학생들이 인식하는 교수와 학생의 교류는 2011년부터 2013년 사이에는 큰 변동이 없었으나 2013년에는 큰 폭으로 상승해 비교 대상 그룹들과 유사한 수준을 나타냈다.

〈표 3-13〉 K-NSSE 자료: 교수와 학생의 교류 영역

연도	교수와 학생의 교류 영역					
	충북대학교		ACE (11년: 22개교, 12,13년: 23개교)		전체 31개교	
	평균	표준편차	평균	표준편차	평균	표준편차
2011	13.18	4.12	13.56	4.26	13.41	4.21
	(n=401)		(n=5,368)		(n=7,393)	
2012	13.03	3.54	14.06	2.87	13.64	4.16
	(n=463)		(n=7,404)		(n=10,415)	
2013	14.07	4.52	14.08	4.29	14.00	4.28
	(n=400)		(n=8,659)		(n=10,078)	

주: 2013년 3차 조사에서 총 54개 대학이 참여하였으나, 한국교양기초교육원·학부교육 선진화 선도대학 협의회(2013) 에서는 종단 분석의 취지를 고려하여, 2011년부터 3년에 걸쳐 모두 참여한 31개 대학의 응답 자료를 충북대 자료와 비교·분석하여 제시하고 있음.

출처: 한국교양기초교육원·학부교육 선진화 선도대학 협의회(2013). 2013년 대학 학부교육의 질과 성과 분석: 충북대 학교.

ACE 대학들을 포함한 전체 조사 대학들의 교수와 학생의 교류가 전반적으로 상승하는 추세를 보이고 있는 가운데 충북대의 조사 결과가 이렇게 높다는 점은 대학의 제도적 노력이 성과를 보이고 있는 것으로 해석할 수 있다.

1) '평생사제제'를 통한 돈독한 사제관계

충북대의 교수 및 학생들과의 면담 결과 충북대가 최근 시행하고 있는 '평생사제제도'에 대한 구성원들의 만족도가 매우 높은 것으로 나타났다. 평생사제제는 전공 소속

교수들이 각각 20~30명의 학생들을 입학 시부터 졸업 후까지 상담 지도하는 제도로서 모든 학생은 졸업하기 전까지 매 학기 최소 2번씩 지도교수와 면담을 해야 한다.

학생들은 평생사제제가 특히 신입생들이 대학생활에 적응하고 교수와의 사회적 관계를 맺어 가는 데 효과적이라고 평가했고, 교수들은 이 제도를 통해 학생들에 대해 분명한 책임감을 가지게 되고 방학이나 휴학 중인 학생들까지 연속적인 지도를 할 수 있어 긍정적으로 평가한다고 답변하였다. 교수들은 대부분 신입생들에 대한 집단 면담으로 학생들과의 관계를 형성한 후 개인 면담을 통해 전공 공부나 진로 선택, 학업 스트레스 해소, 인간관계 등의 학생들의 개별적 문제에 대한 상담과 조언을 제공하는 것으로 보인다.

> 제가 지금 생활하고 있는 연구실 지도 교수님이 제 지도 교수님이시거든요. 제 평생사제 지도 교수님이신데 정퇴 2년 남으셨거든요. 아직도 저랑 메일 주고받고 그러세요. 제가 교환학생 갔을 때도 메일 주고받고 그랬는데, 그건 진짜 교수님 나름인 거 그냥 진짜 교수님의 성향인 거 같아요. 교수님 정퇴가 얼마 안 남으셨어도 끝까지 과제 따 오고 일하는 분이 계시고, 학생들한테 끊임없이 자기 강의 피드백 받고 싶어 하는 교수님도 계시고. 근데 확실히 저희 과 교수님들은 학생들하고 취업 동아리도 관련해서 이야기도 하지만 학생들한테 취업 엄청 많이 신경 쓰시는 게 느껴져서 좋은 거 같습니다. (교육학과 3학년)

> 저 같은 경우는 학생들을 취업시키기 위해서, 학생이 업체에 서류를 넣으면, 서류 넣었다는 얘기 듣고 면접 통보가 오면 저한테 알려 달라고 하거든요. 그러면 저는 (학생이 서류심사를 통과한 업체의) 그 사람들을 불러서 제 개인 돈으로 밥을 사 줘요. 학교에서는 그런 돈 안 나오거든요. 그런 식으로 학생들을 위해 뭔가 해 줄 수 있는 교수가 되어야 한다고 생각합니다. (이공자연 교수 B)

교수들의 입장에서는 평생사제제가 여러 가지 심적·물적 부담을 초래해서 장점보다는 약점에 주목할 수도 있을 텐데, 면담에 응한 대다수의 교수들 또한 평생사제제의 장점이 훨씬 많다고 응답했다. 특히 취업 문제에 있어서만큼은 교수들이 평생사제제를 바탕으로 학생들에게 실질적인 도움을 줄 수 있어서 이 점에 대한 학생들과 교수들의 만족도가 높았다.

　　주변에서 들어보면 원성도 많아요. 그런데 또 그것만큼 분명히 효과가 있다고 보는 분들도 있어요. 제가 볼 때도 성공한 제도라고 생각해요. 그리고 이제 문제는 상담을 제대로 하려 들면 정말 대단한 힘과 노력이 필요하다는 거예요. 어떤 분들은 정말 형식적으로 하거나 그냥 메일로 상담해서 보고서 쓰고 이런 분들도 분명히 계시거든요. 어떤 제도를 운영해도 극과 극은 나오는데 그 어떤 부분을 제대로 보상하는 제도가 있어야 할 것 같아요. 꼭 세속적인 의미가 아니라 해도, 예를 들어 다른 의무를 좀 면해 준다든가요. 좋은 제도를 계속 얹기만 하면 결국 내가 뭔가를 할 수 있는 시간이 사라지거든요. (인문사회 교수 D)

　　취업을 안 하고 살 수는 없는 것이니까요. 그런데 그런 현실적인 문제를 교수님들이 고민하고 있다는 거, 그리고 실제로 발 벗고 행동한다는 것이 저는 우리 대학의 자랑스러운 측면이라고 생각합니다. (경영정보학과 3학년)

2) 격식과 예의를 지키는 사제관계

충북대 학생들은 교수들에 대해 매우 깍듯하고 예의 바른 자세를 보일 때가 많다는 평가를 받았다. 면담에 참여한 대다수 학생들은 교수들의 학문적 업적과 탁월성, 학생들에 대한 강한 교육 의지 등을 느낄 때 그러한 자세를 가지게 된다고 응답했다. 이러한 사제관계는 대학의 각 학과나 부서가 지켜 온 다양한 전통을 유지하는 것에서도 발견할 수 있었다. 다음의 인용문에서도 알 수 있는 바와 같이 학과의 전통적인 행사가 오랫동안 동일한 형태로 이어져 내려올 수 있었던 것은 우선 학과 소속 교수들 간의 상호존중과 유대감 그리고 적극적인 참여자세의 결과라고 해석할 수 있다. 이러한 예의와 존중의 문화가 학생들에게까지 영향을 끼치는 것은 너무나 당연한 결과일 것이다.

제가 한글날 학과에서 행사를 하니 참여해야 한다고 해서 간 적이 있었어요. 제가 여쭤 봤죠. 다 참석하느냐고. 교수님들…… 막 빠지려고 한 것은 아닌데 분위기를 파악해야 해서 물어본 것인데 다 참석하신데요. 교수님 열 분이 다 나오셨더라고요. 바깥에서 하면 10월 달이어서 꽤 쌀쌀한데…… 개신 문화관 그 앞에 지하광장에서 마당극을 하는 거예요. 학생들이 '얼쑤~' 이러면서. 이것은 선생님 세대 때나 하는 거지 제 때도 안 하던 것이거든요. 이게 80년대 문화인데 그 게 여기서 재현되고 있어요. 다시 말해 시간이 천천히 가는 지역이에요. (인문사회 교수 D)

또한 교수들은 강의에 있어 최선을 다함으로써 학생들에 대한 기본적인 예의를 지키고 교육자로서의 본분을 다하는 것이라는 신념을 매우 강하게 고수하고 있었다. 강의에 최선을 다하는 교육자에 대한 전통적 신념은 면담에 응한 충북대학교 교수들 사이에 매우 빈번히 발견되었다. 이러한 신념은 때로는 교수자에게 교수·학습의 모든 책임을 지움으로서 강의 중심의 전통적 교수법을 고수하는 결과로 이어지는 경우도 종종 발생시키는 것 같았지만, 기본적으로 지식의 전수자로서 교수에 대한 학생들의 신뢰와 존경을 유발하는 긍정적인 토대가 되는 것으로 해석되었다.

우리 입장에서는 학생들 50명을 가르치지만 학생들 개개인은 12명 혹은 15명의 선생님을 만나기 때문에 교수님이 수업 준비를 잘해 왔는지, 교수님이 자기한테 신경을 쓰는지 이런 것을 다 알고 있다는 생각이 되더라고요. 저도 제가 학교 다닐 때 어떤 교수님은 더 열심히 1분이라도 더 하고 가시는데 어떤 교수님은 진짜 늦게 오셔서 일찍 쌩하고 가시면 '아, 저분은 별로 우리한테 관심이 없는가 보다.' 생각했던 마음이 있기 때문에……. '아, 내가 하는 것을 애들은 다 잘 알 텐데, 내가 조금 부족한 것을 학생들은 잘 알고 있을 텐데.' 하는 생각이 들어요. 그래도 대학에 와서 최소한 나는 교수님한테 어떤 교육을 받고 싶다는 기대가 있기 때문에 제가 최소한 학생들의 기대에 미치지 못하는 교수가 되지 않도록 노력하는 것이 제 본분이라는 생각이 들어요. (이공자연 교수 A)

3) 교수와 학생의 소통을 통한 수업의 질 향상

충북대학교 학생들은 특히 수업 내용이나 평가 방식에 대한 소통을 교수와 원활하게 가짐으로써 교수 활동의 질을 높이고 있는 것으로 보였다. 학생들은 우선 강의평가 제도를 상당히 긍정적으로 평가했고, 교수들이 그 결과를 상당히 진지하고 적극적으로 받아들이고 수업에 반영하고 있다고 보았다. 일부 교수들은 대학에서 실시하는 강의평가 외에도 자체적으로 학생들로부터 수업에 대한 피드백을 수시로 받고 있었고, 이는 학생들에게 교수들에 대한 신뢰와 존경을 강화하는 것으로 보였다.

교수님들께서 학생들에게 의견을 구하세요. 자문을 구하시고요. 예를 들어, 시험 전에 "저의 평가 방식은 이렇습니다. 그런데 학생들 중에서 시험 방식에 대해 더 좋은 아이디어가 있으면 저에게 직접 찾아오거나 지금 당장 이야기를 해 주세요."라고 하세요. 그럼 반영을 하시겠다고요. (사회학과 2학년)

저도 공감해요. 저희 교수님들 중에 가장 젊으신 교수님이 40대 초반이신데요. 처음 수업 시작할 때 교수님의 성적 평가 방식을 먼저 다 알려 주세요. 이것은 이렇게 해서 A는 총 몇 프로가 나온다, 이렇게 처음에 다 알려 주시고 또 링크를 하나 해서 교수님에게 학생들의 닉네임을 보내라고 하세요. 그러면 중간고사 후에 그 닉네임을 PPT에 띄워서 몇 점인지 보여 주세요. 그러면 자신의 시험 결과를 바로 알 수 있고 기말이 끝난 후에는 아예 성적을 보여 주세요. 수업이 다 끝나고 기말까지 다 끝난 후에는 피드백을 받으세요. 학생 한 명 한 명을 붙잡고 물어볼 수는 없으니까 아예 사이트를 하나 만들어서 여기서 강의에서 좋았던 점, 나빴던 점, 개선하면 좋은 점, 자기한테 하고 싶은 말 이렇게 쓰라고. 그러면 다음 수업 때 개선하시겠다고 하시면서요. (식물자원학과 3학년)

학생들이 각자 숙제하느라고 너무 노력했는데 교수님이 이것을 다 읽어 보지 않는 것은 아닐까 저 자신이 그런 생각을 했던 적이 많아서 웬만하면 학생들이 낸 숙제에 저는 학생들이 쓴 것보다 더 심하게 빨간색으로 코멘트를 달아 주거든요. 그것을 아니까 어떤 학생들은 나중에는 편지를 쓰기도 합니다. 이렇게 피드백을 해 주면 학생들은 '아, 이 사람이 내 숙제를 보는구나.' 그래서 숙제를 할 때 성의 없이 하거나 베껴 오거나 그런 학생들은 많지 않습니다. 다른 과제 내는 것에

비해서 아무래도 이 사람은 내 이름도 알고 내 글씨체도 알고…… 성적에 대해서도 시험 끝나자
마자 채점해서 알려 주고 평균이 어떻고 지금 수준이 어떠하니까 나중에 학점 받는 것에 대한 예
상치가 나올 수 있게요. 제가 학점은 별로 후하게 주지는 않지만 저는 나름대로 학생들에게 왜 그
런 학점을 받았는지에 대해서는 좀 미리미리 정보를 얻을 수 있게 하려고 노력하고 있습니다. (이
공자연 교수 A)

6. 지원적 대학 환경: '나를 격려하고 지원하는 두 번째 집'

지원적 대학 환경 영역에서 충북대 학생들은 비교 집단 대학들과 거의 비슷한 수준
을 나타냈지만 이전 3년에 비해 향상된 인식을 보였다. 이는 ACE 사업과 같은 여러 국
책사업의 진행 과정에서 유무형적인 대학의 지원이 늘어나 학생들로 하여금 긍정적
인 인식을 확산시킨 것으로 해석된다.

〈표 3-14〉 K-NSSE 자료: 지원적 대학 환경 영역

| 연도 | 지원적 대학 환경 영역 | | | | | |
| | 충북대학교 | | ACE
(11년: 22개교,
12,13년: 23개교) | | 전체 31개교 | |
	평균	표준편차	평균	표준편차	평균	표준편차
2011	8.37	2.40	8.64	2.46	8.62	2.37
	(n=401)		(n=5,368)		(n=7,393)	
2012	8.08	2.22	8.76	2.48	8.60	2.50
	(n=463)		(n=7,404)		(n=10,415)	
2013	8.57	2.59	8.93	2.50	8.91	2.51
	(n=400)		(n=8,659)		(n=10,078)	

주: 2013년 3차 조사에서 총 54개 대학이 참여하였으나, 한국교양기초교육원·학부교육 선진화 선도대학 협의회(2013)
　에서는 종단 분석의 취지를 고려하여, 2011년부터 3년에 걸쳐 모두 참여한 31개 대학의 응답 자료를 충북대 자료와
　비교분석하여 제시하고 있음.
출처: 한국교양기초교육원·학부교육 선진화 선도대학 협의회(2013). 2013년 대학 학부교육의 질과 성과 분석: 충북대
　학교.

1) 인간 · 자연친화적 물리적 환경

충북대학교 학생들은 다소 노후화된 일부 대학 건물들을 개 · 보수할 경우 학생들의 대학생활과 학습을 증진시키는 데 효과적일 것이라고 지적하기도 했지만 전체적으로는 현재의 교육환경에 대해 만족하고 있다는 태도를 보였다. 대학이 국립대학교로서 가지는 행 · 재정적 한계를 극복하고 학생들의 학업을 촉진하기에 적합한 교육환경을 조성하기 위해 나름대로 최선을 다하고 있음을 학생들도 인지하는 것으로 느껴졌다. 오히려 과거 수목원이었던 충북대 캠퍼스의 독특한 특징이 학생들에게는 커다란 만족감을 주는 것으로 나타났다. 실제로 면담에 응한 많은 학생들이 다른 대학들과는 달리 수목이 우거진 대학의 넓은 캠퍼스와 그것을 깨끗하게 유지하려는 대학의 노력에 대해 높은 만족감과 자부심을 표시하였다. 평화롭고 안정되며 아름다운 캠퍼스 환경은 학생들로 하여금 대학에 대한 애착과 소속감, 나아가 자부심을 증진시키는 것으로 보인다.

> 진짜 나무가 좋아요. 많이 있다는 게…… 동물들이 가끔 튀어나오기도 하고요. 누구는 시골 같다고 하기도 하지만 아무래도 좋은 것 같아요. 삭막한 분위기보다는 좀 더 친근감도 있고. 그리고 그게 안 좋을 수도 있지만 쓰레기통이 없어요. 쓰레기통이 생기면 그만큼 거기에 쓰레기가 많이 쌓일 수 있으니까 오히려 없는 게 좋은 것 같아요. (심리학과 3학년)

> 봄에 벚꽃이 진짜진짜 예뻐요. 완전 예쁘고 또 단과대들도 화단 같은 게 있어요. 막 이쁘게 꾸며 놓아요. 저희는 감나무도 있거든요. 봄에 사진도 많이 찍어요. 맨날 공강 시간마다 나가서 찍어요. (영어교육과 2학년)

특히 2014년에는 각 단과대학별로 건물 로비를 학생들의 아이디어와 디자인을 통해 개선하는 프로젝트가 진행되었는데, 이와 같은 정책은 대학 환경을 학생들의 필요에 맞게 개선하는 데 큰 효과를 발휘할 뿐만 아니라 학생들로 하여금 자발성과 효능감, 대학 환경에 대한 애착 등을 크게 증진시켰다.

[그림 3-12] 충북대학교 로비 개선 모습

도서관에 대해 하나 더 좋은 게 예전에는 로비에 아무것도 없었거든요. 그래서 좀 시끄럽다고 경비 아저씨가 많이 말씀하셨는데 지금은 거기에 공부할 수 있는 공간을 만들어서 아예 자체적으로 좀 조용히 하는 분위기가 생겨 좋은 것 같아요. (심리학과 3학년)

2) 교수학습의 질을 향상시키는 교육 환경

아울러 의사소통혁신센터(CI 센터)나 교수학습지원센터 등에서 ACE나 지방대학 특성화 사업 등 학부교육에 대한 국책사업의 일환으로 진행한 다양한 프로그램은 학생들에게 '대학이 학생들을 지지하고 실질적으로 도와주는구나.'라는 인식을 확산시킨 것으로 보인다. 면담에 응한 학생들 중 이러한 대학 재정지원 사업 프로그램에 참여한 경험이 있는 학생들은 그것을 계기로 더 많은 프로그램에 적극적으로 참여하게 되고 그것을 학교의 지원 의지나 역량으로 인식하게 되는 것으로 보였다.

> 저는 제 전공에 대한 애착이 있고, 대학원까지 진학할 건데 전공에 대한 애착과는 별개로 대학원을 진학해야겠다고 결심한 그 순간에 '아, 그럼 대학생 때 학부생 때 해 보고 싶은 걸 다 해 보자.' 그렇게 생각을 했는데, 때마침 ACE 사업 덕분에 학교에서 누릴 수 있는 게 너무 많았어요. 근데 제가 또 전공과는 별개로 인문학에 대해 관심이 많거든요. 공대생 치고는 관심이 많아요. 공대생 치고. 근데 그 CI 센터 덕분에 책도 많이 읽을 수 있었고, 석사 이상의 연구원들한테 체계적으로 교육받으면서 책도 읽을 수 있었고, 글도 쓸 수 있었고, 실제로 글쓰기 관련된 공모전들이 CI 센터에서 되게 활발히 운영되고 있거든요. (토목공학과 4학년)

> ACE 사업이나 링크 사업 등 다양한 사업들이 학교에서 작용하는 과정 속에서 학생들에게 많은 혜택을 준 것 같아요. 그냥 길을 지나가는 누굴 붙잡고 물어봐도, 나는 거기서 뭐 하나 해 봤다고 말하더라고요. 학교 내에서 매우 잘 작용하고 있는 것 같아요. (총학생회장)

3) 학생들의 실질적 필요를 충족시키는 지원서비스

충북대 학생들은 대학이 학생들의 직접적인 학습 활동뿐만 아니라 생활과 학업 지속, 진로 개발 등 학생들의 실질적인 필요를 해결해 주기 위해 다양한 제도와 서비스를 마련하는 것을 매우 명확히 인지하고 있었고, 이에 대한 고마움과 자부심을 표시했다. 먼저 많은 학생이 충북대가 지방 거점 국립대로서 학생들의 향후 진로 준비와 취·창업을 지원해 주는 것을 긍정적으로 평가했다. 이와 같은 현상은 취업 정보 수집이나 준비에 상대적으로 더 큰 어려움을 겪는다고 느끼는 지방대학교 학생들에게 매우 유용한 지원서비스로 평가된다.

> 제 경험으로는 창업 동아리를 하면 6개월에서 1년 정도 준비를 하고 그에 따라 제가 만든 제품이 괜찮으면 특허 출원도 하고 시제품도 하고요. 더 나아가 진짜 창업도 할 수 있게 지원해 주는 그런 시스템이 되어 있는 것이 좋아요. 제가 처음 입학했을 때에는 그런 곳이 없었는데, 요즘은

지원을 받고 하면서 확장된 것 같아요. …… 저도 잘 몰랐는데 특허나 이런 것을 아예 하나도 모를 때 재정적인 것은 둘째 치고, 그런 쪽(특허)으로 길을 터 주고 정보도 받고 또 다리도 놓아 주는 것이 가장 좋았던 것 같아요. (식품생명공학과 4학년)

저는 우리 학교에 대해 인상 깊었던 게 첫째는 인턴 제도가 마음에 들더라고요. 지역 거점에 있는 학교랑 기업들도 있고 선배 기업에서 인턴을 하면서 실무에 대해 배울 수 있는 좋은 기회를 제공해 주는 그런 점이 되게 좋았어요. 그리고 작년에 직무트랙 동아리라는 것을 한 적이 있는데요. 저는 선배나 후배들과 만날 기회가 그전에는 그리 많지 않았어요. 왜냐면 학과가 120명, 150명 정도고 남자가 많은 학과다 보니 군대 때문에 일종의 텀(term)이 생기거든요. 그런데 이 동아리를 통해 학번이 높은 선배들하고 묶여져 교류를 할 수 있고 그래서 교수님들한테보다 편하게 취업한 선배들한테 물어볼 수 있는 기회가 됐고요. 세 번째는 취업지원본부에서 방학 때 취업 캠프나 PPT 프레젠테이션 대회 같은 프로그램을 많이 하거든요. 그런 것들이 굉장히 많아서 도움이 될까 하는 마음으로 한 번 참여한 적이 있어요. 1박 2일인데 다 무상으로 제공되고 저희가 얻어 가는 것도 많고 타 과 학생들과 좀 더 친해질 수 있는 계기가 되어서 좋았어요. (토목공학부 4학년)

실제로 충북대학교 학생의 취·창업 지원업무를 총괄하고 있는 취업지원본부는 충북대학교 학생들의 성향이나 여건, 역량 및 주요 관심사에 맞는 취업 정보 서비스와 상담 서비스를 갖추고 학생들을 지원하면서 그 성과를 교내외적으로 인정받고 있다.

제가 취업지원본부에서 근무한지가 10년이 넘었는데 타 대학과 비교한다면 다른 대학보다 조금 더 충북대만의 프로그램을 운영하고 있다고 생각해요. 좀 더 체계적으로 왔다는 점이죠. 먼저 예비대학 프로그램을 거친 후 평생사제제로 저학년 때부터 (취업지원을) 진행하다 보니까 고학년 때 취업준비만 했던 학생들을 저학년 때부터 변화를 시켜서 능력 활동에 준비도 되고 이 학생들이 취업 준비를 할 때 많은 영향을 끼쳤다고 생각해요. 취업 프로그램의 경우 저희가 전국 국립대학 중에서는 2위를 했고, 전체 대학 중에서는 14위를 했어요. (직원 J)

마지막으로 충북대학교 학생들에 손꼽은 대표적인 지원적 대학 환경은 다름 아닌 저렴한 등록금과 장학금 같은 재정적인 지원이었다. 많은 학생이 낮은 등록금을 충북대를 선택하게 한 가장 큰 유인책인 동시에 학교에 애착을 가지게 하는 환경적 요인이라고 응답했다. 또한 장학금이나 국가근로처럼 학생들이 학교 내에서 필요한 돈을 안정적인 방식으로 구할 수 있게 하는 환경이 학생들을 학업에 집중하게 하고 학교 공동체에 더 쉽게 통합시키는 제도로 평가되고 있었다.

> 이 학교의 가장 좋은 건 아무래도 국립대라서 등록금이 저렴한 거. 등록금이 저렴한데도 막 그렇게 티가 안 나고 불편하게 느낀 부분도 없어요. 할 거 다 해 주고 이런 저런 것도 많이 해 주고 청소도 매일 이렇게 해 주시는 분도 있어 굉장히 깨끗하고요. …… (심리학과 3학년)

> 충북대하면 국립대라서 학비가 저렴하잖아요. 다른 데에 비해. 다른 데는 거의 두 배 이상 비싼 곳도 있는데……. 그런데 이 학교가 굉장히 좋다고 느낀 게 교수님도 좋고, 과도 좋지만 국제교류 본부 같은 데서 하는 프로젝트가 상당히 많더라고요. 교환학생제도도 많고, 1학년은 아직 다 잘 모르기는 하는데 여기저기서 막 지원해 줘서 외국인 유학생들이랑 1:1 멘토, 멘티 하는 것도 있고요. 그러면서 되게 많이 배울 수 있는 것 같아요. (국어국문학과 1학년)

> 저는 국가근로를 하고 있는데요. 학교마다 수요가 많이 다르다고 했어요. 전 잘 몰랐는데 국가근로라는 것이 대학이 한국장학재단에 "우리는 학생이 이만큼 필요합니다."라고 하면 장학재단이 소득순위별로 뽑아서 배정을 해 주는데, 학생복지 관련 사업에 속한다고 들었어요. 그런데 그게 우리 학교에 굉장히 활성화되어 있다고 해요. 알바 같은 거 하면서 못된 짓 당할 수도 있는데, 여기 있다 보면 인턴하시는 분들이 저희 선배들이거든요. 그런 것도 알게 되고, 제가 행정 현장을 직접 볼 수 있기도 하고……. 국가근로를 많이 하는 것이 학생복지 쪽에서 충북대학교가 잘하고 있는 점이라고 생각해요. (물리학과 2학년)

제4절 충북대학교 학부교육의 성공요인

충북대는 국립대 중에서는 한발 빠르게 학부교육 개선에 관심을 가지고 다양한 노력을 경주함으로써 거점 국립대로서는 2011년 전북대와 함께 가장 먼저 학부교육 선도대학 육성사업에 선정되었다. 현재 충북대에서 시행하고 있는 대다수의 학부교육 질 개선을 위한 제도나 프로그램은 ACE 사업 참여대학들이 하고 있는 평균적인 프로그램들이라 할 수 있지만, 충북대가 사립대학에 비해 변화와 개혁이 상대적으로 어려운 대형 지역 거점 국립대학임을 감안한다면 학부교육 개선을 위한 이러한 나름의 성공은 매우 의미 있는 것이라고 할 수 있다. 여기서는 충북대가 제3절에서 살펴본 우수한 학부교육을 어떻게 성공적으로 달성할 수 있었는지 그 성공요인에 대해 살펴보기로 한다.

1. 학부교육에 대한 한발 빠른 관심과 열정

충북대가 변화가 느린 국립대 중에서 학부교육 우수대학으로 먼저 성장할 수 있었던 동인은 남들보다 한발 앞서 학부교육의 질 개선에 대한 관심을 가지고 미리 준비를 해 왔기 때문이라고 할 수 있다. ACE 사업이 본격적으로 시행되고 있고 모든 대학이 학부교육 질 개선에 나서고 있는 현재와는 달리, 학부교육에 대한 관심이 크지 않았던 2011년 초에 벌써, 충북대는 총장이 취임함과 동시에 학부교육의 질 개선을 위한 진지한 고민을 하기 시작했다. 즉, 공급자인 대학과 교수의 시각뿐만이 아니라 학생·학부모와 기업 등 사회가 요구하는 교육은 무엇인지(환경 변화), 이에 따라 충북대에서는 향후 어떤 인재를 키워 내야 할 것인지(교육 철학과 목표), 충북대에서 제공하는 교육과정이 이러한 사회의 요구에 부응하는지, 학생들이 이 과정에서 겪는 어려움은 무엇인지(교육과정 및 적응) 등을 전체 학생을 대상으로 전수 조사하고, 이와 함께 학부모, 기업 관계자들을 대상으로도 별도로 의견을 수렴하는 등 충북대 학부교육을 근본적이고 총체적으로 개선하려는 노력을 경주하고 있었다.

전임 총장님은 의대 교수님인데도 정말 고민을 많이 하셨어요. …… 그래서 총장이 되자마자 ACE가 생기기 전에 우리 대학에서 어떤 인재를 길러 내야 하는지 사실은 먼저 연구를 하셨어요. 학생들을 대상으로 전수조사를 그때 했었어요. 그래서 이게 일방통행, 교수는 자기가 가르치고 싶은 것만 가르치면 되느냐, 학생이 원하는 교육이 뭔지 학부모가 원하는 게 뭔지 그다음에 사회 가 원하는 게 뭔지 그거에 대한 고민을 해 보고 우리가 방향성을 가지고 가야 되지 않겠냐 하는 것을 총장님 취임하자마자 그러시더라고요. …… 이럴 때가 기회다 그래서 교육학, 철학, 사회학 이공계 교수님들 모아 가지고 저희가 미리 준비를 한 거죠. 그래서 학생들 전수조사, 그리고 일부 학부모님들 조사, 또 우리 졸업생이 가 있는 기업체 조사를 해 가지고, 우리 대학 졸업생들의 성 향은 어떠냐, 기업에서는 장점이 뭐고 단점이 뭐냐 이런 것들을 저희가 다 분석을 했어요. …… 어떻게 보면 사실 저희는 선진적인 것 같아요. 지금 배상훈 교수님이 하는 식보다 훨씬 더 많은 설문이었어요. …… 그런데도 그걸 전체 학생들한테 신임 총장님이니깐 살짝 푸시해서 다 받아 냈거든요. …… 그렇게 하여튼 어렵게 어렵게 해서 하고 이제 분석하고……, (직원 B)

이러한 고민과 연구를 바탕으로 충북대는 다른 국립대들이 학부교육에 별로 관심 을 가지고 있지 않았던 2011년에 남들보다 한발 빠르게 '학부교육 선도대학 육성사업 (ACE 사업)'에 도전하여 거점 국립대로서는 전북대와 함께 최초로 사업을 수주할 수 있 었다. 사실 ACE 사업의 경우 사업단에 선정되기 위해서는 학부교육의 질을 높이기 위 한 혁신적 프로그램과 제도를 많이 도입해야 하는데, 당시만 하더라도 대부분의 국립 대학의 경우 교수들의 반발과 저항이 뻔히 예상되는 상황에서 학부교육 개선에 초점 을 맞춘 이러한 정부 재정지원 사업에 대한 관심이 상대적으로 크지 않은 상황이었다.

다른 국립대학이 참여를 왜 거의 못 했을까 거꾸로 생각을 해 봐야 되는데……. 제가 생각하기 에 사립이라면, 예를 들면 재단이나, 총장님이 막강한 권한이 있으셔서 진행을 하시겠지만 국립 대는 역시 조금 그것보다는 통제력이랄까 구성력이랄까, 그런 게 약하지 않습니까? 그래서 이제 여기 사업들을 보면 기존에 있는 교수님들이 하시던 거에 대해서……. 새로운 변화를 요구하는 사업이 되기 때문에……. 나쁘게 얘기하면 그 돈을 안 받고도 우리가 할 수 있다, 그리고 점진적으로 해 나가겠다, 뭐 이런 것 때문에 그런 거 아닌가. (전임 교무처장)

하지만 충북대의 경우 2011년 부실대학 지정으로 인해 대학 구성원 전체가 충격에 빠지고 변화를 모색해야 한다는 내부적 공감대가 형성된 상태에서, 마침 학부교육 질 개선에 관심을 가진 신임 총장이 부임하면서 다른 국립대학보다는 한발 빠르게 ACE 사업을 수주할 수 있었다. ACE 사업의 수주는 별다른 여유 재원을 찾기 어려운 국립대학에서 학부교육 질 개선을 위한 추가적 재정을 확보했다는 것뿐만 아니라, 교수 등 구성원들을 움직이도록 하는 명분으로 활용할 수 있는 외부적 자극(재정지원을 받기 위한 평가기준의 충족), 즉 중요한 개혁 추진 동력을 동시에 얻을 수 있었다는 점에서 큰 의미가 있다. 특히 후발주자 국립대학으로서 상대적으로 학부교육에 대한 기본적 여건이 제대로 갖추어지지 않은 상황에서 맞이한 2011년 ACE 사업 선정 평가 심사과정에서, 전임 총장이 보여 준 학부교육에 대한 진심 어린 관심과 열정, 특히 서류심사 결과 불리한 상황에서 심사 당일 감동적 발표를 통해 심사위원들에게 영향을 미쳐 평가를 역전시킨 사례는 구성원들 사이에 하나의 신화처럼 회자되면서, 이후 충북대 학부교육을 본격적으로 발전시켜 나가는 중요한 추동력으로 작용했다고 보인다.

2. 정부 재정지원 사업 선정으로 인한 학부교육 활성화 프로그램의 적극적 시행

충북대가 2010년대 들어 국립대 중 학부교육 우수대학으로 부상될 수 있었던 것은 NURI, 교육역량강화사업, LINC, ACE 사업, 지역 선도대학 육성사업 등 정부의 재정지원이 결정적인 요인 중 하나라고 할 수 있다. 특히 2011년 거점 국립대학으로서는 최초로 (전북대와 함께) 학부교육 선도대학 육성사업(ACE 사업)에 선정된 것은 충북대가 이후 학부교육 우수대학으로 성장하는 데 결정적인 영향을 미쳤다. 사실 대부분 교수들의 관심이 교육보다는 연구에 초점이 맞추어져 있는 거점 국립대학의 환경 속에서, 학부교육이 중요하다는 것은 누구도 부인하지 않지만 정작 이에 대한 교수들의 관심을 끌어내는 것은 결코 쉬운 일이 아니었다. 하지만 ACE 사업 선정 이후 매년 이루어지는 연차평가 등 외부의 자극과 압력을 동력으로 교수와 학생들의 반발과 저항을 일정 부분 상쇄시킬 수 있었고, 이에 따라 학부교육의 개선을 위한 새로운 프로그램과 제도를 많이 도입할 수 있었다. 이 과정에서 정부의 재정지원은 이러한 다양한 프로그램과 제도의 시행을 물적으로 가능하게 한 핵심적 동력이었다고 볼 수 있다.

> 근데 그 ACE가 [충북대 학부교육 활성화의] 기반이 된 거예요. 우리가 이것저것 해 보고 어찌됐건 시도해 보고, 욕도 진짜 많이 먹었고요……. (직원 B)

> 사실 저희가 ACE 되기 이전에는 사범대하고 전자정보대 인력지원센터하고 산재되어 있었어요. 그래서 학교가 전체적으로 교수학습지원 체제가 없었습니다. 있다고 하더라도 그냥 산발적으로, 부분적으로 지원이 되고 있었지, 학교 전체 교수와 학생을 지원하는 이런 시스템이 없었습니다. 그러나 이제 2008년도, 2009년도를 거치면서 저희가 교수학습지원센터를 설립을 했고, 2011년도에 ACE에 선정이 되면서 정말로 학교가 발전하게 되었고, 이렇게 공간을 마련하게 되었고요. …… 이것들은 정말로 ACE에서 나온 예산으로 지원을 받았다고 생각합니다. (전 교수학습지원센터장)

ACE 사업을 계기로 충북대에는 학생과 교수들을 대상으로 하는 교수법 강좌, 학습 및 부적응 학생 지원 프로그램 등 수많은 프로그램들이 새로 도입되었으며, 이와 함께 프로그램의 시행을 위한 새로운 인력의 채용과 학생과 교수들의 참여를 촉진하기 위한 금전적 인센티브의 제공 등이 이루어졌다. 이에 따라 학부교육에 관심이 별로 없던 구성원들이 이들 프로그램에 참여하게 되면서 직접 변화를 체감하고 느낄 수 있는 중요한 계기가 마련되었다.

학교에서는 링크사업이라든지, 아니면 저희가 ACE 후속은 떨어지긴 했지만은 ACE 사업 할 때 그때 어떤 프로그램들, 취업에 관한 프로그램들, 창업지원센터라든지 또는 창의융합교육본부라든지 이런 것들을 통해서 대학 차원에서는 대단히 많은 프로그램들이 있긴 합니다. 어떻게 보면 좀 중복되는 것 같다는 생각이 들 정도로 여러 부서에서 취업에 관련되어서는 많이들 사업을 하는 걸로 제가 알고 있거든요. …… (이공자연 교수 D)

ACE 사업 선정을 전후하여 충북대에 도입된 학부교육 개선 관련 대표적 프로그램과 제도로는 국립대 최초로 전체 학과를 대상으로 도입된 유급제(평점 평균 1.6 미만인 학생)와 전 과목 상대평가제 도입, 이를 지원하기 위해 학습부진자 코칭 프로그램 의무 수강 제도 도입, 기초수학능력 부진자 수학 레벨업(Hi-Champ) 프로그램 운영, 1004 학습 동아리 활성화, 예비대학 프로그램 시행(전 신입생 참여 의무화 및 학점화 실시), 평생사제제 및 CPM 시스템 도입으로 인한 학생 밀착형 학사관리, 기초교육원과 CI 센터(창의융합교육본부로 개편) 설립, 교수들을 대상으로 하는 각종 교수법 강좌 및 수업 촬영 분석 시스템 도입, 교육효과성 분석을 위한 수업품질개선보고서(CQI) 시스템 구축, 자체교육인증제 등이 있다. 이러한 프로그램들은 과거 공급자 중심, 연구중심 패러다임에 갇혀 있던 충북대의 전통적 학부교육의 틀을 깨고, 학생들의 요구와 발달에 초점을 맞춘 새로운 패러다임에 입각한 학부교육의 단초를 싹트게 했다는 점에서 큰 의의가 있다. 특히 ACE 사업을 시작하면서 충북대는 ① 교육목표와 길러야 하는 역량 설정(20세기 선비형 글로벌 리더 – CHANGE 역량), ② 이를 키우기 위한 교육과정(교과 및 비교과 활동; 전공 및 교양 과목) 개편, ③ 이를 지원하기 위한 다양한 지원·관리 시스템의 도입(교수법 프로그램 및 학습동아리 활성화, 부적응 학생에 대한 적응 및 취업상담 프로그램, 학생 변화·발달에 대한 종합적 데이터 관리 시스템 도입, 교수업적 평가체제 정비 및 자체전공인증제 실시 등) 등 나름의 체계적 비전과 분석틀에 입각하여 종합적 학부교육 개선을 시도하였다는 점에서 짧은 기간 동안에 비교적 의미 있는 성과를 거둘 수 있었다고 생각된다.

아까 '21세기 선비형 글로벌 리더'라고 이야기를 하지 않았습니까? 근데 그게 이제 논란이 많았다고 얘기를 해요. '선비가 뭐냐, 지금 때가 어떤 때인데' 하지만 선비라고 하는 올곧음이라든지, 옆길로 안 가고 도도하게 이렇게 하고 그런 건 나쁜 것 같지는 않나. 뭐 그런 거 하고 우리가, 저희 지방대가 전국 최고의 수월성을 추구한다든지 이런 거는 좀 목표가 현실성이 없는 거고……. 그러니까 우리가 많은 지역에 있는 여러 영역에 걸쳐서 융화되고 거기에서 어떤 뭐라 그럴까, 역할을 충분히 할 수 있고 그런 인간상을 키우는 거? 그것이 이제 원래 제시된 목표였던 것 같고, 그런 인간상이 뭐냐면 'CHANGE'라고 하지 않았습니까? 'CHANGE 형의 인간상'…… 뭐 이런 하나의 목표로부터 시작을 해 가지고 추구하는 인간상, 그 다음에 방법론, 그걸 따라서 우리가 어떠어떠한 것을 해야 하는지를 쭈욱 놓고, 어떻게 보면 약간 logic이긴 하지만 그런 logic을 가지고 뭔가를 접근했기 때문에 그나마 우리가 하지 않는가. (전임 교무처장)

면담과정에서 충북대에서 시행하고 있는 학부교육 개선을 위한 제도와 프로그램 중 가장 많이 언급된 대표적인 프로그램은 평생사제제, CI 센터 및 창의융합교육본부, 학습부진자 코칭 프로그램 등이었으며, 이들에 대해 보다 자세히 살펴보면 다음과 같다.

1) 평생사제제

평생사제제도는 입학에서 졸업까지 매 학기 2회 이상 지도교수 상담을 의무적으로 받도록 하여, 상담을 통해서 개개인의 인성 함양과 학업·심리·취업 등 대학생활 4년 동안과 졸업 후의 진로까지 포괄하는 효율적인 상담 시스템을 구축하려는 목적으로 2011년에 도입된 제도다.

평생사제제도는 그동안 상담 등 교육활동에 그리 적극적이지 않았던 교수들과 소극적인 충북대 학생들을 일단 의무적으로라도 만나게 하는 계기를 제공함으로써 교수와 학생 간 교류 활성화를 통한 보다 효율적인 휴학생 관리, 취업률 조사, 후술하는 학습부진자 코칭 프로그램과 연계적 운영을 통한 중도탈락자 감소 등 많은 효과를 거두고 있는 것으로 보인다.

충청북도 학생들의 성향이 있습니다. 제가 보니까…… 저희가 지금 17,000명 정도 되는데, 충북 출신이 한 40% 정도 돼요. …… 이 학생들이 교수님들 방에 찾아오는 걸 조금 어렵게 생각하고 이런 게 있어요. 제가 보니까. 그래서 처음에 얼굴 익히는 게 어렵지, 또 트게 되면 와서 정말로 어려운 가정형편도 이야기를 하고. 또 뭐 연애 얘기도 하고, 학업 얘기도 하고 하거든요. 그 첫 번째 물꼬를 틀 수 있는 계기가 되었다는 게 평생상담이라고 생각을 하고요. 그리고 학생들이 처음에 라포르가 형성이 되니까 정말 말 못 할 고민들도 얘기를 하고 그럼 교수님들은 그걸 풀기 위해서 노력하고 쫓아다니고……. 더 하나 좋은 점은…… 군입대 휴학 같은 경우에는 어쩔 수 없이 가는 거기 때문에 저희가 크게 컨트롤 할 필요는 없지만 일반 휴학 같은 경우에는 저는 개인적으로 상담을 다 하거든요. …… 학생들한테 상담을 해 주면서 휴학은 그냥 하는 게 아니라, 목적이 있고 그 목적을 달성하기 위해서 하는 거지……. 그냥 현실을 회피하기 위해서 휴학하면 안 된다. 일단은 평생사제라는 개념은 일반 잘 다니는 학생들한테도 중요하지만, 정말로 필요한 학생들, 일반 휴학자한테도 굉장히 필요해서. 저는 그런 부분에 대해서 굉장히 좋은 프로그램이라고 생각하고 있습니다. (학생부처장)

평생사제제가 없으면요, 취업률 조사를 못 해요. 각자에게 할당된 학생들이 있기 때문에 '너 취업했니?'라고 물어보잖아요. 그러니까 이게 조직화된 이 시스템이 평소 때 아무것도 아닌 것처럼 굴러가더라고요. 졸업할 때쯤 되면은 그래도 학생이 전화를 받아요. 어떨 때 보면 전혀 모르는 교수가 전화를 해서 '나 무슨 교수인데…….' 하는 경우도 있잖아요. 평생사제제 하게 되면 만나잖아요. 만나니까 전화를 한 번 받게 되고요. …… 중요한 결정적인 포인트일 때 연락할 수 있는 컨택 포인트가 살아 있고, 그로 인해서 연락을 하게 되면 또 다른 가능성이 네트워크가 될 수 있는 거예요. 그러다 보니까 저희가 취업률이 사실 평생사제하고 비슷하게 가는 것도 있겠다고 우연의 일치도 있다고 치지만 저희가 갑자기 올라갔어요. 거점 대학으로 2위까지 갔거든요. …… 경영대는 그러니까 알고 있는 리소스도 있고 또 회사도 알고 있을 때 하게 되면 '야, 너 여기 이런 좋은 회사 조건이 괜찮은데 내가 추천서 써 줄 테니까 가 볼래?'라고 할 때 네트워크가 없고 학생들을 모르게 되면 못 하잖아요. 근데 평생사제제를 하다 보면 성적을 알거든요. 그리고 얘가 어떤 분야에 준비를 하고 있는지 알기 때문에 그런 것들을 긴밀하게 연결할 수 있는 장점이 있는

것 같아요. (인문사회 교수 B)

2) 창의융합교육본부 및 의사소통혁신센터(CI 센터)

충북대는 ACE 사업을 시작하기 전인 2010년 기초교육원을 설립하고 국립대학에서는 파격적으로 기초교육원 소속으로 전임교원 5명을 채용하였다. 기초교육원은 교양교육센터와 CI(Communication Intensive) 센터로 구성되었으며, 주로 교양교육 업무 지원을 담당하였다. 현 윤여표 총장이 취임하면서 2015년 6월 이를 확대 개편하여 창의융합교육본부를 신설하고 산하에 교양교육센터, 의사소통혁신센터, 창의교육센터, 융합교육센터를 두고 여기서 교양과정, 비교과과정, 연계전공 과정 등의 활성화 업무 기획 및 집행을 총괄하게 되었다.

> 구체적으로 제도적으로 바꾼 것 중에 하나는 '창의융합교육본부'를 신설을 했습니다. 다시 이야기하면, 교양과 전공과 비교과까지를 아울러서 통합해서 관리하고 그런 것들을 발전시키는 기구로 본부로 하나 만들어서 본부장은 교무위원 급으로 해서 저희들이 진행을 하고 있죠. 거기에 네 개의 센터를 두고 있습니다. '교양교육센터', 거기서는 이제 교양교육을 전체적으로 책임지고 관리하는 걸 하고, 그다음에 '융합교육센터'에서는 전공에 관계된 것을, 특히 이제 아까 말씀드린 대로 융·복합형 창의인재를 양성하려면 전공이, 사실 전공이 각기 따로따로 놓이잖아요. 그걸 융합하고 연계시키는 그런 것들을 좀 하는, 담당하는 융합교육센터를 하나 만들었고, 비교과 부분들의 교육을 담당하는 '창의교육센터'를 만들었고, 또 요즘 가장 기업이나 사회에서 요구하는 인재가 어떤 의사소통이 되는 인재들이다. …… 그래서 그걸 우리가 좀 해 주어야 사회에 나가서 활동할 수 있지 않은가 해서……. 의사소통혁신센터[Communication Intensive(CI) 센터]를 해서 '창의 의사소통 혁신센터'를 이렇게 네 개 센터를 두고 각각 센터장과 조직들을 아주 대대적으로 바꾸어서 그것을 한 것이 제가 교육 부분에 가장 드러나는, 다른 것이야 뭐 겉으로 드러나지 않더라도 그게 제가 한 일이 아닌가, 뭐 그렇게 생각을 하고 있습니다. (총장)

창의융합본부는 1단계 ACE 사업을 통해 개편된 교양교육과정 체제 개선을 통한 교육과정 구성을 정교화하고, 특히 전공-교양, 교과-비교과 과정, 연계전공 등의 운영을 하나의 조직 속에서 종합적으로 연계 운영함으로써 학과단위나 전공단위였을 때 하기 어려웠던 교육과정 운영의 시너지를 극대화하려는 목적으로 도입된 것이며, 궁극적으로는 교양에 관한 모든 것을 담당하는 학부대학으로의 발전을 목표로 하고 있다.

> 창의융합교육본부는 원래는 그 이전에 금년 6월에 생겼는데요. 교양은 옛날 기초교육에 있던 거를 한 조직 내에 묶어 가지고. 근데 사실 더 중요한 것 중에 하나는 교양교육 중에서도 괜찮은 것들, 비교과과정 중에서도 괜찮은 것들은 전공으로 바로 과목으로 옮길 수 있게끔. 전공의 연계전공을 하다 요런 부분은 괜찮다 이런 것들은 비교과 과정에 집어넣어 가지고 확대하는 것도 괜찮다. 이런 것을 전반적으로, 컨트롤 타워로서 전반적으로 훑어보면서 학과단위이거나 전공단위였을 때는 못 하던 것을 전체 큰 틀에서 봐 가지고 전체적으로 조절할 수 있는 이런 시스템을 만들자 해서 확대 개편했습니다. (창의융합교육본부장)

> 국립대학이 학부대학을 만드는 게 사실 쉽지 않거든요. 그러니까 사실은 하고 싶었지만 이번에 이제 본부라는 명칭을 달고 [새로 추진하고] 있는데, 본부장님 말씀처럼 궁극적으로 그 학부대학이 목표라고 할 수 있겠죠. (직원 F)

한편, 창의융합본부의 의사소통혁신센터로 개편된 CI 센터는 ACE 사업 시행과정에서 도입된 충북대의 핵심적 사업 중 하나다. 이는 기존 교과목에 CI 방식을 접목하거나 새로운 CI 과목을 신설하여 학생들의 읽고, 말하고, 쓰는 능력을 정규 교과목과 연계하여 집중적으로 배양하는 것을 목표로 하는데, 연구과정 중 면담한 학생들은 재학 중 이 프로그램을 통해 많은 도움을 받을 수 있었다고 하며 학교에 대해 감사의 마음을 표현하기도 했다.

> 의사소통혁신센터는 크게 세 가지 파트로 나눠서 업무가 진행이 돼요. CI 교과목 개발 및 공

모에서 지원. 실제로 저희들이 개발은 하지 않고 공모를 통해서 교수님들이 개발을 하시고, 교과목을 개발하면 CI 교과목이라는 것 자체가, CI로 되려면 두 가지 요소가 필요합니다. 글쓰기 과제에 대해서 반드시 연구원, CI 센터 연구원의 피드백, 첨삭을 1회 이상 받아야 되고요. 그다음에 프레젠테이션 수업 진행을 하면 팀별로 수업을 진행할 텐데 그 팀들이 각각 두 번씩 연구원과 함께 뭐 개요를 작성하고 최종 PT 만들어서 리허설 피드백까지, 두 번 하게 되어 있습니다. 그 조건을 갖춰야 되기 때문에 그거에 대한 지원이 이루어집니다. 그게 이제 가장 큰, CI 센터일 때 가장 큰 사업, CI 교과목 개발. 두 번째는 독서프로그램을 운영하고 있습니다. 저희 학교에 독서프로그램 명칭은 '수불석권'이라고 해서 4년간 100권 읽기 프로젝트 이렇게 정해져 있는데, 그 수불석권 프로그램 안에 한 다섯 개의 독서 프로그램이 또 쪼개서 돌아갑니다. 독서인증제, 독서모임, 독서감상문대회, 토론대회, 독서스피치대회, 독서캠프까지 하면은 여섯 가지가 되는데 그 프로그램이 돌아가고 있고요. 세 번째는 글쓰기 상담, CI 상담이라고 지금 프로그램 이름은 정해져 있는데, 학생들이 CI 교과목일 수도 있고 교과목이 아니더라도 충북대 학생이라면 학부생 누구나 자기가 쓴 글에 대해서 피드백을 받고 싶을 때, 첨삭을 받고 싶을 때, 온라인이나 방문 상담을 통해서 상담을 신청하면 상담을 해 줘요. 이 3대 프로그램을 하고 있습니다. (직원 A)

처음에 없던 기존에 있던 교과목인데 거기다 CI 방식을 접목해서 개발하는 분도 있고, 아예 없던 과목을, 예를 들면 지난 학기 같은 경우는 '사랑과 문화'라는 강좌, 교과목을 개발하셨는데 그럴 경우 같은, 제가 교과목은 만들고 싶은데 거기다가 CI를 도입하고 싶은 경우. 처음에 아예 교과목 개발 신청을 할 때 기존 교과목을 하는 게 아니라 자기가 이러한 내용으로 교과목을 개발하고 싶다, 그래서 CI 만들 거면 이왕이면 CI로 만들었으면 좋겠다 그런 분들은 만들어서 신규 교과목을 개발하기도 하시고……. CI 방식이란 아까 전에 말씀드렸듯이, 학생들이 글쓰기 과제를 하되, CI 센터 연구원과 조인해 있는 거고, 프레젠테이션 준비할 때도 같이 조인이 돼 있는 요것이 이제 다른 점이거든요. (직원 A)

저희 학교가 수불석권이란 시스템을……. 책 100권을 읽으면 인증을 해 주자. 결국에 이력서 문제가 아니라 포트폴리오의 문제라면 그 학생이 갖춰져야 할 요건을 갖춰 주자. 저는 학생들이 졸업할 때 책을 하나씩 써서 갔으면 좋겠어요. 그 ISBN 넘버를 딴. 책을 가져가려면 글을 잘 써야 하는데, 그래서 한 명 한 명에 대한 교정 프로그램이 있습니다. 글 쓰는 교정을 맞춰 주고…… 이런 부분들을 개별적으로 갖춰졌다는 것이 충북대가 가지고 있는 장점이고, 또 아까 얘기했듯이 학생 개개인에 대한 문제에 대한 접근이 아닌가 하는 생각이 듭니다. (기획부처장)

뭐, 독서캠프 멘티도 하고 멘토도 하고 싹 다 해 봤어요. ACE 사업 덕분에 학교에서 누릴 수 있는 게 너무 많았어요. 근데 제가 또 전공과는 별개로 인문학에 대해 관심이 많거든요. 공대생 치고는 관심이 많아요. 공대생 치고, 근데 그 CI 센터 덕분에 책도 많이 읽을 수 있었고, 석사 이상의 연구원들한테 체계적으로 교육받으면서 책도 읽을 수 있었고, 글도 쓸 수 있었고, 실제로 글쓰기 관련된 공모전들이 CI 센터에서 되게 활발히 운영되고 있거든요. 이번 학기에도 또 독서감상문 대회 대상을 50만 원인데 저 그거 받으려고 하고 있거든요. 교내에서 굳이 대외로 눈을 돌리지 않아도 교내에서도 충분히 누릴 수 있는 게 너무 많은 충북대였기 때문에 제가 학교를 다니는 동안 그 점이 너무 행복했고요. (토목공학과 4학년)

3) 학습부진자 코칭 프로그램

충북대는 국립대 최초로 2011년 전 강좌 상대평가와 전 학과 유급제를 실시하고 유급자(평점 평균 1.6 미만) 및 학사경고자(1.75 미만)를 위한 학업부진자 학습동기부여 프로그램인 Exploring Myself 프로그램을 의무 이수하도록 규정하였다.

이 프로그램은 자신감을 잃어버린 학생들에게 학습동기와 자존감을 회복시켜 주는 것을 주된 목적으로 하고 있으며, 2010년에는 3.1%에 달하던 중도탈락률이 프로그램 시행 후인 2014년에는 1.9%로 크게 감소하는 등 상당한 효과를 거두어 2014년 ACE 사업 우수사례 공모전에서 학습부진자 지원 프로그램 최우수상을 수상한 바 있다.

학사경고 기준 미만까지 다 합치면……. 연간 400명이 넘어요. …… 연간 12~15% 정도 되었는데, 지금은 많이 줄었어요. 그래서 그 프로그램이, 이제 처음에는 학생들이 워낙 많으니까, 저희가 그 학생들이 이 프로그램을 이수를 해야 다음 학기, 그다음 학기 수강신청을 하게 되어 있

〈표 3-15〉 학습부진자 코칭 프로그램

- 대상
  - 평점 평균 1.75 미만 학사경고 대상자와 유급자를 대상
  - 학습동기부여 프로그램인 Exploring Myself 개발·실시

- 프로그램 내용
  - 집단상담 프로그램 운영(2013년 1학기 대상자 346명 중 204명)
  - 1:1 심층면담 프로그램 운영(2013년 1학기 대상자 중 학습지원 프로그램 1회 이상 이수자 42명)
  - 1:1 개별 심층면담에서는 학업 부진에 대한 심리적·환경적 요인을 분석하여 학습능력 향상을 위한 학습법을 제공
  - 재입학 허가자를 대상으로 건강한 대학생활을 할 수 있도록 학습정보 및 전략을 제공하여 학습 동기부여

- 효과
  - 학습에 대한 목표를 재정립하는 기회를 가짐으로써 학습태도 변화와 성적 향상이라는 긍정적인 효과 산출
  - Exploring Myself 프로그램 도입과 실시로 전공학과, 교수, 학생, 대학 간의 유기적인 협조체제 구축
  - 기초학력 학습지원이 필요한 학사경고자와 저학년을 대상으로 1:1 기초 교과목 튜터링을 실시하여 대학생활 적응력을 높이고 학습성과 향상

출처: 충북대학교(2015).

어요, 학사규정이. 그래서 한 학기 성적이 나오면 저희가 바로 그 학생들에게 안내를 해요. 이런 프로그램을 이수해야만 다음 학기 수강신청을 할 수 있으니까, 이 프로그램이 학생들이 공부 잘 할 수 있도록 돕는 프로그램이니까 꼭 참석하라고. 그러고 나서 저희가 이제 프로그램 일정을 미리 잡아 놓거든요? 그래서 언제부터 언제까지 할 건데 언제가 가능한지, 그래서 다 전화로 일일이 약속을 해서 프로그램을 저희가 진행을 합니다. (교수학습지원센터장)

학생들한테 '문제는 발생할 수 있는 거다.' 이렇게 위로를 주고, 자존감을 회복시키는 데 저희가 굉장히 많이 노력을 해요. 이렇게 힘든 상태에서도 다시 잘 일어설 수 있다 이런 것들을 보여 주고, 그래서 이제 강점을 또 찾도록. 자신에게 좋은 여러 가지가 있다, 이런 것들을 먼저 초반기에 그런 것들을 하고요. 그 다음에 이제 자신의 그 비전을 좀 찾는 데 다시 잃어버린 꿈을, 일 년

동안 성적을 못 받아서 위축되어 있는 학생들이기 때문에, 다시 자신이 잘할 수 있는 거, 하고 싶은 거, 꿈, 사회에 기여할 수 있는 거 이런 것들을 찾게 해 주어서 비전 설정을 하는 프로그램을 또 저희가 주력을 하고요. 그다음에 그런 목표들을 어떻게 그러면 실행할 수 있는지, 전략들을 저희가 이제 알려 주고 나누어 주고 그러는데, 그때 이제 학습 방법, 잘할 수 있는 방법, 학점 잘 받는 방법, 공부를 어떻게 해야 하는지 이거가 일부 들어가는데, 이 프로그램 전체에서는 비중이 가장 중요하지는 않고요. 한 5분의 1 정도? (교수학습지원센터장)

중도탈락률이 지속적으로 정말 감소를 해서 2011년도는 3.1%였는데, 2012년은 2.6%, 2013년이 2.5%, 2014년, 작년이 1.9%로 중도탈락률이 지속적으로 감소했어요. 그래서 이 '학습부진자 코칭 프로그램'도 일부 중도탈락률 감소에 기여한 것 같아요. 중간에 이제 성적이 자꾸 그렇게 나오다 보면, 학교에서 그냥 방치해 뒀더라면, 그 학생들이 이제 주로 중도탈락하게 되었을 텐데, 저희가 학습부진, 그런 학생들을 집중적으로 관리를 한 거죠. (교수학습지원센터장)

여기서 한 가지 주목할 만한 것은 충북대에서 이러한 프로그램을 시행할 때 역점을 둔 것 중의 하나가 서로 다른 프로그램들 간의 시너지 효과를 어떻게 극대화할 것인가라는 점이었다는 것이다. 이러한 전략적 사고를 통해 예컨대 교수법 프로그램 이론 수업, 수업촬영 분석, 배운 이론의 적용을 위한 교수들 간 교수법 연구회 실시, 연구회 참여교수들이 다시 다른 교수들을 대상으로 또 워크숍을 진행하는 순환 구조로 프로그램을 진행하거나, 또는 평생사제제, 학습부진자 코칭 프로그램, 기초수학능력자 수학 레벨 업(Hi-Champ) 프로그램을 학기 중과 방학 기간 동안 중단되는 일이 없이 연계하여 운영함으로써 프로그램들의 효과를 더욱 높이고자 각별히 노력하였다.

'또 어떤 프로그램들끼리 각자 어떻게 유기적으로 제일 시너지 효과를 낼까?'가 가장 저희가 추구하는 핵심이었습니다. 교수 프로그램 같은 경우에는 교수법 워크숍, 연구회, 수업촬영 분석을 따로 놓는 게 아니라……. [일회성으로] 워크숍이 끝난 게 아니라, 이런 교수법 워크숍, 처음에는 이론으로 두 시간짜리를 하시고, 그 교수님들이 심화로 공부를 하고 싶다고 하시면 1박 2일짜리를 참여를 하셔서 거기서 실제로 실습을 배우시고, 그리고 교수법 연구회를 통해서 실제 본인의 교과에 그 배운 이론과 실습 이론을 접목해 보실 수 있도록 지원을 했습니다. 그러니까 한 프로그램이 진행된 게 아니라 하나가 연결이 되어서 연구회도 하고, 심화적으로 다른 프로그램까지 연결이 되어서 또 그 교수님들이, 연구회를 통해서 하셨던 교수님들이 앞으로 다른 교수님들을 대상으로 워크숍을 또 진행하는, 이런 순환구조로 저희가 계획을 한 거였거든요. (직원 C)

아까 중도탈락률 나왔는데, 예를 들면 중도탈락률이 낮아진 거는 전적으로는 이거 때문은 아니고요. 예를 들어서, 저희가 휴학제도를 굉장히 복잡하게 해서, 예를 들어서 학사지원과에 가서 '저 휴학하겠습니다.' 이렇게 했을 때 휴학이 가능해진 것이 아니라 '평생사제제'하고 사제에 있는 교수님하고 연결을 해서 '갔다 와라.' 이렇게 해서 된 것 같고요. 그다음에 지금 나온 'Exploring Myself'도 이게 아까 말씀을 드렸듯이 86%가 이공계에서 나왔다고 했잖아요. 이거가 진행이 되면서 동시에 'Hi-Champ 튜터링'이라는 프로그램이 있습니다. 수학과면 수학, 산수, 수학과목의 성적이 낮은 학생들을 대상으로 해서 성적이 잘 나온 학생들이 멘토링을 하는 거죠. 튜터링을 하는 거죠. 그래서 한 학기 동안 진행되는 프로그램이 학기 중에는 그것이 진행이 되고, 그다음에 방학 중에는 'Exploring Myself'가 진행이 되고, 학기 중에는 또 'Hi-Champ'가 진행이 되고 해서 이공계 학생들을 대상으로 해서, 왜냐하면 이 학습부진자 학생들이 이공계에서 많이 나오기 때문에, 특별히 이공계 학생들을 대상으로 한 프로그램들이 조금씩 더 많이 진행이 되고 있습니다. (교수학습지원센터장)

1주기 ACE 사업을 통해 도입되어 사업 기간 동안 어느 정도 확산된 이러한 프로그램들은 충북대가 2015년 ACE 사업 재진입에 실패한 이후에도 기본적으로 충북대 학부교육의 근간으로 유지되었고, 이를 바탕으로 하여 최근에도 충북대가 구조개혁 평가에서 우수한 성적을 거두는 밑바탕이 되고 있다.

내부적인 그런 건 계속 있음에도 불구하고 학생 교육 쪽만은 꾸준히 유지할 것은 꾸준히 유지했습니다. 이 꾸준히 유지하는 것이 바탕이 되어서 데이터가 쌓이니까 구조개혁에서 그걸 끄집어내서 이야기할 수가 있었습니다. 만약에 그때 '이것만 살리자. 이게 젤 급한 거야. 그리고 교육은 일단 뒤, 지금 학교 살리는 게 더 문제야.'라고 했다면 충북대는 나쁜 학교가 되었을 겁니다. 그런데 그것을 잊지 않고 있으면서도 지속적으로 교육에 대한 투자 이런 부분들이……. 충북대를 좋게 만든 부분이라고 생각이 듭니다. (기획부처장)

3. 국립대로서는 선도적인 다양한 학과/교수평가제도와 프로그램

학령인구 감소, 청년 실업 등으로 학교의 존립에 대한 위협을 겪고 있는 사립대들과 비교할 때 상대적으로 위기의식이 덜한 국립대학의 경우 새로운 변화를 초래하는 제도의 변화가 매우 어려운 것이 사실이다. 최근 학부교육 선도대학으로 크게 각광을 받고 있는 건양대학교, 서울여자대학교, 대구가톨릭대학교 등 대부분의 대학들이 사립대학이라는 점은 국립대학의 교무·학사제도 및 조직 문화 개혁의 어려움을 웅변으로 말해 주는 증거라고 볼 수 있다. 하지만 충북대의 경우 국립대임에도 불구하고 앞서 언급한 직접적인 학부교육 질 개선 프로그램 이외에도, 교수들의 교육에 대한 동기부여나 학과에서 제공되는 학부교육의 질을 관리하기 위한 다양한 프로그램과 제도를 선도적으로 도입하여 운영하고 있었다.

1) 자체교육인증제

충북대에서 도입하여 운영하고 있는 프로그램 중 가장 대표적이고 인상적인 것은 '자체교육인증제'라고 할 수 있다. 충북대학교가 작성한 교육인증원 소개 자료에 의하면 교육인증제는 '학부·과를 포함한 교육단위 스스로가 교육목표 설정, 핵심역량 구체화, 교과목 구성, 역량 기반 수업 전환, 자체적인 질 관리 체제 구축, 자체 평가를 통한 교육과정 개선 등을 교육단위의 특성에 맞게 자율적으로 운영'하고 '전공교육과정뿐만 아니라 교양교육과정(기초·일반·심화 교양), 비교과교육과정 및 교육지원시스템이 통합적으로 핵심역량 강화에 이바지하도록 총체적 인증 및 평가 시스템을 구축'하는 것을 목표로 한다고 설명하고 있다. 교육인증제는 ACE 사업의 일환으로 2012년에 처음 도입되어 경영, 공학, 의학 등 외부 평가인증을 받는 일부 학과(프로그램)들을 제외한 전 학과 혹은 전공(크게 인문사회, 자연, 농학계의 3가지 계열로 구분)에 대해서 충북대 자체적으로 프로그램을 인증하는 사업으로서, 2015년 5월 현재 전체 학과의 51% 수준인 6개 단과대학 41개 학과(전체 79개 학과)가 참여하여 인증을 받은 상태다. 이와 함께 자체전공교육 인증에 참여하는 학과들을 대상으로 학과 특성에 맞는 전공역량 강화 프로그램을 운영할 수 있도록 하는 '전공교육 스페셜 프로그램'을 지원(2013년 7개, 2014년 13개 학과)'하고, 학과평가 시 인증여부에 대해 가산점을 주는 등 간접적으로 인증을 대학 본부에서 유도하기는 하지만, 기본적으로는 인증에의 참여는 학과의 자율적 결정에 달려 있다.

> 자체전공인증제하고 또 그다음에 저희가 이제 그 전공 학과에 각각의 목표를 정하도록 했습니다. 도대체 너네 학과에서는 어떤 인재를 기를 것이냐 그게 이제 전체적으로 우리 대학의 교육목표가 있고, 인재상이 있고요. 그렇지만 학과로 내려가면 학과의 특수성이 다 있기 때문에 그 학과에서는 우리 전체 목표하고 부합되게 어떤 교육목표를 가지고 있는지를 교육과정에다가 다 이렇게 명시를 하도록 했고, 그 교육과정을 그러면 이제 명시하라고 공개적으로 이제 드러나는 거니까 그러면은 전혀 엉뚱하게 짤 수가 없게 강제적으로 유도를 하는 거죠. …… 그거 하고 아울러서 자체인증, 전공인증을 이제 계속 독려를 하고 유도를 하는 거가 뭐 인증을 그냥 인증을 받기 위한 인증이 될 수도 있어요. 뭐 일부 학과는 그렇게도 되지만 그걸 통해서 '아, 교수님들이 한 번 커리큘럼을 들여다보고 지금 학생들이 원하는 게 뭐고 또 일반 산업체나 뭐 지역사회 국가가 받아들이는 그 인재가 뭐다.'라는 걸 분야별로 한번 점검. 교수님들이 자기를 되돌아보게 되고, 그런 것들이 조금씩이지만 그 학부교육의 질을 높여 가는 그런 게 아닌가……. (직원 B)

> 기존 대학종합평가라든지 이런 것은 대학 전체로 보는 거고, 근데 이건 학과단위에서 교육. 특히 전공교육이 어떻게 되고 있는가를 한 번 자체적으로 스크린하는 거라서, 제가 봤을 때는 그거를 우리가 4년이니깐 몇 년마다 한 번씩은 학과 내부에서 자체적으로 한 번씩은 점검할 필요가 있다는 그런 취지에서 출발이 됐는데, 지난번에 운영을 하다 보니깐, 이 제도 자체에 대한 그 이

해도가, 수용도가 상당히 다르더라고요. 참여학과를 보면 이공계는 먼저 참여를 하고, 인문사회계는 참여를 안 하는 그런 상황이었는데……. (교육인증원장)

면담 과정에서 만난 교수들은 자체전공인증제가 사회 변화나 학생들에 대한 요구 분석 없이 개별 교수들 중심으로 각각 분절적으로 이루어져 왔던 교육목표 설정 및 교육과정 개편 과정이, 학과 전체적인 관점에서 주기적으로 이를 스크리닝할 수 있는 좋은 계기로 작용하고 있다는 의견을 피력하고 있었다. 통상적으로 개별 학과 차원에서 이루어지는 주기적 교육과정 개편 과정을 보면, 교수 개인적 차원에서 나름의 노력을 할 뿐 사회환경 변화에 따른 학생들의 요구를 감안하여 학과 전체 차원에서 어떤 교육목표를 설정해야 하는지, 그리고 학과 전체적인 교육과정의 정합성 측면에서 보았을 때 과연 개별 교수들별로 이루어진 교육과정들의 합이 학과 전체 교육목표 달성에 실제로 얼마나 도움이 되고 있는지에 대한 논의는 미흡했던 것이 사실이었다. 충북대의 경우에도 아직까지 정착되기에는 가야 할 길이 멀긴 하지만, 어쨌든 자체전공인증제가 학과에서 추구해야 하는 교육목표와 이를 달성하기 위한 교육과정의 정합성을 학과 전체적 차원에서 주기적으로 검토해 볼 수 있는 제도적 계기를 제공하고 있다는 차원에서 큰 의의가 있다고 보인다.

졸업을 하려면 저희들은……. 졸업 시험을 보고 나서 논문을 쓰고 그러거든요. 근데 그게 교수들 머릿속에 있지, 아무런 근거가 없어요. 교수들이 예를 들면 제가 제일 고참인데, 그거 그렇게 해야 되지 않아. …… 그럼 그게 법이에요. …… 근데 그거는 아닌 것 같더라고요. …… 근데 그거를, 그러면 이것이 정말 타당하냐, 이런 논의도 하고, 뭐 이런 절차를 거치면서 우리가 커리큘럼은 어떻게 하고 학생들 지도는 어떻게 하고 그런 게 쫙 나오잖아요. 그런 걸 고민을 해 본 적이 없어요. 근데 이걸 통해서 고민을 했다는 거거든요. 우리를 되돌아보는 거죠. 그런데 그것도 하기 싫어하는 학과가 있습니다. 그러나 대부분은 해요. 교수님들이 그래서 좀 물어봤거든요? 그걸 통해서 무엇이 좋아진 것 같은지 물었더니 학과 교수들 간에 커뮤니케이션이 굉장히 활발해졌다, 그리고 또 하나는 학과의 목표가 무엇인지도 생각해 보게 되었고, 우리가 하는 일이 그 목표에 맞게 행동하는가, 이런 걸 한번 되짚어 보고, 이런 이야기를 제가 몇 개 학과 교수님들을 통해서 들어 본 적이 있거든요? 저도 그렇고……. (전임 교무처장)

　　○○과 교수님의 경우에 막 웃으시면서 그런 말씀을 하시더라고요. 나는 잘 모르겠지만, 어쨌든 이런 걸 하는 게 학생들한테 도움을 주고, 학과에 장차 이제 잘하고 있다는 것을 계속 보여 주고자 하는 것이 아니냐. 이런 말씀을 하시면서, 그런 생각이 드셨대요. 다른 과는 어떻게 하고 있는지, 우리 과가 더 발전할 수 있는 기회는 없는지. 그런 것에 대해서 굉장히 고민을 많이 하셨다고 하면서, 그분은 실제로 인증이 끝나고 나서 학과장님이 직접 인증원에 오셔 가지고 다른 학과의 잘된 사례를 보고 싶다고 하시면서 보고서를 많이 가져가셨어요. 그런 부분들을 보면, 좀 교수님들께서 관심을 환기하시거나 좀 다른 좋은 사례를 얻으시는 데 도움이 되지 않을까 하는 생각이 듭니다. …… (직원 K)

　다만 인증을 담당하고 있는 교육인증원의 인력이 턱없이 부족하고, 또한 당초 자체 전공인증제 도입 당시 인증방식과 평가기준이 공학인증제를 기반으로 만들어졌기 때문에 일부 평가의 틀과 지표가 기술적으로 인문계열 학과에 잘 맞지 않는 등 여러 가지 측면에서 아직 개선이 필요한 부분이 적지 않다. 아울러 참여를 장려하기 위해 인센티브제도(예컨대, 인증을 받은 일부 학과를 대상으로 일정한 지원금을 주는 '전공 스페셜', 인증학과에 대해 학과평가 시 가산점 부여 등)를 시행하고 있기는 하지만 여전히 참여를 하지 않는 학과가 존재하고, 설령 참여하더라도 제도의 운영이 참여 학과의 적극성과 관심에 전적으로 맡겨져 있어 당초의 취지에 맞도록 운영되고 있는지에 대한 컨설팅이나 평가가 제대로 이루어지지 못하고 있다. 따라서 제도의 내실 있는 정착을 위해서는 학교 본부 차원의 보다 적극적 관심과 인적·물적 지원이 반드시 수반되어야 할 것으로 보인다.

　　기술적으로 봤을 때는 기준 자체가…… 약간 공학인증이라든지 이런 쪽으로 되어 있고 아까 표현 보시면 아시겠지만 학생 역량이라든지 성과 목표를 정하는 데 있어서, 그런 게 있으니깐 인문계열 학과에 잘 맞지 않는 거죠, 이 틀 자체가. 전체적으로 요구하는 틀 자체가 맞지 않아서 상당히 어려워하셨죠. ······ 인증받은 학과를 대상으로 해서 전공 스페셜이라고 해서 학생 교육하는 뭔가 프로그램을 만들어라. 그러면 만든 프로그램을 지원해 주겠다. 그래서 그 프로그램을 운영했어요. [ACE 자금 이용. 최대 500, 최소 350. 심사해서 차등 지원, 2015년 13개 학과에서 수혜]. 우리가 학과평가에서 자체 인증을 받으면, 가산점인가요? 점수 그 학과평가 항목이 있는데, 그중에 인증받았는지 여부가 점수화되어서 상당히 학과평가에 순위를 정하는데 [영향을 미칩니다]. (교육인증원장)

2) 학과평가

충북대의 경우 학과평가가 매우 정교하게 설계되어 있다. 통상적으로 포함되는 기본적인 학과 자체 평가 항목 외에 취업률, 연구실적 등에 대해서는 학과별로 비교대상으로 설정한 거점 국립대학 및 학생 정원 1만 명 이상의 국립대학의 동일(유사)학과와 실적을 비교하여 상대평가를 실시하고 있다.

그런데 지금 충북대학교 학과 자체평가 설정 기준이, 가이드라인이 저는 어느 대학에도 정말 자랑할 만하다고 할 수 있는 게 굉장히 합리적으로 되어 있습니다. 학과 자체 평가가 있고 또 국공립대 상대 평가를 해요. ······ 충북대학교 국어국문학과하고 강원도부터 이렇게 국공립대 11개, 지금은 14개[로] 늘었습니다. 14개 대학 중에 과연 어느 위치에 있느냐 그거를 같이 평가를 하다 보니까 제가 그런 변화를 봤거든요. ······ 학과평가를 잘 받아야 나도 올라가고 또 입학 정원 쪽에서도 유리한 그런 걸 받으니까 그런 교수님들 간의 단합이라고 할까요? 이런 부분들이 눈에 띄게 좋아진 것 같아요. (직원 E)

〈표 3-16〉 충북대 학과평가 평가영역 및 지표

평가 영역	평가지표	배점	평가 방식	자료 유형	평가 대상	설정 근거	실적 관리 (제출부서)
운영 영역	1.1 학과 발전전략 수립 및 공지	2	절대	정성	공통	외부평가	학과
	1.2 재학생 만족도	6	절대	정량/ 정성	공통	외부평가/ 자체개발	학과, 평가지원과
	1.3 학과 발전기금 및 교외장학금 확보 실적	4	절대	정량	공통	자체개발	발전기금재단, 학생과
	1.4 학과 홈페이지 관리	2	절대	정성	공통	자체개발	홍보부, 입학과
	4개 지표	14					
교육 영역	2.1 전임교원 강의담당 비율	8	절대/ 상대	정량	공통	정보공시/ 외부평가	학사지원과, 교무과
	2.2 강의평가 결과	5	절대	정량	공통	자체개발	학사지원과
	2.3 외부기관과의 전략적 연계 교육 프로그램 운영 실적	5	절대	정량/ 정성	계열	정보공시/ 자체개발	학과
	3개 지표	18					
학생 영역	3.1 신입생 유치실적 및 신입생 충 원	3	절대	정량/ 정성	공통	자체개발	학과, 입학본부
	3.2 재학생 충원 및 중도탈락률	5	절대/ 상대	정량	공통	정보공시/ 외부평가	교무과, 학사지원과
	3.3 학생 취업률	23	절대/ 상대	정량	계열	정보공시/ 외부평가	취업지원본부
	3.4 외국인 학생 수 (외국인 중도탈 락 학생 수)	2	절대	정량	공통	정보공시/ 외부평가	국제교류본부
	3.5 창업·취업·학습 동아리 운영 실적	2	절대	정량	공통	정보공시/ 외부평가	학과, 교수학습 지원센터
	5개 지표	35					
교수 영역	4.1 전임교원 연구실적	17	절대/ 상대	정량	공통/ 계열	정보공시/ 외부평가	교무과, 산학협력단
	4.2 전임교원 교외연구비 수혜 실적	16	절대/ 상대	정량	계열	정보공시/ 외부평가	산학협력단
	2개 지표	33					
소계	14개 지표	100					

가점	5.1 외국인 전임교원 수	1	절대	정량	공통	정보공시/외부평가	교무과
	5.2 대학 발전 기여 실적	4	절대	정량/정성	공통	자체개발	학과,전 부서
	5.3 대학원 개선 및 운영 성과	7	절대	정량/정성	공통	자체개발	학과,대학원 등
	3개 지표	12					
계	17개 지표	110					

※ 가점영역은 학과에서 지표를 자율선택하여 최대 10점까지 완성

출처: 충북대학교(2016).

〈표 3-17〉 상대평가 산정방법 예시

학생 취업률 순위 비율

- 작성부서: 취업지원본부, 평가지원과
- 제출 서식

비교 대학명(A)	비교대상 학과명	취업률	본교 순위(B)	순위 비율(C=B/A*100)

- 작성 요령
1) 대   상: 학부
2) 기준일자: 2014. 12. 31. 기준 국세 DB취업률
   ※ 평가 당시의 최신 대학정보공시 자료 활용
3) 비교 대학명(A): 강원대, 경북대, 경상대, 공주대, 부경대, 부산대, 서울대, 서울과기대, 인천대, 전남대, 전북대, 제주대, 충남대
   ※ 거점대 및 재학생 1만명 이상 국립대(국립대법인 포함)
4) 비교대상 학과 선정: 동일 또는 유사 학문 분야 조사(본부평가연구위원회)
   1단계: 동일 및 유사 학과 선정
   -대학 교육편제단위 표준분류시스템 활용
   ※ 동일 및 유사 학과가 본교 포함하여 6개 미만인 경우에 한하여 2단계로 이동
   2단계: 유사 단과대학 선정
   -학과가 소속된 본교 단과대학과 타 대학교 단과대학의 명칭이 동일하거나 유사한 경우

-학과가 소속된 본교 단과대학과 타 대학교 단과대학의 학문분야가 동일하거나 유사한 경우
※ 본교 학과 실적과 타 대학교 단과대학 실적(평균값)을 비교 평가
5) 본교 순위(B): 비교 대학의 동일·유사학과 상대 순위
6) 순위 비율(C): (본교순위/비교학과 수)×100

ㅇ 참고사항: 대학정보공시 '5-다. 졸업생 취업현황' 항목

출처: 충북대학교(2016).

학과평가 결과는 우수학과에 대한 포상금 지급(최우수학과 2천만 원, 우수학과 1천만 원 등)으로 연결되고, 무엇보다 평가결과에 따라 정부 재정지원 사업에서 필수적으로 요구되는 학과별 정원 조정이 되고 있어, 최저 충족기준이 낮게 설정되어 교수들에 대한 영향력이 상대적으로 미미한 교수업적평가 등 다른 동기유발 기제에 비해 교수들이 상대적으로 많은 신경을 쓰고 있는 것으로 보인다.

저희 대학도 역시 CK 사업의 일환으로 하기는 했지만 정원을 상당히 줄여야 되는 일이 있는데 그걸 저희들은 학과평과 결과를 가져다가 베이스로 했거든요. (직원 E)

저희는 학과평가제를 늘 해요. 언제부터 했는지는 잘 모르겠지만 한 4~5년 됐거든요. 그래서 랭킹을 다 밝히고요. 우수학과에 상금도 주기도 하고 나름대로 조금은 '저기 우수학과네.'라고 할 수 있도록 패도 만들어서 붙여 주고 그래요. 그리고 뭐 총장님 같은 경우에는 식사도 같이 해 주기도 하면서 뭔가 좀 인정해 준다라든지요. 이러한 경쟁적인 분위기 같은 거를 이렇게 하면서, 좀 보이지 않게 뭔가 좀 잘해야 되는 거 아닌가, 뭐 이런 분위기를 유발하는 게 아닌가……. (인문사회 교수 B)

우리 사범대학은 어떻게 되어 있냐면 전체 국공립대학 평균, 평가를 해 가지고 하위 20% 들어가면요. 11개 대학 중에서 우리가 뭐 밑에서 1, 2, 3등까지 된다고 그러면요. 우리 학과는 정원이 줄어듭니다. 정원을 줄여 가지고 상위 학과에다 주게 되어 있어요. 그러니까 정원, 어떻게 보면 정원 서바이벌 게임이 된 거예요. (교무처장)

다만 충북대에 국한되지 않은 우리나라의 많은 대학들에서 나타나는 일반적인 경향이기는 하지만, 이러한 평가에서 이공계열에 유리한 연구 중심 평가지표가 주류를 이루고 있어 상대적으로 불리할 수밖에 없는 인문계열 학과들이 지속적으로 하위권을 형성하고 있는 문제점이 나타나고 있으므로 향후 이에 대한 추가적 고려가 필요한 것으로 보인다.

3) 교수업적평가제도 및 강의평가

충북대에서는 교수업적평가 등을 통해 교수들의 교육적 관심을 높이기 위한 다양한 노력을 지속적으로 기울여 오고 있다. 예컨대, 강의평가를 학기당 2회 실시하고, 강의평가 결과를 학생들에게 상시 공개할 뿐만 아니라, 그 결과를 교수업적평가 및 학과평가에 반영하고 있다. 특히 강의평가 결과를 성과급적 연봉제나 교육연구지원비 배분 시 반영함으로써 교수들의 교육에 대한 관심을 높이고자 유도하고 있다.

> 한 가지 두드러진 것은 저희들이 강의평가를 한 학기에 두 번 합니다. 중간고사 끝나고 한 번 하고 기말에 하고 두 번을 해서, 교수님들이 중간에 자기 하고 있는 교육에 대해서 점검을 받을 수 있더라고요. 그다음 요즘 학생들은 교수님들이 고쳐야 될 것이라든지 요구사항 같은 것들이 구체적으로 올라오니까 그런 것들을 통해서 중간에 점검받을 수 있도록 하는…… 그래서 한 번에 평가한 것에 좌우되지 않고 두 번을 해 가지고 그걸 평균 내 가지고 그걸 성과급이라든지 요즘 새로 국립대학의 교육, 대학회계에 생긴 교육연구지원비에 반영을 시켜서 하고 있는 것, 그런 것들이 교수님들을 어떤 변화를 유도하는……. (총장)

> 학생들이 수강 신청할 때 그 강의 계획서를 보잖아요. 그 강의 계획서 밑에 그 강좌의 교수님의 지난 학기 강의평가 결과가 공개가 돼요[이 과목은 지난 학기에 몇 명이 수강했고, 평가를 몇 명이 해서 점수가 얼마가 나왔다]. …… 상도 드리고 있고요. 상은 저기 단과대학에서 1명씩 추천받아서 하고 최우수, 그런 이제 교육 우수 교수 해 가지고 상을 주는데 [전체 상위] 20%에 드시는 교수님들 명단은 저희가 공개……. (직원 B)

충북대에서 시행하고 있는 이러한 교수업적평가제도나 강의평가제도가 다른 ACE 대학에 비해 특이하다고 보기는 어려우나, 충북대가 교수 인사 및 학사 운영 부분에 특히 새로운 변화를 주기 어려운 국립대학임을 감안하면 이러한 그 동안의 노력이 상당한 어려움을 감내해 오면서 추진되어 왔다는 점을 높이 평가할 필요가 있다. 문제는 이러한 강의평가나 교수업적평가를 포함한 앞서 언급한 다양한 제도와 프로그램이 정부 재정이 지원되는 시기에 구성원들의 의식과 행태에 자리 잡을 정도로 제대로 착근되지 못한 상태에서 ACE 사업 재진입에 탈락함으로써, 충북대로서는 제도의 정착과 관련한 새로운 도전에 직면하고 있는 것이 사실이다.

4. 소명의식을 가진 교직원들의 자발적 헌신

1) 헌신적인 교수

충북대의 경우 교수들이 상대적으로 결이 곱고, 또한 특정 대학 및 고교 출신(서울대학교, 충북대학교, 청주고등학교 등)의 득세가 다른 대학에 비해 크지 않은 상황이다. 지역적 조건(수도권과 가깝다는 이유로) 때문에 충북대를 교두보로 삼아 수도권 대학으로 이동하는 교수들도 일부 있지만 대다수의 교수들이 학교와 학생들에 대한 애착이 강하고 교육 및 연구 역량이 우수하다는 언급도 면담과정에서 많이 나왔다.

> 여기 계신 분들은 애착이 강하신 분들 같아요. 무슨 얘기냐면 충북대가 굉장히 좀 연구 실적이 좋고 자기 나름대로 성취동기가 높은 사람, 그러니까 개인주의적인 성향이 강하다고 할까요? 그런 분들은 여기를 교두보로 삼아서 어딘가로 가요. …… 근데 훌륭한 분들이 또 많이 남아 계세요. 이런 분들은 뭔가 학생들에 대한 열정 또는 뭔가 같은 식구라고 하는 패밀리 의식? 아니면 은 이걸 위해서 내가 좀 몰입하거나 기여하겠다 라는 이런 분들이 어떻게 보면 남아 있는 거예요. …… 그러한 분들, 개인주의적 성향보다도 조금은 조직적인 거를 더 생각하고 더 학생들에 대한 어떤 뭐랄까 인재 양성을 통해서 보람을 느끼는 그런 분들이 더, 더 많이 속해 있는 게 아닌가 이런 생각을 교수 측면에서 하게 되고요. …… (인문사회 교수 B)

우리 대학이 인문사회를 포함해서요. 묘한 게, 학생들을 위한 거라고 하면 원로교수님 나이가 많으신 교수님들도 다 암묵적 동의를 해 주세요. '이게 학생들을 위해서 필요한 겁니다.'라는 그 한마디에는 제자에 대한 사랑이랄까요. 학생에 대한 사랑이 이상하게 남다른 대학 중에 하나예요. …… 그리고 이제 교수들에게 나에게 떨어지는 게 뭐냐 라는 말은 거의 역적 분위기로(웃음). 그런 얘기를 꺼내지도 못하는 거예요. …… (인문사회 교수 E)

사실 부분적인 면담자료를 가지고 이러한 헌신적인 교직원들의 비율이 타 대학에 비해 얼마나 높은지 정확히 가늠할 수는 없기 때문에 이러한 성향과 분위기를 충북대 교수들의 전반적 특성이라고 단적으로 말하기는 어려우나, 학부교육에 대한 특별한 소명의식을 가지고 헌신하는 이러한 교수들이 오늘날의 충북대 학부교육을 만든 중요한 견인차가 된 것은 분명해 보인다.

강의 준비는 철저하게 합니다. 그러니까 강의 준비할 때는 한두 번을 제가 강의할 내용을 써 봅니다. 그니까 제가 아침 10시에 강의가 있으면 최소한 7시에는 학교 나옵니다. …… 제가 지은 책이고 해서 제가 다 외우지만은 그래도 강의 준비를 하고 들어가는 거하고 하지 않은 거하고는 굉장히 차이가 납니다. (이공자연 교수 B)

저희 과에…… D교수님이 계시는데, 그 교수님은 이제 편입한 학생들. 편입한 학생들은 실력이라든지 기본이 저희 바로 입학한 애들하고 좀 확연히 차이가 나더라고요. 그래서 그런 학생들은 밤에 모아 가지고 전공을 별도로 가르쳐요. …… 그분이 전공이 철근 콘크리트하고 정역학이에요. 그거를 모르면 그 뒤에 부속 과목들 따라갈 수가 없거든요. 그러니까 편입한 학생들이 저희가 많을 때는 15명까지도 된 적이 있었어요. 한 학년에…… 그 학생들만 밤에 모아 가지고 따로 가르치시더라고요. 개인적인 열정이신 거죠. (이공자연 교수 D)

따로 연구실에서 컨퍼런스를 해요. …… 이번 학기도 제 전공수업 하나에 지금 한 55명 정도 있는데…… 그 안에서도 한 10명 정도는 [영어가] 유창하고요. 상중하로 했을 때 그리고 중간 정도는 뭐, 20~30명 정도는 한 중간 그리고 이제 아까 말씀하셨던 정말 이렇게 하위에서 하지만 의욕은 있는데, 예, 이게 뭐 나오지 않는 거죠. 그래서…… 따로 이 학생들을 위해서 한 학기에 최소한 학생당 두 번 정도 연구실에서 만나서요, 미리 수업 전에 이렇게 예비토론이나 발표를 제가 이렇게 해 주는 거죠. …… 화요일 수업이면 바로 전날 월요일이나 아니면 그 전주에 목요일에 만나서 연구실에 한 학생당 20~30분 정도 예비토론을 도와주죠. 그러면 학생들이 자신감을 얻고 놀라운 변화를 보이는데 이렇게 바로 그다음 주에 가면 하여튼 이렇게 용기를 내서 손을 들고 이렇게 참여를 하고 물론 더듬거리기는 하지만 그것이 두 달 정도 시간이 흐르면 그때는 이제 예비토론 없이도 그냥 스스로 손을 들고 하는 이런 변화가 보이는 거죠. …… (인문사회 교수 A)

이러한 교수들의 자발적 헌신은 교육이 직접 이루어지는 수업의 장면뿐만 아니라 학부교육에 대한 정부 재정지원 사업의 수주 등 학교 발전을 위한 업무와 관련해서도 나타난다. 특히 충북대에는 주로 40대 초중반의 소장교수들로 구성된 재정지원 사업 보고서 작성 등 학교를 위한 일에 주도적으로 참여하는 10명 내외의 소장교수 그룹이 있는데, 이들은 금전적 인센티브나 업적평가에의 가산점 등 제도적 측면보다는 순전히 학교에 대한 애정과 누군가 해야 한다는 사명감 때문에 자발적으로 참여하고 있다. 이들 중 일부는 보다 적극적으로 현재 본부 행정에도 참여하여 학교 발전에 헌신하고 있으며, 충북대에서는 중장기적으로 이런 소장교수들로 구성된 혁신 그룹을 늘려야 한다는 문제인식과 함께 구체적인 실행방안이 논의되고 있다.

총장 이하 몇몇의 교수님들이 옛날부터 쭉 했던 그런 사업들이 있습니다. 그 양반들이 초창기에 30대부터 이런 사업들을…… 그런 분들이 지금 50~60대 된 분들이 많이 계시는데 그 양반들이 역량을 집결해 가지고 후속타를 또 교수님들을 갖다가 또 기르고…… 그렇게 해서 결집이 된 것 같습니다. 예를 들게 되면, 전자정보대학 같은 경우라든가 수의대학 같은 경우는 어떤 사업도 지금까지 빼놓은 적이 거의 없는 것 같습니다. …… 그래서 유능한 학생들을 유치하고…… 왜냐면 돈이 있으면 유능한 학생들을 유치할 수 있으니까. …… (이공자연 교수 C)

거의 모든 단과대학에 골고루 학교 발전, 특히 학생교육에 대해서 애정을 갖고 계신 분들이 모여요. 인센티브는 거의 없습니다. 한 달에 25만 원인가 30만 원…… 또 제도적으로도 그분들에 대해서 점수를 성과점수…… 업적평가 점수를 높여 준다는 게 아니라 거의 미미한 수준, 누구나 받을 수 있는…… 그래서 변별력이 별로 없는데. 그러다 보니까 도대체 충북대가 왜 이렇게 열심히 하냐고 했을 때, 뭐 뒷돈도 없고, 제도적으로 인센티브도 없고, 단지 있다면 구성원들의 합의와 학부교육에 대한 어떤 열정, 헌신, 학교 발전에 대한 헌신…… 교수님들의 제자 사랑? 이런 걸로밖에는 설명이 안 됩니다. (인문사회 교수 E)

현재 활동하고 있는 소장교수 그룹의 헌신적인 노력은 이들을 발굴하여 적재적소에 활용하고 있는 총장의 적절한 용인술과 맞물려, 상대적으로 많지 않은 핵심 인력을 가지고도 충북대가 이제까지 학부교육 영역을 포함한 각종 정부 재정지원 사업 수주에서 무시할 수 없는 성과를 거두어 온 원동력이 아닌가 하는 추측을 하게 한다.

2) 헌신적인 직원

한편 교수들뿐만 아니라 충북대에는 학부교육에 특별한 관심을 가지고 지속적으로 헌신하는 직원들이 있다. 흔히 직원은 학부교육의 질 향상과 관련 그리 중요한 역할을 하지 않는 것으로 보는 사람도 있지만, 직원들은 교수들과 학생들을 연결하고 이들을 동기유발하는 지원과 평가를 직접적으로 담당한다는 점에서 매우 중요한 역할을 담당한다. 특히 면담과정에서 한 교수가 언급한, 충북대의 경우 직원들이 학교 발전과 학생 사랑에 큰 관심을 보이고 있으며 이러한 열정이 오히려 교수들을 감동시키고 있다는 다음의 사례는 매우 인상적이었다.

저도 놀란 부분 중에 하나가 본부에 있는 직원분들은 학교에 대한 헌신도가 어마어마한 거예요. 그렇다고 시간 외 수당도 안 주는 것 같은데, 저는 뭐 그 오죽하면 저도 연구책임을 맡으면 공무원들이라서 연구비를 못 주거든요. 그래서 어떻게든 식사비라도 따로 해서 '○○만 원 어치를 쓰십시오.' 해도…… 이분들이 안 됩니다. …… 굉장히 좀 뭐랄까, 이 양반들이 정보도 다 외부 다른 대학에 가서 다 끌어 오고 또 때로는 교수님들이 좀 연구를 할 때 너무 힘들다 할 때 설득을 오히려 거꾸로. 직원 선생님들이 교수님 이거 하셔야 돼요. 이거 안 하면 큰일 납니다, 예산 펑크 납니다. 이거 못 하면 학생들 당장 내년도 어학연수나 파견 못 갑니다…… 뭐 이런 분위기라서 직원 선생님들의 학교 발전에 대한 헌신도가 상당히 높다는 점……. (인문사회 교수 E)

이와 함께 특별한 소명의식과 전문성을 가진 직원들은 경우에 따라 교수들은 원하지 않는 새로운 학부교육 관련 제도와 프로그램을 도입하는 원동력으로 작용하기도 한다. 아직까지 충북대에서 학부교육의 질 향상을 위해 직접적으로 활용되고 있지는 못하고 있는 것으로 보이기는 하나, 충북대의 직원들은 학부교육 질 향상을 위한 학계와 사회적 논의에 항상 귀 기울이면서 국립대로서는 선도적으로 대교협 '학부교육 실태조사 설문조사'에 참여함으로써 이러한 새로운 접근방법을 적극적으로 수용하려는 태도를 보이고 있었다는 점에서 높이 평가할 만하다.

처음에 K-NSSE 했을 때, 저희가 사실은 조금 낮게 나왔었어요. 그래서 어 이거 심각하다…. 그리고 앞으로도 사실은 그게 뭐 신뢰도가 있냐, 없냐 막 또 교수님들은 그런 얘기도 하기는 했는데, 저는 이제 사실은 그런 쪽으로 가야 되는 거고 우리가 그만큼 발전해 가는 거다 해서 제가 ○○과장할 때 처음 했거든요……. 자료를 교수님들한테도 공유하고 이게 방향성이니까 조금 우리가 결과가 나쁘다고 하더라도……. 우리가 낮게 나온 것이 실제 그게 현황이에요……. 우리가 이 연구를 기반으로 해서 [우리 자신을] 들여다보고 우리 교수님들이 여기에 포커싱을 할 때가 됐다라고 해서 분석을 하고 설명회를 했었어요. 사실은 그리고 정책연구를 ○○○ 교수님한테 줘 가지고 앞으로 이걸 어떻게 교수님들한테 전파하고 제도적으로나 반영을 할 것인가 해서 단과대학 설명회도 하고 그랬는데, 이게 잘 안 되더라고요. 교수님들이 그거를 굉장히 거부감을 가지세요……. (직원 B)

5. 조기에 나타난 위기 신호에 대한 민첩한 대응

2011년 충북대는 강원대와 함께 '국립대학 구조개혁 중점 추진대학(부실 국립대학)' 이라는 오명을 쓰게 되었고 대학 전체적으로 큰 충격을 받았다. 물론 결과가 공표된 후 처음에는 총장직선제 폐지 거부, 취업률과 재학생 충원율 등에 대한 타 대학들의 전략적 지표 관리 등 학교의 역량과는 직접적으로 관계가 없는 평가방식의 문제점을 지적하며 강하게 반발하기도 했지만, 어쨌든 이 사건은 충북대 구성원들로서는 엄청난 충격이 아닐 수 없었다. 조직 전체에 가해진 이러한 위기의식은 구성원들이 오히려 자신을 되돌아보게 하는 전환점이 되었으며, 위기극복에 대한 공동체적인 압력은 새로운 제도의 도입과 개혁을 가져오는 계기로 작용하여 평소 때였으면 불가능했을 혁신적 제도의 도입과 개혁을 대학본부에서 강력하게 밀어붙일 수 있도록 하는 분위기를 마련해 주었다.

> 그러니까 사실은 충격이었죠. 구성원들 모두가 처음에는 그거에 대한 방어 기제로 왜 우리가?……이거 아닌데 정치적으로 우리가 세력이 약해서 당했다. 근데 시간이 지나면서는 냉철하게 우리가 이대로 가다가는 정말 학교도 위기다, 어렵겠다라는 것들이 구성원들 사이에 깔리기 시작했어요……저희들이 학사 제도나 이런 제도를 개혁하는 것은 다 교수님들이나 학생들한테 사실은 불편하게 하는 제도들이잖아요. 의무도 부여하고……우리가 뭔가 변화가 있어야 되고 그렇지 않으면 학교가 이제 정말 존폐위기에 간다라는 게 깔려 있었기 때문에……그렇지 않고 그냥 뭐 태평성대였으면 국립대학의 특성상 그런 제도들을 도입하기에 굉장히 어려웠죠. 하나하나가 학과평가제 뭐 그런 것들을 반영한다든지. …… (직원 B)

> 저희 학교가 아까 처음 말씀드렸다시피 농과대학에서 시작된 학교이기 때문에 저희 농과대학이 여러 가지 교육, 연구 이런 지표에서 ○○대학 다음으로 높을 거다 라고 늘 생각을 하고 학교생활을 하고 있었거든요. 근데 한 3년 전에 구조조정 대학으로 한번 ××대학이랑 저희 학교랑 선정이 돼 가지고 그때 정말 그런가 우리는 잘하고 있는데 왜 우리가 이런 점수를 받았나 따져 보

자 해 가지고 따져 봤더니 정말 그렇게 뒤로 가 있더라고요. 그래서 다들 구성원들이 농대 교수님들 깜짝 놀라 가지고 처음에는 좀 욱하다가 그다음엔 그걸 딱 열어 보니까 정말 우리끼리 딱 조사를 해 보니까 정말 지표가 그런 거예요. 그래서 우리 좀 각성을 해야 되겠다 그런 적은 있었어요. …… (이공자연 교수 D)

　　한편 이러한 위기의식은 충북대가 후발 주자로서 본래 가지고 있었던 전체 거점 국립대 중에서 상대적으로 낮은 외부적 위상과도 상당 부분 연관이 있는 것으로 보인다. 즉, 충북대가 거점 국립대이기는 하지만, 경북대, 부산대, 전남대 등 보다 규모가 크고 상대적으로 전통이 오래 된 국립대에 비해서는 여러모로 정부 재정지원 사업 수주, 취업 등에서 불리한 위치에 있다는 것을 스스로 자각하고, 이에 따라 이들 경쟁대학에 비해 한 걸음 빨리 정부정책이나 시대적 흐름에 대응하지 않으면 앞서 나갈 수 없다는 것을 정확하게 인식하고 있었기 때문이 아닌가 하는 생각도 든다.

　　저희들은 그 당시에 뭐…… 거점 국립대라는 프라이드는 있지만 거점 국립대가 여러 개 있는 데 그중에서 저희들이 뭐 뛰어나다라고 할까? 그런 면에서는 상대적으로 그 약하다고 봐야 되나요? 그런 데서 뭔가 이런 새로운 변화를 해야 되지 않나, 그래서 도약을 해야 되지 않나, 이런 생각이 있었던 것 아닌가. …… (전임 교무처장)

　　학교는 초반에 비해서 조금 더 시대 흐름에 빨리 대처하려고 노력하는 것 같다. 그런 게 뭐냐면 상대 평가를 저희 학교가 굉장히 빨리 했어요. 시점은 정확하게 모르겠지만 2011년인 거 같거든요. …… 뭔가 우리는 변화하지 않으면 안 되겠구나 약간 저항이 있다 하더라도 선도적으로 나가자 라고 하는 그런 몸부림의 일환으로 예전에는 좀 수동적이었던 게 우리 국립대, 충북대의 현실이라고 하면, 시간이 지날수록 뭔가 환경에 먼저 대응하지 않으면 우리가 도태될 수 있다라는 그런 압박감 이런 것들 때문에 먼저 이렇게 뭔가 변화하려고 하는 시도를……. (인문사회 교수 B)

　　국립대로서 충북대가 여러 가지 어려움에도 불구하고 학과별 자체전공인증제, 학과평가, 강의평가 결과 공개, 학부교육 실태조사 참여 등 학부교육에 상대적으로 앞선 수준의 노력과 의지를 보일 수 있었던 것은 한편으로 ACE 사업이 결정적 동인이 되기는 했지만, 남들보다 앞선 시기에 외적 자극(위기)이 있었고, 이러한 위기상황이 다양한 구성원들의 극복 의지를 자극하여 대학의 역량을 결집시켰던 것이 중요한 요인이 아니었나 생각된다.

6. 지역 거점 국립대로서 가지는 이점과 수도권과 가까운 위치

물론 일정한 한계가 있기는 하지만 충북 지역의 대표적인 거점 국립대학이라는 위상이 충북대가 학부교육 우수대학으로 성장하는 데 큰 강점으로 작용했다는 것도 부인할 수 없는 사실이다. 특히 참여정부 이후 지역 균형발전이 국가 정책의 중요한 한 부분으로 자리 잡음에 따라, 지역 특화 산업 등과 관련 정부 재정지원 사업단 선정에 있어 지역별 고려 등이 일정 부분 작용해 왔고, 이에 따라 특정한 학문 분야의 경우 충북대가 지역 거점 대학으로서 상대적으로 기반을 잡는 데 유리한 측면으로 작용한 측면이 없지 않았다.

> 지방대학이 연구비를 상대적으로 많이 받지 못한다고 늘 생각했는데 각종 사업에 선정이 많이 됐어요, 저희 충북대학이. 그러면서 research 쪽으로는 굉장히 활성화가 되고 그랬었습니다. 그 당시에. 교수님들도, 물론 그게 이제 인문사회나 사대는 조금 좀 이렇게 되지만, 예를 들면 공대라든지 농업생명대라든지, 뭐 이런 자연대라든지 이런 쪽은 연구비도 많이 받으면서 여러 가지 사업들이 벌어지면서 학교가 이렇게 excite 되는 그런 느낌이 조금 있었어요. …… (전임 교무처장)

이와 함께 국립대학으로서 경쟁 사립대학에 비해 등록금이 상대적으로 저렴하다는 것은 충북대가 그동안 우수 학생을 유치하는 데 있어서 긍정적인 요소로 작용했다고 보인다. 연구과정에서 왜 충북대에 왔는가 라는 연구자의 질문에 대해서 면담한 학생들 상당수는 "등록금이 싼 국립대이기 때문에 왔다."고 대답하는 경우가 많았다.

> 저는 솔직히 수능 보고서 성적에 맞춰서 온 게 크긴 한데, 그래도 몇 개의 대학교가 있었는데 메리트가 있는 게 국립대이고 등록금도 싸고 우리나라에서 충북대학교가 국립대학교 중에서도 입지가 있는 거 같아서, 충북대학교 그리고 이과이다 보니까 과를 여기 선택하게 된 거 같습니다. (전기공학부 4학년)

한편 충북대는 국립대로서 다른 대학들이 관심을 가지기 어려운 영역(예컨대, 소외 학생들인 장애우, 세월호 피해 학생 등)을 전략적으로 발굴하여 충북대의 강점 영역으로 육성해 왔다. 특히 충북대가 일찍부터 장애우들에 대한 관심을 가지고 학교 내에 장애 지원센터를 설립하고, 장애우들을 위한 시설과 교육 지원에 각별한 노력을 기울이고 있는 것은 지나치게 경쟁력 제고에 초점을 맞춘 획일적 학부교육 우수대학 모델만이 각광을 받고 있는 현재의 상황 속에서, 국립대가 추구해야 할 학부교육 우수대학의 모습이 무엇이냐 하는 질문에 대한 중요한 시사점을 제공해 주는 것으로 생각된다.

> 거점 국립대학으로서 자칫 놓치기 쉬운 부분들을 해소하려고 노력했습니다. 그래서 초창기에 교육역량강화사업을 할 때 저희가 장애학생들에 대한 지원사업 예산을 대폭적으로 늘렸거든요. 그 결과 그 후로 계속해서 저희가 취약계층, 장애인 최우수대학으로 1위로 계속 선정이 됐는데 초창기에 장애학생들도 인권이라는 측면에서 봤을 때 우리가 동등한 교육을 받을 권리를 갖고 있고 그 학생들이 수월하게 또 학습을 할 수 있는 정도의 여건이라면 일반 다른 학생들도…… 비장애 학생들도 더 우수한 교육 환경에서 학습할 수 있을 것이다라고 이제 당시에 위원들끼리 논의를 해 가지고 거기에 투자를 많이 했습니다. …… (인문사회 교수 E)

> 다른 학교에 비해서 그러한 시설이 잘되어 있는 거 같고, 또 제가 장애우랑 같이 수업을 들으면서 필기해 주는 튜터? 그거를 신청을 했었는데 그게 신청한 사람이 너무 많아 가지고……. (전기공학부 4학년)

지역 인재나 그렇지 않으면 여기 아까 사회적 배려 대상자. 우리가 그런 부분에 대한 것들도 고민을 해야 될 것 같고. 지난번 세월호 학생들 전형도 저희 대학은 사실은 뭐 굉장히 많은 인원을 배분을 했어요. 근데 사립대학 같으면 그런 부분의 인원을 배분하면 전체 그 정원이 줄어들기 때문에 그거 안 하거든요. …… 사회적인 책무라는 부분들이 거점 국립대학에는 있다라는 게, 저희 입시전형 짜고 이런 고민할 때 반영하려고 하는 부분들입니다. (입학본부장)

거점 국립대라는 이러한 이점과 함께 학생 자원이 밀집한 수도권에 가까운 지리적 위치 또한 충북대가 그동안 우수한 학생들을 유치하는 데 일정 부분 도움이 되었다고 할 수 있다. 충북대가 위치한 청주의 경우 수도권과 매우 가까워 수도권 출신 학생들의 비율이 높은데 2014 학년도 현재 재학생의 61.5%가 충북 이외 지역 출신이다. 물론 수도권에 가깝다는 것은 반대로 생각하면 우수한 충북 지역 학생의 수도권 유출을 촉진하는 요소로 작용할 수도 있어, 반드시 긍정적인 요인으로만은 생각할 수 없지만, 학령인구 감소에 따라 대부분의 지역대학들이 학생 충원에 어려움을 겪는 상황에서 충북대가 하기에 따라 얼마든지 우수한 학생들을 유치할 수 있다는 점을 감안하면 충북대가 가진 중요한 기회 요인(opportunity factor)으로 생각할 수도 있을 것이다.

저희가 지역 거점 국립대학인데, 사실은 지역에서 수급하는 학생들 비율이 다른 지역 거점 국립대학보다는 굉장히 비율이 많이 떨어지는 편이에요. 떨어지는 편인데 그래도, 그래서 이제 지역 학생들을 모집하려는, 전략적으로 전형을 만들어서 시행을 하기도 합니다. 그런데 수도권하고 가깝다는 거가, 어떻게 생각해 보면 이게 반반인데요, 이점이 될 수도 있고 또 학생들이 유출…… 여기 학생들이 수도권으로 유출되기가 굉장히 쉬운 측면도 있거든요. 그래서 주로 저희는 이제 천안이나 경기권. 경기권 학생들의 유입이 조금 지속적으로 있는 편입니다. …… (직원 L)

7. 참여적 · 포용적 리더십과 적절한 용인술

무엇보다 식약청장 등 외부 행정기관에서의 리더십 경험이 풍부한 현 윤여표 총장이 전략적으로 필요한 사람을 적재적소에 잘 배치해서 활용하고 있다는 점이 충북대에서는 상당한 강점으로 작용하고 있는 것으로 보인다. 1차년도 학부교육 우수대학 연구에 참여한 대학들에서조차 '어차피 일할 사람이 계속 일한다.'란 말이 일반적으로 통용되고 있는 것을 보면, 어느 대학에서나 이러한 '일할 사람, 유능한 사람, 헌신적인 사람'을 제대로 파악하고 이 한정된 자원풀을 어떻게 효과적으로 활용하느냐 여부가 학부교육 질 개선을 포함한 학교의 전체적 발전을 가늠하는 중요한 잣대가 될 수밖에 없다.

　　행정이라는 건 똑같은 자원을 어떻게 배분하고 또 어디에 집중하느냐 그게 행정이에요. 우리가 24시간을 어떻게 쓰느냐에 따라서 그 사람의 능력이 나타나는 것처럼, 행정의 리더십이라든지 기관장, 총장으로서의 역량이라는 것은 어떤 사람들을 어디, 어떻게 일을 할 수 있도록 그 사람들을 잘 뽑아서 어디에 배치하고 또 일을 할 수 있도록 지원해 주느냐, 그것을 리더십이라고 하는데 그게 제가 밖에서 한 5년간 행정 경험, 기관장을 했던 그런 것들을 조금 활용해서 하다 보니깐 이런 것이 아닌가, 저는 그렇게 제 나름대로 생각을 한번 해 보았습니다. (총장)

　　다들 주변에서 하시는 말씀이 총장님이 아무것도 안 하는 것 같지만 적재적소에 사람을 배치해서 충북대학교를 잘 돌아가게 한다는 표현을 교수님들이 하시거든요. 그러니까 연세가 많이 드신 분들은 과거의 총장님들의 행태를 다 아실 거 아니에요. 이번 총장님은 평가를 그렇게 하시더라고요. 그래서 '나는 가만히 있지만, 주변에 있는 보직자들이 다 알아서 하게 한다.'라는 표현을 하시더라고요. …… (학생부처장)

　　제가 사실 그 대학구조개혁 혁신사업에 연구위원으로 들어갔었거든요. 그 연구위원을 총장님이 지목을 하셨어요, 사실. 그래서 대학구조개혁 발표하러 갈 때에도 '누구는 아닌 것 같아, 아 누구는 넣는 게 좋겠다.' 이렇게 그런 것까지도 하나하나 세심하게 해 주셔서 사람에 대한 파악을 너무 잘하세요. 그래서 그런 부분이 굉장히 보이지 않는 리더십이라고 할 수 있을 것 같습니다. (학생부처장)

이와 함께 현 총장의 경우 구성원들의 이야기를 잘 들어 주고 소통을 하려고 하는 것이 가장 핵심적 리더십의 특징이라고 할 수 있다. 현 총장은 교직원들뿐만 아니라 학생들의 경우에도 가능한 한 자주 만나 이들의 어려움을 최대한 많이 들어주려고 노력하고 있었으며, 특히 취임 후 총장에게 올라오는 보고사항들을 교직원들에게 이메일로 공유함으로써 보다 실제적으로 소통의 의지를 표명하고 있다고 했다.

> 식약청장이라든지 중앙행정기관을 운영하면서 보니까, 이제 강압적으로 운영할 수 있는 것도 아니고, 교수님들이나 직원들도 마찬가지입니다. 다 자기 나름대로 생각들이 있기 때문에 그걸 하나로 묶는다는 게 쉽지는 않거든요. …… 제 행정이라든지 사회생활 하는 데 제일 중요한 게 소통이라고 보거든요. 소통이라는 것이 그런 계속 막 밥만 먹고 술만 먹으면 소통이 되는 것이냐, 저는 그렇게 보지 않습니다. 행정 경험으로 보니까 각 정보라든지 생각들을 같이 나누는 것이 소통이 아닌가, 저는 그렇게 보고, 아까 말씀드린 대로 우리 대학의 모든 행정을 전체 교수들, 직원들한테 매주 이메일로 그대로 다 전달을 해서 볼 수 있도록, 학교가 어떻게 돌아가는지, 보직자들만, 간부들만 보는 것이 아니라 전체 다 볼 수 있도록 오픈을 하는 공개 행정을 해서 그게 하나의 소통이라고 지금 보고요……. (총장)

> 저는 학생들하고 좀 접촉할 기회를 많이 가집니다. …… 예를 들면, 뭐 시험 시간 중에 야식을 배부한다든지 또 학생 식당이라든지 또 생활관, 기숙사의 식당에 가서 식사를 같이 한다든지……. 그러니까 같이 함께하는 것들이 그런 행사가 있으면 얼마든지 같이 하려고 노력을 하고 있는 것, 그런 것들이……. 그리고 아까 말씀드린 대로 대개 학생 간부들, 회장을 비롯해서 거기는 집행부, 총장하고 항상 대립각을 세우는 게 자기들 학생회 운동이잖아요. 근데 저희는 학생회 장단들이, 지금 이것 보세요. 스승의 날 때 자기들 사진 넣어 가지고 이렇게 아주 감사하는 이런 것들을 보내 올 정도로, 자기 성의가 들어 있잖아요. (총장)

한편 종합대학인 충북대의 경우 단과대학별로 가치관과 관점의 괴리가 큰 경우가 많다. 따라서 이들이 서로 다른 의견을 표출하고 이해할 수 있는 소통의 장을 만들어 주는 것이 매우 중요한데, 이를 위해 총장 취임 이후 학과장 회의를 만들어 운영하고 있다. 또한 설령 요구사항들을 다 들어주지 못하더라도 가능한 한 진정성을 가지고 교수들의 의견을 들어 주고, 자신이 총장으로서 개인적 사심이 없다는 점을 최대한 강조함으로써 교수들에게 어쩔 수 없는 학교의 입장을 이해시키려는 자세를 견지하고 있었다.

> 충북대학교가 종합대학이다 보니, 단과대학별로 괴리가 굉장히 큽니다. 사실. 인문사회대 선생님의 생각을 자연대나 공대 선생님은 도저히 이해를 못해요. 역시 반대이고요. 그러니까 그거를 학과장 회의를 통해서 학과에서 나오는 이야기들을 스스럼없이 해서 학과 간 단대 간의 교수님들 어떤 성향의 학문 성향의 특성을 파악할 수 있게 이런 걸 시도를 하셨어요. 그래서 그런 의견수렴 절차를 공식적으로 학과장한테 들을 수 있는 그런 소통의 장을 마련을 하신 게 하나의 특징이라고 볼 수 있을 것 같습니다. (학생부처장)

> 일단은 뭐 제일 어려운 게 사실은 총장을 만나려고 하는 사람들은 다 어떤 요구상황이고 다 대부분은 들어주기 어려운 것들입니다. 그리고 또 다 돈에 관계된 것이고. 왜냐하면 총장까지 올라오려면 밑에 다 거쳤다는 것이거든요? …… 저는 될 수 있으면, 그런 생각을 합니다, 뭐 요구사항을 못 들어주더라도 그 사람의 이야기를, 요구사항을 귀담아들으려는, 진정성을 가지고 들으려고 하는 자세를 가지고 있고요. 그리고 안 될 때에는 안 되는 대로 입장을 구체적으로 설명을 해서 이해를 시키려고 좀 하는 것……. 저는 뭐, 총장 두 번은 할 수 없습니다. 우리 국립대학은 나이 제한이 있기 때문에 저는 한 번으로, 단임으로 끝이 납니다. (총장)

이러한 소통중심의 현 총장의 리더십은 개혁 추진과정에서 필연적으로 발생할 수밖에 없는 교수들의 변화에 대한 저항을 완화시키는 완충작용을 하고 있었는데, 이러한 점은 CK 사업 지원을 위한 학과 정원 감축 과정에서 특히 잘 드러나고 있다. 즉, 정원 감축 등 구조조정을 논의하는 위원회에 각 대학을 대표하는 사람들(단대별 2~3명)이 모두 모여 객관적 데이터(예컨대, 유사한 위상과 규모의 국립대학 취업률 자료 등)를 앞

에 놓고 토의하는 장을 만들고, 대학이 설정한 목표와 당면한 과제 이행의 불가피성을
지루하다 싶을 정도로 지속적 토론 과정을 통해 구성원들에게 이해시키면서 끌고 나
가는 모습을 보여 주었다. 이에 따라 당시 정원 조정에 대한 학교의 방안에 대해 인문
대 등 일부 학과에서 반대는 있었지만 구성원들의 전체 토의의 장에서 충분한 의견수
렴을 거친 안을 거부할 명분이 상대적으로 적었기 때문에 갈등은 있었지만 결국은 대
학 본부가 원하는 방향으로 밀고 나갈 수 있었다.

　　합리적인 기준을 기초로 그러니까…… 특히 문과 인문계 교수님들은 명분에 약해요. 명분을
도저히 반대할 수 없는 지표…… 예를 들어서, 그냥 상대비교평가 없을 때 학과평가? 안 받아 들
이는 거예요. 왜냐면…… 공대하고 순수학문하고 응용학문을 비교한다는 거 자체가 말이 안 된
다 이렇게 이야기를 하고 그래서 그럼 이걸 어떻게 극복할 것인가 한 게 거점 국립대 상대비교평
가 이런 지표를 놓고…… 이제 그걸 갖고 비교하니까 말을 못하시는 거고……. (직원 B)

　　그다음에 쭉 설명회를 단과대학 찾아가는 설명회 해서 우리는 그거를 합니다. 가서 설명을 하
고 그래서 교수님들한테 뭐 그렇다고 다 오시지는 않아요. 물론 (웃음) 그렇지만 어쨌건 가서 설
명회를 해서 질의응답을 받고…… 들어 주는 거죠 본부에서…… 한 번, 두 번, 세 번하면 그다음
에는 '에이, 그래. 너 마음대로 해라.' 이러는 거고. (웃음) 결과 나오면 또 한 번 뭐 근데 작년에
저희가 7%를 줄였거든요. 287명을 줄이니까 굉장했죠. 그런데 너무나 조용히 잘 넘어갔어요.
…… 사실 굉장히 걱정을 많이 하고 시작을 했는데 그 지표가 이제 명분이 있으니까 몇몇 과에서
이제 얘기는 하셨지만 뭐 그래도 그래서 이제 제가 학과장님들 다 모셔 놓고 사전에 설명회하고
이렇게 하고 그 지표 원데이터를 다 드려서 확인해 보시라……. 라고 검증을 거쳐서 공개하고 이
랬기 때문에……. (직원 B)

　　저희가 시작하기를 재작년 2013년도 가을에 시작을 해 가지고요. 결론을 내린 게 이제 2014년
4월입니다. 그러니까 5~6개월 정도를 그 작업을 했는데……근데 그 회의를 정말 회의록 꼼꼼하
게 써 가면서 몇 차례 회의를 했고요, 또 회의도 이원화를 했습니다. 하나는 구조개혁실행위원회

라고 해 가지고 단과대학 학장님께서 추천한 위원회가 있고요. 또 저희 대학본부 보직자분들로 구성된 추진위원회, 실행위원회, 추진위원회와 이원화해서 실행 위원회에서 심의 3번, 또 추진위원 2번 이렇게 해 가지고서는 5차례 회의를 뭐 그 동안에 이제 실행위원회의 본 회의 전은 한 달에도 몇 번씩 했고요. 그리고 나서 전체 학과장 회의 2번, 공청회 이렇게 하다 보니까 정말 진이 빠질 정도로 했는데 실제로 그 7% 줄이는 안을 확정 통과시킬 때는 큰 무리 없이 그렇게 할 수 있었습니다. (직원 E)

제5절 결론 및 제언

1. 결 론

이 사례연구는 짧은 동안에 국립대학으로서 학부교육 우수대학으로 성장한 충북대 학부교육의 특징과 성공요인을 분석하는 것을 목적으로 수행되었다. 이를 위해 2인의 연구자가 각종 문헌자료, 참여관찰, 구성원 인터뷰 등 다양한 방법을 활용하여 자료를 수집·분석하였으며, 이러한 과정을 통해 다음과 같은 연구결과를 도출하였다.

먼저 충북대 학부교육의 우수성을 대변하는 가장 특징적 요소는 ACE 사업을 통해 너비와 깊이를 충분히 확대한 교수학습지원센터의 지원체제, 학문적 탁월성과 성실성을 겸비한 교수와 학생 집단, 이들을 효과적으로 묶는 평생사제제 등과 같은 새로운 제도들을 들 수 있었다. 먼저 교수학습지원센터는 과거에는 접근하기 어려웠던 강의실의 문을 열고 강의실에 학생과 교수 외의 다른 사람의 접근을 허용하는 문화를 형성했다는 점에서 매우 큰 의의가 있다. 강의평가 전면 공개가 이러한 문을 억지로 열게 하는 채찍이었다면 교수법 지원은 교수 스스로 자신의 문제를 해결하기 위해 교수학습지원센터를 찾게 하는 일종의 인센티브로 작용하고 있는 것처럼 보였다.

다음으로 학문적 탁월성과 기본적 성실성을 갖춘 교원과 학생 집단은 우수한 교육을 담보하는 필수적 요소다. 이러한 두 요소가 만나 학생들에게 더 높은 수준의 학문적 성과를 기대하고 그것을 위해 동기부여하는 캠퍼스 문화를 형성했다. 다만 성실성 기저에 있는 약한 자신감이 학생들의 보다 능동적이며 협동적인 학습 자세나 교우 및 교수와의 관계 확대를 가로막는 요인으로 작용할 때도 있어, 이에 대한 체계적인 해결을 통해 학업적 도전이나 지적 활동, 능동적 학습과 같은 영역의 노력을 촉진해야 할 것으로 보였다. 마지막으로 두 집단을 강의실 안팎에서 묶어 교류를 나누게 하는 평생 사제제와 같은 다양한 제도는 소극적인 충북대학교 학생들의 잠재력을 이끌어 내게 하는 데 매우 큰 효과를 발휘하고 있는 것으로 나타났다. 지리적으로나 사회적으로 내륙에 위치한 충북대학교는 내재적인 우수성에 비해 늘 차선으로서의 이미지가 더 강한 문제를 안고 있다. 이와 같은 이미지는 학생의 잠재력을 부단히 자극하고 격려하는 방법을 통해 타파할 수 있는데, 그런 의미에서 교수와의 일정 횟수 이상의 교류를 의무화한 방법은 특수한 예를 제외하고는 학생들에게 큰 도움이 되는 우수한 정책인 것으로 평가된다.

충북대 학부교육의 성공요인은 [그림 3–13]에서와 같이 크게 다음의 네 가지의 범주로 요약해서 정리될 수 있다. 먼저 '상황적 요인'이다. 2011년 불시에 닥쳐온 국립대학 구조개혁 추진 중점대학 지정이라는 오명이 국립대라는 환경에 안주하고 있던 구성원들이 자신을 되돌아보고 대학의 역량을 다시 한 번 결집할 수 있는 계기를 제공해 주었고, 이것이 때마침 취임한 전임 총장의 학부교육에 대한 강한 관심과 열정과 만남으로써 충북대가 학부교육 우수대학으로 발전해 나갈 수 있는 토대가 구축되었다. 이 과정에서 거점 국립대로서 충북대가 가지고 있는 이점과 수도권에 가까운 지리적 위치는 이러한 충북대의 노력을 간접적으로 지원해 주는 동력 중의 하나로 작용했다.

둘째, 이러한 상황적 압력과 여건 속에서 충북대는 ACE 사업을 포함한 각종 학부교육 관련 정부 재정지원(ACE, LINC, 교육역량강화사업, 지역 선도대학 육성사업 등)을 수주하는 데 성공했다. 이 과정에서 도입된 다양한 학부교육 활성화를 위한 프로그램(예컨대, 평생사제제, 기초교육원과 CI 센터를 창의융합교육본부로 개편, 학습부진자 코칭 프로그램 등)이 충북대를 학부교육 우수대학으로 만든 대표적인 '내용적 요인'이라고 할 수 있다. 반면, 정부 재정지원 사업 수주에 따라 확보된 '학부교육'으로 용도가 지정된 추가적 재원은 학부교육 활성화를 가능하게 한 '물적 요인'이라고 할 수 있을 것이다.

　마지막으로 총장의 적절한 용인술과 이에 따른 구성원들의 자발적 헌신, (위기상황
과 재정지원 사업 수주 과정에서 도입된) 국립대로서는 선도적인 학과/교수평가 프로그
램(자체교육인증제, 학과평가, 교수업적평가 및 강의평가 등), 현 총장의 참여적ㆍ소통적
리더십(전임 총장의 학부교육에 대한 관심과 열정) 등은 '인적ㆍ제도적 요인'이라고 할 수
있으며, 이는 앞서 언급한 학부교육 활성화를 위한 상황적 요인, 내용적ㆍ물적 요인들
과 결합되면서 현재까지 충북대 학부교육의 질적 수준을 견인해 온 중요한 요인들로
분석되고 있다.

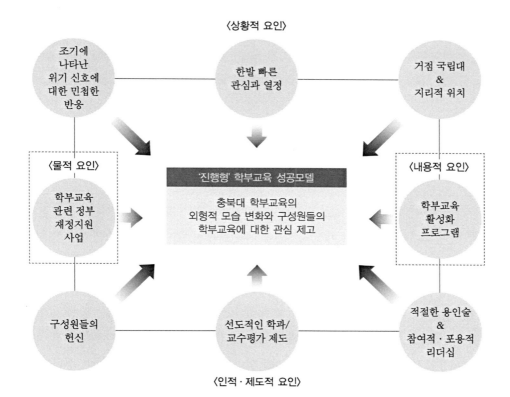

[그림 3-13] 충북대 학부교육의 성공요인

2. 충북대학교 학부교육 활성화를 위한 제언

충북대의 문제는 이제까지 이룩한 이러한 학부교육 성과들이 2015년 ACE 사업 재진입 실패에 따라 중대한 기로에 서 있다는 점이다. 앞서 언급했던 ACE 1주기 사업을 통해 충북대 학부교육의 질 향상을 견인했던 다양한 제도와 프로그램들은 그동안 자리 잡고 있었던 전통적 학부교육의 운영 방식과 내용에 상당한 변화를 만들 수 있었지만, 아직까지 대학 구성원들의 의식과 가치관, 행태에 완전히 뿌리내린 상태는 아니다.

> 아시겠지마는 노는 교수님들은 많이 노시고 열심히 하시는 분은 또 계속하시고 하는 어떤 조직상의 특성이라고 저는 보고 있고요. 그래도…… 개선하시는 분들은 개선한다고 생각을 하고 있습니다만은…… 모두 다라고는 할 수 없어도……. (이공자연 교수 D)

따라서 이것이 충북대 학부교육의 체질로 공고히 자리 잡기 위해서는 앞으로도 학부교육의 개선을 위한 강력하고, 지속적인 노력이 필요한 것으로 생각된다. 설문조사 영역과 점수 부여 방식이 2011~2013년 수집 데이터와 일부 달라져 여기서는 구체적 수치는 포함하지 않았지만, 2014~2015년 K-NSSE 조사 결과 충북대가 ACE 사업 대학 등 타 비교대상 대학들에 비해 2년 연속 매우 우수한 결과를 거둔 것은 이러한 점에서 매우 시사적이다.[1] 이러한 상황을 감안하여 연구자들은 충북대의 사례를 특히 '진행형' 학부교육 성공사례라고 명명하였다.

연구자가 볼 때 충북대 '제2의 도약'의 핵심은 ① ACE 1주기 사업 기간 동안 도입하여 시행하고 있는 다양한 학부교육 관련 프로그램과 제도를 '학부교육의 질 개선'이라는 보다 종합적인 비전과 교육철학에 따라 얼마나 체계적이고, 지속적으로 추진할 수 있는가, 이와 함께 ② 학부교육을 실제 교육 현장에서 만들어 가는 핵심적 주체들인

---

[1] 충북대가 K-NSSE 2011~2013데이터와 2014~2015의 데이터 사이에서 비교대상 그룹 대학들과 비교할 때 비약적 발전을 이룬 것은 또 다른 심층적 연구가 필요한 중요한 연구 주제라고 할 수 있다.

교수·학생, 그리고 이들을 지원하는 직원들을 어떻게 동기부여시켜서, 얼마나 많은 사람들이 '진심으로' 학부교육 활성화를 위한 프로그램에 참여하고 이를 충북대 발전을 위해 '의미 있는 핵심가치'로 받아들일 수 있도록 만들 수 있는가 여부에 달려 있다고 할 수 있다. 이를 다른 말로 표현하자면, 학부교육 활성화를 위한 구성원들의 노력, 제도와 프로그램이 구성원들의 가치관과 행태 속에 깊숙이 체화되고, 이것이 충북대의 조직문화로 발전해 가도록 만들어 나갈 수 있느냐 라는 것이 향후 충북대 학부교육 활성화의 핵심 과제라는 것이다. 정부 대학구조개혁 평가에서 우수한 성적이라는 달콤한 현실에 안주하지 말고 ACE 사업 재진입 실패라는 위기 신호를 보다 엄중히 받아들임으로써, 2016년 ACE 사업 재진입 과정을 충북대 학부교육의 제2단계 발전을 위한 중요한 전환점으로 만들어 나갈 필요가 있다. 연구자는 충북대에서 학부교육 활성화를 위한 이러한 또 한 번의 도약이 성공적으로 이루어질 때, 현재 충북대에 붙어 있는 '진행형' 학부교육 성공모델이라는 꼬리표를 비로소 떼어 낼 수 있을 것으로 생각한다. 이하에서는 충북대가 이러한 향후의 노력 과정에서 고려해야 할 몇 가지 제언을 총론적 차원에서 제시해 보았다.

1) 학부교육의 질 개선에 대한 리더의 적극적 관심 표명과 혁신 주도 그룹의 형성

현재 대부분의 국립대에서는 총장이 주기적으로 교체됨에 따라 설령 교육철학과 목표가 일단 설정되었다고 하더라도 지속되기 어려운 문제점이 있다. 충북대의 경우에도 총장이 임기 후 연임하지 못하는 것이 거의 관행처럼 굳어져 있고, 더욱이 현 총장의 경우 총장 선임 과정에서 많은 어려움을 겪은 터라, 전임 총장이 수립했던 발전전략과 교육철학이 후임 총장에게 자연스럽게 이어지지 못한 측면이 있다. 이러한 상황 속에서는 중장기적 관점에서의 교육철학과 목표의 수립과 일관성 있는 추진이 어려워진다. 이 점은 비단 충북대뿐만 아니라 극히 일부의 예외적인 국립대학을 제외한 대부분의 국립대학에서 나타나는 공통적인 문제점이 아닌가 생각된다.

하지만 학부교육의 질 개선을 위해서는 구체적 비전, 교육철학의 정립과 함께 총장의 교체 여부와 관계없이 지속되는 리더의 학부교육의 질 개선에 대한 명확한 의지표

명이 무엇보다 중요하다.

> 기초교육원이라는 것도 전임 총장님 때 만들어졌고. 학내 어떤 분위기는 저거 잘못 만든 조직이다. 예전 이제 왜 90년댄가 학부대학인가 했다가 다시 문 닫은 것처럼 그걸로 다들 생각을 하셔서, 필요 없는 조직이고 잘못 만든 게 거기다 교수를 또 다섯 명이나 뽑아 놨어, 이런 비판들이 되게 많았거든요. 그래서 처음에 총장 되시고 뭐 공약이나 이런 거 할 때도 장기적으로는 발전이라 그랬는데……. 이걸 없애는 조직이었다. 근데 이제 그래서 그거를 마음을 돌리는 데 거의 1년 가까이 들었고. (구성원 X)

> ……한 두세 달 사이에 교양교육이 왜 중요하다는 거에 대해서 인식을 하기 시작한 것 같아요. 근데 이분이 행정 경험이 있으니까, 인식을 하기 시작하면 바꿀 수 있거든요. 그래서 저는 이분이 교양교육을 바꿔야겠다는 게 이제 막 새록새록 올라오는 것들을 제가 느끼거든요. 근데 그걸 어떤 식으로 좀 부드럽게 할 거냐……. 그래서 교양기초교육 컨설팅도, 아 그걸 통해서 우리가 바꾸면 되겠다. 이런 말씀 직접 하셨으니까 그건 의지가 있다고 하면 될 것 같습니다. (구성원 X)

비전 없는 단기적 성과 관리는 자원배분의 왜곡을 가져와 궁극적으로 학부교육에 대한 대학의 기초체력을 약화시킬 것이 명약관화(明若觀火)하기 때문이다. 따라서 정부 재정지원 사업 수주를 위해 필요한 취업률 등 단기적 성과 관리는 반드시 학부교육의 질 개선이라는 보다 큰 비전과 명확한 교육목표 속에서 체계적이고 지속적으로 추진될 필요가 있다.

충북대의 경우에도 일부 단과대학에서는 이미 나름대로의 명확한 교육목표를 설정하고 이를 바탕으로 교육을 하려고 노력하고 있는 곳도 있다. 문제는 이러한 단과대학별, 전공단위별 교육목표를 아우르면서, 대부분의 구성원들이 공감할 수 있는 대학의 전통적 가치와 지역의 특성에 기초한 인재상과 이를 구체화한 교육목표를 여하히 만들어 내고 이를 구성원들과 공유하며 체계적으로 정착시켜 나갈 것인가에 있다.

저희가 버텀 업으로 놓고 본다면 각 단과대학별로, 전공 단위별로 분명히 생각하는, 뽑으려고 하는 게 있습니다. 예를 들면, 저희가 전자정보대학 같은 단과대학이나, 수의대 같은 경우에는 아주 바람직하게 잘하고 있죠. 그런 데를 가서 얘기를 하면, 그 사람들, 그쪽에서 원하는 인재라는 게 분명히 있습니다. 근데 이게 왜 통합되어 모아지는 부분에서 정확치는 않다는 것이 저희가 갖고 있던 약점이었고…… 그거를 이제는 저희도 잘 정리를 해서, 뭔가 공통분모를 찾고, 그런 것을 제시할 수 있는 것들이 전체 차원에서 조합이 이루어져야 하지 않을까……. (보직자 A)

　　그게 밖에 보여지는 어떤 애드벌룬이 아니고…… 내부의 구성원들이 다 공유되어야 하는 부분들이야 될 것 같다는 생각이 듭니다. 전체 구성원이 우리는 예를 들어서 정직한 인재를 만듭니다. 그러면 교수님들도 정직해야 될 거고, 아이들도 정직해야 하고, 교직원도 정직해야 되겠죠. 사실은 그런 부분들이 더 필요하다고 보는데요. …… 제대로 된 차별화된 학교의 인재상이라는 게 있어야 한다는 생각이 들고, 그것이 굉장히 진실해야 된다는 생각이 들고, 구성원 전체가 공유할 수 있을 만큼의 가치가 있어야 한다는 생각이 듭니다. 근데 이제 그게 쉽지가 않은 거죠. (보직자 A)

　　일단 교육 철학과 목표를 설정하고 나면 이러한 목표를 기준점으로 하여 현재 시행되고 있는 다양한 교육 프로그램과 제도를 다시 한 번 검토해 볼 필요가 있다. 즉, 교육과정(교과+비교과; 교양+전공 과목 등)과 각종 학부교육 지원 체계를 재점검하고, 설정된 교육목표를 효과적으로 달성하기 위한 전략적 목표와 과제를 중장기적 관점에서 설정하여 일관성 있게 추진해 나가야 한다. 이때 선정된 전략적 과제의 추진에 대해서는 총장의 전폭적인 인적·물적 지원과 함께 흔들림 없는 추진의지의 표명이 뒷받침되어야 할 것이다.

　　면담 과정에서 만난 한 구성원이 적절히 지적하고 있듯이 2015년 현재 우리 사회에서 학부교육 논의를 주도하고 있는 대학들(예컨대, 한동대학교, 건양대학교, 성균관대학교 등)의 경우 발표된 교육부 정책을 따라가는 것이 아니라, 해당 학교에서 오히려 교육부의 학부교육 정책방향을 선도해 오고 있다는 점을 주목할 필요가 있다. 즉, 교육부의 정책방향이 발표된 후 따라가는 방식으로는 항상 뒤처지기 마련이므로, 중장기적 관점에서 개별 학교에서 혁신적 학부교육 혁신 발상을 먼저 제안하여 시행하고, 교육부가 오히려 이러한 내용을 정책으로 채택하도록 유도할 필요가 있다는 것이다. 이를 위해서는 학부교육을 포함한 전체적인 학교 발전전략을 중장기적인 관점에서 지속적으로 고민하고 함께 논의할 수 있는 혁신적 소장교수 그룹의 의도적 양성과 함께 이들에 대한 적극적인 동기부여 기제 마련이 필요하다.

충북대에서도 이런 혁신 선도그룹을 만들어야 한다는 문제인식을 가지고 구체적인 실행방안을 논의하고 있는 바, 예컨대 각 단과대학별로 2~3명 정도의 젊은 교수들을 중심으로 비전 구체화 그룹(innovation & development group)을 양성하는 것을 혁신보고서에서 제안하고 있다. 이러한 제안의 성패는 결국 이러한 헌신하는 사람들에 대한 보상 기제를 어떻게 만들어, 지속 가능한 시스템으로 만들어 나갈 수 있을 것인가에 달려 있다. 전적으로 개인의 소명의식과 자발적 참여에 의존하는 기존의 방식으로는 교수들의 참여 지속성을 이끌어 내는 것이 매우 어렵기 때문이다.

2) 단과대학/학과별로 세분화된 구체적 비전과 교육목표의 수립

사실 충북대 전체가 하나의 공동체가 되기에는 이미 그 규모가 너무 크다. 다양한 특성을 가진 학문 분야가 모여 있는 종합대학으로서의 복합적 성격을 가진 충북대의 경우 교육철학 자체가 애매모호하고, 이에 따라 구성원들에게 제대로 전파되어 공유가 되지 않는 측면도 중요한 이슈 중의 하나다.[2] 이러한 문제점은 충북대가 거점 국립대학으로서 어쩔 수 없이 교육과 연구라는 두 가지 중요한 미션을 복합적으로 추구할 수밖에 없는 측면과 서로 맞물려 상황을 더욱 복잡하게 만드는 것으로 생각된다. 교육과 연구 사이의 역할의 혼동으로 인해, 실제 대부분의 충북대 학생들이 졸업 후 바로

---

2) 2015년 11월 30일자 충북대 신문 사설("우리 대학의 비전을 바르게 세워 보자")에서도 "가끔 우리 대학의 비전은 무엇인가를 생각하다 다소 허탈함을 느낀다. 우리 대학의 비전은 너무 막연하고 더 이상 아무런 상상이 안 된다. 설령 비전은 있지만 정확히 무엇인지 알 수가 없다"고 지적하며 대학 발전을 위해 보다 구체적이고, 명확한 비전이 필요함을 역설하고 있다.

취업을 하고 있음에도 불구하고 교수들은 교육보다는 직접적인 평판과 보상을 가져다주는 연구에 보다 치중하는 경우가 적지 않았다.

> 저희 대학이 만약에 사립대학에 한 천 명 정도 뽑는 대학이라고 그러면 명쾌하게 인재상 제시를 할 수도 있을 겁니다. 근데 저희는 단과대학 내에서 봐도요, 인문대학과 전자정보대학하고는 이거는 뭐 아마 대학 간의 격차보다도 큰 교육적인 백그라운드가 틀릴 것 같아요. (입학본부장)

이러한 문제점을 완화시키기 위해서는 단과대학, 학과별로 자신들의 특성과 소속 학생들의 진로 등을 반영하여 보다 구체적인 교육 비전과 목표를 설정하도록 하는 것이 필요하다. 예컨대, 특정 단과대학, 학과별로 교육과 연구 중 어디에 보다 치중할 것인가 등을 중심으로 전략적으로 포지셔닝을 하고, 이러한 특성을 반영하여 교육목표와 실천전략을 보다 구체적으로 설정하게 할 필요가 있다. 현재 공과대학이 지향하고 있는 '중부권 지역연고 중소기업에 취업할 수 있는 역량의 배양'이라는 교육목표는 그러한 예 중의 하나가 될 수 있을 것이다.

> 그건 분명히 공과대학이 가지고 있습니다. 창의성, 뭐 총장님이 얘기하시는 창의성 그런 거 다 저희가 반영하려고 하지만, 알다시피 우리 공과대학은 산업체의 수요에 맞는 그런 인재를 양성해야 되니까. 현재 지역이 중부권이고요. 그래서 우리 학생들이 취업을 하는 분포를 보면 주로 이제 충청권이 많습니다. 그래서 중부권에서 산업수요에 필요한 학생들을, 거기다가 뭐 창의성이 있고, 그다음에 이제 팀워크가 좀 될 수 있는 그런 학생들을 배출하자 하는 것이 목표입니다. 그래서 뭐 거창하게 저희들을, 그 제가 공대 발전계획도 세우고 이러면서 뭐 우리나라의 연구의 중심으로 학생들을 그런 건 지양을 하고, 그건 교수들이 해야 될 일이고. 학생들은 교육에서 중부권의 산업수요에 합당한 그런 학생들을 배출하자 하는 게 목적이었고요. 또 큰 목표, 목적은 제가 학과장 교수님들, 항상 교수님들에게 욕심내지 마십쇼. 그 학생, 뭐 아시다시피 우리 학생들이 수능이, 공과 대학생들이 수시에서는 한 3등급? 정시에서는 한 4등급 정도의 학생들인데. 그 학생들 연구에 특화된 연구소 쪽이나 이렇게 가기는 어렵다. 그럼 이제 대학원 과정에서는 좀 다

르지만요. 학생들한테는 이제 이 중부권에 산업에 특화될 수 있는 비중이, 취업하는 것이 거의 80~90퍼센트가 이쪽입니다. (공과대학 학장)

보다 구체적인 시행전략으로는 예컨대 현재 시행되고 있는 자체전공(학과)인증제를 발전적으로 개편하여 개별 학과들이 보다 실질적 교육목표를 설정하게 하고, 이에 바탕한 교육과정 및 수업, 질 관리 체계를 중장기적인 관점에서 지속적으로 만들어 나가는 노력이 필요하다. 이를 위해서는 먼저 구체적인 데이터에 바탕을 둔 철저한 현황분석을 통해 단과대학별/학과별 목표와 발전 지향점(키우려는 인재상과 교육목표, 교육 vs 연구에 대한 강조 정도 등)을 명확히 포지셔닝하는 작업이 선행되어야 하고, 대학본부에서는 이와 관련하여 보다 적극적인 리더십을 발휘하여 '학생의 편익 중심'이라는 대의명분에 더하여 이러한 노력들을 자체 평가 인증제 등을 통해 점차적으로 학교에 내실 있게 확산·정착시켜 나가는 전략이 필요하다고 생각된다.

3) 체계적 조정체제 및 데이터 기반 의사결정체제 구축

① 체계적 성과평가 및 조정체제의 수립

연구 과정에서 만난 한 구성원은 현재 충북대의 경우 정부 재정지원 사업 신청, 구조개혁 평가 등을 준비하면서 자신을 돌아볼 수 있는 많은 기회를 가지고 있지만, 문제는 이것이 조직 전체적 관점에서 적절히 조율되기보다는 특정한 사업별, 기관별로 분절적으로 이루어지고 있는 측면이 문제라고 지적하고 있다.

총장님이 요구를 딱 하게 되면 국립대가 가지고 있는 3처. 기획처, 학생처, 그다음에 교무처, 3관. 도서관, 박물관, 그다음에 학생생활관, 이 외에 많은 조직들이 있는데 이게 하나의 목적으로 가야 한다는 생각을 합니다. 유기체적으로. 나는 핸들만 움직이지만 차는 앞으로 갈 수 있도록 이렇게 만들어 주기 위해선 이것들이 모두 공통된 방향성을 가져야 하는데, 사실은 이 부속기구들이 독자적으로 움직였습니다. '나는 이걸 하라고 부여를 받았어. 그러니까 난 요것만 잘하면

돼.' 그런데 이것이 어떠한 목적을 지향하는가를 잘 모르고 운영한다라는 생각이 많이 들었습니다. (기획부처장)

앞서 언급한 명확한 중장기적 비전과 발전전략의 수립은 그 자체로도 중요하지만 이것이 체계적 성과평가 및 조정체제의 수립과 밀접한 관련이 있기 때문에 그 중요성이 더욱 부각된다고 할 수 있다. 충북대와 같은 복잡한 조직 내에서 시행되고 있는 각종 제도와 프로그램의 효과를 조직 전체의 목표를 중심으로 평가하여 그 성과를 분석하고, 이를 후속적인 운영에 환류시키는 것은 한정된 인적·물적 자원을 효율적으로 사용하고 시스템 전체의 역량을 높여 나가는 데 매우 중요한 요소 중의 하나이기 때문이다. 동일한 맥락에서 현재 많은 단과대학, 부속기관, 각종 사업단 등에서 수행하고 있는 다양한 프로그램과 제도들이 충북대가 추구하는 공통의 목표를 위해 추진될 수 있도록 조율하는 효과적 조정기제가 현재 충북대에 존재하고 있는가 여부도 이 시점에서 반드시 점검해 보아야 할 중요한 이슈 중의 하나라고 할 수 있다.

또한 충북대의 상당수 구성원들은 미래 학교 발전에 대한 명확한 비전과 전체적 그림이 존재하지 않는 상황에서, 현재 대학본부가 중시하고 있는 가시적 지표(예컨대, 취업률, 연구 실적)에 지나치게 경도된 성과 관리 정책에 대해 우려를 표명하고 있었다. 이들은 대학본부의 단기적 성과를 높이기 위한 노력, 예컨대 단순한 정량적 취업률에 대한 강조에 대한 우려를 표명하면서, 학생들을 입학시킨 후 실제로 이들을 어떻게 변화시켜 급변하는 노동시장에서 경쟁력을 가지도록 만들 것인가에 대한 보다 진지한 고민과 체계적 교육이 선행되어야 할 필요가 있음을 지적하고 있다.

…… 확실히 지금까지 우리가 너무 정량적인 거에 치중을 해 왔다……. 이것이 저희들의 패착이 아니었나, 그래서 좀 더 정성적으로, 아이들의 생각이나 어려움이 뭐고 이런 것들을 좀 더 정성적으로 알아내고, 아이들의 정성적인 만족도나 이런 것을 높이기 위해서 우리가 좀 노력을 해야 하지 않나……. 그렇다면, 제가 보기에는 정량적인 것에는 저희가 밀릴 것 같지는 않아요. 그래서 정성적인 쪽으로, 그쪽으로 저희가 좀 해야 하는, 결국 그거라고 생각을 해요. (전 보직자 A)

② 데이터 기반 의사결정체제 구축을 위한 인프라 구축

일반적으로 사립대학과 같은 강력한 리더십을 기대하기 힘든 국립대학의 특성을 감안할 때, 구성원들 간의 갈등을 필연적으로 수반하는 학사 구조조정, 학부교육의 질 향상과 관련된 개혁 등을 효과적으로 추진하기 위해서는, ① 데이터에 기초한 현 실태의 철저한 분석과 문제의식의 공유, ② 대학 생존과 발전이라는 공유된 대의명분을 바탕에 두고, 합리적 대안을 구성원들이 참여하는 공개토론의 장을 통해 조율하고 합의를 도출하는 합리적 의사결정 과정(예컨대, 전체 학과장 회의, 단과대학 대표가 참여하는 위원회 및 공개토론 등)을 활성화하는 방법 이외에는 다른 수단이 없다고 생각된다.

이러한 과정에서 가장 필요한 요소는 현실을 직시할 수 있는 객관적 데이터와 이를 활용한 조사연구의 활성화다. 이러한 합리적 의사결정을 위한 기초 역량이 구축되면 담론 수준에서 감성적으로 벌어지는 찬반 대립을 보다 합리적 토론의 장으로 변화시킬 수 있는 가능성이 커지게 된다. 즉, '데이터 기반 의사결정체제의 구축'으로 가는 지름길을 놓을 수 있는 것이다. 이는 현재 충북대에서도 이미 시행되고 있는 교육인증원, 혹은 학생역량 관리 시스템인 CPM의 취지와도 그 맥을 같이한다고 볼 수 있다. 이를 위해서는 예컨대 미국 대학들에서는 이미 활성화되어 있는 '자체 대학문제 연구기관(Institutional Research Office: IR Office)'을 현재의 교육인증원을 확대·개편하여 설립하고, 이를 기획처 평가기획과와 연동하여 자료의 체계적 수집, 분석, 이에 바탕을 둔 의사결정과 조정체제를 구축하는 것을 생각해 볼 수 있다. 이 경우 어렵더라도 IR Office에 대한 리더의 보다 적극적인 관심과 인원 및 예산 투입이 우선적으로 고려되어야 한다.

한편 이러한 조정과 평가기능을 효과적으로 수행하기 위한 종합적 데이터 수집·관리시스템 구축도 중요한 과제 중의 하나다. 면담 과정에서 한 구성원은 평가 과정에서 산출된 다양한 데이터들이 체계적으로 관리되지 못하고 있는 것이 큰 문제라고 지적하며, 좀 더 체계적으로 학교의 노하우와 자료를 관리할 것을 제안하고 있다. 물론 이러한 데이터 관리 시스템 구축과 기능 강화가 개혁 과정에서 발생하는 모든 갈등 상황을 해소해 줄 수 있는 것은 아니지만, 이는 본부 리더십의 전략적 판단을 도와줄 수 있는 가장 핵심적 인프라라고 할 수 있다. 이러한 데이터 수집·관리 시스템이 체계적으로 구축될 때만이 비로소 현재 시행되고 있는 각종 제도와 프로그램의 성과를 보다 효과적으로 관리하고, 모니터링 환류할 수 있는 조정·평가 기능이 강화될 수 있기 때문이다.

> …… 충북대가 많은 프로그램을 했기 때문에 많은 자료들을 모으려고 했더니…… 구조개혁 동안에 이 방에 온통 더미로 쌓아 놨는데…… 자료를 담당관만 알고 있고 엑셀로 정리하고 있더라고요. 데이터베이스가 아니라…… 그래서 이건 처리를 할려면 또다시 만들어야 하는 거예요. 그래서 학교가 하는 노하우라고 하는 부분들은 분명하게 제도화되고 시스템적으로 보관하고 시스템적으로 관리를 해야 한다. (기획부처장)

　한편 관리 측면의 데이터 수집·관리 시스템 구축의 필요성과 함께 학생들의 변화·발달을 보다 체계적으로 점검할 수 있는 데이터 시스템의 마련도 중요하다. 학부교육의 질 향상을 위한 각종 프로그램들을 시행하면서 나타나는 학생들의 변화와 발달 양상을 입학에서부터 졸업까지 체계적으로 추적하고, 이를 데이터 베이스화하여, 보다 체계적으로 관리할 수 있는 시스템은 보다 적극적인 학부교육의 질 관리를 위해 반드시 필요하다. 충북대에서도 ACE 사업 시행과정에서 학생들을 대상으로 한 CPM(CHANGE Portfolio Management)이라는 역량관리 시스템을 도입하여 이미 운영을 한 적이 있지만, 이 시스템의 활용이 계획과는 달리 아직까지 활성화되지는 못하고 있어 이에 대한 개선방안에 대해 현재 여러모로 고민하고 있는 것으로 보인다.

> 1주기 ACE 사업 할 때에는 CPM 저 프로그램이 굉장히 그 선생님들한테 매력적으로 보였고요, 저희도 굉장히 의욕적으로 시작을 했었습니다. 그런데 4년 지나면서 그다지 내실화에 기여하지 못했었습니다. (교수학습지원센터장)

> 이제 생각이 바뀐 게 CPM을 그냥 그 데이터만 갖고 가 가지고는, 뭐 실질적으로 활용의, 어떤

운영의 목적이 크지는 않고 그래 가지고. 그것을 학생들한테 스스로 관리할 수 있는 동기부여책을 주려 그러고요. 또 저희 같은 경우 교수님들이 1학년부터 4학년까지 평생사제 지도교수체제로 가고 있기 때문에 교수님들도 내 지도학생 언제든지 열람해 가지고 그 학생이 어떤 식의 역량을 축적해서 가고 있는지를 보고, 상담 데이터 다 활용할 수 있게 하고…… 모든 데이터가 거기서 생성되고 하면은 뭐 학생들의 비교과뿐만 아니라 교과과정까지 아마 다 교수님들이 학생 개개인에 관한 추적관리와 밀착관리가 되지 않을까 생각되고 있습니다. (직원 H)

'개인 맞춤형 토탈 서비스 시스템'…… 그거를 전교생한테 다 실시를 하려고 하는 거지요. 그러려면 사실 초·중·고등학교에서 나는 어떤 데 적성이 있는지를 알아야 하는데, 사실 성적 보고 대개 맞춰 오지 않습니까. 근데 와 가지고 사실 A라는 학과를 왔는데 소질을 보면 B의 성격이 훨씬 높다는 말이죠. 그런 정보를 개인이 알게 하고 그렇다면 그때 A학과를 쭉 나갈 수도 있지만은…… B라는 어떤 소양을 위해서는 네가 1학년 때 비교과 과정 영역에서 뭐를 들어라. 또는 연계전공이나 전공에 뭐가 있으니까 이런 거를 네가 들으면 도움이 될 것이다. 이걸 학년별·학과별로 가이드라인을 제공해 주고 정보를 주면서 걔가 그럼 일로 나갔을 때는 어떤 직업을 선택하는 게 유리하고 이런 시스템을 구축하려고 이제 기획을 하고 있거든요……. 바로 이 시스템을 충북대로 전체 도입하는 데 금년에 우린 자율학부전공 학생이 54명이 있습니다. 걔들한테 우선적으로 한번 먼저 실시해 보고……. (창의융합교육본부장)

이러한 방안은 다양한 방식으로 접근할 수 있겠지만 결국 새로 구축되는 시스템의 핵심 요체는 무엇보다 ① 학생들의 능력 수준, 적성과 문제점을 여하히 적기에 파악하여, ② 이에 따른 적절한 개인별 학업·생활 및 진로 상담 프로그램을 제공하고, ③ (나아가 전통적인 '학점'으로 나타나는 단편적·분절적 발달 정보가 아니라) 학업 및 기타 정의적 영역의 변화와 발달을 포괄하는 종합적·체계적 정보를 필요할 때 수시로, ④ 교수 및 기타 전문가 그리고 개별 학생들에게 제공하여 체계적으로 점검할 수 있도록 하는 것이 되어야 한다.

4) 국립대 리더십/조직문화와 당면한 개혁 추진

현재 충북대 리더십의 특징이라고 할 수 있는 참여적·포용적 리더십, 즉 소위 '돌아가는 리더십'이 국립대 특성을 감안할 때 개혁으로 초래되는 불필요한 갈등 비용을 최소화하기 위해 어쩔 수 없는 선택이라 할지라도, 충북대의 중장기적 발전을 위해 반드시 필요한 체질 개선을 위해서는 어느 정도 교수들의 반발이 있다 하더라도 보다 적극적으로 추진해야 할 일이 있을 수 있다. 이러한 관점에서 본다면 현재 충북대 리더십의 특징이라고 할 수 있는 참여적·포용적 리더십이 충북대의 맥락에서 효과적으로 작동될 수 있는 범위와 한계는 무엇인지에 대해 보다 진지한 고민이 필요한 시점이 아닌가 하는 생각이 든다.

> 총장님은 나름대로 이제 어떤…… 정치적인 어떠한 배려…… 이러한 부분들을 해야 전체가 다 행복해질 것 아니냐 이런 생각을 하시는 것 같은데 조금…… 저도 이제 ○○살이지만 젊은 교수들 입장에서 보면…… 저건 반드시 해야 될 것 같은 거는 강력한 리더십으로 나가기를 원합니다. 그러니까 이게 뭐 다른 교육적 문제보다 '우리는 이걸 꼭 해야 합니다.'라는 어떤 것들…… 그런데 가끔 그런 게 포기되는 일이 있다. …… 그래서 물론 여러 뭐 반발하는 세력 이런 거에 대한 조율이겠지만……. (구성원 X)

다른 국립대에서도 마찬가지이겠지만 충북대에서도 추진하고 있는 학부교육의 질 개선을 위한 개혁 과정에서 당면하는 가장 큰 문제는 대학의 구체적인 '실태 분석'에 기초하여 실현가능한 대안들을 합리적으로 토론하고 이를 바탕으로 대안을 도출하는 것이 아니라, 쟁점이 되는 문제에 대해 대개 담론 수준에서 이루어지는 감성적 논의가 범람하고 있다는 점이라고 할 수 있다. 이러한 상황에서는 대학본부가 설령 특정한 이슈에 대해 개혁 필요성을 인지하고 이를 추진하려고 하더라도 제대로 된 논의조차 해보지 못하는 경우가 종종 나타나게 된다. 예컨대, 충북대에서 최근 수년간 벌어지고 있는 '국어와 작문(교양필수 과목)' 등을 비롯한 교양 교육과정 개편 논의 과정을 되돌아보면, 국립대에서 '학생들'을 위해 이루어져야 할 개혁이 얼마나 어려운지를 웅변으로 보여 주고 있다. 합리적 관점에서 생각한다면 '국어와 작문'이 학생들의 진학과 취업 등 향후 진로에 어떤 도움을 주고 있는지를 먼저 학생들의 시각에서 분석해 보고, 왜 이 과목이 현 시점에서 교양필수로 제공되어야 하는지, 예컨대 문제가 있다면(혹은 학생들에게 도움이 되지 못하고 있다면) 관련된 이해당사자와 전문가들의 공개토의를 통해 이를 고쳐 나가는 것이 바람직한 접근방법이라고 생각된다. 하지만 이러한 학생 중심, 합리성을 바탕으로 하는 생산적 토론과 의견수렴 과정이 현재 제대로 작동하지 못하고 있다는 것이 충북대의 가장 큰 문제점이 아닌가 생각된다.

> 국어 작문을 이거 좀 바꾸자 하면, 국어를 가르치는 데 뭐가 문제가 있냐는 식인 거죠. 이게 또 필수로 되어 있어요. 그래서 저희들이 계획하고 있는 거는, 국어에 관련되어 있는 그런 글쓰기라든가…… 다른 대학들에서 운영하는 거를 전부 다 끌어 모아 가지고, 이 국어와 작문도 집어넣고 학생들에게 뭐를 선택할 거냐. 그리고 학부모님들한테 자녀가 어떤 과목을 들었으면 좋겠습니까? 이 설문을 지금 만들고 있거든요. (구성원 X)

물론 이러한 담론 수준의 문제제기 자체가 반드시 잘못된 것은 아니지만 현 실태 유지에 따른 문제점이 얼마나 심각한지에 대한 고려는 별로 없이 새로운 개혁방안 도입에 따른 부작용만 지나치게 강조한다든지, 논의 과정에서 합리적인 근거 없이 '과거에 원죄(?)를 가지고 있는' 교육부가 하라고 하니까 문제가 있다든지 하는 식의 논의방식으로는 충북대가 향후 학부교육 발전을 위해 반드시 해야 하는 체질 개선을 이루어 내는 데 전혀 도움이 되지 않는다고 감히 단언할 수 있다.

> …… 교양과목이라고 하는 것이 제가 뭐 인문사회, 인문학적인 관점이 중요하다는 것은 알지만 경우에 따라서는 공학에 필요한 인문 성향의 과목을 개설하려고 해도 그런 것들이 잘 안 되더라고요. 워낙 그 교양에 대한 인문사회 이쪽에서 너무 뭐라고 할까, 닫힌 마인드를 가지고 있는 거 같아서…… 교양이라는 게 인문에서 영어, 국어. 철학도 있고…… 그렇지만 공학에 관련된 이런 교양이 있을 수 있다고요. 공학 윤리라든가, 안전에 대한 문제라든가……. (구성원 X)

특히 충북대 학부교육 발전을 위해 서로 대립되는 가치가 충돌되는 딜레마 상황에서 결정이 어려울 경우에는 먼저 누구의 관점에서 해법을 모색할 것인가 하는 결정이 선행되어야 한다. 2개의 서로 상충되는 가치가 충돌될 때, 때로는 보다 우선시되어야 하는 가치가 '교수'가 아니라 '학생'의 관점이 되는 경우도 있을 수 있다는 것이다. 이러한 보다 유연한 관점에서 문제점과 해법을 논의할 자세가 되어 있을 때 해법이 없을 것 같은 어려운 문제가 풀리는 경우가 많다는 점을 명심할 필요가 있다. 예컨대 기초학문 보호를 위해 인문대학 학과(예컨대, 독, 불, 노문학과 등)의 역할이 필요한 것은 맞지만 이러한 학과에 재학하는 학생들의 입장에서 이것이 과연 어떠한 의미가 있는지에 대한 대학 전체 차원의 고민이 동시에 필요하다는 것이다.

　　문제는 또 융통성이 없어서 연구 분야는 그렇다 치더라도 교육이나 제도나 이런 부분은 사실 세상이 바뀌면 그 취업률이 중요하다고 그러면 맞춰야 되는 게 우리 구성원으로서 역할이잖아요. 나 혼자 교수가 아닌 것도 아닌데 내 성향, 우리 쪽 분야가 이런 성격이 있다고 무조건 우리는 따로 평가받겠다 이건 불가능하니까. 근데 사실 교수님들이 그런 부분은 약해요. 아무래도 그래서 뭔가 제도 변화를 요구하면 거부하고, 그래서 뭔가 제가 볼 때는 지켜야 될 부분이 있고 바꿔야 될 부분이 있는데 바꿔야 될 부분은 별로 생각을 안 하는 융통성이 없는 부분이 분명히 존재하죠. 그건 반성해야 될 부분이고요. …… (교수 X)

　　근데 독·불·러(독어, 불어, 러시아어), 흔히 말하는 이제 그런 과 같은 경우는 상당히 위기의식 같은 게 많죠. 이거는 웃기는 이야기인데요. 정말 슬프면서 웃긴 이야기인데요. 다른 대학들 가보면은요. ○○대였을 때였는데 문과대학에서 불문과 이런 데가 취업률이 높고 학과평가가 잘 나와요. 이유가 뭐냐면요. 애당초 입학과 동시에 애들은 그 과 공부를 안 하고요. 학과 교수님들도 그 전공 수업은 대충하고 다 취업 관련 지도를 한데요. 그래서 아주 압도적으로 높아요. 사학과나 국문학은 좀 하고 싶어서 온 녀석들이거든요. 그래서 교수님들이 만약에 실용 뭐 국어 이런 거 가르치면 싫어해요. …… 불문과나 독문과는 아직 웬만한 사립대학은 다 없애 버리는데 버티는 과들이 비결이 뭐냐면 실제 과 정체성은 사라지는 거죠. 이게 정말 아이러니죠. (인문사회 교수 D)

연구수행 과정 전반에 걸쳐 연구자가 느낀 것은 전체적으로 대형 거점 국립대라는 상황적 조건과 구성원들의 문화가 학부교육의 질 향상과 관련된 대부분의 영역에서 학부교육 혁신을 일정 부분 방해하는 요소로 작용하고 있는 경우가 많았다는 점이다. 특히 충북대의 경우 국립대의 보수적·정태적 조직 문화, 학과 교수들 간의 위계적 구조를 피해 학과의 교육과정이나 교양교육 운영 방식을 혁신할 수 있는 명분 및 유인책이 무엇인지 진지하게 고민해 볼 필요가 있는 것으로 생각된다.

5) 생산적 위기의식의 창출과 교원들에 대한 인센티브 구조의 개혁

학부교육에 영향을 미치는 가장 핵심적 요인이 '교수'라는 것은 누구도 부인하지 못할 것이다. 이러한 점을 감안하면 향후 충북대 학부교육의 발전을 위해 고려해야 할 가장 큰 이슈도 결국은 교수들을 어떻게 동기부여해 나갈 것인가라는 점에 있다. 특히 유수 사립대에 비해 보수 수준이 상대적으로 열악하고, 또한 급격한 변화보다는 안정 지향성을 가진 국립대의 문화를 감안할 때 교수의 동기유발 문제는 다른 사립 학부교육 우수대학에 비해서 훨씬 지난한 과제가 될 가능성이 크다.

앞서 충북대의 학부교육 성공요인으로서 소명의식을 가진 소수의 교직원들의 자발적인 헌신과 이러한 인재풀의 적절한 파악과 활용을 든 바 있지만, 이러한 교수들의 자발적인 헌신이 아직까지 충북대 전반의 조직문화로까지 정착되지 못한 것은 비교적 명확해 보인다.

> 절대 나이 젊은 교수님은 족보가 전혀 안 통해요. 근데 나이 든 교수님일수록 문제가 반복이 되고 족보가 좀 있어요. 잘 통해요. 그래서 '아, 편하다.'라고 생각하는 사람은 그냥 듣는데 가끔 불만인 사람 있잖아요. (연구자: 어떤 게 불만이에요, 그럴 때?) 배우는 게 없다고 생각을 하고, 그리고 자기는 평소에 열심히 했는데도 다른 학생들이 시험기간에 족보가 있어서 학점을 더 잘 받으면 저는 성취감도 없잖아요. 그러면서 약간 저희는 그런 말도 하거든요. 교수님들이 매너리즘에 빠졌다고……. (인문사회 학생)

충북대에서는 정년보장 교수가 되면 공식적·제도적으로는 충족시켜야 할 의무가 거의 존재하지 않는다. 이러한 상황에서 학부교육이나 연구에 대한 교수의 관심과 노력은 제도적 측면(accountability mechanism)보다는 거의 전적으로 교수 개인이 스스로 자각하는 '도덕적 책무(responsibility)'의 강도에 달려 있다고 해도 과언은 아니다. 물론 정년보장된 교수의 교육·연구업적이 반드시 낮다고 하는 것은 지나친 일반화라고 볼 수도 있지만, 충북대의 경우 현재 정년 보장된 교수들이 대부분이고, 또한 최근 충북대의 연구실적이 지속적으로 떨어지고 있다는 점은 일단 이에 대한 철저한 분석과 고민이 필요하다는 점을 시사한다.

> [정년보장을 받은 교수님들은] 의무가 없어요……. 그래서 계속해서 저희가 연구 계속 떨어지고 있어요, 순위가. 그래서 이제 일단 그 0.5편 의무 부과를 하되 논문 못 쓰시면 강의 더 하셔라. 트랙을 선정해서 그렇게 지금 초안을 잡고……. (직원 B)

> 일단 우리 학교가 워낙 교수들이 고령화되어 있거든요. 전체 정교수[정년 보장된 교수]가 아마 80% 정도 될 거예요. 제가 50이 다 되어 가는데 ○○대에서 거의 막내 축입니다. 그래서 일할 사람이 없다는 점. 그래서 내가 해야 될 게 많다는 거 그런 점이 참 어떻게 보면 나쁜 점이고 어떻게 보면 기회 부여가 된다는. 그리고 동시에 일을 이렇게 뭔가 의욕적으로 밑에서부터, 그러니까 본부나 이런 데서 하향식이 아니라 밑에서 그 단위들에서 자발적으로 할 수 있는 분위기가 거의 없다는 점, 이런 점이 워낙 열악하니까 '어, 내가 이거 한번 해 볼까?' 하면 그냥 할 수 있는, 근데 작은 일은 할 수 있으나 큰일은 구조적으로 원천적으로 할 수 없는 뭐 그런……. (교수 X)

흔히 국립대의 가장 큰 장점이자 한계는 정부에 의해 대학의 존립과 구성원의 신분이 보장되어 있다는 것이라고들 한다. 이러한 구조적·신분적 안정성 때문에 국립대학에서는 사립대학에서는 하기 어려운 기초학문 분야의 연구와 경쟁 논리에서 소외된 계층과 지역에 대한 배려 등 사회적 통합을 목적으로 한 다양한 사회기여적 활동들을 상대적으로 자유롭게 할 수 있는 것이다. 하지만 이러한 긍정적 효과와 함께 신분적 안정은 반대로 현상에의 안주로 이어져 최근 지방 사립대학에서는 어렵지 않게 볼 수 있는 '생산적 위기의식'이 결여되기 쉽다는 점에서 일종의 한계로 작용하는 경우도 없지 않다. 앞으로 닥쳐 올 학령인구 감소로 인한 학생 모집의 어려움, 제대로 교육되지 못한 학생들의 구직난 등 대학에 대한 외부의 상황적 압력은 국립대학이라 하더라도 전혀 예외인 것은 아니다. 심하게 말하자면 이러한 환경 변화에 적극적이고 선제적으로 대처하지 못할 경우에 충북대가 과거 2011년 국립대학 구조개혁 중점 추진대학 지정과 같은 위기 상황에 다시 봉착하지 말란 보장은 없는 것이다.

> 충북대학교가 위기를 못 느낀다고 말씀하셨는데, 사실은 지원율이나 이런 부분들이 보이지 않게, 학생들이 체감하거나 학내 구성원들이 체감할 정도는 아니지만, 저희는 어쨌든 입학 최전선에 있으니깐 그런 부분에서 위기를 느끼고 있거든요. (직원 L)

따라서 현재의 추세대로 갈 때 5년 후, 10년 후의 충북대의 모습이 어떻게 될 것인지 구체적 데이터(예컨대, 연령별, 학과별 논문 수, 취업률, K-NSSE 데이터, K-CESA와 같은 재학생 역량 조사도구, 기업체의 충북대 졸업생 만족도 등)로 시뮬레이션해 보고, 이를 토대로 현재 충북대가 당면하고 있는 제반 문제점을 명확히 파악한 후 이를 전체 구성원들과 함께 공유하고 그 해결방안에 대해 진지하게 토론할 필요가 있다. 이러한 집합적 성찰 과정을 통해 구성원들(특히 교수 집단)이 학교의 장래에 대해 문제의식을 공유하도록 하고, 이를 바탕으로 교수들이 일정한 생산적 긴장감을 지속적으로 가질 수 있도록 하는 다양한 '제도적 장치'를 도입하는 것을 신중히 고민해 볼 필요가 있다. 특히 현재 충북대의 경우 정년보장이 된 교수들이 대다수를 차지하고, 이들 정년보장 교수들에게는 사실상 모든 제도적 의무가 면제되는 상황에 있다. 따라서 향후 충북대가 중장기적으로 보다 발전해 나가기 위해서는 이들의 추가적 헌신과 역할이 절대적인 전제조건이라고 생각된다. 이를 위해서는, 예컨대 미국 대학들에서는 이미 시행되고 있는 Post-tenure 리뷰를 충북대 상황에 맞게 발전적으로 변형하여 적용하거나(예컨대, 고려대와 같이 교수 승진 후 호봉 승급 시 문턱 호봉의 도입, 국립대에서 시행중인 성과급적 연봉제를 충북대 맥락에 맞게 변형하여 발전적으로 적용 등), 지나치게 연구중심으로 정향되어 있는 교수업적 평가제도를 보다 정교화하여 교수의 특성에 따라 차등화하여 적용하는 방안 등을 고려할 수 있을 것이다. 특히 이때 학부교육의 활성화를 위해서는 교육을 위해 특별히 헌신하는 교수들에 대한 별도의 의미 있는 보상기제 마련을 통해 질 높은 교육 활동에 대한 참여 동기를 높여 나가는 것이 무엇보다 중요하다(예컨대, 연구년 부여 혹은 수업시수 특별 감면, 새로운 교수·학습 방법 연구에 대한 특별 연구비 형태로 금전적인 보상 제공 등).

한편 충북대 학부교육의 발전이 제도적 시스템이 아니라 자발적으로 일하고 있는 소수의 교수와 직원들의 헌신에 전적으로 의존하고 있다는 점에 대해서도 고민이 필요하다. 인간의 보편적 속성을 미루어 볼 때 아무런 보상 없이 이러한 자발적인 헌신이 장기간 동안 지속될 것인가에 대해서는 의문이 있기 때문이다. 앞서 언급하였듯이 현재 충북대에는 단과대학별로 헌신하는 일부 교수와 직원들이 있어 이들이 충북대 학부교육 발전의 동력을 만들어 내고 있었지만, 이들에 대한 물질적·정신적·공동체적 보상 기제가 제대로 마련되어 있지 않아 많은 문제점을 노정하고 있다. 즉, 지속적으로 헌신해 온 소수의 교수들은 종종 번-아웃(burn-out) 현상을 호소하는 한편, 다른 대부분의 일반 교수들은 학교 발전이나 학부교육 같은 공식적 보상체계와 직접적으로 관련되지 않은 업무에 대해서는 별로 관심을 보이지 않는 이중의 어려움에 직면해 있는 것으로 보인다.

> 솔직한 말로 지쳤어요. 네, 그래서 아까도 말씀도 하셨지만 좀 인센티브를, 대학 자체에서는 인센티브를 강화해야 한다. 왜냐면 이거 뭐 수고를 했는데 대가도 없이 말이죠. …… 그렇다고 돈을 많이 받는 것보다 뭔가 인센티브가 뭔가…… 그거에 대한 대가를 줘야 하는 게 아닌가 하는 생각을 합니다. 그래서 평가라든가…… 모든 면에서…… 그걸 좀 시스템화 시켜야 되지 않겠나…… 왜냐면 이건 소수 인원이 하는 거지 많은 사람들이 하는 건 아니지 않습니까? 예, 그리고 이런 사업을 이끄는 것도 소수의 인원이 이끄는 거지……. 그래서 그런 걸 좀 대학 자체 내에서는 좀 우리가 현실화시켜야 하는 것이 제가 좀 바람이고요. 그리고 어찌 되었든 후속 세대……. 이렇

게 바통 터치를 해서, 같이 근무하면서 그 사람이 또 받아 가지고 하고 하는 수밖에 없을 것 같습니다. (교수 X)

국립대를 모르겠어요. 모든 조직이 그럴 거 같지는 않은데 이제 그렇게 이런 조직이 되기가 십상이에요. 되는 일도 없고 안 되는 일도 없는. 특히 이제 이 보상 체계가 제대로 안 되어 있고 리더십 문제가 좀 있는 것 같아요. 이렇게 나이가 되면, 뭐 예를 들어 이제 학장은 서로 하려고 하는데 부학장은 서로 안 하려고 그래요. 일은 다 하고 공은 학장한테로 가니까……. 저도 뭐 예전에 누가 뭐 부탁하면 다 했어요……. 그렇게 하는 사람들이 있으니까 대학이 굴러간다 이런 생각을 하고 있고. 근데 이제 최근에 보면, 이게 신임 교수들 보면 남남이에요. 그러니까 자기하고 대학하고는 상관없어. 이제 갈수록 승진구조가 어려워지잖아요. 괜히 그 어설프게 보직 맡고 뭐 학교일 하다가 자기 승진 못 하는 그런 이제 뭐……. (교수 X)

이런 관점에서 보면 어떤 형태가 되었든 학교 발전을 위해 헌신하는 핵심 교수들에 대해서는 참여에 따른 합당한 물질적·공동체적 보상(예컨대, 수업시수 감면, 사업 수주 시 간접비를 활용한 특별연구비 제공, 포상)을 반드시 주도록 하는 보다 체계적인 보상 시스템 도입이 무엇보다 시급하다.

애정과 어떤 학교 발전을 위해서 계속 고민하고 하는 분들에 대해서 저희는 보상을 해 줘야 한다고 주장을 하고 있어요. 그래서 제가 생각하는 바는 이건 제 개인적인 생각인데요……. 일단은 그 사업에 들어오신 분들에 대해서는 분명히 어떤 금전적인 보상을 해야 되고…… 예를 들어, 그 사업이 되었을 시에는 저는 인센티브를 줘야 한다……. 그 노력과 희생을 가지고 예를 들어 우리가 뭐 20억, 30억 돈을 땄으면 그거에 대한 보상을, 인센티브를 드리는 게 맞다라고 생각을 해서 그것도 기획처장님하고 계속 얘기를 해서 IND그룹 내에 저희가 리크루트를 해야 되지 않습니까, 어떻게 되었든…… 그분들한테 '이러이러한 보상과 성과에 대한 보상이 있으니 같이 한번 학교발전을 위해서 노력해 주십시오.'라고 저희가 분명히 제안을 드려야 될 것 같아요. 그 부분 없이는 학교라는 게 요새 너무 빡빡해져 가지고…… 말씀하신 것처럼 '학교 발전을 위해서만 도와

주십시오.' 하면 '봉사는 하겠다. 하지만 희생은 안 하겠다.'라고 하세요……. (구성원 X)

6) 함께 가는 구조개혁, 생존 게임이 아닌 상생의 전략으로

모든 개혁의 성패는 구성원들의 진심 어린 동의를 얻어 내서 이들의 참여를 얼마나 이끌어 낼 수 있느냐에 달려 있다. 특히 학부교육의 질 개선을 위해서는 소명의식을 가진 교수들의 자발적인 참여가 필수적이므로, 어떤 경우에라도 교수들과 함께 가지 않으면 안 된다는 문제인식을 항상 중심에 놓고 생각할 필요가 있다. 현재 구조개혁을 비롯한 교육부의 대부분의 정책들은 기본적으로 경쟁 논리에 바탕을 두고 있고, 이 과정에서 스포트라이트를 받지 못하는 기초 학문 분야의 교수들은 상당한 상대적 박탈감과 함께 논리적이 아닌 감성적 수준에서의 반발을 보이기도 하는 것을 볼 수 있다.

> 대학의 본질은 취업이 아니고 취업을 잘하기 위해서 배워야 될 것들이 많은데 인간으로서 기본적으로 공부하는 학습법부터 그걸 잘 배워서 나가야 되는데 그거는 한 1학년 때 다 끝내고 4학년 때까지 회사에 바로 집어 넣을 수 있는 사람을 만들라는 논리잖아요……그래서 조금 투 트랙으로 가야 하지 않을까 그렇게 생각하고 그럴 기회를 좀 주고 이렇게 해야 되는데 이거를 무슨 프라임이니 뭐니 하면서 한쪽으로 몰아 붙이면 둘 중에 하나거든요. 결국 이제 돈만 받고서 편승해서 가든지, '우린 안 해 세상이 아무리 그래도 우리는 우리 거 지켜'…… 사실 다른 지방 국립대 그 아는 교수님들도 다 비슷한 생각이에요. 일종에 그거죠. 변절이냐 아니냐, 이 논리예요. 인문대 교수님 만나면 농담처럼 너희는 변절했냐? 우리는 할 수 없지 나는 뭐 변절했다. 그 뭐냐면 나는 CK나 뭐 뭐든 한다 이거고요. 우리는 지키고 있다 독립군이긴 한데 되게 불쌍해 보이는 독립군 뭐 이런 거. 이런 분위기죠. (인문사회 교수 D)

물론 재정지원 사업을 수주하고 다른 대학과 경쟁하기 위해 일정 부분 경쟁논리가 필요한 것은 부인할 수 없는 일이지만, 퇴로 없는 막다른 골목으로의 경쟁을 부추기는 것은 결코 개혁의 성공을 보장할 수 없는 효과적이지 못한 대안에 불과한 것이라는 점을 명심할 필요가 있다. 이런 관점에서 현재 정부와 대학본부의 정책 기조에서 소외되고 홀대받는 곳은 어디인지를 명확히 파악하여 이들을 버리지 않고 더불어 함께 간다는 메시지를 주는 것이 중요하다. 예컨대, 1차년도 사례연구 대상이었던 대구가톨릭대에서는 구조조정 과정에서 성과가 낮거나 문제점이 있는 학과를 폐지하는 것이 아니라 전공과 관련이 있는 타 과와 융합하도록 하여 이를 통해 시너지를 내는 방향으로 추진하고 있었는데, 이러한 전략은 해당 전공 교수들의 구조조정에 대한 저항과 반발을 상당히 감소시키는 동시에 학생들에게 미치는 교육적 영향력을 강화시키는 양면적 효과를 거둘 수 있었다(변기용 외, 2015, p. 329).

충북대의 경우도 이러한 대구가톨릭대의 전략을 해당 대학의 맥락에 맞게 적용해 볼 필요가 있다고 생각된다. 면담 과정에서 만난 충북대의 한 구성원은 현재 한국 대학 사회에서 이루어지고 있는 성과 중심, 경쟁 논리 중심의 대학 구조개혁 방식에 대해 불만을 표출하면서 이를 상생의 전략으로 전환할 필요가 있다는 의견을 표명하기도 하였다.

○○대 같은 경우도 왜 인문대 죄다 이상하게 없애 버리고 그렇게 하는데, 그게 그거보다는 조금 그렇게 해서 드는 비용과 반발보다는 차라리 한번 스스로 자립할 수 있는 어떤 제도를 주면 그러니까 위기, 합쳐 없애 이러면서 협박하는 게 아니고 좀 따뜻하게 해 주면서 '한 5년 동안 한번 해 봐.' 하면 좋을 것 같아요. 대신에 한 거에 대한 결과 보고는 해야죠. 그리고 당연히 과정을 평가해야지 결과를 평가하지 말고, 그러다 보면 그러니까 위에서 주도하는 게 아니라 밑에서 아이디어를 줘서 그걸 가지고 선정. 그게 잘 나오는 과가 있으면 인문대 중에서도 그 과, 그 부분을 지원을 더 강화해 준다거나 그런 프로그램을 좀 이제 우리가 이렇게 하면 교육학 하시는 분들이 또 그걸 가지고 연구를 하실 수가 있잖아요. (구성원 X)

끄트머리에 인문대학이 쭈루룩 있어요. …… 항목 자체가 사실은 인문대학이 추구하기가 좀 어려운데. 원래 그래서 리그를 달리 만들어야 된다. 인문사회계열하고 이공계를 나누자고 했는데, 그게 잘 안 되더라고요. 그래서…… 당연히 매년 우수학과는 정해져 있어요. 1, 2, 3등은 항상 정해져 있고, 꼴찌도 정해져 있고…… 학과평가인 경우에는 이거를 좀 기준을 달리 만들어서 포

기하고 자포자기 안 하고 그걸 붙들어 줬으면 좋겠다 그런 애기를 하고 있습니다. (교육인증원장)

　함께 가는 상생의 개혁을 추진해 나가기 위해서는 힘들더라도 상대적으로 소외되고 있는 구성원들의 요구를 진솔하게 들어주고, 다소 효율성이 떨어지더라도 이들이 함께 참여할 수 있는 최소한의 길을 제시해 주는 것이 반드시 필요하다는 것을 명심할 필요가 있다. 결국 함께 가지 않으면 갈등 관리 비용이 커질 수밖에 없는 것이다. 연구 업적을 낼 수 없는 환경에 있는 교수들에 대해서는 교육에 중점을 둘 수 있도록 하자는 다음의 제안도 이와 동일한 맥락에서 이해될 수 있을 것이다.

　　교무회의에서 그런 걸 한 번 건의를 했어요. 내가 몇 년 동안을 교육에 한번 치중을 해 보겠다고 그러면 교육이 전체 100퍼센트 중에서 교육을 60, 그다음에 뭐 산학이 10, 봉사를 10, 그다음에 연구를 20 하면 그걸 한 해만 하지 말고, 그 정도 하지 말고, 한 3년 동안은. 말하자면 이제 교육에 치중할 수 있는 분이 있고, 연구에 치중할 수 있는 분이 있으면 그걸 이제 교수님들이 그해, 작년 실적을 가지고 올해 평가를 하는 거니까. 그때 선택하게 하지 말고. 지금 말씀한 대로 fix를 시켜 놔서 나는 교육 중심으로 가겠다는 교수님들은 한 해만 보지 말고 3년 동안을 평가해 보자. 그게 오히려 교수님에 따라서는 연구 실적을 못 낼 수 있는 환경에 있는 분들이 있거든요. 학생담당 교육에 중점을 해서 그쪽에 업적을 좀 내 보겠다. 그걸 한 번 건의를 한 적이 있어요. (공과대학 학장)

7) 학부교육 활성화를 위한 자생적인 교수들 간 소모임 지원
　교수들의 학부교육에 대한 관심 제고를 위해 다양한 외적 자극과 인센티브 프로그램이 필요하기는 하지만 이러한 공식적 제도나 프로그램이 전부가 될 수 없음은 자명하다. 흔히 교육부나 대학본부의 입장에서는 교수의 동기유발을 위해 교수업적평가, 성과급적 연봉제 등 행·재정적 유인책을 주로 쓰고 있지만, 교육 활동의 질은 궁극적으로 인간의 자발적 헌신과 소명의식에 기초를 두고 있음을 생각한다면 이러한 학교의 공식적 제도와 프로그램이 해결할 수 있는 것에는 분명 명확한 한계가 있다. 즉, 제도 변화의 초기단계에서는 이러한 외적 자극과 인센티브가 일정 부분 필요한 것이 사실이기는 하지만, 결국 학부교육이 제대로 이루어지기 위해서는 금전과 승진 등 외재적 유인보다는 내적인 소명의식과 전문가적인 규범 등 교수들이 가지는 내재적 유인을 어떻게 자극해서 이를 전문가로서의 교수 공동체 내에서의 동료압력과 조직문화로 단단히 정착시켜 나갈 것인가가 관건이 될 수밖에 없다.

연구과정 전반에 걸쳐 충북대 구성원들과 면담을 하며 연구자가 나름의 가능성을 본 것은 물론 학과에 따라 차이가 있기는 하지만, 충북대의 중요한 특징 중 하나가 상대적으로 끈끈한 학과 내 교수들 간의 인간관계에 있는 것이 아닌가 하는 점이었다. 상당수 학과들이 교수들 간 모임을 공식·비공식적으로 매우 빈번히 가지고 있었으며, 학과 모임에 나가지 않으면 상당히 껄끄러운 느낌을 가질 정도로 일단 나름의 공동체 의식을 형성하고 있는 경우가 많았다. 이러한 점을 고려할 때 외부의 적절한 지원과 자극이 주어질 경우 현재 충북대 내부의 분절화된 교수 집단이 내생적이고 자발적인 교수·학습공동체로 발전할 가능성도 있을 수 있겠다는 생각이 들었다.

> 저희는 원로 교수님들은 열외. 한 네 분은 중요할 때만 나타나 주세요. 학과에 공식적인 회의가 있거든요. 그때 그분들은 존중한다는 의미에서 열외를 시켜 드리고 나머지 대여섯 분들이 한 2주에 한 번씩 주기적으로 만나요. 같이 먹으면서 이 문제는 어떻게 하느냐, 저 문제는 어떻게 하느냐. 아, 지금 학생 하나가 집에서 방콕하고 있고, 학교도 안 나온다, 얘는 어떻게 하느냐. 그러면 같이 찾아가자, 뭐 이런 거 좀 그런 거. 공식적으로는 학과 모임 비공식적으로는 연구나 책 쓰는 걸 같이하든지 이런 걸 통해서 같이 호흡하고 하는 게 있습니다. (인문사회 교수 B)

> 학생들과 거기 선생님들 관계가 교수님들하고 관계가 아주 끈끈합니다. 그래서 이 학교 와서 놀란 게 두 번째 학교는 그렇지 않았는데 하여튼 모든 행사에 전체 교수님들이 다 참석을 하세요. 그러니까 엠티, 신입생 환영회, 심지어는 일일호프 이런 데까지 인문대 같은 경우는 거의 그러니까 학과에 어떤 행사가 있다. 뭐 독문과, 영문과, 불문과 그러면 정말 특별하게 뭐 외국 어디 나가 계시는 그런 분들 빼놓고는 전원 참석해서 학생들하고 엠티 때도 밤새면서 술 드시고 이런 모습

이 끈끈한 유대감이 혹시나 그런 요소 중에 하나가 아닐까. 예, 그렇게 생각이 되고……. (인문사회 교수 A)

저희 ○○학과는 좀 더 특이한 과이기도 해서, 교수님 숫자가 많고 하지만 되게 잘 저희는 심지어 밥 먹으러 갈 때도 다 이렇게 나오신 분들이 줄을 딱 서서 다 같이 식당 가서 같이 밥을 먹고. 숫자가 많으시다 보니까 거의 매일 다른 학과 학과회의 하는 수준의 교수님들이 모여서 식사를 같이 하시고 커피를 마시고 하니까 교수님들 많이 만나고. 그러다 보니까 이제 학과 운영이나 교육에 대한 얘기를 좀 많이 하게 됩니다. 그래서 그런 것에 대해서 의견을 많이 교류하고 또 대체적으로 교수님들이 다 학과를 잘 이끌어 나가는 것에 대해서 관심이 많으시기 때문에 좀 걱정도 많이 하시고 그런 것을 여러 명이서 고민을 하니까 저는 그런 분위기가 굉장히 좋은. 과에 따라서는 어떤 과는 정말 다 독립적으로 계셔서 독립적으로 수업이나, 다른 분이 교육하는 거에 대해서는 전혀 이렇게 모르고 잘 모를 수 있는 그런 학과도 많이 있다고 하는데……. (이공자연 교수 A)

현시점에서 충북대에서 이러한 교수들 간의 자발적 소모임들이 활성화되어 있다고 말하기는 어렵지만, 일부 단과대학(예컨대, 농대 등)의 경우 다양한 방식으로 형성된 교수들 간 소그룹이 어떤 형식으로나마 이미 운영되고 있는 것으로 보이고, 이러한 소그룹들이 위계질서에 바탕을 둔 전통적인 학과 선후배 교수들 간의 경직된 의사소통과정을 보완하면서 자연스럽게 보다 유연한 선·후배, 서로 다른 학과 교수들 간의 교류를 촉진해 나가고 있음을 볼 수 있었다. 궁극적으로 볼 때 학부교육을 활성화하기 위해서는 결국 교수들 간의 내재적 동기에 바탕을 둔 이러한 교수들 간의 소모임 활성화가 절대적으로 필요하며, 대학본부의 역할은 초기단계에서 이러한 소모임이 가능한 한 활성화될 수 있도록 적절한 유도와 필요한 행·재정적 지원을 하는 데 있다고 할 것이다.

지금까지 대부분의 교수생활은 제가 해 보니까 단대 생활이었습니다. 다른 대학 교수는 알 수가 없고 이제 74명 되는 농대 교수들끼리 커뮤니티가 형성이 됐어요. 그런데 그 안에 과와 과가 6명씩 묶여져 있는 이 틀이 깨져야 되고 그것들이 섞여져 있을 때의 어떤 지원책…… 그러니까 ○○학 하시는 분들이 각 과마다 하나씩 있어요. 그분들은 연구의 내용은 비슷하고 연구방법도 비슷함에도 불구하고 소속된 과는 다르기 때문에 그 벽을 헐 수 있는 어떠한 토대를 시스템적으로 제공해 줄 수 있다라는 생각입니다. …… 그걸 통해서 교수들이 필요한 어떠한 것들을 이제…… 백업을 해 주는, 뒷받침을 해 주는 부분들이 학교가 해야 될 일인데 이걸 학교가 선도적으로 끌고 나가는 부분들은 그건 올바른 방식이 아니고……. (교수 X)

참 바람직한 토론의 장, 그러니까 세미나나 이런 식의 토론을 우리 학교 교수님들끼리 같이 이렇게 모여서 삼삼오오 정기적으로. 예, 그래서 서로 이렇게 교수법이나 이런 강의스타일 이런 걸 같이 공유하고 경험 같은 거 서로 말씀 나누시고 그런 게 오히려 긍정적인 영향이 있지 않을까. 다른 학과 교수님들이 하시는 거 말씀을 저도 지금 처음 들었거든요. (인문사회 교수 A)

일단 먼저 학과단위로, 예컨대 현재 시행하고 있는 CQI 및 학과 인증제를 발전적으로 활용하기 위한 학기말 학과교수 집담회를 활성화할 수 있도록 하고, 이를 통해 CQI가 개인적 차원뿐만 아니라 학과 차원에서 먼저 검토되고, 이러한 내용을 담은 학과별 리포트가 단과대학, 본부 차원으로 후속적으로 연계되는 체계적 구조를 만들어 나가는 것이 필요하다고 생각된다. 아울러 학과의 경계를 넘어서 학부교육 개선을 논의하는 다양한 자발적 소모임 구성을 장려하고 이에 대한 지원책도 적극적으로 마련할 필요가 있다. 이러한 소모임을 통해 일단 교수들 간 공동체 의식을 배양하고, 이를 기초로 공통된 관심사인 교육 및 연구, 진로상담, 취업 등에 대해 서로 토론하고 공유하는 기회를 의식적으로 넓혀 나갈 필요가 있다.

소수의 자발적인 학부교육에 대한 관심과 노력이 조직 구성원들 대다수에게 영향을 미쳐 하나의 집합적 기대(collective expectation) 혹은 동료 압력(peer pressure)으로 발전되고, 이것이 궁극적으로 일종의 조직문화로 정착이 될 때 비로소 구성원들에게 체화된 지속가능한 발전이 이루어진다는 점(Elmore et al., 2004)을 감안하면, 현재 수준의 학부교육에 대한 교수 개인적 차원의 관심과 역량을 여하히 제도적 압력과 문화로 발전시켜 나갈 것인지에 대해 정책적 차원에서 보다 심도 있게 고민해 볼 필요가 있다고 생각된다.

8) 학생들의 동기부여와 참여 활성화를 위한 전방위적 대책 마련

충북대 학부교육의 질 개선을 위해 가장 시급한 이슈 중 하나는 학생들의 학습에 대한 동기유발과 참여 확대에 있다. 충북대의 경우 학생들의 진학 이유가 충북대의 고유한 교육철학이나 프로그램과 제도 등 적극적인 이유가 아니라 소극적 이유(예컨대, 다른 상위대학 입학 실패, 등록금이 싼 지역 거점 국립대학 등)에 기인한 경우가 적지 않다. 이에 따라 자긍심이 떨어지고, 또한 지역적 특성의 영향을 받아 학생들의 성향이 소극적이어서 비록 학교에서 다양한 프로그램을 제공한다 하더라도 이에 적극적으로 참여하지 않는 경우가 빈번히 발생한다. 이러한 문제점을 개선하기 위해서는 선발방식, 학업적 성취 및 생활 적응(교육과 상담), 지원 인프라 구축 등 다양한 측면에서 전방위적 대책 마련이 필요한 것으로 생각된다.

먼저 선발 과정에서는 단순히 성적이 높은 학생보다는 학교에 대한 로열티가 높은 학생들을 뽑을 수 있는 수시전형(학생부 전형) 비율을 최대한 확대하고, 입학한 이후에도 특히 자신의 적성과 맞지 않은 학과에 재학 중인 학생들을 대상으로 추가적 기회를 줄 수 있는 다양한 제도적 장치 마련을 모색할 필요가 있다. 학습부진의 가장 큰 원인이 자신의 내부적인 흥미나 적성에 따라 학과 선택을 하지 못한 것이라는 점과 이러한 학생들이 흔히 학과에서 겉돌면서 결국은 졸업 후 전공과 전혀 무관한 일에 종사하는 경우가 많다는 점을 감안하면 학교 차원에서 이들에 대한 특단의 조치를 취할 필요가 있다. 보다 구체적으로 이러한 학생들을 위해서는 한동대의 '무전공제 입학'과 '자유 전공 선택제'의 취지를 벤치마킹하여 충북대의 맥락에서 발전적으로 변용하는 다양한 방식, 예컨대 학과 간 전과 허용 비율(현행 10%)을 확대하거나, 매년 학과당 일정 비율의 학생들을 대상으로 자유 전공제를 실시해 보는 것을 신중히 검토해 볼 필요가 있다.

[학습부진의 가장 큰 원인은] 주로 학생들이 들어올 때, 입학할 때, 자신이 정말 좋아서 내부적

인 어떤 그 흥미나 적성이나 동기를 가지고 학과 선택을 한 것이 아니고, 특히 이공계 학생들은 취직이 잘 되는 과라든지 부모님이 권해서라든지, 그런 적성에 안 맞아서 그런 원인이 좀 컸어요. (교수학습지원센터장)

저는 학생을 잘 가려 뽑아야 된다고 생각을 해요. 특히 이공계 특히 이공계가 아니라 저희 토목과에 대해서 그런 현상이 되게 많은데 탈 토목이라고 해서 요즘 건설업계가 너무 안 좋다 보니까 탈토목, 탈건축이 되게 많아요. 4년 졸업하고 졸업장만 딱 받고 나가서 일은 딴 거 하는 거예요. 근데 그건 최악이라고 생각하거든요. 대학교 4년 동안 학비 낼 거는 다 내고 그거에 대해서 아무것도 모르고 진짜 아무것도 모르는 상태로 졸업하는 애들 많아요. 나는 졸업장만 받으면 되니까……. (토목공학부 4학년)

다음으로 면담 과정에서 파악된 충북대 학생들의 가장 큰 특징 중 하나는 소극적이고 학교와 자신에 대한 자긍심이 떨어진다는 것이었다. 따라서 입학 후 자신의 적성과 장점을 발견하고, 스스로 공부해야 하는 이유를 찾을 수 있도록 다양한 프로그램과 제도적 장치를 제공하고 이를 적극적으로 홍보해 주는 것이 필요하다. 구체적으로 현재 시행되고 있는 옴니버스 강좌의 활성화와 함께 건양대의 동기유발 학기제 등, 교수·학습방법의 개선 노력 이전에 학생들의 학습동기를 보다 적극적으로 계발(소위 '철이 들게')할 수 있는 다양한 프로그램과 지원 방안의 마련에 대해 보다 심층적 고민을 할 필요가 있다. 충북대 학생들이 비록 소극적이기는 하지만 매우 성실하다는 점에서 학교 차원의 일정한 지도와 가이드가 있을 경우 자신이 가진 잠재능력을 발현해 나갈 가능성은 크기 때문이다. 아울러 충북대의 경우 홍보의 활성화에도 보다 큰 관심을 쏟을 필요가 있다. 면담 과정에서 만난 상당수의 학생들은 학교가 의욕적으로 시행하고 있는 프로그램에 대해 모르고 있는 경우가 많아, 이것이 프로그램에 대한 참여율 저조로 이어지고 있는 것은 아닌지 하는 의문이 들었다.

자기가 관심 있는 거, 하고 싶은 거 그런 거를 지원을 많이 해 주고 학생들 스스로한테도 너희가 원한다면 이걸 해 줄 수 있어 이런 홍보를 많이 해 줘야 될 거 같아요. 학교에서 실제로 해 주는 건 되게 많아요. 저도 장학금 많이 받았고, 지금도 받고 있고 현찰로 주는 것도 많아요. 사람들이 모르더라고요. 종이 한 장만 쓰면 50만 원 주는 것도 있는데 이거를 좀 홍보를 조금 더 많이 해 줬으면 좋겠어요. 그러니까 아는 사람들만 이렇게 공유하지 말고 학교 자체적으로도 이제 좀 각 과에서 체감할 수 있도록 홍보 좀 되어 있으면 좋겠어요. (행정학과 3학년)

특강이나 이렇게 문자로 연락이 오기는 하는데 연락이 안 오는 것들도 많거든요. 그런 걸 홈페이지나 홈페이지 들어가면 뜨기는 뜨는데 좀 그런 것만 한 번에 딱 볼 수 있게 정리를 해서 보여 주면 좀 더 참여율도 높아지고 그러지 않을까. (경영정보학과 3학년)

충북대에서도 이미 2015년에 작성한 재진입 사업계획서(17쪽)에서 학생 참여 활성화를 위한 노력의 일환으로 '봉사인증제 확대 및 봉사활동이력 통합 관리 시스템 활용을 통한 봉사이력 체계화, SNS, 이메일, 웹사이트 활용 등 온·오프라인 홍보 방식의 다양화, 학생이력통합관리(CPM) 시스템 활성화를 통한 장학금 지급 연계' 등 다양한 방안을 제시하고 있지만, 이와 함께 다른 학부교육 우수대학에서의 학생 참여 유도 촉진 방안(예컨대, 대구가톨릭대의 스텔라 제도: 학생들의 교과+비교과 활동 참여 실적을 마일리지화하여 학점, 장학금 지급과 연계; 전과 혹은 교환학생 프로그램 파견 자격 등과 연계)을 벤치마킹하여 소극적인 충북대 학생들이 다양한 프로그램과 제도에 보다 적극적으로 참여할 수 있도록 할 수 있는 노력이 요구된다 할 것이다. 특히 이는 ACE 사업 재진입에 실패함으로써 기존에 가장 주된 학생 참여 유인수단으로 활용했던 금전적 인센티브 제공이 크게 축소된 현실을 감안하면 매우 시급히 이루어져야 할 필요가 있다.

9) 직원들의 능력 개발 및 인센티브 구조의 개혁

날로 치열해져 가는 대학들 간 경쟁 속에서 고등교육 행정도 급격히 전문화되고 있다. 이에 따라 교수들의 능력뿐만 아니라 직원들의 능력과 전문성, 헌신과 열정이 학부교육의 질 개선을 위한 중요한 요소 중 하나로 떠오르고 있다. 최근 학부교육 우수대학으로 부상하고 있는 건양대학교, 성균관대학교, 서울여자대학교, 대구가톨릭대학교의 경우를 보더라도 교수 못지않게 학부교육에 전문화된, 열성적이고 능력 있는 직원들을 공통적으로 볼 수 있었다. 교수들뿐만 아니라 직원들 역시 전문화된 업무를 수행하는 데 필요한 역량 개발을 위한 내부 교육 프로그램의 활성화가 반드시 필요하고, 아울러 평가와 보상체계의 개선을 통해 보다 유능하고 적절한 인재가 중요한 직책을 맡을 수 있도록 할 수 있는 시스템 마련이 무엇보다 필요한 시점이라고 할 수 있다.

최근 충북대에서도 이러한 필요성을 인식하고 직원들과의 직접적 교감과 광범한 의견수렴 과정을 거쳐 2015년 10월에 매우 종합적이고도 체계적인 '(충북대) 직원역량 강화 종합방안'을 이미 수립한 바 있다. 이 방안에 제시된 6대 추진전략은, ① 대학 직원의 자율과 행정인으로서의 책무의 조화, ② 대학 내·외부 환경 변화에 능동적으로 대응할 수 있는 조직 혁신, ③ 개인의 역량과 성과에 따라 보상 강화, ④ 대학 구성원의 의견을 반영한 조직문화 변화, ⑤ 대학 구성원들의 직원 역량 개발에 대한 인식 개선, ⑥ 직원의 참여와 소통을 통한 직원 역량 강화 협업체계 구축으로 되어 있고, 이를 바탕으로 선진대학 행정 구현, 역량 모델을 반영한 인사 시스템 개선, 직원 역량 강화 교육훈련 프로그램 운영 체계화, 사기진작 활성화, 지원체제 구축 등 5개 추진과제를 제시하고 있다. 한편 이러한 내용적인 측면뿐만 아니라 충북대 내에서 종합방안을 만들어 나간 절차와 방식이 매우 개방적이고 참여적이어서 동 방안의 수립과정 자체를 직원들이 자신의 역량 개발과 보상체제 개편에 대한 관심을 환기시키는 계기로 활용했다는 점에서 이는 매우 성공적인 사례였다고 할 수 있다. 문제는 이 방안을 구상하여 주도적으로 입안했던 전임 사무국장이 타지로 전출됨에 따라, 이 종합방안의 시행이 구체적으로 어떻게 진행될지에 대해서는 우려의 소지가 전혀 없지는 않은 상황이라는 점이다.

연구자가 볼 때 이 방안이 제대로 추진되기 위해서는 먼저 총장과 학장, 그리고 본부 보직자들이 먼저 이에 대한 보다 적극적 의지와 관심을 표명할 필요가 있다. 이와 함께 구체적 추진 전략과 시행 일정을 직원들에게 명확히 인지시킴으로써 직원들이 자신들의 역량 개발에 보다 힘쓰도록 하고, 열심히 일하는 사람이 제대로 보상받을 수 있다는 비전과 직장 문화를 구성원들 사이에 확고히 정착시켜 나가는 것이 중요하다.

※ 충북대 직원 역량 강화 종합방안 개요(2015. 10.)

비전	선진대학 행정 구현과 행복한 직장		
목표	대학 행정서비스 질 제고		
추진	선진대학 행정구현	• 행정서비스 질 개선 • 업무처리 방식 개선	
	역량모델을 반영한 인사 시스템 개선	• 행정서비스 질 제고를 위한 인사 운영 개선 • 성과와 보상이 연계되는 인사 • 전문성과 개인의 경력 관리가 이루어지는 보직 운영	
	직원 역량 강화 교육훈련 프로그램 운영 체계화	• 역량 강화 교육훈련 프로그램 운영 • 직원 역량 평가결과 활용체제 구축 및 교육훈련 프로그램 효과성 평가 모델 개발	
	사기진작 활성화	• 일과 삶이 연계된 행복한 직장 만들기 • 조직문화 변화관리 모델 구축과 사기진작 프로그램 운영 및 지속적인 모니터링	
	지원체계 구축	• 역량모델 활용 및 역량기반 교육훈련 프로그램 운영 • 통합경력관리시스템 구축 • 조직문화 Tool(진단 및 실행 프로그램 등)을 통한 지속관리	

전략	자율과 책무	조직 혁신	보상 강화	조직문화 변화	인식 개선	소통과 협업

[그림 3-14] 직원 역량 강화의 비전과 목표

출처: 충북대학교(2015).

10) ACE 사업 재진입 실패에 따른 프로그램과 관련 부서 지속 문제

주지하다시피 2015년 충북대는 아쉽게도 ACE 사업 재진입에 실패하였다. 이에 따른 예산 지원 중단으로 어쩔 수 없이 학부교육 관련 부서의 인원 감축과 기능 조정이 발생할 수밖에 없고, 이에 더해 국립대로서 조직 신설이나 정원의 증원은 국가의 지원에 거의 전적으로 의존할 수밖에 없는 상황에서 어려움은 더욱 가중되고 있다.

> 뭐, 계속 이제 얘기는 하는데, 아시다시피 국립대로서의 한계죠. 인력을 키울 수 없는…… 보직 전체 숫자나 보직 경비가 정해져 있는 상황이고 할 일은 많고. 계속 겸임, 겸임, 겸임해야 하고. 직원들 뽑아야 하는데, 당연히 안 되죠. …… 전체 조직이라든지 정비해서 학과 인증도 중요하지만, 제가 봤을 때는 담당해야 할 일부고, 사실은 효과성이라든지 데이터 관리하는 부분 IR 쪽에 뭐라든지 전체 질 관리하는 시스템을 갖춰야 한단 말이에요. 그래서 대학 전체의 질 관리를 담당하는 어떤 참모조직이 되거나 아니면 행정조직이 되거나. 미국은 그게 행정조직 쪽으로 많이 되어 있는데, 우리는 뭐 이게 3처 1국인데 만들 수 없는 상황이니깐. 행정조직으로 완전히 가긴 어렵겠지만 그래도 뭔가 이러한 활동들 전체를 조직하는 상위 조직은 필요하다. 작년부터 사실은 제가 계속 얘기했는데, 보시는 것처럼 사람도 그대로 있고. (교육인증원장)

이에 따라 단기간 내에 가시적 효과가 직접적으로 나타나기 어려운 상당수의 학부교육 지원 프로그램이나 제도, 인프라는 존속과 축소 혹은 폐지 사이의 기로에서 어려운 상황에 처해 있는 것으로 보인다.

> 나답게 사는 거, 건강한 나를 찾는 작업을 저는 이렇게 사회 나가기 전에 마지막 보루인 대학에서 해야 될 거 같거든요. 그래서 저희 업무가 굉장히 중요한, 이쪽에 대한 투자가 정말 적어요. 저희가 예산이 없어서……. 예. 상담 쪽에. 자기를 이해할 수 있는 바탕을 만드는 작업을 다 같이 신경을 써서 아이들을 훌륭하게 좀 키우면 좋겠는데 (웃음) 이게 평가에 맞춰지다 보니 어떤 다른 제도는 많이 만들어지고 있는 거 같은데. (직원 J)

사실은 저희가 직원 선생님들, 몇 분 안 되는 직원 선생님들이 나름 박사, 다들 박사 과정에서 지금 교육공학하고 교육과정을 공부하고 있고요, 수업의 달인들이에요. 그래서 이제 다들 각자의 돈으로 공부를 하고 있고요. 정말 안 되는 인력으로 학교 전체를 지원하고 있음에도 불구하고 예산은 요만큼이고요, 인력도 요만큼인데 일은 학교 전체를 다 커버하고 있어요. 그래서 제가 매일매일 주장하는 것은 '교수학습지원 본부가 되어야 한다. 그리고 우리는 교무처 소속 아래로 들어가는 것이 아니라 총장 직속 기관이 되어야 한다.'라고 맨날 주장을 하고 있는데 안 되고 있습니다. (교수학습지원센터장)

의사소통혁신센터를 늘리면서 이쪽에서 하는 게 크게 세 가지 얘기하셨는데, 학생들 읽고 말하고 쓰는 거거든요. 근데 이거는 교과과정의 어떤 기본 베이스로 깔려야 되는 거라서, 그거를 이제 최대한 대학 프로그램 돌려서 이제 하려고는 하는데, 말씀하신 대로 인력이라든가 이게 좀 많이 부족한 건 현실이고요. 그리고 참여하는 학생을 좀 저변 확대를 해야 되는데, ACE 4년 해 봐도 그게 그것도 좀 과제로 남기도 하고요. (직원 G)

물론 이는 어차피 제한된 예산의 한계를 감안할 때 일정 부분 불가피한 측면이 없지는 않지만, 현재와 같은 과도기적 시점일수록 충북대의 중장기적 발전을 위해 학부교육의 질 향상이라는 과제가 어떤 의미와 위상을 가지는지를 정확히 분석하고, 그러한 큰 그림 속에서 충북대의 발전을 위해 현 시점에서 보다 우선순위가 주어져야 할 영역, 프로그램과 제도, 관련 부서가 무엇인지를 철저히 분석해서 보다 전략적으로 인적·물적 자원배분을 할 필요가 있다. 이 과정에서 특히 학부교육의 질 개선과 관련한 모든 프로그램의 개발과 제공에 근간이 되는 창의융합교육본부, 교수학습지원센터, 교육인증원, 학생생활상담소, 취업지원본부 등에 대한 지원은 매우 중요하며, 이는 대학 리더십의 학부교육에 대한 관심을 단적으로 나타내는 중요한 지표로 여겨질 수 있다.

11) 사립대와 구분되는 국립대의 역할에 대한 고민과 전략적 활용

사립대와는 달리 충북대는 자신들이 국립대로서 수행해야 하는 기본적 책무와 사회적 역할이 무엇인지 명확히 파악하고, 이를 전략적으로 활용해 나가는 것도 매우 중요하다. 충북대의 경우 전통적으로 장애우에 대한 특별한 관심을 가지고 장애지원센터 설립·운영을 비롯한 장애우들의 입학, 재학 중 교육 및 적응, 관련 시설 확보 등에 특별한 관심을 기울여 2014년도 장애대학생 교육복지 지원 실태 평가까지 3회 연속 최우수 사례로 선정된 바도 있다.

앞으로도 이러한 국립대로서의 특성을 최대한 살릴 수 있는 전략적 영역을 선도적으로 발굴하여 이를 충북대만의 고유한 강점 분야로 발전시키고, 이에 대한 국가의 정책적 관심과 지원을 유도해 나갈 필요가 있다. 예컨대, 장애우에 대한 관심뿐만 아니라 충북 지역, 나아가 중부권의 거점 국립대학으로서 반드시 수행해야 할 역점적 분야, 예컨대 취약계층 보호, 지역사회에 기여할 수 있는 평생교육기관으로서의 역할, 충북학 등 지역학 연구 센터 등 충북대만의 강점 영역을 적극적으로 발굴·육성해 나감으로써 사립대와는 차별화되는 거점 국립대로서 충북대만의 존재 이유를 대내외적으로 명확히 부각시켜 나갈 필요가 있다.

> 충청북도의 청주라는 데에 80 몇 만의 인구가 있지만 대졸 이하의…… 대졸자의 비율이 25%고, 옆에 ○○구가 있는데 보은군이나 이런 곳은 11%입니다. 나머지 사람들은 모두 원합니다. 대학 졸업장을 원합니다. 그러면 수용을 해 주어야 합니다. 지역사회에 대한 기여, 이런 면에서 평생단과대학은 충북대가 꼭 가야 하는 길이라는 생각에서 혁신에 제시를 했던 것입니다. ……
> (기획부처장)

> 지방의 국립대 같은 경우는 뭐 보호학문 차원에서 뭐 더 이렇게 지켜줄 부분들이 분명히 존재할 텐데 국가가 세운 학교가. 그러다가 어느 순간 이게 다 사라지면. 예를 들어 지역학 요즘 유행하는데 충북학. 뭐. 어디 가면 퇴계 경상도는 무슨 학 이런 게 있는데 충북학은 열악하거든요. 그래서 제가 그걸 한번 해 보려고 이렇게 막 교수님들 모아서 하기는 하는데 그런 거에 대한 지원은 거의 없고요. 어디 뭐 하이닉스랑 어디 뭐 회사랑 뭐 그 사람들 받아서 수업하면 거기 돈 대주고요. 그건 사실 그렇게 안 해도 다 돌아가거든요. 근데 충북학은 누가 할 거예요. 없어지는 거죠.

…… 내가 이거 그만두면 제가 볼 때 충북의 민속이나 충북의 전통 이런 거에 국문학 제 분야에서
하는 사람은 없다고 보시면 돼요. 예전에 했던 분들이 은퇴하시거든요. 다. (인문사회 교수 D)

한편 이러한 사립대와 구분되는 국립대의 역할 정립을 촉진하기 위해서는 대학뿐
만 아니라 정부의 역할도 중요하다. 현재 국·사립을 가리지 않고 지나치게 효율성과
경쟁력 잣대로만 평가하는 정부 재정지원 사업의 평가기준에 대한 면밀한 재검토를
통해, 국립대의 경우 기초학문 보호, 소외계층과 지역사회에의 기여 등 국립대만의 역
할을 강조하는 대학 나름의 전략을 개발할 수 있도록 보다 적극적으로 지원해 줄 필요
가 있다.

최근 학령인구 감소와 정부의 강력한 구조개혁 정책의 추진 등을 통해 해방 후 처음
으로 우리 대학 사회 전반에 학부교육에 대한 강력한 열정과 관심이 광범위하게 일어
나고 있는 것을 목도할 수 있다. 연구진행 과정에서 만난 한 구성원은 다음과 같은 제
안을 한 바 있다. 그 골자는 학부교육 활성화에 대한 관심과 의지를 가지고 있는 대학,
특히 변화의 필요성은 충분히 인식하고 있지만 적절한 외부적 충격이 없이는 학교 자
체적으로 이러한 변화를 시도하기 매우 어려운 많은 대학들의 경우, 일종의 개혁 맛보
기 차원에서 종자돈(seed money) 개념으로 특별 재정지원 프로그램 마련을 해 주는 것
이 필요하다는 것이다.

적어도 십 년 정도나 오 년 정도는 교육부에서 마중물 펀드처럼 처음에 맛을 좀 보여 주는……
해외파견이나 어학연수도 할 수 있게 해 주고 학생들이 영어강의를 들을 수 있게끔 인센티브도
교수님들한테 줄 수 있고 하는 그런 기본적인 돈을…… 5년 정도만 주면 그 대학들에 있는 학생
들도 문화가 바뀌고 교수들도 의식이 바뀌거든요. 그래서 이런 마중물 펀드를 좀 해 줬으면 좋겠
다, 교육부에서…… 마중물 펀드로 학생들에게만 써라……. 시설비도 아니고 학생 프로그램으
로…… 교육이나 이쪽으로 써라 하는 걸 한 5년만 해 줬으면 하는 바람이고요. …… (인문사회 교
수 E)

현재 ACE, LINC 사업 등이 시행되면서 다른 정부 재정지원 사업에 비해 대학 현장에서 상대적으로 좋은 평판을 받고 있고 학생중심 교육으로의 전환, 교육목표 및 교육과정의 재편, 비교과 활동 및 산학협력 활성화 등 많은 긍정적 효과가 나타나고 있다. 하지만 수혜 학교가 2016년 3월 현재 29개교에 지나지 않아 우리나라 전체 4년제 대학 수인 200여 개에 비해 아직 턱없이 적다는 점에서 이를 보다 확산시켜 나갈 필요가 있다. 아무리 넓게 보더라도 20~30개 정도에 지나지 않는 연구중심대학에 비해, 학부교육은 우리나라의 모든 고등교육기관에서 반드시 관심을 가져야 하는 필수적인 요소이기 때문에 대학들이 학부교육의 질 제고에 관심을 가지기 시작한 이 결정적 전환점에서 이에 대한 개별 대학들의 노력을 적극적으로 촉발시켜 우리나라의 전반적 학부교육의 질을 한 단계 끌어 올리는 것이 교육부가 강조해 온 단순한 정원 감축보다 훨씬 시급한, 이 시점에서 가장 필요한 정부의 핵심적인 정책 목표가 되어야 하기 때문이다.

부 록

1. K-DEEP 사례연구 보고서 대학별 상세 목차

학부교육 우수대학의 특징과 성공요인

[한동대학교]

4. 물리적 환경

　1) 고립된 환경

　2) 캠퍼스 시설과 분위기

5. 행정부서와 대학 지배구조

　1) 행정부서

　2) 대학 지배구조

6. 커리큘럼 등 기타 특징

　1) 대학의 커리큘럼

　2) 공동체 리더십 훈련제도(팀 제도)

　3) 기숙대학(residential college) 제도

　4) 국제화된 교육과정

제3절 한동대학교 학부교육의 특징

1. 학업적 도전: '동기부여된 학생들'

　1) 소명의식의 계발: '공부하는 이유에 대한 끊임없는 질문'

　2) 높은 학업적 기대치: '믿어 주는 만큼 성장하지요'

　3) 공부하는 분위기: '남들 다 열심히 하는데'

2. 지적 활동: '공(工) 자형 인재교육'

　1) 전공교육: '실천적 문제해결 및 전공 간 연계의 강조'

　2) 인성교육: '캠퍼스 전체가 수업의 장'

　3) 국제화된 교육환경: '살아남기 위해 하게 되는 영어'

3. 능동적 · 협동적 학습: '협동하기 위한 능동'

　1) 교수의 열린 태도: '이게 아니라고 이야기할 수 있고'

　2) 수많은 팀 프로젝트: '폐를 끼치지 않기 위해'

　3) 생활관(RC), 팀 제도, 무전공 제도: '쉽게 만날 수 있는 환경'

4. 교우관계: '같이 생활하는 사람들'

　1) 팀 제도와 RC: '가족과 같은 공동체'

　2) 서로서로 도와주는 분위기: '시험 전날인데도'

　3) 신앙을 공유하는 관계: '기초적 공통분모'

5. 교수와 학생의 교류: '동역자, 자식으로서의 학생'

  1) 학생의 교육을 최우선으로 여기는 문화: '교육이 0순위'

  2) 학생들의 교수에 대한 존경: '내 인생의 롤모델'

  3) 교수에 대한 친밀감: '편안한 옆집 아저씨'

6. 지원적 대학 환경: '자생적으로 움직이는 공동체 지원망'

  1) 객관적 지원 수준에 비해 상대적으로 높은 만족도: '없으면 없는 대로'

  2) 학습·적응 지원 및 리더십 함양: '밀어 주고 끌어 주고'

  3) 신앙적 지원: '프로그램을 넘어 동지로'

제4절　한동대학교 학부교육의 성공요인

1. 소명의식을 가진 교수의 유치와 교육중심 업적 평가

  1) 사명감을 가진 교수들의 성공적 유치

  2) 엄격한 채용 절차 및 신임교원 훈련 제도

  3) 교육 중심 교수업적평가제도

2. 효과적 학생 선발정책 및 소명의식의 개발

  1) 성적 일변도보다는 한동대학교 교육철학에 동의하는 잠재력 있는 학생을 선발

  2) 소명의식의 계발과 진로의 연계로 공부에 대한 강력한 동기유발

3. 기독교 신앙에 바탕을 둔 명확한 교육철학과 목표

4. 혜안을 가진 리더의 강력한 리더십

5. 변화를 거부하지 않는 수용적 거버넌스

6. 상호 연계되어 시너지를 창출하는 혁신적 제도와 프로그램

7. 헌신, 자발성, 내리사랑으로 대표되는 '한동 스피릿'

8. 고립된 학교 캠퍼스와 생활관 거주

9. 위기에서 빛난 개척자 정신과 무전공 제도에서 비롯된 내부적 경쟁 구조

10. 외부의 적절한 인정과 자극: 정부(교육부)의 지원 및 성공적 홍보

제5절　결론 및 제언

1. 결 론

2. 제 언

  1) 성공적 과거와 현 상황과의 비교 성찰을 통한 문제점의 발견

2) 구성원들과의 소통과정을 통한 새로운 교육철학 및 비전의 창출

3) 우선순위 결정, 역할 분담, 평가 및 모니터링 기능 강화를 위한 컨트롤 타워 강화

4) 학생 성장, 발달, 적응, 진로지도 진단 데이터 제공 시스템 구축

5) 적절한 교수 채용, 훈련, 보상체계 구축 및 생산적 긴장감의 지속적 조성

6) 무전공 제도의 보완과 새로운 융합교육 모델의 선도적 제시

7) 기 타

   (1) 팀 제도와 RC

   (2) 신임교원 영어강의 의무화

   (3) SMART 보고서

[건양대학교]

제1절 서 론

제2절 건양대학교의 기본적 특성

1. 역사적 맥락

2. 교육철학 및 목표

3. 구성원의 특성

   1) 교 원

   2) 학 생

   3) 직 원

4. 물리적 환경

5. 대학 구조

제3절 건양대학교 학부교육의 특징

1. 학업적 도전: '냉철한 진단과 적극적인 개입'

   1) 동기유발학기로 시작하기

   2) 억지로라도 공부시키기

   3) 이제는 자기 주도의 창의적 학습을 향하여

   4) 공부시키는 대학이라는 인식과 대학에 대한 신뢰

2. 지적 활동: '실용'의 교육비전을 건양 교육에 담다

　　1) 써먹을 수 있도록 가르쳐야

　　2) 실용에서 창의와 융합으로: 창의융합대학

　　3) 비교과 프로그램을 통한 지적 성장

　　4) 학습동기유발로 지적 성장을 극대화

3. 능동적 · 협동적 학습: '자기주도성이 문제다'

　　1) 정부사업을 통해 능동적 학습태도 키우기

　　2) 협동적 학습을 위한 수업 방법의 전환

　　3) 다차원적 인간관계가 협동적 학습으로

4. 교우관계: '전방위로 인간관계 엮기'

　　1) 선배가 후배를 책임지도록

　　2) 경쟁적인 교우관계

5. 교수와 학생의 교류: '측은지심(惻隱之心)의 마음으로'

　　1) 지방대 한계는 교수가 풀어야 한다는 공감대

　　2) 학생 돌봄의 문화를 제도화하려는 시도들

　　3) 교수들의 노력과 헌신이 가져온 선순환 임팩트

6. 지원적 대학 환경: '내 자식 가르치는 심정으로'

　　1) 학생을 위해서라면 무엇이라도

　　2) 한 학생도 놓치지 않기

　　3) 학생 중심의 신속하고 친절한 행정처리

　　4) 세심한 배려와 영업하듯이 찾아가는 서비스

　　5) 보람과 성취감을 느끼게 하는 다양한 장학금

제4절　건양대학교 학부교육의 성공요인

1. 명확하고 구체적인 학생 중심 교육 비전과 철학

　　1) 잘 가르치고 책임을 져야

　　2) 휴먼과 실용: 써먹을 수 있는 교육

　　3) 학생 중심 경영: 학생이 오고 싶어 하는 대학

　　4) 대학 비전에 대한 교수 사회의 공감대

2) 선장이 바뀌어도 제대로 항해할 것인가

3) 어떻게 피로감을 극복할 것인가

4) 본부 주도 대학 혁신의 한계와 지속 가능성

5) 과감한 혁신과 차분한 개혁의 균형

[대구가톨릭대학교]

제1절　서 론

제2절　대구가톨릭대학교의 기본적 특성

1. 역사적 맥락

　　1) 역사 및 배경

　　2) 최근 발전 상황 및 학생 모집 현황

2. 교육철학 및 목표

　　1) '교육 중심 대학'

　　2) '참인재 교육'

　　3) '특성화'

3. 구성원의 특성

　　1) 교수 특성

　　2) 직원 특성

　　3) 학생 특성

4. 물리적 환경

5. 대학 구조

6. 커리큘럼 및 기타 특징

　　1) 전공과목 커리큘럼

　　2) 교양과목 커리큘럼

　　3) 교수-학습 지원체계

제3절　대구가톨릭대학교 학부교육의 특징

1. 학업적 도전: '학생 특성에 맞는 목표와 자극'

1) 학생 수준에 맞는 목표와 자극

2) 다양한 비교과활동을 통한 정규교과 보완

3) 학생들의 실제적 필요에 맞추기

4) 비교과 영역에서의 학업적 도전: '스텔라' 제도

2. 지적 활동: '약자를 끌어올리기'

1) 부족한 학생들 함께 데려가기

2) 학생들의 필요에 맞는 지적 활동을 위한 교육과정 개발

3) 교수들의 교수법 혁신을 통한 학생들의 지적 활동 강화

4) 사고력을 확장시키기 위한 다양한 도전

3. 능동적 · 협동적 활동: '함께하는 학습'

1) 다양한 네트워크 기반의 학습공동체

2) 공동 참여식 수업의 활성화

3) 소극적 학생들도 함께 가기

4. 교우관계: '교류 기회의 다각화'

1) 학업 활동을 통한 교류 기회의 확대

2) 타 전공 학생들과의 교류 기회의 확대

5. 교수와 학생의 교류: '만남의 체질화'

1) 체질화된 교수와 학생의 교류

2) 열려 있는 교수 연구실

6. 지원적 대학 환경: '거미줄망 지원'

1) 다양한 프로그램 및 지원책 마련

2) 맞춤형 프로그램 지원

3) 쾌적한 교육환경 조성

제4절 대구가톨릭대학교 학부교육의 성공요인

1. 대학 구조 및 리더십: '추진력과 신뢰'

1) 명확한 목표 설정과 강력한 리더십: '설득과 대화'

2) 잦은 만남과 협의: '소통의 확장'

3) 총장에 대한 이사장의 신뢰와 지원

[한국기술교육대학교]

제1절 서 론

제2절 한국기술교육대학교의 기본적 특성

  1. 역사적 맥락

    1) 기관의 역사

    2) 대학의 등록금 및 학생 모집 현황

  2. 교육철학 및 목표

    1) 공학계열 및 HRD 특성화 대학

    2) 실천공학기술자 및 HRD 전문가를 양성하는 대학

    3) 실무형 창의형 인재 육성

    4) KOREATECH의 특성화 교육 모델

    5) 교육과정 구성: 'π-plus형 교육 시스템'

  3. 구성원의 특성

    1) 교 원

    2) 학 생

    3) 직 원

  4. 물리적 환경

    1) 외곽지역에 있는 캠퍼스

    2) 캠퍼스 시설과 분위기

  5. 행정부서와 대학 지배구조

    1) 행정부서

    2) 대학 지배구조

  6. 커리큘럼 등 기타 특징

    1) 일학습병행제: 기업연계형 장기현장실습

    2) 취업생들의 높은 전공일치도

    3) '휴먼아카데미' 특강

    4) P & S Open Chair

제3절   한국기술교육대학교 학부교육의 특징

1. 학업적 도전: '실력은 파고드는 자의 몫'

   1) 많은 학습량을 유도하는 학사운영: '졸업학점이 150학점이라니'

   2) 현장에 다가서는 전공교육: '실력의 척도는 현장 적응력'

   3) 졸업인증제로 성취수준을 명확히 하기

   4) 대학의 정체성을 살리는 교육: HRD 교육

2. 지적 활동: '전 방위 학습 무대'

   1) 팀워크로 하는 교육: Lab 중심의 전공교육

   2) 현장과 연계된 학습(일학습병행제, IPP)

   3) 부족한 학생들 함께 데려가기

   4) 사고력을 확장시키기 위한 인문학적 소양 강조: 휴먼아카데미

3. 능동적 · 협동적 학습: '팀으로 이루어지는 학습'

   1) 팀별 학습활동 및 토론식 수업 강조

   2) 팀으로 졸업작품 준비 및 발표

   3) 학생의 협력학습 및 자극

4. 교우관계: '우리'라는 공동체 의식

   1) 활발한 동아리 활동을 통한 의식 교류

   2) 서로 도와주는 문화

5. 교수와 학생의 교류: '중요성과 현실의 조화'

   1) Lab 중심의 전공교육으로 지도교수와의 유대 형성

   2) 온도 차이가 있는 1, 2학년 지도교수제

6. 지원적 대학 환경: '학생 중심의 책임지는 지원'

   1) 다양한 학생복지 환경 조성

   2) 학생의 학습능력과 기초과학능력 향상을 위한 지원

   3) 학생을 위한 책임 서비스

   4) 밀착된 학생 관리: 부적응 학생에 대한 지속적인 상담

제4절   한국기술교육대학교 학부교육의 성공요인

1. 성공적인 대학 이미지 메이킹: '취업'

        1) 졸업하면 취업은 된다: '한기대는 공고생들의 서울대다'

        2) 취업의 질이 높은 대학: 높은 전공적합도

   2. 한기대의 비밀: '지속적인 위기의식'

        1) 고용노동부 산하기관: '줄타기'의 태생적인 어려움

        2) 대학의 정체성 변화: 존재의 이유를 만들어야 하는 대학

        3) 변화 지향의 문화: 변화를 통한 생존

   3. 교수들의 '헌신과 열정'

        1) 교수들의 현장 전문성 강조: 현장 경험 활용

        2) 밀착된 학습지도

        3) 끈끈한 동료문화(모델링)

   4. '현장 중심' 교육과정

        1) 전공교육의 출발과 종결은 Lab 중심의 교육

        2) 현장실습을 강조하는 제도(IPP제도): '일과 학습의 병행'

        3) 아르바이트도 산학협력으로

        4) 산학연계 강의 운영

   5. 학생의 '학습 공동체 문화'

        1) 학생들 간의 지속적인 상호작용

        2) 기초학력부터 책임지도

        3) 학생들의 적성을 살리는 현장교육

   6. '성과 중심'의 문화

        1) 정부시책을 반영한 사업 수행

        2) 성과 중심: '보여 주기' 위한 노력

        3) 새로운 인재상에 대한 갈증

제5절 결론 및 제언

   1. 결 론

   2. 제 언

[포항공과대학교]

제1절 서 론

제2절 포스텍의 기본적 특성

제3절 포스텍 학부교육의 특징

2) 고학년의 학업적 도전: 3학년이란 새로운 고비

2. 지적 활동: '진정한 이공계 심화교육'

  1) 수준 높은 전공교육

  2) 강의 중심 교육을 기반으로 새로운 교수법 시도

3. 능동적 · 협동적 학습: '따로 또 같이'

  1) '공부는 기본적으로 혼자 하는 것'

  2) '수업을 해 주는' 협동 학습

  3) 인문교양과 실천교양과목의 새로운 시도

4. 교우관계: '모범생들의 학업 공동체'

  1) 개인주의적 · 자율적 성향의 학생들

  2) 대학의 제도적 노력의 성과와 한계: 생활 · 학습 공동체

5. 교수와 학생의 교류: '교수님처럼 되고 싶어요'

  1) 교수, '이상적인 롤모델'

  2) 대학의 노력: '교수 연구실 문턱 낮추기'

  3) 연구 중심 대학교의 한계: '너무 바쁜 교수님'

  4) 전공과 진로의 밀착, '이점이자 부담'

6. 지원적 대학 환경: '하드웨어는 세계 최고, 서비스의 다양화 필요'

  1) '학교로부터 많은 것을 받았다'

  2) 지원 서비스의 다양화가 필요

제4절 포항공대 학부교육의 성공요인

1. 학문적 탁월성을 갖춘 교수와 학생

2. 작은 학습 · 생활 공동체

3. 대학의 풍부한 자원

4. 교육과정에 대한 깊은 관심과 체계적인 지원

제5절 결론 및 제언

1. 결 론

2. 제 언

  1) 1학년과 3학년에 대한 조력

2) 교수가 만드는 능동적 학습풍토: '질문과 토론을 유도하는 수업'

3) 서비스 러닝에 깃든 심층 학습: '배운 걸 학교 밖 무대에서'

3. 능동적 · 협동적 학습: '공동체 정신과 협동의 생활화'

   1) 바롬인성교육: '공동체 교육의 시작점'

   2) 팀 기반 교육의 일상화: '함께 학습하는 것에 익숙한'

4. 교우관계: '학습 공동체에 기반을 둔 친교 문화'

   1) 바롬인성교육: '바롬친구, 인생친구'

   2) 학습 튜터링: '선후배 사이를 엮어 주는 오작교'

   3) 스터디 그룹: '윤활유 같은 학습 공동체'

5. 교수와 학생의 교류: '가족 같은 교수–학생 관계'

   1) 여성 교수의 역할: '언니 같고, 엄마 같은'

   2) 사제동행 프로그램: '함께 공부하고 친교하는'

   3) 교수와 하는 전공진로탐색: '학생 전공진로 선택의 방향타'

6. 지원적 대학 환경: '배려하고, 헌신하는 학교'

   1) 여학생 친화적인 대학: '학생을 배려하는 대학'

   2) 학교 지원의 내실화: '학교에 대한 신뢰와 자부심의 근원'

   3) 성인지 교육과 여성 인재 양성: '여학생의 장점을 키우는'

제4절 서울여자대학교 학부교육의 성공요인

1. 축적의 시간: '역사에서 길을 찾다'

   1) 뿌리 있는 교육: '개교 때부터 한결같은'

   2) 진화해 온 프로그램: '핵심은 그대로, 그러나 시대에 맞게'

2. 위기를 기회로 만든 용기: '판을 흔들다'

   1) ACE 사업으로 기적을: '기적이 일어났어요'

   2) 참된 여성교육으로 승부: '여대만이 그릴 수 있는 그림'

   3) 교수들이 동참하는 대학 변화: '소명의식과 희생정신'

3. 곳곳에 스며든 인재상: '암암리에 모두에게 배겨진'

   1) 구성원 모두에게 내재화된 인재상: '학부교육의 나침반'

   2) 교육과정에 투영된 인재상

1) 소규모 공동체 중심의 교우관계

2) 비공대 학생들의 소외감

5. 교수와 학생의 교류: 열려 있는 교류의 통로와 학생 중심 교수문화

　　1) 다양한 교수와 학생 간 교류의 제도화

　　2) 학생과 교육 중심의 교수문화

　　3) 총장의 학생 소통을 위한 적극적 행보

6. 지원적 대학 환경: 학생과 교육 중심의 배려하는 지원

　　1) 학생 중심의 다양한 행정적 지원

　　2) 구성원을 배려하는 대학의 지원

　　3) 교육 중심의 유연한 행정적 지원

제4절　성공에 영향을 미친 맥락적 요인 분석

1. '혁신'이 체질화된 문화

　　1) 한발 앞서 변화를 추구하는 대학 풍토

　　2) 아주대의 '혁신성'에는 역사가 있다

　　3) '혁신'을 이끄는 힘은 '소통'이다

　　4) 혁신적 아이디어에 대한 적극적 관심과 실천

2. 끊임없이 움직이는 교수들

　　1) 변화를 반기지 않지만 가야 할 길로 인식

　　2) 아주대를 사랑하는 교수들

　　3) 혁신을 위해 협조와 배려하는 교수문화

　　4) 정년트랙을 고수하는 대학

3. '수업'이 강조되는 행정시스템

　　1) 대학의 초창기부터 강조되는 것은 수업

　　2) 수업이 강조되는 교육행정 시스템 적용

　　3) 학습경험에 초점을 맞춘 성과 분석

4. 기초교육을 강조하는 교육

　　1) 기초를 강조하는 교육

　　2) '고강도'의 수업으로 학습량을 늘리기

2) 교수학습의 질을 향상시키는 교육 환경

3) 학생들의 실질적 필요를 충족시키는 지원서비스

제4절 충북대학교 학부교육의 성공요인

1. 학부교육에 대한 한발 빠른 관심과 열정
2. 정부 재정지원 사업 선정으로 인한 학부교육 활성화 프로그램의 적극적 시행

   1) 평생사제제

   2) 창의융합교육본부 및 의사소통혁신센터(CI 센터)

   3) 학습부진자 코칭 프로그램

3. 국립대로서는 선도적인 다양한 학과/교수평가제도와 프로그램

   1) 자체교육인증제

   2) 학과평가

   3) 교수업적평가제도 및 강의평가

4. 소명의식을 가진 교직원들의 자발적 헌신

   1) 헌신적인 교수

   2) 헌신적인 직원

5. 조기에 나타난 위기 신호에 대한 민첩한 대응
6. 지역 거점 국립대로서 가지는 이점과 수도권과 가까운 위치
7. 참여적·포용적 리더십과 적절한 용인술

제5절 결론 및 제언

1. 결 론
2. 충북대학교 학부교육 활성화를 위한 제언

   1) 학부교육의 질 개선에 대한 리더의 적극적 관심 표명과 혁신 주도 그룹의 형성

   2) 단과대학/학과별로 세분화된 구체적 비전과 교육목표의 수립

   3) 체계적 조정체제 및 데이터 기반 의사결정체제 구축

   4) 국립대 리더십/조직문화와 당면한 개혁 추진

   5) 생산적 위기의식의 창출과 교원들에 대한 인센티브 구조의 개혁

   6) 함께 가는 구조개혁, 생존 게임이 아닌 상생의 전략으로

   7) 학부교육 활성화를 위한 자생적인 교수들 간 소모임 지원

8) 학생들의 동기부여와 참여 활성화를 위한 전방위적 대책 마련

9) 직원들의 능력 개발 및 인센티브 구조의 개혁

10) ACE 사업 재진입 실패에 따른 프로그램과 관련 부서 지속 문제

11) 사립대와 구분되는 국립대의 역할에 대한 고민과 전략적 활용

2. 미국의 DEEP, NSSE 및 대교협 학부교육 실태조사(K-NSSE) 개요

1) 미국 Indiana 대학 NSSE Institute의 DEEP 프로젝트 개요

미국 Indiana University의 NSSE Institute에서 미국 고등교육협의회(the American Association for Higher Education: AAHE)와 협력, 2002년 가을부터 2004년까지 2년간 수행한 DEEP(Documenting Effective Educational Practice) 프로젝트의 결과는 각종 학회 및 초청강연, 대학 행정가 워크숍에서의 발표 자료, 논문, 정책문서(Practice Briefs, Policy Briefs 등) 등으로 널리 공유되어 이론적 · 실천적으로 미국 대학 사회에 엄청난 영향력을 미친 바 있다.

DEEP 프로젝트의 결과는 특히 2005년 미국 유수의 고등교육 분야 출판사인 Jossey-Bass와 AAHE에 의해 『Student Success in College: Creating Conditions That Matter(이하 SSiC)』란 단행본으로 출간되어, 학부교육 개선에 관심을 가지고 있는 미국과 북미의 거의 모든 대학에서 이를 일종의 가이드북으로 활용하고 있으며, 동시에 많은 대학원 고등교육 전공 프로그램에서 이 책을 핵심 교재로 사용하고 있다.

미국의 대부분의 대학들이 DEEP 프로젝트에서 산출된 학부교육 우수대학의 실천 사례와 성공전략에서 많은 도움을 받은 바 있으나, 한편으로 '프로젝트 참여대학들'도 동 프로젝트에서 산출된 보고서를 다양한 방식으로 활용하여 많은 혜택을 받고 있는 것으로 나타나고 있다(Kuh et. al., 2010). 먼저 사례연구 참여를 통해 무엇보다 자신들의 대학이 학부교육 개선을 위해 바람직한 방향으로 나가고 있는지를 객관적으로 확인할 수 있었고("It affirmed that they were……" doing something great), 아울러 대부분의 DEEP 참여대학들은 해당 대학의 사례연구 보고서와 최종 결과물인 SSiC를 외부 평가 인증, 내부 개혁을 위한 토론회, 교직원 연수 등 다양한 상황에서 적극적으로 활용하고 있었다. 그 구체적인 사례는 다음과 같다.

- SSiC와 사례연구 보고서를 통해 다른 대학에서 시행하고 있는 효과적 실천전략을 벤치마킹할 뿐만 아니라, 이를 매개체로 하여 학부교육 개선을 위한 내부적 토론과 개혁 아이디어를 촉발시키는 계기로 활용함
- 대학의 외부 평가인증 과정에서 DEEP 프로젝트에서 확인된 우수사례를 적극적으로 언급하고 활용함
- 사례연구 보고서를 교수 연찬회 등에서 토론을 촉발하는 자료로 활용하고, 이를 바탕으로 교육과정 개선을 위한 다양한 제언들을 도출함
- 신규 채용자들에게 해당 대학에서 추진해 온 교육철학과 추진전략을 효과적으로 전달하는 데 있어 사례연구 보고서를 적극적으로 활용함

2) 미국의 NSSE 및 한국대학교육협의회의 학부교육 실태조사 개요

대교협의 '학부교육 실태조사'는 미국 Indiana 대학의 NSSE Institute에서 개발하여 현재까지 북미지역 1,400여 개 대학에서 활용되고 있는 NSSE(National Survey of Student Engagement)의 Benchmarks 설문 문항을 한국적 맥락에 맞게 수정 보완한 조사도구다. 이에 따라 여기서는 대교협의 '학부교육 실태조사'에 대한 소개를 하기 전에 그 배경지식으로서 먼저 미국의 NSSE에 대해 간략히 설명하기로 한다.

(1) 미국의 학부교육 실태조사 도구: NSSE(National Survey of Student Engagement)[1]

NSSE(National Survey of Student Engagement)는 대학생 학습경험에 대한 설문조사로 Indiana 대학 고등교육연구소(Center for Postsecondary Research)가 주관하고 있다. NSSE는 2000년에 처음으로 실시되었으며, 2010년 572개의 미국 대학과 23개의 캐나다 대학들이 참여(약 36만 명 이상의 학생이 설문조사에 참여)하고 있다. NSSE는 대학들이 학생들의 경험의 질을 증진시키는 데 사용할 수 있는 자료를 상대적으로 적은 비용

---

1) 유현숙 등(2012)에 기술된 내용을 바탕으로 작성되었음.

으로 획득할 수 있는 수단을 제공함으로써, 고등교육기관이 효과적인 교육실천에 관한 객관적 증거 자료를 확보할 수 있도록 하고, 이를 바탕으로 정책결정자 및 대중과 효과적으로 의사소통하는 것을 목표로 구안되었다.

NSSE의 설문구성은 학생의 교육경험을 묻는 12개의 대영역과 응답자의 일반적 특성을 묻는 항목 등 총 107개의 문항으로 이루어져 있다. 12개의 대영역은 ① 학문적·지적 경험(Academic and Intellectual Experiences), ② 정신적 활동(Mental Activity), ③ 읽기와 쓰기(Reading and Writing), ④ 과제(Problem Sets), ⑤ 시험(Examination), ⑥ 기타 대학생활 경험(Additional Collegiate Experience), ⑦ 교육적 경험의 증진(Enriching Educational Experience), ⑧ 상호관계의 질(Quality of Relationships), ⑨ 시간 사용(Time Usage), ⑩ 대학 환경(Institutional Environment), ⑪ 교육적·개인적 성장(Educational and Personal Growth), ⑫ 만족도(Satisfaction) 등이다. 응답자 특성을 묻는 질문에는 출생년도, 성, 외국인 학생 여부, 인종, 학년, 편입 여부, 출신 고등학교 유형, 학생등록 형태(시간제/전일제 여부), 사교클럽 가입 여부, 교내 운동팀 가입 여부, 거주 형태, 부모 교육수준, 주전공 및 부전공 등이 포함된다.

NSSE의 중요한 특징은 전국적 기준(National Benchmarks)을 제공하여 대학이 이 기준에 비추어 자신들의 상대적 위치를 파악할 수 있도록 하고 있다는 것이다. 전국적 기준(Benchmarks)은 효과적인 교육적 실천(effective teaching practice)을 위한 일단의 기준의 역할을 수행하기 위해 개발되었는데, 학생들의 교육경험 중 가장 중요한 측면을 반영하고 있다고 판단되는 42개의 문항을 통해 제시되고 있으며, 크게 ① 학문적 도전 수준(Level of Academic Challenge), ② 지원적인 대학 환경(Supportive Campus Environment), ③ 교수와 학생 간 교류(Student Interactions with Faculty Members), ④ 능동적·협동적 학습(Active and Collaborative Learning), ⑤ 교육적 경험의 증진(Enriching Educational Experience)의 5개 영역으로 구분된다.

한편 미국 Indiana 대학의 NSSE 연구진들은 2013년 진단 도구를 상당 부분 수정하였다. NSSE를 구성하는 주요 요인과 문항은 그대로 유지되었지만 학생들의 학업도전 부분에 문항의 추가가 이루어졌고, 학생 참여를 구성하는 전체 영역구성도 학업적 도전(Academic Challenge), 동료와 학습(Learning with Peers), 교수와의 경험(Experiences with Faculty), 대학 환경(Campus Environment) 등 총 4개 영역으로 재편되었다.

(2) 한국대학교육협의회의 학부교육 실태조사

① 개요: 도입 배경 및 추진 경과, 참여대학 및 조사방식

도입 배경

2010년에 시작된 학부교육 선도대학 육성사업(ACE 사업)은 우리나라 대학 사회에 긍정적인 변화의 바람을 일으켰다. 그동안 연구 활동에 비하여 상대적으로 소외되었던 학부교육에 대한 일선 대학들의 관심의 확대와 질 관리의 요청을 강화한 것이다. 이와 함께 학부교육을 잘하는 대학이 인정받는 대학 풍토를 조성하기 시작하였다는 점에서도 ACE 사업이 우리나라 고등교육 발전에 기여한 바는 결코 적지 않다고 할 수 있다. 최근 학생 수의 급격한 감소, 국경을 넘는 대학 간 경쟁의 심화, 청년 실업의 증가와 맞물린 대학교육의 책무성 제고 등으로 대표되는 고등교육 환경의 변화를 맞아 이제 학부교육의 질을 제고하기 위한 노력은 모든 대학의 과제가 되었다. 이러한 배경에서 시작된 것이 '학부교육 실태조사'다. 즉, 현재 대학에서 제공되는 학부교육 실태에 대한 정확한 진단 없이 교육의 질 개선과 학부교육의 발전을 말하기는 어렵기 때문이다.

추진경과

전국의 대학을 대상으로 하는 '학부교육 실태조사(K-NSSE)'는 2011년부터 한국대학교육협의회와 '학부교육 선진화 선도대학 협의회(ACE 대학 협의회)'가 공동으로 수행해 온 '학부교육의 질과 성과 분석(4년 종단연구, 연구책임자: 성균관대학교 배상훈 교수)' 연구의 일환으로 시작되었다. 2011년에 20개 ACE 대학을 포함한 32개 대학을 대상으로 조사가 시작되었고, 2012년에는 40개 대학, 2013년에는 57개 대학, 2014년에는 89개 대학, 2015년에는 100개 대학으로 참여대학이 확대되었다. 지난 2016년 조사에는 총

107개 대학이 참여하여 전국 4년제 대학(총 193개교) 중 과반수의 대학들이 이 조사에 자발적으로 참여하고 있다.

※ 2016년 학부교육 실태조사 참여대학(총 107개 대학)

	ACE 참여		ACE 비참여	
수도권 대형	가천대, 동국대(서울), 성균관대, 숭실대, 이화여대, 중앙대, 한양대(서울)	7	건국대, 국민대, 단국대, 숙명여대, 인천대, 홍익대	6
수도권 중소형	가톨릭대, 광운대, 상명대, 서강대, 서울시립대, 서울여대, 아주대	7	강남대, 대진대, 덕성여대, 삼육대, 서울과기대, 성결대, 성신여대, 신경대, 신한대, 안양대, 평택대, 한경대, 한성대, 한세대, 한신대	15
지방 대형	계명대, 대구가톨릭대, 부산대, 순천향대, 울산대, 전북대, 조선대, 충남대, 충북대	9	경남대, 경상대, 경성대, 공주대, 대구대, 동서대, 동아대, 동의대, 백석대, 인제대, 전남대, 제주대, 청주대, 한남대, 호서대	15
지방 중소형	건양대, 대전대, 동국대(경주), 동명대, 동신대, 목원대, 목포대, 배재대, 부산외대, 선문대, 세명대, 순천대, 신라대, 우송대, 창원대, 한동대, 한림대	17	가톨릭관동대, 강릉원주대, 건국대(글로컬), 경남과기대, 경동대, 고려대(세종), 고신대, 광주대, 광주여대, 군산대, 금강대, 김천대, 나사렛대, 남서울대, 부산가톨릭대, 상명대(천안), 서원대, 유원대, 우석대, 울산과기원, 위덕대, 제주대, 중부대, 창신대, 청운대, 포항공대, 한국과기원, 한국기술교육대, 호남대, 호원대, 홍익대(세종)	31

조사방식

학부교육 실태조사는 웹기반 설문조사 방식을 택하여 자료의 수집과 분석이 용이하며 경제적이다(참여대학은 일절 비용 부담이 없다). 연구팀은 매년 학생들에 대한 안내문, 조사 시기 및 방법 등이 포함된 '학부교육 실태조사 가이드라인'을 참여대학 교무처 또는 교수학습 관련 부서에 제공하고, 참여대학은 재학생들에게 설문링크 주소가 포함된 이메일을 발송하거나 대학 홈페이지에 이를 게시하여 설문을 진행하고 있다. 최근에는 스마트폰을 통해서도 응답할 수 있도록 하고 있으며, 대학별로 학생들의 응답률을 높이기 위해 설문참여 행사를 열거나 추첨을 통해 소정의 상품을 지급하는 등 다양한 방법을 사용하고 있다.

연구팀은 참여대학에 대하여 인문, 사회, 교육, 공학, 자연, 의약, 예체능 등 각 전공 계열별로 3개 학과 이상을 조사 대상으로 선정한 후, 각 계열별로 50~100명 수준의 표본이 확보되도록 하고 있다. 또한 학년별 분석과 성장 분석(Growth model)이 가능하도록 1~4학년 전 학년에 걸친 균형적인 참여를 요청하고 있다.

보고서 작성 및 결과 활용

학부교육의 질을 진단하는 방법은 대학에 랭킹(ranking)을 부여하는 것부터 대학 스스로 자체평가보고서를 작성하는 것까지 다양하다. 이 조사는 전국 수준에서 우리나라 학부교육의 질을 진단하고, 참여대학 수준에서 학부교육의 질과 관련된 장점 및 단점을 파악하여 개선할 수 있는 구체적 정보를 제공하는 것이 목적이다. 따라서 이 조사에서는 Peer Benchmarking 방법을 적용하고 있다. 즉, 이 조사에 참여한 대학들은 학부교육의 질과 성과를 나타내는 주요 요인에 대하여 대학 전체, 학문 단위별, 학년별로 해당 대학과 환경 및 여건이 유사한 동료 대학(peer university)과 자신들의 위치를 비교적 관점에서 진단할 수 있는 정보를 제공한다. 이 조사의 결과는 국가 보고서 (national report)와 대학별 보고서(참여대학 모두에게 제공)의 형태로 제공된다. 특히 대학별 보고서는 해당 대학의 학부교육 발전계획 수립 및 평가를 위한 기초 자료로 널리 활용되고 있다. 일부 대학은 본 조사의 결과와 다른 조사 자료를 연계하여 분석함으로써 데이터 기반 교육의 질 관리를 수행하고 있다. 대학별로 수집된 자료와 정보는 해당 대학 외에는 일체 공개하지 않는다.

② 학부교육 실태조사 진단 도구

2010~2013년 진단 도구

학부교육 실태조사 도구는 대학생의 학습 활동에 대한 시간 투자와 능동적이고 적극적인 참여, 다양하고 풍부한 인적 교류(교수·학생 교류, 교우 관계), 대학의 적극적인 지원이 학부교육의 질과 성과를 결정하는 핵심 요인이라는 이론적·실증적 근거를 바탕으로 개발되었다. 이러한 이론적·실증적 근거를 가장 잘 설명하는 키워드는 '학생들의 학습참여(student engagement)'라는 개념이다.

'학생들의 학습참여'의 중요성에 대해서는 학계와 현장에서 오랜 기간 동안 연구되고 알려져 왔다. 그러나 학부교육의 질을 향상하기 위해 '학습참여'가 중요하다는 것은 알고 있음에도 불구하고 최근까지 구체적으로 어떠한 학생들의 학습참여 경험이 교육적으로 타당하고 바람직하며, 학업 성과를 제고하는 데 효과적인지에 대하여는 체계적인 연구나 실증적 자료가 미흡한 실정이었다. 그 결과 그 동안 대부분의 대학 평가에서는 학부교육의 질과 경쟁력을, 주로 투입 요인(학생당 교육비, 전임교원 확보율 등)이나 산출 요인(취업률, 만족도 등)을 중심으로 진단해 왔다. 한국대학교육협의회와 학부교육 선진화 선도대학협의회가 공동으로 수행한 '학부교육 실태조사'는 이러한 문제의식 아래, 전국의 대학을 대상으로 '대학생들의 학습참여 및 대학생활 경험'에 대한 실증적인 자료를 수집하고 분석하기 위해 도입되었다. 또한 정부가 수행하는 ACE 사업의 성과를 분석한다는 부수적인 목적도 가지고 있다.

'학생들의 학습참여'는 크게 다음의 2가지 핵심 영역으로 대별될 수 있다. 첫 번째는 학생이 자신의 '학습'과 '기타 교육적으로 의도된 활동들'에 얼마나 적극적이고 능동적으로 참여하는가다. 두 번째는 대학이 학생의 성공적인 대학생활과 교육적 성취(예컨대, 중도탈락률 감소, 만족도, 질 높은 학습과 졸업)를 위하여 얼마나 효과적으로 교육적 경험을 제공하느냐다. 구체적으로 어떻게 ① 대학이 가진 교육 자원을 배분하고, ② 교육과정 및 학습 기회들을 조직하며, ③ 효과적 교육 및 대학생활 지원 서비스를 제공하고 있는가 하는 점이다. 이 중 특히 두 번째 대학의 역할 영역에 대해 주된

※ 2011~2013 학부교육 실태조사 문항

영역	문항 내용
학업적 도전	• 수업 준비에 투자한 시간 • 교수의 기준이나 기대보다 많은 노력 여부 • 수업에 활용된 교재, 책 혹은 책 한 권 분량의 읽기 과제 수 • 5~14쪽가량 작성한 보고서 수 • 5쪽 미만 작성한 보고서 수
지적 활동	• 수업 중 분석 강조 • 수업 중 종합 강조 • 수업 중 판단 강조 • 수업 중 적용 강조 • 대학이 학업을 강조하는 정도
능동적 · 협동적 학습	• 수업 중 발표 활동 • 수업 중 친구와 프로젝트 수행 • 수업 이후에 친구와 과제 준비 및 수행 • 과제 수행에 전자매체 사용
교우관계	• 다른 학생들과의 관계(친밀감, 지지, 소속감) • 교우를 가르치거나 지도 • 수업 내용 및 관련된 생각을 외부 사람들과 토의 • 종교 신념, 정치적 의견, 개인 가치가 다른 학생과 대화
교수와 학생의 교류	• 교수와 학점이나 과제에 대한 의논 • 교수와 진로계획 의논 • 교수와 수업과 관련해서 수업시간 외 토의 • 학업 성과에 대한 교수의 신속한 피드백 • 교수와 수업 이외의 학내 활동을 함께 수행 • 교수들과 인간관계의 질(면담, 도움, 공감)
지원적 대학 환경	• 학업 성공을 돕는 대학의 지원 • 다양한 교내의 사회적 활동(동아리, 문화 · 스포츠 행사 등) 지원 • 행정 직원 및 부서/기관과의 관계(도움, 배려, 유연)

정책적 관심이 주어지는데, 이는 이 두 번째 영역이 바로 대학들이 적극적인 의지와 체계적인 교육적 개입을 통해 학생들에게 교육적 '부가 가치(Value-Added Effect)'를 창출할 수 있는 부분이기 때문이다(Kuh et al., 2010). 2011~2013년 '학부교육 실태조

사'의 진단 도구는 이 두 가지 영역을 모두 포함하고 있으며, 구체적으로 앞의 표와 같은 6개 영역 27개의 문항으로 구성되어 있다.

2014년 이후 K-NSSE 진단 도구

앞서 언급하였듯이 '학부교육 실태조사'의 원형이라고 할 수 있는 미국 NSSE의 경우 2013년 진단 도구를 상당 부분 수정하였다. 이러한 변화를 감안하여 2014년에 수행된 '학부교육 실태조사'에서도 문항의 수정이 이루어졌으며, 한국 대학생을 대상으로 타당화하는 과정을 거쳐 구체적으로 다음과 같이 학생들의 학습참여를 구성하는 영역(요인) 구성을 변경하였다(배상훈, 강민수, 홍지인, 2015). 모든 요인(영역)과 이에 포함된 문항들은 전문가들에 의하여 타당도를 검증받았으며, 내적 문항 신뢰도는 .767에서 .902 사이에 분포하고 있다. 측정 문항과 관련해서는 2011~2013년 '학부교육 실태조사' 문항의 대부분을 포함하여 해당 문항을 중심으로 하는 종단 분석이 가능하다.

학업 도전

학업 도전(Academic Challenge) 요인은 대학 학부교육에서 학생들의 지적 도전과 창의적인 활동이 중요하다는 점을 보여 준다. 즉, 대학은 학생들의 학습이 다양한 심화된 학습(deep learning)에 도전할 수 있도록 하고 지원해야 한다는 것이다. 2014 NSSE의 학업 도전 요인에서는 심화 학습과 관련된 하위 요인과 문항이 추가된 것이 가장 큰 특징이다. 구체적으로 학업 도전은 '고차원 학습 경험(Higher-Order Learning)' '반성적 · 통합적 학습경험(Reflective & Integrative Learning)' '학습전략(Learning Strategies)' 및 '양적 추론(Quantitative Reasoning)'의 네 가지 요인으로 구성되었다. 그러나 한국 대학생을 대상으로 타당화하는 과정에서 양적 추론에 해당하는 항목은 추상적인 질문으로 한국 대학생의 맥락에 적합하지 않다는 점과 요인의 안정성 등을 고려하여 '학부교육 실태조사' 측정 문항에서는 제외하였다.

동료와 학습

동료와 학습(Learning with Peers) 요인은 대학생들이 대학생활을 하는 동안 동료 및 대학의 다른 구성원들과 함께 어울려 어려운 자료를 배우거나, 사회적 관계 속에서 복잡한 문제를 해결하고 대인관계를 개발하는 과정을 겪으면서 성장하는 것이 중요하다는 것을 의미한다. 구체적으로 동료와 학습 요인은 학생들의 학습참여와 관련하여 대학 내에서 이루어지는 인간관계의 질에 관한 것으로, 하위 요인으로는 협력적 학습(Collaborative Learning)과 다양한 사람과 토의(Discussions with Diverse Others)로 구성되었다.

교수와의 경험

교수와의 경험(Experiences with Faculty) 요인은 대학생들이 학습을 하거나 문제를 해결하는 과정에서 수업 등의 교육활동 과정에서 이루어지는 교수와의 상호작용이 중요함을 의미한다. 이 과정에서 교수들은 학생들의 롤모델, 멘토, 평생학습의 안내자 역할을 하게 되며, 효과적인 교수 활동은 교수들의 수업 준비와 진행 등이 얼마나 효과적이었는지에 대한 학생들의 인식 정도를 보여 준다. 하위 요인으로는 '학생ㆍ교수 상호작용(Student-Faculty Interaction)'과 '효과적 교수 활동(Effective Teaching Practices)'이 포함되었다.

대학 환경

대학 환경(Campus Environment) 요인은 대학이 학생, 교수, 직원들이 서로 긍정적인 인간관계를 형성하도록 조성하고 지원할 경우 대학생들의 학습참여가 제고된다는 것을 의미한다. 하위 요인으로 '상호작용의 질(Quality of Interactions)' '지원적 대학 환경(Supportive Environment)'으로 구성되었다.

※ 2015년 학부교육 실태조사 문항

영역	요인	문항 수	설문 내용 및 측정 방법
학업적 도전	고차원 학습경험	4	• 학습한 이론과 방법들을 실질적인 문제나 새로운 상황에 적용해 봄 • 아이디어, 경험 혹은 논리적 사고과정을 세분화하여 심층 분석해 봄 • 특정한 관점, 판단, 정보가 타당한지 평가해 봄 • 다양한 정보를 종합하여 이해하거나, 새로운 아이디어를 만들어 봄
	반성적·통합적 학습경험	5	• 과제를 수행할 때, 다른 수업 등에서 얻은 아이디어를 적용해 봄 • 학교에서 배운 내용을 사회의 문제나 이슈와 연결 지어 봄 • 수업에서 토론과 과제를 할 때 다양한 관점을 적용해 봄 • 특정한 주제나 이슈에 대한 내 관점의 강점과 약점을 생각해 봄 • 특정한 주제에 대해 다른 사람의 관점에서 생각해 봄으로써 그들의 생각을 잘 이해하려고 노력해 봄
	학습전략	4	• 수업 자료나 읽기 과제로부터 핵심 정보 확인하기 • 수업 후에 필기한 노트 등을 가지고 학습함 • 수업 자료나 수업에서 배운 것을 요약, 정리해 봄 • 학습을 위해 체계적인 계획을 세워 봄(학습 플래너 활용 등)
교우와 학습	능동적·협동적 학습태도	5	• 수업 중에 질문하거나 토의에 참여함 • 수업에서 쓰인 자료를 이해하기 위해서 다른 학생들에게 물어봄 • 친구들에게 수업 자료에 대해 설명해 본 적이 있음 • 다른 학생들과 함께 수업 프로젝트나 과제를 수행함 • 친구들과 수업 자료에 대해 함께 토의하거나 공부를 하여 시험을 준비함
	다양한 사람과 토론경험	3	• 다른 경제적 수준을 지닌 사람 • 다른 종교를 가진 사람 • 다른 정치적 관점을 가진 사람
교수와 경험	학생-교수 상호작용	4	• 교수님과 나의 진로 계획에 대해 이야기해 봄 • 교수님과 수업 외 활동을 함께함(위원회, 동아리 모임 등) • 교수님과 수업 외 시간에 수업에서 다룬 주제, 아이디어, 개념에 대해 토의하였음 • 교수님과 나의 학업 성과에 대해 논의하였음
	효과적인 교수 활동 정도 (teaching)	5	• 수업의 목표와 요구사항을 명확하게 설명하였음 • 체계적인 방법으로 수업을 구성하여 가르쳤음 • 어려운 것을 쉽게 설명하기 위해 예시와 그림을 사용하였음 • 보고서 초안이나 수행 중인 과제에 대해 피드백을 주었음 • 시험결과나 제출한 과제에 대해 신속하고 자세한 피드백을 주었음

대학 환경	교우와의 관계	3	• 대학 내 다른 학생 • 대학 친구(동기 등) • 대학 후배 또는 선배
	교직원과의 관계	5	• 학습 튜터 또는 도우미(교직원, 대학원생) • 행정직원(진로, 취업, 학생 활동, 기숙사 등 담당) • 행정직원(등록, 학자금 지원 등 담당) • 수업 조교 및 학과 조교 • 교수
	지원적 대학 환경	10	• 학습지원 서비스(튜터링 서비스, 글쓰기 센터 등)의 제공 • 다양한 배경(사회적 배경, 인종, 종교 등)을 가진 학생들과의 교류 • 사회적 친교 활동에 참여할 기회를 제공(예: 홈커밍, 졸업생과의 만남) • 학업 외 문제(일, 가족, 연애 등)를 잘 관리할 수 있도록 도움 • 캠퍼스 활동과 학내 행사(공연예술, 운동경기 등) 참여를 권장함 • 사회, 경제, 정치적 이슈를 다루는 교내외 행사에 참여 • 학생 동아리 활동을 지원 • 학생 복지 프로그램을 제공(레크리에이션, 건강, 상담 등) • 학업 수행을 위한 재정적인 지원을 함(장학금, 학자금 대출 등) • 졸업 후 진로 안내(진로, 직업상담, 취업 및 창업 안내 등)

3. K-DEEP 프로젝트 참여 연구진 프로필

변기용(연구책임자)은 서울대를 졸업하고 미국 University of Oregon에서 고등교육정책 및 행정 전공으로 박사학위를 받았다. 교육부 대학원 개선팀장, 기획담당관, 장관 정책보좌관 등을 역임하였으며, 2002년부터 2005년까지 프랑스 파리에 있는 OECD 사무국 고등교육기관운영 프로그램(Institutional Management in Higher Education)에서 상근 컨설턴트로 근무하면서 '지역발전을 위한 고등교육기관의 역할 (Contribution of Higher Education Institutions to Regional Development)'이라는 국제 협력 프로젝트를 운영하였다. 현재 고려대학교 교육학과 교수 및 고등교육정책연구소 소장으로 재임하고 있으며, 한국교육행정학회 대외협력관리위원회 부위원장, 한국교육정치학회 학술위원장 등으로 활동하고 있다. 연구 관심 분야는 고등교육 국제화 및 거버넌스, 대학 효과성 등이며, 최근에는 주로 현장 사례연구를 통해 정책 효과를 심층적으로 분석하는 연구를 수행하고 있다.

배상훈은 서울대학교를 졸업하고 미국 Pennsylvania State University에서 인적자원개발과 교육정책으로 박사학위를 받았다. 1994년부터 2010년까지 교육부, 대통령실 등에서 교육정책 수립 업무를 담당하였고, 2010년부터 성균관대학교 교육학과 교수(교육행정 및 정책)로 재직 중이다. 현재 성균관대학교 대학교육혁신센터장과 한국방과후학교학회 학회장을 맡고 있으며, 교육부 대학발전기획단 위원, 학부교육 선진화 선도대학협의회 자문위원 등을 역임하였다. 한국대학교육협의회 및 학부교육 선도대학 협의회와 함께 학부교육 실태조사(K-NSSE)를 7년째 수행하고 있으며(연구책임자), 2016년 7월 현재 대학생의 대학생활 경험 및 학습참여와 관련된 학술 논문을 국내외 저명 학술지에 14편을 게재한 바 있다.

이석열은 충남대학교를 졸업하고 동 대학원에서 교육행정으로 박사학위를 받았다.

1997년부터 2002년까지 한국대학교육협의회에서 정책연구 및 교직원 연수 업무를 담당하였고, 2003년부터 남서울대학교 교양학부 교수(교육학) 및 교육개발센터(CTL) 소장으로 재직 중이다. 한국교육행정학회 사무국장, 한국대학교육협의회 대학기관평가 인증 위원, 학부중심선도대학 선정 평가위원 등을 역임하고, 현재 대학자체평가, 대학원평가, 대학 경영효율성 분석, 전문적 학습공동체 등에 관심을 갖고 연구를 수행하고 있다.

변수연은 서울대학교 독어교육학과와 벨기에 Leuven University 유럽지역학과에서 공부한 후 고려대학교 교육학과에서 교육행정학 및 고등교육학 전공으로 박사학위를 취득하였다. 연세대학교, 서울대학교, 한동대학교 등에서 학사지도 교수와 입학사정관으로 일하면서 대학 조직의 역량이 곧 교육 역량임을 깨달아 대학 조직의 역량을 개발하기 위한 방법을 모색하는 연구자의 길로 들어섰다. 현재 부산외국어대학교 만오교양대학의 조교수이자 교육평가혁신센터장으로 재직하면서 대학의 학문공동체 개발, 대학생 학습참여, 고등교육 국제화 등의 이슈를 중심으로 교육정책 개발과 연구 활동을 펼치고 있다.

전재은은 서울대학교 언어학과와 국제대학원을 졸업하고 미국 University of Minnesota 교육정책행정학과에서 비교교육 전공으로 박사학위를 취득하였다. University of Minnesota에서 박사후 연구원으로, 고려대학교 고등교육정책연구소 연구교수로 재직한 후, 현재 세명대학교 교양대학 조교수로 재직하고 있다. 미국 비교국제교육학회(CIES) 고등교육 분과회 우수박사학위 논문상을 수상하였으며, 고등교육과 국제교육 분야에서 학부교육 및 대학생 관련 주제를 중심으로 연구를 수행하고 있다.

전수빈은 연세대학교를 졸업하고 미국 Pennsylvania State University 교육정책과에서 교육리더십 전공으로 박사학위를 받았다. 이후 성균관대학교 교육대학원 강의전담 조교수와 동 대학 교육개발센터 선임연구원으로 재직하였다. 현재 동국대학교 교원정책중점연구소에서 연구교수로 재직 중이다. 교원양성과정, 대학생 학습참여, 고등교육 내 다양성(diversity) 이슈, 총장 리더십 등에 대한 다양한 연구활동에 참여하고 있다.

참고문헌

배상훈, 김혜정(2012). 대학생의 학습참여 측정 모델의 타당성 검증. 교육행정학연구, 30(1), 503-527.

배상훈, 장환영, 김혜정, 송해덕(2013). 학부교육 실태진단. 한국대학교육협의회 한국 교양교육기초교육원 연구보고서 RR 2013-120-566.

변기용, 배상훈, 이석열, 김병찬, 변수연, 전재은, 이미라(2015). 잘 가르치는 대학의 특징과 성공요인: 학부교육 우수대학 성공사례 보고서 I. 서울: 학지사.

유현숙, 임후남, 최정윤, 서정인, 신현석, 고장완(2012). 한국 대학생의 학습과정 분석 연구. 연구보고서 RR 2012-17, 32-33, 한국교육개발원.

Kuh, G. D., Kinzie, J., Schuh, J. H., Whitt, E. J., & Associates. (2005). *Student Success in College: Creating Conditions That Matter*. San Francisco, CA: Jossey-Bass.

Kinzie, J., Magolda, P., Kezar, A., Kuh, G., Hinkle, S., & Whitt, E. (2007). Methodological challenges in multi-investigator multi-institutional research in higher education. *Higher Education, 54*(3), 469-482.

제1장 서울여자대학교

김은영, 유숙영(2009). 봉사-학습이 여자대학생의 사회적 문제해결력, 학업적 자기효능감 및 지역사회참여의식에 미치는 영향. 교육학연구, 47(3), 1-22.

배상훈, 강민수, 홍지인(2015). 한국 대학생의 학습참여 진단을 위한 미국 NSSE 모델 도입 및 타당화, 아시아교육연구, 16(4), 77-104.

서울여자대학교. 서울여자대학교 중장기 발전계획 SWU 2020. 대학 발간 자료.

서울여자대학교(2011a). 학부교육 선진화 선도대학 지원사업 1차년도 연차보고서.

서울여자대학교(2011b). 학부교육 선진화 선도대학 지원사업 2차년도 수정사업계획서.

서울여자대학교(2012a). 학부교육 선진화 선도대학 지원사업 중간보고서.

서울여자대학교(2012b). 학부교육 선진화 선도대학 지원사업 3차년도 수정사업계획서.

서울여자대학교(2013a). 2013년 기관평가인증을 위한 서울여자대학교 자체진단평가 보고서.

서울여자대학교(2013b). 학부교육 선진화 선도대학 지원사업 3차년도 연차보고서.

서울여자대학교(2014a). 학부교육 선진화 선도대학 지원사업 4차년도 수정사업계획서.

서울여자대학교(2014b). 학부교육 선진화 선도대학 지원사업 4차년도 사업성과보고서.

서울여자대학교(2015a). 2014년도 학부교육 선도대학 육성사업(ACE) 수정사업계획서.

서울여자대학교(2015b). 학부교육 선도대학 육성사업 1차년도 연차보고서.

서울여자대학교 학생지원팀 종합정보시스템. 소학회 등록 매뉴얼(소학회장).

정기오, 이혜진(2011). 서비스러닝의 개념, 맥락, 비용 — 효과. 경제교육연구, 18(2), 185-217.

조용하(2002). 대학생자원봉사활동의 이론적 고찰 : 봉사학습을 중심으로. 청소년학연구, 9(3), 243-268.

한국교양기초교육원·학부교육 선진화 선도대학 협의회(2011). 2011년 대학 학부교육의 질과 성과분석: 서울여자대학교.

한국교양기초교육원·학부교육 선진화 선도대학 협의회(2012). 2012년 대학 학부교육의 질과 성과분석: 서울여자대학교.

한국교양기초교육원 · 학부교육 선진화 선도대학 협의회(2013). 2013년 대학 학부교육
　　의 질과 성과분석: 서울여자대학교.

한국교양기초교육원 · 학부교육 선진화 선도대학 협의회(2014). 2014년 대학 학부교육
　　의 질과 성과분석: 서울여자대학교.

한국직업능력개발원(2015). 서울여자대학교 2015년 K-CESA 결과보고. 대학 내부자료.

Astin, A. W., & Antonio, A. L. (2012). *Assessment for Excellence: The Philosophy
　　and Practice of Assessment and Evaluation in Higher Education.* LanHam:
　　Rowman & Littlefield Publishers.

Hahn, T., & Hatcher, J. (2013). *The Relationship between Service Learning and
　　Deep Learning.* Center for Service and Learning at Indiana University & Purdue
　　University Research Brief.

Herzberg, F. (1966). *Work and the Nature of Man.* Cleveland: World Publishing.

Kuh, G. D. (2008). *Excerpt from High-Impact Educational Practices: What They
　　Are, Who Has Access to Them, and Why They Matter.* Association of American
　　Colleges and Universities, Washington, DC.

Kuh, G. D., Kinzie, J., Schuh, J. H., & Whitt, E. J. (2005). *Student Success in College:
　　Creating Conditions That Matter.* San Francisco: Jossey-Bass.

Pascarella, E. T. (1984). College environmental incluences on student educational
　　apirations. *Journal of Higher Education, 5*(4), 751-771.

Riordan, C. (1994). The value of attending a women's college: Education, occupation,
　　and income benefits. *Journal of Higher Education, 65*(4), 486-510.

Strange, C. C., & Banning, J. H. (2001). *Educating by Design: Creating Campus
　　Learning Environments That Work.* San Francisco: Jossey-Bass.

Tinto, V. (1993). *Leaving College: Rethinking the Causes and Cures of Student
　　Attrition.* Chicago: University of Chicago Press.

Umbach, P. D., Kinzine, J. L., Thomas, A. D., Palmer, M. M., & Kuh, G. D. (2007). Women Students at Coeducational and Women's Colleges: How Do Their Experiences Compare?. *Journal of College Student Development, 48*(2), 145–165.

대학알리미 http://www.academyinfo.go.kr
서울여대 교수학습센터. 서비스 러닝 개념도 https://ctl.swu.ac.kr/SL2/sl_what.php
서울여자대학교 홍보자료 http://www.swu.ac.kr/ad/01_ad_2015.html

제2장 아주대학교

아주대학교(2014a). 『학부교육 선도대학 육성사업』 3차년도 수정사업계획서.
아주대학교(2014b). 대학 교육역량강화사업(ACE) 소식지(2014. 7. 16.)
아주대학교(2014c). 대학 교육역량강화사업(ACE) 소식지(2014. 9. 17.)
아주대학교(2015a). 아주대학교 발전계획 및 특성화계획.
아주대학교(2015b). 2015 아주대학교 요람.
아주대학교(2015c). 『학부교육 선도대학 육성사업』 4차년도 수정사업계획서.
아주대학교(2015d). ACE 4차년도 사업성과보고서
아주대학교(2015e). 대학 교육역량강화사업(ACE) 소식지(2015. 1. 14.)
아주대학교(2016). 2016 아주대학교 요람.
한국교양기초교육원 · 학부교육 선진화 선도대학 협의회(2013). 2013년 대학 학부교육의 질과 성과분석: 아주대학교.
한국교양기초교육원 · 학부교육 선진화 선도대학 협의회(2014). 2014년 대학 학부교육의 질과 성과분석: 아주대학교.
홍성기, 송하석, 홍성연, 권순정, 이진희, 정재영, 김진희(2014). 대학구조조정과 연계한 창의적 인문학 교육모형 개발과 융복합 생태계 형성: 경제 · 인문사회연구회 인문정책 연구과제 중간보고서. 아주대학교.

경제비즈(2006. 5. 28.). (주) 대우 파산신청…'세계경영'신화 역사속으로.

프레시안(2015. 7. 16.). 대우조선, 사장 바뀌니 갑자기 '파산 위기'?

대학알리미 http://www.academyinfo.go.kr

수원시청 www.suwon.go.kr

아주고전 http://classic.ajou.ac.kr

아주대학교 http://www.ajou.ac.kr

       http://uc.ajou.ac.kr/uc/research/research01.jsp

       http://uc.ajou.ac.kr/uc/research/research08.jsp

       http://www.ajou.ac.kr/uc/research/research09.jsp

아주대학교 다산학부대학 http://uc.ajou.ac.kr/uc/index.jsp

아주대학교 Ajou Debate http://debate.ajou.ac.kr

제3장 충북대학교

충북대학교(2014). 충북대학교 특성화 계획.

충북대학교(2015). 충북대학교 자체진단평가보고서.

충북대학교(2016). 충북대학교 2016학년도 학과 자체 평가 편람.

한국교양기초교육원·학부교육 선진화 선도대학 협의회(2013). 2013년 대학 학부교육의 질과 성과분석: 충북대학교.

한국교양기초교육원·학부교육 선진화 선도대학 협의회(2014). 2014년 대학 학부교육의 질과 성과분석: 충북대학교.

충북대학교 대학신문(2015. 11. 30.). 우리 대학의 비전을 바르게 세워보자.

Elmore, R. F., Ableman, C. H., Even, J., Kenyon, S., & Marshall, J. (2004). When accountability knocks, will anyone answer? In R. F. Elmore (Ed.). *School*

Reform from the Inside Out: Policy, Practice, and Performance (pp. 133–199). Cambridge, MA: Harvard Educational Pub Group.

대학알리미 http://www.academyinfo.go.kr

저자 소개

변기용(BYUN, Kiyong)
미국 University of Oregon 박사(고등교육정책 및 행정)
현 고려대학교 교육학과 교수, 고등교육정책연구소 소장

배상훈(BAE, Sang Hoon)
미국 Pennsylvania State University 박사(교육정책 및 인적자원개발)
현 성균관대학교 교육학과 교수, 대학교육혁신센터 센터장

이석열(LEE, Suk Yeol)
충남대학교 교육학과 박사(교육행정)
현 남서울대학교 교양학부 교수, 교육개발센터 소장

변수연(BYOUN, Su Youn)
고려대학교 교육학 박사(교육행정학 및 고등교육학)
현 부산외국어대학교 만오교양대학 조교수, 교육평가혁신센터 전문위원

전재은(JON, Jae-Eun)
미국 University of Minnesota 박사(교육정책행정 및 비교교육)
현 세명대학교 교양대학 조교수, 대학교육혁신본부 전문위원

전수빈(JEON, Sue Bin)
미국 Pennsylvania State University 박사(교육지도성)
현 동국대학교 교원정책중점연구소 연구교수

잘 가르치는 대학의 특징과 성공요인 2

학부교육 우수대학 성공사례 보고서

The Characteristics and Success Factors of Effective
Undergraduate Teaching in Korean Higher Education 2
-Case Studies of 3 Exemplary Universities

2017년 2월 28일 1판 1쇄 발행
2019년 6월 20일 1판 2쇄 발행

지은이 • 변기용 · 배상훈 · 이석열 · 변수연 · 전재은 · 전수빈
펴낸이 • 김진환
펴낸곳 • (주) **학지사**

　　　　04031 서울특별시 마포구 양화로 15길 20 마인드월드빌딩
대표전화 • 02-330-5114　　팩스 • 02-324-2345
등록번호 • 제313-2006-000265호

홈페이지 • http://www.hakjisa.co.kr
페이스북 • https://www.facebook.com/hakjisabook

ISBN 978-89-997-1170-1　93370

정가 25,000원

저자와의 협약으로 인지는 생략합니다.
파본은 구입처에서 교환해 드립니다.

이 도서의 국립중앙도서관 출판시도서목록(CIP)은 서지정보유통지원시
스템 홈페이지(http://seoji.nl.go.kr)와 국가자료공동목록시스템(http://
www.nl.go.kr/kolisnet)에서 이용하실 수 있습니다.
(CIP 제어번호: CIP2017004343)

출판 · 교육 · 미디어기업 **학지사**

간호보건의학출판 **학지사메디컬** www.hakjisamd.co.kr
심리검사연구소 **인싸이트** www.inpsyt.co.kr
학술논문서비스 **뉴논문** www.newnonmun.com
원격교육연수원 **카운피아** www.counpia.com